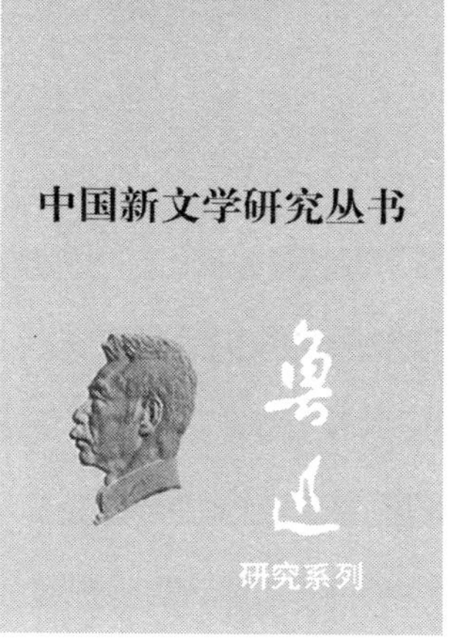

南京大学
中国新文学研究中心
中国文学与东亚文明研究协同创新中心

985工程三期项目经费
江苏高校优势学科建设工程专项资金
资助出版

十年论鲁迅 上

——鲁迅研究论文选（2000—2010）

王彬彬　王晴飞 主编

南京大学出版社

序

如果从恽铁樵点评《怀旧》开始算起，对鲁迅作品的评价到现在刚好百年。在这一百年中，一度作为显学的鲁迅研究，其成果可谓汗牛充栋。学随术变，“文变染乎世情，兴废系乎时序”，新世纪以来的鲁迅研究自然也会带有新的学术方法，反映新的学术风气。当然，以新世纪为界，选取十年论文，难免有些拘泥，究其原因还是一个带有便宜色彩的选择。所谓“新”，也常常和“旧”有几分藕断丝连。新世纪的不少研究倾向，正是从 1990 年代延续而来，难以一刀两断。

一

1990 年代以来，学术界有所谓的“思想家淡出，学问家凸显”倾向。从外部来说，这是受到政治因素的影响，知识分子从干预社会退居书斋，以“学术”相号召。从学术内部发展理路而言，则是学术研究制度化和知识分子专家化、学者化倾向，尤其是在海外保守主义和新儒家的影响之下，学界集体反思 1980 年代以至“五四”的激进主义，有重学术轻思想的趋势。鲁迅、胡适等“思想家”（或者说他们“思想家”的那一面）一度遭遇冷落，陈寅恪、王国维、钱钟书等“学问家”则广受追捧。尤其是陆键东《陈寅恪的最后二十年》的热销和钱钟书的去世，更为这一风尚推波助澜。

作为现代学术体制的一部分，1990 年代以来的鲁迅研究更多关注的是学科建设、学术研究本身，而较少关注鲁迅思想与社会思潮的直接互动。不断生产创新成果的要求也使得研究者转向以前相对冷门的方向,发掘新的学科增长点,鲁迅的学问、知识结构和鲁迅与传统文化、传统学术的关系逐渐引起关注。研究者自身的“学者”身份,也自然使得他们对鲁迅的学术研究,或者说是对于作为“学者”的鲁迅,更容易有会心之处。1980年代以来,鲁迅辑校古籍、石刻手稿的相继出版和鲁迅藏书研究,也为这一风气创造了外部条件。

鲁迅的学术研究,在之前的鲁迅研究中相对来说是不受重视的,甚至有的时候会被认为有损于鲁迅的战士形象,以至于赵景深谈作为“小说史家的鲁迅”还要预先为自己辩解,称自己是因不能胜任研究鲁迅思想的工作,只好退而求其次来研究鲁迅的学术(赵景深:《中国小说史家的鲁迅先生》)。可见当时的风气,是思想大于学术,战士高于学者。

近代以来文学研究的新风气,从对象上来说,是历来受轻视的小说戏曲得到重视;在学术方法上,是考据之学超越于义理、词章之上,又与西方传入的“科学”方法相结合,成为“新汉学”。鲁迅的文学史研究,既继承清儒家法,预流这一学风,又都能有所超越,一大原因便是他既是创作家,又是学者,二者相互促进。陈平原曾考察鲁迅的“文学感觉”(文学修养和创作经验)对其文学史研究的影响,认为正是因为鲁迅“‘学’、‘文’兼备”,他对“小说史的总体描述以及具体作家作品的评价”,便均是紧贴研究对象自身,既非纯粹考据的外部研究,也避免以外来理论剪裁中国文学的削足适履之弊,有传统考据家和现代新汉学者远不能及处(陈平原:《作为文学史家的鲁迅》)。本书选录的《分裂的趣味与抵抗的立场》一文,则侧重考察鲁迅在学术研究方面对现代学术风气的捕捉与超越,以及鲁迅的研究方法对传统学术与文学的体贴与同情。鲁迅一面极力反对传统,一面又保留着许多传统文人的情趣,对于这一矛盾,陈平原从文体的角度阐释,认为鲁迅对于同一对象的不同表述,受到文体的制约:杂文侧重现世关怀,不免借题发挥;学术专著则就事论事,侧重对古人处境、学问设身处地的理解。鲁迅对文体的谨慎选择,恰恰体现出他强烈的文体意识,对传统学术的体贴与同情。近代以来的中国文学研究,有两种倾向,一是考据之风弥漫学界,一是以西方文学理论、术语剪裁中国文学。鲁迅的文学研究实践，立足于中国文学自身，既不外于学术风潮，又不为风潮所裹挟，多有超越之处，这正是陈平原的研究所要揭示的。

关于鲁迅的文学与学术、作家与学者身份之间的关系，郜元宝从“心”字入手，以“心”为根基，统摄文学与学术。这一思路，受到日本学者竹内好的鲁迅论影响。竹内好认为鲁迅本质上是一个文学者，鲁迅的文学具有某种本源性，其根本在于“无”。鲁迅自身的矛盾，竹内好认为是文学家与思想家、启蒙家的矛盾。在鲁迅的诸种身份中，文学者是根本，其他身份都从文学者无限生成（竹内好:《鲁迅》）。鲁迅区分文学和学术为“神思之心”与“学之心”，郜元宝借用鲁迅的“冰之喻”和吴宓的“二马之喻”，对此“二心”予以阐发。“冰之喻”指出文学“直语其事实法则”、使事物的真实状况“昭然在前”的特征。“二马之喻”原指事功与文艺的“二马分途”，郜元宝引申发挥为“专门之成就”与“佳妙之著作”的冲突。于此“二心”之中，鲁迅显然更重“神思之心”，而相对轻“学之心”；重词章，轻考据；重“真实”，轻“事实”。所以“二马背驰”的时候，鲁迅总是选择文学而放弃学术（郜元宝:《“二马之喻”和“冰之喻”》，《“为天地立心”——鲁迅著作所见“心”字通诠》）。鲁迅如此选择，与其说是重文学而轻学术，毋宁说是有意针对近代以来“举世唯知识之崇”、人生将“归于枯寂”的反动，其目的在于“致人性之全，不使之偏颇”（鲁迅:《科学史教篇》）。郜元宝对于鲁迅“心”的发现，对于“神思之心”的刻意强调，既是竹内好“文学家鲁迅无限生成启蒙家鲁迅”的影响，也有对于文学和学术现状的焦虑和不满，是借鲁迅的观点与选择，对当下学风的偏至有所批判，以求兼顾“人性之全”。

关于《中国小说史略》的所谓“剽窃”问题的论争，在1920年代本已告一段落，1936年胡适在给苏雪林的信中，更是认为鲁迅“万分冤枉”（《胡适来往书信选》中）。到了新旧世纪之交，不少人却又把它当作新问题、新发现重新提出来。顾颉刚之女顾潮的《历劫终教志不灰》一书便牵涉这一问题，书中的相关内容一是透露出当年给陈源提供信息说鲁迅剽窃盐谷温的其实是顾颉刚，而非胡适所说的张凤举,二是将当年的材料掐头去尾,给人造成鲁迅默认剽窃的假象。对此章培恒先生曾撰《今天仍在受凌辱的伟大逝者》一文,再现了被故意省略的陈、鲁论争内容和当时的学术规范状况,破除了顾潮刻意制造的假象。当然,顾潮之书也是有贡献的,那就是让人们知道了当时在陈源和鲁迅论争时提供"剽窃"炮弹的并非"小人张凤举",而是顾颉刚。本书所选的《重识鲁迅"剽窃"流言中的人证与书证问题》一文,可说是对于"剽窃"流言做了根本解决,无论从材料的掌握或论证方法上,都堪称典范。在人证方面,从张凤举到陈源,再到胡适,以及"剽窃"事件的另一方盐谷温,逐一推进,作者认为:相信张凤举,不如相信陈源;相信陈源,不如相信胡适;相信胡适,不如相信盐谷温。至此,"剽窃"流言已基本站不住脚。不过作者并不以为满足,更进一步搜集"书证",即将盐谷温的书和鲁迅的书认真对比,将"剽窃"流言彻底击破。

中国近代的批儒思潮,是新文化运动反传统的重要组成部分,彭春凌的《中国近代批儒思潮的跨文化性:从章太炎到周氏兄弟》,着重阐发的是这一思潮的跨文化性,即其背后的日本侵略的外因。周氏兄弟的批儒,从学术思想上,是对章太炎的继承;从所处的境遇上,则是两代知识分子共同感受到日本人在"同文同种"的名目下对中国的侵略野心。考虑到这一"跨文化"因素,则从章太炎到周氏兄弟等留日知识分子在批儒方面的激烈,以及对国内外鼓吹儒学思潮的敏感,也就更容易理解了。

二

鲁迅在历史上常常被划入"左翼"阵营,作为"自由主义"知识群体的对立面出现,尤其是在1949年后海峡两岸的冷战模式中鲁迅与胡适分别被视为不同阵营的"革命导师"和"文化英雄"。1980年代胡适和"自由主义"开始逐渐以正面形象回归大陆学界,但是还处于一种"犹抱琵琶半遮面"的羞怯状态,研究者往往仍囿于主流定性,只是有限度地予以肯定,或是努力发掘胡适与鲁迅一致之处，以此作为肯定胡适的前提。1990年代以来，“自由主义”的价值观念逐渐为学术界认可，“革命”则日益成为负面价值。之前的鲁迅与胡适研究，基本以“革命”或以鲁迅为标准，批判“自由主义”，新背景下的研究往往恰恰相反，开始以“自由主义”或胡适的标准来评判、剪裁鲁迅。

这样的鲁迅研究产生出两种流弊：一是以自由主义教条指摘鲁迅，即将鲁迅与自由主义的教条一一对比，证明他不符合自由主义思想，证明他不懂自由民主，不够现代，所以难免（难怪）与专制主义合流，从而认为今天鲁迅的遗产（和革命遗产一起）需要反思甚至清算。另一种倾向则恰恰相反，是将鲁迅向自由主义靠拢，虽然也将自由主义看作正面价值，但是从鲁迅作品中寻找证据，证明鲁迅热爱自由，与革命反倒貌合神离，所以鲁迅才是真正的自由主义者——他不仅符合自由主义的标准，甚至比那些一贯被冠以“自由主义者”称号的文人如胡适等人更自由主义。这两种倾向，看似截然相反，其共同之处其实很明显，都是将鲁迅置于自由主义理论的视野中审视，以自由主义价值观念作为评价鲁迅或是胡鲁比较的唯一标准，只不过对于“自由主义”和鲁迅的理解不同，所以才产生相异的结论。

王彬彬的《鲁迅对鹤见祐辅〈思想·山水·人物〉的翻译》一文，通过对鲁迅翻译日本自由主义作家鹤见祐辅的《思想·山水·人物》过程中心理状态和篇目取舍的研究，考察鲁迅与自由主义之间的关系，对这两种倾向都有所纠正。文章在将鹤见祐辅的原著与鲁迅的译著逐一对比中，发现鲁迅对原著文章的取舍中值得注意的几种情况：一类是被鲁迅舍弃的，这一类基本是鲁迅不太喜爱，不合鲁迅口味的；一类是鲁迅虽然不太喜爱，但是由于和原著的核心理念相关，却不得不选择翻译的。在鲁迅舍弃的文章中，有《自由》这样重要的阐释自由主义理念的文章，可见鲁迅对自由主义的冷淡态度，因而他不可能被称为是自由主义者。而另一方面，鲁迅对他舍弃了的那些文章的反对，也是受特定情境制约的，而非绝对的无条件。所以，鲁迅之于自由主义，只是相对冷淡，不感兴趣，他固然谈不上是一个自由主义者，但也绝非自由主义的敌人。

对于鲁迅与周作人的兄弟失和，也有人认为是二人思想观念的不同所致。对于文化名人之间的矛盾纠葛,许多人习惯于从思想观念层面寻找根源,而忽略了文化名人自身即可能具有凡俗的一面。周作人在文化思想层面,固然不妨是个巨人,而在个人生活层面,却不免凡庸。他看似恬淡,实则热衷,表面谦和,内心傲慢,貌若谦谦君子,却极度缺乏自省精神,即使做错了也绝不肯露出丝毫悔意。刘丽华的《亲情、仇恨、不辩解说——再谈"二周"兄弟失和》一文,便是从比较"俗"的层面解释二周的失和。在失和事件发生前,周氏兄弟的关系以及二人在家庭中的地位已经发生逆转。周作人逐渐从事事依赖大哥的附庸变为独当一面的社会名流,经济收入和社会知名度方面都开始超过鲁迅,正是在这样一种情境下,周作人才会因太太的一面之词和大哥翻脸,老死不相往来。在对待此事的策略上,周作人也和后来做汉奸一样,一面故作高深地表示"不辩解",一面又扭扭捏捏拐弯抹角地不断暗示,为自己开脱。香港赵聪《五四文坛点滴》涉及此事,引用许寿裳的话,"他们兄弟不和,坏在周作人那位日本太太身上,据说她很讨厌她这位大伯哥,不愿同他一道住",周作人以为"去事实不远",却始终不肯明白地为鲁迅"平反"。这些都可以看出这位学界名流的自私和无情。

鲁迅思想的分期,历来也是鲁迅研究的重要问题。传统左翼言说的经典论述认为鲁迅在革命文学论争之后有一个从"进化论"到"阶级论",从民族主义到马克思主义的转变。这种转变,在思想上意味着鲁迅的进步,在组织上意味着对政党的忠诚。与鲁迅同时的自由主义者一般也都认为鲁迅存在这一"转变",而在他们看来,"转变"则意味着委身于特定的政治势力,沦为附庸,是自由主义立场和独立思考能力的丧失。而在这两种观点之外,也有人认为,在鲁迅的思想中有一种超越于政治立场之外的东西一以贯之,鲁迅的思想有转换,但没有根本性的变化。

鲁迅的上海十年,先与创造社,后与"左联"周扬等人之间有许多矛盾,集中体现在革命文学论争和两个口号之争中。关于鲁迅与创造社的关系,卫公的《鲁迅与创造社关于"革命文学"论争始末》一文,分析创造社与鲁迅从联合到失败的原因:一是根据对郑伯奇、郭沫若二人不同时期回忆文章的文本分析,以及与郑伯奇一同访问鲁迅的段可情的访问材料，确定最早提出联合鲁迅的应是郑伯奇而非郭沫若，郭沫若不同时期的回忆文章前后矛盾，不够客观；其二，郑伯奇倡议联合鲁迅，成仿吾并不知情，当时他正在日本劝说冯乃超、朱镜我等人回国，另有计划，回国后反对与鲁迅结盟和复活《创造周报》，而另办倾向更左的《文化批判》，这直接导致创造社第一次和鲁迅联合的破产。

叶德浴的《周扬的“避嫌”之作》一文，是有关两个口号之争的。这场论争双方的首脑，正是鲁迅和周扬。叶文根据周扬好友谭林的回忆（《难忘相识在东京》），发现1936年光明书局出版的《现阶段的文学论战》一书，是周扬为了避嫌而借用谭林的笔名（林淙）所编。这本书旨在确立“国防文学”的正统地位，以支持“国防文学”的文章为正面，反对文章作为反面，甚至设立A、B栏以区分正统与异端，将除鲁迅以外的反对者都打入另册（B栏）。周扬所写的“前记”，对鲁迅在虚的方面做了一点空泛的肯定（“提示了一部分颇值得重视的意见”），却在实的方面予以否定（“涉及私人的事件太多”）。而对其他和鲁迅意见一致的反对者（如胡风、冯雪峰），则直接否定。这也正可以看出，鲁迅在“左联”甚至在1949年后的中国大陆所处的其实只是“止于尊崇”的位置。

“左联”中的前创造社成员和周扬等人与鲁迅的和解，是组织手段强行干预的结果，而非思想、情感层面的修复和契合。此后由于鲁迅被塑造为“圣人”，对鲁迅的不满自然不可能通过书面的形式公开表达。1980年代以后，随着政治形势的变化，对于鲁迅的评价逐渐出现多元化的倾向，一些健在的鲁迅论敌旧事重提，往往说出自己的真心话，揭出被外力掩盖的鲁迅与“左联”之间的矛盾，如夏衍的《懒寻旧梦录》中，就有不少质疑鲁迅的内容。《成仿吾晚年谈鲁迅——一种既往的文化现象或心理现象的回顾》一文，披露了成仿吾晚年私下里提及鲁迅时的评价。除去谩骂性的言论外，有几点值得注意：一是对鲁迅“横眉冷对千夫指，俯首甘为孺子牛”两句诗的理解，他认为这两句诗说明鲁迅唯我独尊，以救世主自居，而将人民群众当做阿斗，是不要人民，不要民主；二是对鲁迅不同意解散“左联”深为不满，认为这是反对统一战线；三是1927—1928年间年创造社第一次试图和鲁迅合作,而成仿吾坚决反对,他认为和鲁迅合作是倒退,导致联合的动议搁浅。从这些言论可以看出,二十世纪二三十年代创造社与鲁迅的争论和后来“左联”部分盟员与鲁迅的冲突,一直潜在地发生着影响,只不过受制于时势,隐而不发,一旦外在的政治力量松动,这种不满情绪便宣泄出来,而且压抑得越久,宣泄得也就越激烈。即便是在半个多世纪以后,在成仿吾这些人的意识里,仍然认为只有他们才是革命的、先进的,鲁迅则是退步的,即便联合鲁迅,也只能拿他来做陪衬,只是在特定情况下策略性地冲淡一下革命队伍的色彩。另一方面,也正如作者阎焕东所分析的,成仿吾的愤怒和火气,有很大一部分其实是源于1949年以后“反鲁迅”罪名给他带来的苦难,他将自己遭受到的不公全部归因于鲁迅,将对那些打着鲁迅旗号迫害他的势力的不满和愤恨,全部发泄到了鲁迅身上。这种心理在新时期以来的文化思想界是很普遍的,如“鲁迅是专制主义精神盟友”论、“鲁迅研究之谜”,都是在鲁迅和利用鲁迅的政治力量之间划了等号。

自由主义观点的流行,也促使人们思考“左”倾知识分子在革命大潮中是否仍保持独立性和批判性问题,尤其是他们在革命成功之时(往往也是革命变质之时)的进退出处,也引起人们的关注。这在鲁迅研究中,牵涉鲁迅和“左联”的关系、鲁迅对苏联的态度以及1949年以后许多人喜爱谈及的“假如鲁迅活着会怎样”的话题。李春林、高翔的《20世纪30年代:鲁迅、纪德与苏联和共产主义》涉及鲁迅对苏联的态度,以及上世纪二三十年代世界范围内知识分子普遍“左”倾问题。当时知识分子的普遍“左”倾,多半是基于对于被侮辱与损害的弱者的同情和对自由、个性的向往,这一点上,鲁迅和纪德是有共通之处的。二人的区别在于,纪德到访过苏联,明白看到苏联的专制与不公,在访苏归来后发表直接批判的文字,而鲁迅由于客观原因,没有去过苏联,信息闭塞,所以对苏联的批评和质疑或者是间接地通过对苏联“同路人”作品的译介,或者是只言片语,只限于朋友之间的谈话和信件。

三

鲁迅曾经说过，“文人的遭殃，不在生前的被攻击和被冷落，一瞑之后，言行两亡，于是无聊之徒，谬托知己，是非蜂起，既以自衒，又以卖钱，连死尸也成了他们的沽名获利之具，这倒是值得悲哀的”（《忆韦素园君》）。作为现代中国最有影响力的文人，无论生前身后，鲁迅都被大量评述，这既是鲁迅的接受过程，同时也是鲁迅形象塑造、鲁迅传统形成的过程。而鲁迅形象的建构，又被直接纳入政党政治斗争和意识形态建构之中，因而不免随具体历史情境发生变化，鲁迅思想、文学的不同侧面，也因政治需要而遭到增添删减。

鲁迅去世之初，中国共产党就积极争取对鲁迅的阐释权。抗战初期，左翼文化界在国统区通过举办纪念鲁迅活动，确立鲁迅在新文学传统中的领导地位，有意识地争夺意识形态领导权。段从学的《鲁迅在新文学传统中的领导地位之建立——文协与抗战初期的鲁迅纪念活动》一文，研究抗战后文化界抗敌协会在国统区的鲁迅纪念活动。在 1940 年以前，国共两党官方共同参与了鲁迅纪念活动，中国共产党对鲁迅的阐释也侧重于抗战救国方面，向国民党的主流意识形态“三民主义”靠近。从 1940 年开始，毛泽东着手构建新民主主义的新意识形态，与国民党争夺意识形态领域的领导权，并将鲁迅纳入新意识形态的建构之中，对鲁迅的阐释随之发生变化。国民党官方也不再能够容忍鲁迅的公然传播，不断动用政治力量干预、禁止对鲁迅的纪念活动。

鲁迅在 1949 年以后中国内地的处境，很大程度上是延安鲁迅传统的延续。延安时期，中国共产党开始有意识地、系统地研究、塑造符合中国式马克思主义话语，符合新民主主义意识形态的鲁迅形象。这一方面极大地提高了鲁迅在政治层面的地位，开启神圣化鲁迅的先河，另一方面，也对丰富的鲁迅思想和文本进行删削、规训。鲁迅的阐释权为官方所垄断，只有符合官方意识形态的阐释才是被允许的，鲁迅被政治化、工具化，甚至沦为政治的附庸。袁盛勇的《延安时期

"鲁迅传统"的形成》，从鲁迅接受史的角度，考察鲁迅在延安时期被意识形态化的过程。在这一过程中，作为"革命家"的鲁迅被强调，作为"文学家"的鲁迅则被弱化。对于鲁迅的阐释，完全被纳入到新意识形态话语的框架之中，鲁迅被塑造为这一意识形态的预言者及其真理性的印证者，并直接运用到具体的政治运动当中。这样的阐释和鼓吹，虽然促进了鲁迅的传播，但是其阐释的方式是以政治为根本的，背离了鲁迅自身。

1949年以后，中国共产党胜利夺得政权，鲁迅形象的塑造及其在普通人中的传播主要通过教育制度完成。教育制度本是国家政权生产传播知识、制造新人的重要手段，鲁迅及其作品在教科书中的形象、地位的变迁，与国家政权的意识形态建构和对于鲁迅的想象、阐释密切相关。鲁迅作品从1920年代即开始被选入教科书，1949年以后鲁迅作品在教科书中所占篇目之多、地位之重，更是无人能及。可以说，作为一个经典形象的鲁迅塑造，是在教育制度中最终完成的。董奇峰、苗杰的《中学语文教材（1950—1977）中鲁迅作品的选录与解读》一文，梳理了1950—1977年间中学语文教材中鲁迅作品的选录、阐释情况。在这三十年中，不同的历史阶段，鲁迅作品的去取和阐释，自然都不免带有时代的烙印，配合思想政治人物的痕迹，甚至是赤裸裸的曲解，鲁迅在当时所受到的推崇和新时期以来遭受的质疑，均与此有关。可是作者也认识到，鲁迅作品自身的丰富性，使得它即便在文化专制横行的年代，也充当了不少人思想启蒙的资源，引发人们独立思考。

历来国家政权出于政治需要，要将自身竖立起来的"圣人"及其思想纳入意识形态之中，必然要强化、鼓吹其与官方意识形态相合的部分，对于那些不符甚至龃龉的部分，则是尽力加以弥合。这种工作类似于建筑工人粉刷墙面时的"打腻子"，其宗旨在于弥缝裂痕，使历史看起来光滑平整，完美无缺。在鲁迅研究中，这种"打腻子"的工作则是要将鲁迅与新意识形态对接，凸显鲁迅思想中可以为意识形态所用的部分，对其做出符合官方意识形态的解释。与之相对的则是弱化鲁迅思想中难以规训的部分，排斥官方意识形态以外的阐释。作为鲁迅晚年最重要的弟子，胡风很大程度上可以视为鲁迅思想的继承者，胡风本人显然也以此自任。胡风及其友人在1949年以后遭到批判，一方面是由于他们对鲁迅思想的阐释和主流不同，不符合新意识形态下思想同质性的要求，另一方面也由于他在政教合一式的大一统之下，竟以鲁迅嫡系传人自居，于官方指定的鲁迅传承之外别立门户，而忽略了历来官方对于“圣人”的态度均是“止于尊崇，不许学样”。李新宇关于鲁迅在不同时期的传播、接受及其与当时思想政治之间的关系撰写过一系列文章，其中的《1955：胡风案中的鲁迅》一文，处理的便是胡风案中对于胡风和鲁迅问题的解决方式。在这一问题的处理中，最高领袖显然选择了将鲁迅思想中不宜规训的部分判归胡风，予以否定，而将阉割后的鲁迅思想继续高置于庙堂之上，使之一贯正确。李新宇指出，作为革命精神资源的鲁迅思想，其实并不利于新秩序的统治。新政权之所以选择打倒胡风而保留“鲁迅”，很大程度上源于革命者对自身文化资源的留恋，执政党对于革命话语的一致性和道义资源的顾及。这样的做法于鲁迅精神传播的影响，则是尊号虽然保留，其精神内涵却已遭受阉割。

鲁迅在国外的传播，以日本最为兴盛。丸山升的《日本的鲁迅研究》一文，介绍了鲁迅在日本的接受史，日本学者对于鲁迅以及中国研究与其对本国处境思考之间的关联。尤其是对日本鲁迅研究产生决定性影响的竹内好的研究，在政治与文学的关系之中理解鲁迅，关注到鲁迅思想文学中“不变”的部分。大部分外国文学研究，其研究对象虽是异域，但真正的问题指向却在本土。竹内好的鲁迅研究，也是如此，他是以鲁迅及中国的“近代”方式来反思、批判日本的近代。

吴晓东的《竹内好与伊藤虎丸对鲁迅〈狂人日记〉的解读》分析了竹内好和伊藤虎丸的鲁迅观。竹内好提出“回心”和“赎罪的文学”的概念，以直觉的方式道出鲁迅文学、思想中具有“原点”意味的东西。伊藤虎丸继承了这一点，将竹内好在《狂人日记》中发现的“回心”称作“第二次文学自觉”，发展出关于鲁迅的“终末论”思想，他认为鲁迅正是由于对罪的意识的获得，才完成了“第二次文学自觉”，“成为对世界负有真正自由责任的主体”。吴晓东也注意到竹内好和伊藤虎丸鲁迅观的历史语境，即都是借助鲁迅来反思日本的近代化转向，过度强调“回心”，有对鲁迅的曲解之处。

高远东的《“仙台经验”与“弃医从文”——对竹内好曲解鲁迅文学发生原因的一点分析》一文,是对“竹内鲁迅”的反思之作。文章指出,竹内好的鲁迅和中国形象,只是“为了建构其理想的日本现代主体——尤其是日本现代文学的主体——而倾注其主观价值、追求解放的对象”,“竹内好的鲁迅在一定程度上是以远离鲁迅的历史性存在为特征,以放弃对鲁迅的‘实体性’理解为代价的”。关于鲁迅文学的发生,竹内好将其“回心”确定在“绍兴会馆”时期,而质疑鲁迅自述的“仙台经验”,关于鲁迅文学的属性,竹内好强调其文学性,即非功利、非政治性。高远东则强调鲁迅文学发生的多原点特征,鲁迅文学个人遭遇和民族历史的“经验的同构性”,因而无法将启蒙者、爱国者等与文学者完全对立,也不必将思想者鲁迅从属于文学者鲁迅。

四

“学者鲁迅”、鲁迅与自由主义及左翼的关系、鲁迅传统的形成,是与近年来学界风气演变关系密切的部分,此外在鲁迅思想、文本细读、翻译以及史料研究等方面论文,本书也均有选录,没有一一提及,并不代表文章不够重要。最后需要说明的是:

1. 本文选收录鲁迅研究论文以2000—2010年为主,以后也收录了2010年数篇,题中“十年”,只是概数,并非确指。

2. 文选分上、下册,共五辑,据论文内容大致分类。

3. 所选论文,一律保持原貌,以原文发表期刊为据,不做改动。

4. 作为选本,限于篇幅及编者的眼界识见,本书自然不可能面面俱到,挂一漏十,在所难免。

目　录

第一辑

第二辑

第三辑

第四辑

第五辑

第一辑

分裂的趣味与抵抗的立场

——鲁迅的述学文体及其接受

陈平原

一、文体家的别择

1933年3月，鲁迅撰写日后被学界经常征引的《我怎么做起小说来》。作家如此坦率地自报家门，且所论大都切中肯綮，难怪研究者大喜过望。其中最受关注的，除了"说到'为什么'做小说罢，我仍抱着十多年前的'启蒙主义'，以为必须是'为人生'，而且要改良这人生"，再就是关于"文体家"的自述：

> 我做完之后，总要看两遍，自己觉得拗口的，就增删几个字，一定要它读得顺口；没有适宜的白话，宁可引古语，希望总有人会懂，只有自己懂得或连自己也不懂的生造出来的字句，是不大用的。这一节，许多批评家之中，只有一个人看出来了，但他称我为Stylist。[①]

最早将鲁迅作为文体家(Stylist)来表彰的，当属黎锦明的《论体裁描写与中国新文艺》。可黎氏此文将Stylist译为体裁家，将"体裁的修养"与"描写的能力"分开论述，强调好的体裁必须配合好的描写，并进而从描写的角度批评伤感与溢恶，夸张与变形等。[②]后者所涉及的，本是文体学所要解决的难题，如今都划归了"描写"，那么，所谓的"体裁"，已经不是Style，而是Genre——这从黎氏关于章回小说《儒林外史》的辨析中，也不难看出。倒是鲁迅关于Stylist的解读，接近英文本身的含义[③]。黎氏对Stylist的误读，其实很有代表性，因古代中国作为文章体式的"文体"，与西学东渐后引进的探究语言表达力的"文体"(Style)，二者之间名同实异，但又不无相通处。直到今天，中国学界谈论文体仍很少，仅局限于语言表达,而往往兼及文类[4]。

如此半中不西——或者说中西兼顾——的批评术语,使我们得以将“Stylist”的命名,与“新形式”的论述相勾连。就在黎氏撰文的前几年,沈雁冰发表《读〈呐喊〉》,赞扬鲁迅在小说形式方面的创新:

> 在中国新文坛上,鲁迅君常常是创造“新形式”的先锋;《呐喊》里的十多篇小说几乎一篇有一篇新形式,而这些新形式又莫不给青年作者以极大的影响,必然有多数人跟上去试验。[5]

鲁迅没有直接回应茅盾关于其小说“一篇有一篇新形式”的评述,但在《故事新编》的序言里,称此书“也还是速写居多,不足称为‘文学概论’之所谓小说”[6],除顺手回敬成仿吾的批评,也隐约可见其挑战常识、不以“文学概论”为写作圭臬的一贯思路。

你可以说沈从文、张天翼是文体家,那是指其小说体式的讲究;你也可以说茅盾的《子夜》、《白杨礼赞》和《中国神话研究》各具特色,可那是体裁决定的。明显的文体意识,使得鲁迅所撰,即便同是小说、诗歌、散文、杂文,表达方式也都很不一样。更重要的是,这一“文体感”背后,有明显的文化关怀。

汉魏以降,中国人喜欢讲文章体式[7]。合体式而又能创新,这才是真正的文学创造。可几乎所有的“文章辨体”,都侧重历史溯源,而非逻辑分析,故显得灵活有余,精确不足。这里有中国人的思维习惯——重视具体经验,而不太擅长抽象思辨;但很可能还隐含着一种重要思路——任何大作家的出现,都可能打破常规,重建文类边界。金人王若虚《滹南遗老集》卷三七《文辨》中有一妙语,大致表明了“文章辨体”的意义及边界:“或问文章有体乎?曰:无。又问无体乎?曰:有。然则果何如?曰:定体则无,大体则有。”

认定“凡有文章,倘若分类,都有类可归”的鲁迅[8],关注的是那些不太守规矩、着力于另辟蹊径的作品。比如,表彰俄国的《十二个》以及日本的《伊凡和马理》强调的都是其“体式”的“异样”或“格式很特别”[9]。鲁迅本人的写作,同样以体式的特别著称,比如作为小说的《故事新编》,以及散文诗《野草》。

《野草》最初连载于《语丝》时，是被视为散文的（虽然其中《我的失恋》标明“拟古的新打油诗”，《过客》则是剧本形式，可以直接转化为舞台演出）。等到鲁迅自己说：“有了小感触，就写些短文，夸大点说，就是散文诗”[10]，大家这才恍然大悟，异口同声地谈论起散文诗来。

鲁迅曾自嘲《朝花夕拾》乃是“从记忆中抄出来的”，“文体大概很杂乱”[11]。其实，该书首尾贯通，一气呵成，无论体裁、语体还是风格，并不芜杂。要说文体上“很杂乱”的，应该是指此前此后出版的杂感集。《且介亭杂文》中的《忆韦素园君》、《忆刘半农君》、《阿金》等，乃道地的散文，可入《朝花夕拾》；《准风月谈》中的《夜颂》、《秋夜纪游》则是很好的散文诗，可入《野草》。至于《门外文谈》，笔调是杂文的，结构上却近乎著作[12]。文章体式不够统一，或者说不太理会时人所设定的各种文类及文体边界，此乃鲁迅著述的一大特征。

轮到鲁迅为自家文章做鉴定，你会发现，他在“命名”时颇为踌躇。翻阅收入人民文学出版社1981年版《鲁迅全集》第四卷的《鲁迅著译书目》、第七卷的《自传》、第八卷的《鲁迅自传》和《自传》，其中提及短篇小说、散文诗、回忆记、纂辑以及译作、著述等，态度都很坚决；但在如何区分“论文”和“短评”的问题上，则始终拿不定主意。

称《坟》为“论文集”，以便与《热风》以降的“短评”相区别，其实有些勉强。原刊《河南》的《人之历史》等四文，确系一般人想象中的“论文”；可《看镜有感》、《春末闲谈》、《灯下漫笔》以及《杂忆》等，从题目到笔法，均类似日后声名显赫的“杂感”。将《坟》的前言后记对照阅读，会觉得很有意思。后者称，“在听到我的杂文已经印成一半的消息的时候”——显然当初鲁迅是将此书作为“杂文”看待，而不像日后那样将其断为“论文集”；前者则干脆直面此书体例上的不统一：“将这些体式上截然不同的东西”合在一起，只是一般意义上的文章结集，并没有什么冠冕堂皇的理由[13]。反过来，日后鲁迅出版众多“杂感集”，其中不难找到“违规者”。在《二心集》的序言中，鲁迅称：“此后也不想再编《坟》那样的论文集,和《壁下译丛》那样的译文集”,于是百无禁忌,在这回“杂文的结集”里,连朋友间的通信“也擅自一并编进去了”[14]。其实,不只是朋友间的通信,《二心集》里,除作为主体的杂感外,既有论文(如《硬译与文学的阶级性》)、演讲(如《上海文艺之一瞥》)、传记(如《柔石小传》),也有译文(如《现代电影与有产阶级》)、答问(如《答北斗杂志问》)、序跋[如《(艺术论)译本序》]等,几乎无所不包。

同样以说理而不是叙事、抒情为主要目标,“论文”与“杂文”的边界,其实并非不可逾越。鲁迅不愿把这一可以约略感知但又很难准确描述的“边界”绝对化,于是采用“编年文集”的办法,避免因过分清晰的分类而割裂思想或文章。对于像鲁迅这样因追求体式新颖而经常跨越文类边界的作家来说,这不失为一种有效的创举。在《〈且介亭杂文〉序言》里,鲁迅进一步阐释“分类”与“编年”两种结集方式各自的利弊,强调“分类有益于揣摩文章,编年有利于明白时势”。“只按作成的年月,不管文体,各种都夹在一处,于是成了‘杂’”[15]——如此纵论“古已有之”的“杂文”,恰好与《〈坟〉题记》的立意相通。也就是说,鲁迅谈“杂文”,有时指的是“不管文体”的文章结集方式,有时讲的又是日渐“侵入高尚的文学楼台去的”独立文类[16]。

学界在谈论鲁迅的杂文观时,一般关注的是后者,即作为文类的“杂文”或“杂感”。像“论时事不留面子,砭锢弊常取类型”[17];“我是爱读杂文的一个人,而且知道爱读杂文还不只我一个,因为它‘言之有物’。我还更乐观于杂文的开展,日见其斑斓。第一是使中国的著作界热闹,活泼;第二是使不是东西之流缩头;第三是使所谓‘为艺术而艺术’的作品,在相形之下,立刻显出不死不活相”[18]。以及“不错,比起高大的天文台来,‘杂文’有时确很像一种小小的显微镜的工作,也照秽水,也看脓汁,有时研究淋菌,有时解剖苍蝇。从高超的学者看来,是渺小,污秽,甚而至于可恶的,但在劳作者自己,却也是一种‘严肃的工作’,和人生有关,并且也不十分容易做”[19]等,这些都是常被鲁迅研究者引用的“绝妙好辞”。我想提请注意的是,作为文章结集方式的“杂文”,即“不管文体”导致的不同文类之间的相互影响与渗透。

在《〈华盖集〉题记》、《〈华盖集续编〉小引》、《〈三闲集〉·序言》、《〈伪自由书〉前记》等文中,鲁迅明明将自家写作命名为"杂感"、"杂文",可为何在各类自述文字中,却又改用面目模糊的"短评"?是否因意识到《华盖集》等其实是以"杂文"为主体的"编年文集",而不是文章分类意义上的"杂文集",并因此做了区分,目下不得而知。但鲁迅的"短评"集之兼及杂文、散文、论文、书信、日记等文类这一事实,提醒我们注意鲁迅文章的丰富性,以及鲁迅"文体"的多样性。前苏联汉学家谢曼诺夫很早就提及这一点:"把鲁迅的作品和中国现代文学放在一起研究,就能特别明显地看出他作品的思想和艺术价值以及体裁的多样化。"[20]如只是涉及鲁迅短篇小说、散文诗、回忆记、杂文、散文等文类的成就,以及各文类内部的革新与变异,自茅盾以降,已有无数论述。我关心的是鲁迅的"论文"与"杂文"之间错综复杂的关系,并希望将这一关注贯穿到语言层面。

二、论著、杂文与演讲

同样是文章名家,周氏兄弟的"文体感"以及写作策略却明显有别:周作人是以不变应万变,同一时期内的所有撰述,不管是翻译还是创作,是散文还是专著,笔调基本一致。鲁迅则很不一样,不要说翻译和创作不同,小说与散文不同,即便同是议论,杂文与论文的笔调,也都可能迥异。换句话说,读周作人的文章,可以采用统一的视点,而且不难做到"融会贯通";读鲁迅的作品,则必须不断变换视点,否则,用读杂文的眼光和趣味来读论文,或者反之,都可能不得要领。后世关于鲁迅的不少无谓的争论,恰好起因于忽略了作为"文体家"的鲁迅,其写作既源于文类,而又超越文类。只读杂文,你会觉得鲁迅非常尖刻;但反过来,只读论文和专著,你又会认定鲁迅其实很平正通达。很长时间里,我们习惯于将鲁迅杂文里的判断,直接挪用来作为历史现象或人物的结论,而忽略了杂文本身"攻其一点,不及其余”的特征。在尊崇鲁迅的同时,违背了鲁迅顾及全人与全文的初衷[21]。“文化大革命”期间编纂的三种鲁迅言论集,即福建师范大学中文系编选的《鲁迅论外国文学》(北京:外国文学出版社,1982),中山大学中文系鲁迅研究室编印的《鲁迅论中国现代文学》(广州:中山大学,1978)和厦门大学中文系所编的《鲁迅论中国古典文学》(福州:福建人民出版社,1979),在给学界提供很大便利的同时,也留下了若干后遗症。除了“选本”和“语录”的盛行,必定缩小读者的眼光;更因其将论文、杂文以及私人通信等混编,很容易让人忽略论者依据文类所设定的拟想读者与论述策略,导致众多无心的误读或“过度阐释”。这三种言论集目前使用者不多,但《鲁迅全集》电子版的出现,使得检索更为便利。于是,寻章摘句以及跨文类阅读,使得上述问题更为严重。

除了专门著述,鲁迅杂文中确实包含了大量关于古代中国以及现代中国的论述。这些论述,常为后世的研究者所引用。必须正视将鲁迅杂文中的只言片语奉为金科玉律的负面效果;但如果反过来完全否认蕴涵在鲁迅杂文中的睿智的目光及精湛的见解,无疑也是一大损失。如何超越这一两难境地,除了前面所说的顾及全人与全文外,很重要的一点是,必须将鲁迅论敌的眼光包括在内——杂文作为一种文类,其补阙救弊的宗旨以及单刀直入的笔法,使得其自身必定是“深刻的片面”。所谓“好像评论做得太简括,是极容易招得无意的误解,或有意的曲解似的”[22],鲁迅的抱怨,主要针对的是读者之缺乏通观全局的目光和思路,而过于纠缠在个别字句或论断上。杂文的主要责任在破天下妄念,故常常有的放矢;而论文追求“立一家之言”,起码要求自圆其说。二者的目标与手段不同,难怪其对同一事件或人物作出截然不同的评价。完成《中国小说史略》和《中国小说的历史的变迁》后,鲁迅还在很多杂文中谈论唐宋传奇以及明清小说。单看结论,你会发现二者之间存在很大的缝隙,但鲁迅并没有修订旧作的意图——《中国小说史略》的日译本序提及马廉和郑振铎的贡献,也只是偏于资料订正。假如你一定要把鲁迅众多杂文中对于林黛玉的讥讽[23],作为鲁迅对于中国小说的“新见解”来接纳,而不是将其与梁实秋论战的背景,以及对梅兰芳自始至终的讨厌考虑在内，很可能差之毫厘失之千里。

更值得注意的是，在鲁迅那里，“文类意识”与“文体感”二者是密不可分的。《马上日记之二》评说《伊凡和马理》，兼及其“文法”与“体式”的“欧化”；《答KS君》批评《甲寅》，也是将“文言文的气绝”与“前载公文，接着就是通信，精神虽然是自己广告性的半官报，形式却成了公报尺牍合璧”这样“滑稽体式的著作”相勾连[24]。至于《坟》的前言后记，更是兼及“体式”（论文、杂文）与“文体”（文言、白话）的辨析。

并非混用概念而不自觉，而是有意识地将“体式”与“文体”挂钩——鲁迅这方面的思考，尚未得到学界的充分重视。《〈坟〉题记》中关于《摩罗诗力说》写作过程的叙述，似乎只是个人经历，带有很大的偶然性。《河南》杂志的编辑先生有一种怪脾气，文章愈长稿费愈多；再加上受《民报》文风的影响，喜欢做怪句子和写古字[25]。这一叙述，得到钱玄同、周作人回忆文章的证实。鲁迅刚逝世，钱、周分别发表文章或答记者问。前者称周氏兄弟跑到民报社听章太炎讲《说文解字》，目的是文字修养：“他们的思想超卓，文章渊懿，取材谨严，翻译忠实，故造句选辞，十分矜慎；然犹不自满足，欲从先师了解故训，以期用字妥帖。”[26]后者也提及当初“每星期日亦请太炎先生在东京民报社内讲学”，紧接着补充道：“彼时先兄尚有出版杂志之计划，目的侧重改变国人思想，已定名为《新生》，并已收集稿件。”[27]周氏兄弟早年的思想及文章受章太炎影响很深，这点学界早有定论。我想证明的是，这种影响，并非随“五四”新文化运动的兴起，以及周氏兄弟的崛起于文坛而自动终结。尤其是对于“述学文体”的探索，章太炎的影响十分深远[28]。

古代中国，不乏兼及文学与学术者，现代学者则很少这方面的追求。鲁迅及其尊师太炎先生，应该说是少有的将“著述”作为“文章”来经营的。换句话说，鲁迅之无愧于“文体家”称号，应该包括其学术著述——除了学术见解，也牵涉文章的美感，以及文言与白话之间的调适。后人撰小说史著时，喜欢引鲁迅的“只言片语”，因其文辞优美，言简意赅，编织进自家文章，有锦上添花的效果。

其他人的论述(如胡适、郑振铎等),也有很精彩的,但引征者大都取其观点,而不看中其审美功能。

晚清以降,随着新教育的迅速扩张,学者们的撰述,包括了专著、演讲、教科书等;而这三者之间的边界,表面上壁垒森严,实际上很容易自由滑动。按理说,不同的拟想读者和传播途径,必定影响作者的述学文体。可在实际操作中,好的系列演讲,略加整理就可成书(如《中国小说的历史的变迁》);教科书若认真经营,摇身一变,又都成了专著(如《中国小说史略》)。专著需要深入,教科书讲究条理,演讲则追求现场效果,鲁迅很清楚这其间的缝隙。查有记载的鲁迅演讲达五十多次,可收入《鲁迅全集》的只有 16 篇,不全是遗失,许多是作者自愿放弃——或因记录稿不够真切[29],或因与相关文章略有重复[30]。只要入集的,即便是演讲,也都大致体现了鲁迅思考及表达的一贯风格。

但是,作为演讲的《魏晋风度及文章与药及酒之关系》和主要是案头之作的《汉文学史纲要》,二者虽都有学术深度,可表达方式截然不同——后者严守史家立场,前者则多有引申发挥,现场感很强。《中国小说的历史的变迁》共六讲,乃鲁迅 1924 年 7 月在西安讲学时的记录稿,经本人修订后,收入西北大学出版部 1925 年印行的《国立西北大学、陕西教育厅合办暑期学校讲演集(二)》中。开头与结尾,确系讲演口吻;中间部分则颇多书面化的表述[31]。不过,即便如此,对比其专门著述,还是大有区别。其中谈过了《官场现形记》后,接下来便是《二十年目睹之怪现状》:

> 这部书也很盛行,但他描写社会的黑暗面,常常张大其词,又不能穿入隐微,但照例的慷慨激昂,正和南亭亭长有同样的缺点。这两种书都用断片凑成,没有什么线索和主角,是同《儒林外史》差不多的,但艺术的手段,却差得远了;最容易看出来的就是《儒林外史》是讽刺,而那两种都近于谩骂。[32]

这段话,根基于《中国小说史略》中的如下表述:

> 其在小说,则揭发伏藏,显其弊恶,而于时政,严加纠弹,或更扩充,并及风俗。虽命意在于匡世,似与讽刺小说同伦,而辞气浮露,笔无藏锋,甚且过甚其辞,以合时人嗜好,则其度量技术之相去亦远矣,故别谓之谴责小说。其作者,则南亭亭长与我佛山人名最著。[33]

两相比较,前者之接近口语,与后者的简约典雅,形成鲜明对照。

演讲与著述之间,如果只是文体差异,一通俗,一深邃,那问题还不是很大。真正值得关注的,是允不允许借题发挥。根据演讲整理而成的《从帮忙到扯淡》,将屈原的《离骚》概括为“不得帮忙的不平”,宋玉则是“纯粹的清客”,好在还有文采,故文学史上还是重要作家云云[34],与《汉文学史纲要》关于“屈原及宋玉”的论述,便有天壤之别。《汉文学史纲要》第四篇论及屈原作《离骚》,毫不吝惜褒奖之辞:

> 逸响伟辞,卓绝一世。后人惊其文采,相率仿效,以原楚产,故称“楚辞”。较之于《诗》,则其言甚长,其思甚幻,其文甚丽,其旨甚明,凭心而言,不遵矩度。故后儒之服膺诗教者,或訾而绌之,然其影响于后来之文章,乃甚或在三百篇以上。[35]

至于宋玉所撰《九辩》,“虽驰神逞想,不如《离骚》,而凄怨之情,实为独绝”[36]。如此赞誉,哪有日后“清客”之类讥讽的影子。

如此“前言”不搭“后语”,与其说是思想演进,不如考虑文体的差异。谈及鲁迅的“偏激”,研究者有褒有贬,但多将其作为个人气质,还有思维方式以及论述策略[37]。可除此之外,鲁迅之喜欢说狠话,下猛药,其实还有文体方面的制约。也就是说,容易冲动,言辞激烈,好走极端,乃杂文家的天性。论及自家杂感之所以显得“偏激”,鲁迅有这么一段解释:

> 说得自夸一点,就如悲喜时节的歌哭一般,那时无非借此来释愤抒情,现在更不想和谁去抢夺所谓公理或正义。你要那样,我偏要这样是有的;偏不遵命,偏不磕头是有的;偏要在庄严高尚的假面上拨它一拨也是

有的,此外却毫无什么大举。名副其实,杂感而已。[38]

这里的关键是“释愤抒情”。为了对抗流俗,“偏不遵命”、“偏要这样”,如此思维及表达方式,明显不同于史家所追求的“通古今之变,成一家之言”。

学问须冷隽,杂文要激烈;撰史讲体贴,演讲多发挥——所有这些,决定了鲁迅的撰述,虽有“大体”,却无“定体”,往往随局势、论题、媒介以及读者而略有变迁。

三、古书与口语的纠葛

将“体式上截然不同的东西”结集成书,最多只是个体例不纯的问题,远不如将古文和白话混编所可能导致的误解严重。更何况,其时社会上出现“做好白话须读好古文”的议论,而举例为证的名人中,正好就有鲁迅。鲁迅称:“这实在使我打了一个寒噤。别人我不论,若是自己,则曾经看过许多旧书,是的确的,为了教书,至今也还在看。因此耳濡目染,影响到所做的白话上,常不免流露出它的字句,体格来。但自己却正苦于背了这些古老的鬼魂,摆脱不开,时常感到一种使人气闷的沉重。”自认为“从旧垒中来,情形看得较为分明,反戈一击,易制强敌的死命”,鲁迅因此坚持“青年少读,或者简直不读中国书”的说法,而且说,这是“用许多苦痛换来的真话,决不是聊且快意,或什么玩笑,愤激之辞”[39]。不谈思想,单以文章论,鲁迅也主张“博采口语”,而不是阅读古书:

以文字论,就更不必在旧书里讨生活,却将活人的唇舌作为源泉,使文章更加接近语言,更加有生气。至于对于现在人民的语言的穷乏欠缺,如何救济,使他丰富起来,那也是一个很大的问题,或者也须在旧文中取得若干资料,以供使役,但这并不在我现在所要说的范围以内,姑且不论。[40]

为什么“也须在旧文中取得若干资料,以供使役”可以存而不论,那是因为,在鲁迅眼中，中国思想界最大的危险在于“复古”；而最容易“复古”的，莫过于文章趣味。在约略同时的《古书与白话》中，鲁迅继续批驳不读古书做不好白话之类的议论，坚称：“古文已经死掉了；白话文还是改革道上的桥梁，因为人类还在进化。”[41]

对照周作人同时期的相关论述，你会发现，兄弟俩对于白话文运动胜利后所应采取的发展策略，有截然不同的设想。在“五四”新文化运动中，周作人将批判古文与提倡新思想捆绑在一起，态度同样非常决绝[42]。可从1922年起，周作人的立场发生变化，先是在《国语改造的意见》中称：“现在的普通语虽然暂时可以勉强应用，但实际上言词还是很感缺乏，非竭力的使他丰富起来不可。这个补充方法虽有数端，第一条便是采纳古语。”后又在《国语文学谈》中表示：“五四前后，古文还坐着正统宝位的时候，我们的恶骂力攻都是对的”，如今白话成为正宗，有必要“把古文请进国语文学里来”[43]。而更有名的，是为俞平伯《燕知草》所撰写的跋语。在这篇文章中，周作人称自家欣赏“有涩味与简单味”因而“耐读”的文章，落实到“文体”上，便应该是：

> 以口语为基本，再加上欧化语，古文，方言等分子，杂糅调和，适宜地或吝啬地安排起来，有知识与趣味的两重的统制，才可以造出有雅致的俗语文来。[44]

一个关注“自己的园地”，在创造“有雅致的俗语文”的努力中，不避“古文”的介入；一个着眼于青年的未来，虽也承认总有一天文学家必须“在旧文中取得若干资料”，但当务之急是断绝复古之路。应该说，这两种策略各有其合理性。

朱光潜正是在表彰周作人成功的文体试验这一点上，提醒读者：“想做好白语文，读若干上品的文言文或且十分必要。现在白话文作者当推胡适之、吴稚晖、周作人、鲁迅诸先生，而这几位先生的白话文都有得力于古文的处所（他们自己也许不承认）。”[45]未见同是新文化运动主将的周作人或胡适之对此说发表异议，只有敏感的鲁迅不只“不承认”，还将此番言论与复古思潮联系起来，称此乃“新文艺的试行自杀”[46]。

作为“五四”新文化运动的积极倡导者之一，鲁迅之坚决捍卫白话文，自在情理之中。可在白话文已经成为现代中国的流行文体，文言文正迅速退出历史舞台的20年代后期，还用如此“刻毒”的语言表达自己的隐忧，确实发人深省：

> 我总要上下四方寻求，得到一种最黑，最黑，最黑的咒文，先来诅咒一切反对白话，妨害白话者。即使人死了真有灵魂，因这最恶的心，应该堕入地狱，也将决不改悔，总要先来诅咒一切反对白话，妨害白话者。[47]

这篇《〈二十四孝图〉》，与上述的《古书与白话》和《写在〈坟〉后面》，同样写作并发表于1926年，可以互相呼应。而对文言文死灰复燃的警惕，在鲁迅看来，是与思想战线上的反对复古主义联系在一起的。“我们此后实在只有两条路：一是抱着古文而死掉，一是舍掉古文而生存。”[48]——类似于这样只下大判断，而不屑于讲道理的决绝而专断的言论，在《鲁迅全集》中可以找到不少。那是因为，在鲁迅看来，“文言和白话的优劣的讨论，本该早已过去了，但中国是总不肯早早解决的，到现在还有许多无谓的议论”[49]，实在是中国人的悲哀。

十年后，章太炎纵谈“白话与文言之关系”，称“以此知白话意义不全，有时仍不得不用文言也”；“白话中藏古语甚多，如小学不通，白话如何能好”[50]？此语引起白话文提倡者的不满，并招来新文化人的若干批评。比如修辞学家陈望道便将此等“非深通小学就不知道现在口头语的某音，就是古代的某音，不知道就是古代的某字，就要写错”的说法，嘲讽性地称为“保守文言的第三道策”[51]。鲁迅也对乃师之“把他所专长的小学，用得范围太广了”表示不以为然，称：“然而自从提倡白话以来，主张者却没有一个以为写白话的主旨，是在从‘小学’里寻出本字来的，我们就用约定俗成的借字。……所以太炎先生的第三道策，其实是文不对题的。”[52]如此急迫地捍卫白话文运动的胜利成果，除了思想史意义上的反复古外，还有文体学方面的探索。相对于警惕“‘迎合大众’的新帮闲”，鲁迅更倾向于打击所谓的“文言余孽”。1926年之提倡“将活人的唇舌作为源泉，使文章更加接近语言，更加有生气”，与1934年之主张“倘要中国的文化一同向上，就必须提倡大众语，大众文，而且书法更必须拉丁化”[53]，二者之间，论题略有转换，精神脉络的一贯却非常清晰。

但如果只是将鲁迅描述成为“围剿”古文的斗士，则有失偏颇。因为，就在发表《写在〈坟〉后面》等文的前两年，鲁迅出版了用文言撰写的《中国小说史略》，而且，后记不只使用文言，还不加标点。1931年北新书局出版修订本，虽说是“稍施改订”，《题记》中也有若干谦辞，惟独对其述学文体，未做任何反省[54]。不单如此，就在发表《写在〈坟〉后面》等文的1926年，鲁迅为厦门大学编写中国文学史讲义，使用的依旧还是文言。这部1938年编入《鲁迅全集》时定名为《汉文学史纲要》的讲义，无疑也是鲁迅的重要著述。我们今天见到的鲁迅的学术著述，数这两部讲义最完整；而偏偏这两部著述，都是以文言撰写的；而且写于坚决主张青少年“要少——或者竟不——看中国书，多看外国书”[55]、反对青年作者从古文或诗词中吸取养分的1920年代中期。在我看来，并非鲁迅言行不一，或故作惊人语，而是基于其“体式”与“文体”相勾连的独特思路——对应现实人生的“小说”或“杂文”，毫无疑问应该使用白话；至于谈论传统中国的“论文”或“专著”，以文言表述，或许更恰当些。

四、直译的主张与以文言述学

从政治史、思想史角度，或从文学史、教育史角度谈论“读古书”，因其思考的层次不同，完全可能发展出同样合理但大相径庭的工作目标及论述策略。我要追问的是，为何在白话文运动已经取得决定性胜利、在思想战线时刻防止复古思潮得逞的20年代中期，鲁迅非要用文言著述不可？先看看鲁迅本人的解释：

> 此稿虽专史，亦粗略也。然而有作者，三年前，偶当讲述此史，自虑不善言谈，听者或多不憭，则疏其大要，写印以赋同人；又虑钞者之劳也，乃复缩为文言，省其举例以成要略，至今用之。[56]

老北大要求教师课前陆续提交讲义，由校方写印以供修课学生参考。查阅《鲁迅日记》，多有往北京大学或高等师范学校寄讲稿的记载；对照油印本讲义与正式刊行本,鲁迅小说史著的具体论述确有变异[57],但述学文体却始终如一。油印本的论述固然简要,且多有疏漏,却依旧是"文章"而非"大要"。至于所谓"虑钞者之劳也,乃复缩为文言"的提法,容易让人误解存在着更为繁复的白话底稿或讲义。无论如何,单从减轻钞者工作量这一"平民立场",无法解释鲁迅之以文言述学。

1927年,针对时人对于"非驴非马的白话文"的批评,胡适曾做了如下辩解:这一弊病确实存在,原因有三:"第一是做惯古文的人,改做白话,往往不能脱胎换骨,所以弄成半古半今的文体",比如梁启超以及胡适自己,便都有这种毛病。"第二是有意夹点古文调子,添点风趣,加点滑稽意味",比如吴稚晖、鲁迅以及钱玄同,便有这种雅好。至于第三,说的是那些"学时髦的不长进的少年"。关于鲁迅的文言著述,胡适是这么解释的:

> 鲁迅先生的文章,有时是故意学日本人做汉文的文体,大概是打趣"《顺天时报》派"的;如他的《小说史》自序。[58]

此说明显不妥,杂文可能"打趣",但哪有拿专门著述当儿戏的?《中国小说史略》的序言与正文二十八篇,笔调一致,属于正经、严谨的学术文章,看不出有什么"添点风趣,加点滑稽意味"的努力。

于是有了增田涉《鲁迅的印象》中的新解。据说,增田涉曾就此问题请教鲁迅,得到的答复是:

> 因为有人讲坏话说,现在的作家因为不会写古文,所以才写白话。为了要使他们知道也能写古文,便那样写了;加以古文还能写得简洁些。[59]

学者们引申发挥,立足于鲁迅针锋相对的思维特征以及韧性的战斗精神,将此举解读为"以其人之道还治其人之身",以自家的古文修养来反衬《学衡》派等"假古董"的苍白[60]。

此说有点勉强,但不是毫无道理。1919年3月18日,在《致〈公言报〉函并答林琴南函》中,针对对北京大学尽废古文而专用白话的批评,蔡元培校长如此

答辩:

> 北京大学教员中,善作白话文者,为胡适之、钱玄同、周启孟诸君。公何以证知为非博极群书,非能作古文,而仅以白话文藏拙者?胡君家世从学,其旧作古文,虽不多见,然即其所作《中国哲学史大纲》言之,其了解古书之眼光,不让于清代乾嘉学者。钱君所作之《文字学讲义》、《学术文通论》,皆大雅之文言。周君所译之《域外小说》,则文笔之古奥,非浅学者所能解。然则公何宽于《水浒》、《红楼》之作者,而苛于同时之胡、钱、周诸君耶?[61]

《域外小说集》乃周氏兄弟合译,要说"文笔之古奥",其兄明显在其弟之上。其实,对于那个时代的读书人来说,撰写古文不算什么难事,反而是以通畅的白话述学,需要煞费苦心。这一点,胡适曾再三提及。古文可以套用旧调,白话则必须自有主张,正如周作人在《中国新文学的源流》第五讲中所说的:"向来还有一种误解,以为写古文难,写白话容易。据我的经验说却不如是:写古文较之写白话容易得多,而写白话则有时实是自讨苦吃。"[62]

鲁迅的古文写作能力,从来没有受到质疑;反而是在谈论"写白话必须有古文修养"时,才会举鲁迅为例。即便需要证明自家的古文能力,有一《中国小说史略》足矣,何必一而再,再而三?除了《汉文学史纲要》,《唐宋传奇集》的《稗边小缀》也是使用文言文。一直到去世前一年撰写《〈小说旧闻钞〉再版序言》,鲁迅还是采用文言。这时的鲁迅,一代文豪的地位早已确立,更无必要向世人证明"也能写古文"。因此,我猜测,鲁迅说这段话时,带有戏谑的成分。

阅读人民文学出版社1981年版《鲁迅全集》第十卷所收的古籍序跋,以及上海古籍出版社1991年版《鲁迅辑校古籍手稿》,你会发现一个简单的事实:当从学问的角度进入传统中国的论述时,鲁迅一般都用文言写作。"古文还能写得简洁些",这固然是事实,但似乎还有更深一层的思虑。

1920年代的中国,文言与白话之争,在日常生活以及文学创作领域,已经尘埃落定:经由新文化人的不懈努力,胡适的预言——"白话文学之为中国文学之正宗,又为将来文学必用之利器”[63],已基本成为事实。虽然文学家——尤其是新进的文学家,大都转为以白话写作,学术家——即便是受过严格学术训练的留学生,也颇有继续采用文言述学的。胡适的《中国哲学史大纲》所标举的先引原文,后以白话解说的方法[64],虽被后世大多数学者所接纳,但不知不觉中,解说文字不再“明白如话”,而是略带“混和散文的朴实与骈文的华美”的文言腔[65]。原因是,倘若正文(白话)的质朴清新与引语(文言)之靡丽奇崛之间落差过大,作者与读者都会感觉不舒服。也许是耳濡目染,古书读多了,落笔为文必定趋于“雅健”;但也不排除作者意识到此中隔阂,借调整文体来填平鸿沟。因而,研究传统中国的文史学者,大都养成半文半白的述学文体[66]。至于像鲁迅那样,干脆用白话写小说、杂文,而用文言撰学术著作,并非绝无仅有——起码几年前(1998 年 12 月)去世的钱锺书,也是采用这一策略。只是随着教育体制的变化,1950 年代以后接受高等教育或进入学界者,很少再以文言述学。除了个人修养不够,还有发表园地的问题。1980 年代的《读书》杂志,以及 90 年代的《中国文化》和《学术集林》,偶尔发表一两则古文或骈文,但不是先贤遗作,就是作者年已耄耋,且多为序跋之类。

以文言述学,很快将成为历史。当代中国学者中,有此训练和雅趣的,绝无仅有。即便有人决心继绝学,也很难进入现行的学术评价体系,因而无法长久生存。对于这么一种几乎注定要消失的述学文体,与其刻意追摹其外表,不如体贴其内在精神。

谈论鲁迅之以文言述学,不妨放开眼界,引入鲁迅对于“直译”的提倡。就像梁启超说的,“翻译文体之问题,则直译意译之得失,实为焦点”[67]。因为,这是不同时代所有翻译家都必须直面的难题。至于到底何者为重,其实没有标准答案,取决于你的工作目的。

研究中国现代文学的,大都记得 1929 年底 1930 年初鲁迅与梁实秋关于翻译策略的论争。先是梁实秋撰文批评“文笔矫健如鲁迅先生”,因主张“硬译”而近于“死译”,其译文“简直是晦涩,简直是难解”,“专就文字而论,有谁能看得懂这样希奇古怪的句法呢”？结论是：“我们人人知道鲁迅先生的小说和杂感的文笔是何等的简练流利，没有人能说鲁迅先生的文笔不济，但是他的译却离‘死译’不远了。”[68]对于如此严重的指责，鲁迅的反驳，当然不会假以辞色。在《“硬译”与“文学的阶级性”》一文中，鲁迅继续为直译辩解：

> 自然，世间总会有较好的翻译者，能够译成既不曲，也不“硬”或“死”的文章的，那时我的译本当然就被淘汰，我就只要来填这从“无有”到“较好”的空间罢了。[69]

这里的低姿态，乃是以退为进；接下来的，便是将战火引到关于无产阶级文学理论的评价。照理说，严复“信达雅”的翻译标准很容易被大多数翻译家所接受。译作既不曲，也不死，当然是大好事。问题在于，假如这“理想的翻译”一时无法实现，该选择什么样的权宜之计：鲁迅主张直译（或曰“硬译”），而梁实秋则希望能有更通顺的翻译。翻译标准大同小异，分歧在于具体策略，为何演变成如此激烈的论战？原因是，这里的“翻译”连着“文学的阶级性”——作为导火索的，正是鲁迅所译苏俄理论家卢那察尔斯基的《艺术论》和《文艺与批评》。[70]

值得注意的是，选择“直译”而不是“意译”，乃鲁迅的长期战略，而非一时之计。这方面，鲁迅有很多精彩的论述，值得认真钩稽。

从译介《域外小说集》开始，鲁迅始终反对为投合国人口味而“任情删易”，主张“迻译亦期弗失文情”[71]。之所以提倡不无流弊的“直译”，有时甚至不太顾及国人的阅读习惯，就因为在鲁迅那里，翻译不仅仅是为了有趣的故事、进步的思想，还有新颖的文学样式与技巧。这一选择，包含着对于域外文学的体贴与敬重。晚清小说界之贬斥直译，推崇意译，其实隐含着某种根深蒂固的偏见，即对域外小说艺术价值的怀疑：“那种漫不经心的‘意译’，除译者的理解能力外，很大原因是译者并不尊重原作的表现技巧，甚至颇有声称窜改处优于原作者。这就难怪随着理论界对域外小说的评价日渐提高，翻译家的工作态度才逐渐严肃起来，并出现鲁迅等人直译的主张和实践。”[72]

鲁迅之所以主张直译，关键在于其认定翻译的功能，“不但在输入新的内容，也在输入新的表现法"[73]。这样一来,你从不符合中国的国情以及国人的阅读习惯来横加指责,就显得有点牛头不对马嘴。因为,那个"阅读习惯",在鲁迅看来,正是需要通过域外文学的"阅读"来加以改造的。故此,尽管有各种指责,鲁迅始终坚持其直译的主张。如《〈苦闷的象征〉引言》称:"文句大概是直译的,也极愿意一并保存原文的口吻。"[74]《〈出了象牙之塔〉后记》说:"文句仍然是直译,和我历来所取的方法一样;也竭力想保存原书的口吻,大抵连语句的前后次序也不甚颠倒。"[75]而在《关于翻译的通信》和《"题未定"草(二)》中,鲁迅再次强调:一面尽量的输入,一面尽量的消化、吸收,不但在输入新的内容,也在输入新的表现方式;故凡是翻译,必须兼顾两面,一则力求其易解,一则保存原作的风姿;译文当"尽量保存洋气","保存异国的情调"[76]。

宁可译得不太顺口,也要努力保存原作精悍的语气[77],这一翻译策略的选定,包含着对于洋人洋书的尊重;同理,对于古人古书的尊重,也体现在述学文体的选择。1981年版《鲁迅全集》第十卷,包括"古籍序跋集"和"译文序跋集"两部分。讨论译文,新文化运动以前循例采用文言,以后则全都采用白话,这很好理解。有趣的是,讨论古籍时,鲁迅竟然全部采用文言,甚至撰于1935年的《〈小说旧闻抄〉再版序言》也不例外。辨析传统中国学术时,弃白话而取文言,这与翻译域外文章时,尽量保存原有的语气,二者异曲同工。或许,在鲁迅看来,一个民族、一个时代的文学或学术精神,与其所使用的文体血肉相连。换句话说,文学乃至学术的精微之处,不是借助,而是内在于文体。剥离了特定文体的文学或学术,其精彩程度必定大打折扣。关键不在直白的口语能否胜任古典学问的讲述(起码《朱子语类》的魅力无法抹杀),而在于阅读、研究、写作时的心态。假如研究传统中国,毫无疑问,必须"尚友古人";若文体过于悬殊,很难做到陈寅恪所说的"神游冥想,与立说之古人,处于同一境界"。现代人做学问,容易做到的是"隔岸观火",或"居高临下",反而难得真正的"体贴"与"同情"。正是有感于此,陈寅恪方才借评说冯友兰的《中国哲学史》,要求论者对于古人"持论所以不得不如是之苦心孤诣,表一种之同情,始能批评其学说之是非得失,而无隔阂肤廓之论”[78]。许多研究中国文史的老学者之所以喜欢使用浅白文言或半文半白的语调述学，包含着贴近研究对象，以便更好地实现精神上的沟通与对话——当你用文言思考或述学时，比较容易滤去尘世的浮躁，沉入历史深处，“与立说之古人，处于同一境界”。

对于研究传统中国文史的学者来说，沉浸于古老且幽雅的文言世界，以至在某种程度上脱离与现实人生的血肉联系，或许是一种“必要的丧失”。正因为鲁迅徘徊于学界的边缘[79]，对现实人生与学问世界均有相当透彻的了解，明白这种“沉进去”的魅力与陷阱，才会采取双重策略：在主要面向大众的“杂文”中，极力提倡白话而诅咒文言；而在讨论传统中国的著述里，却依旧徜徉于文言的世界。

世人之谈论“文体家”的鲁迅，主要指向其小说创作；而探究“鲁迅风”者，又大都局限于杂文[80]。至于鲁迅的“述学之文”，一般只从知识增长角度论述，而不将其作为“文章”来辨析。而我除了赞赏《中国小说史略》在现代中国学术史上的贡献，还喜欢其述学文体。在我看来，20世纪中国学术史上，章太炎的《国故论衡》、梁启超的《清代学术概论》以及鲁迅的《中国小说史略》，都是经得起再三阅读与品味的“好文章”。

不承认其白话文写作得益于古文修养的鲁迅先生，肯定无法预料到，在“鲁迅走在《金光大道》上”的十年“文革”期间，很多年轻人正是借助于鲁迅著作（主要是杂文）的阅读，学会曲折幽深、半文半白的表达方式，并借以颠覆空话连篇的“新华文体”。提倡少读乃至不读中国书的鲁迅，竟成了引导青年进入古典世界（从历史知识到文章趣味）的绝好向导，如此颇具反讽意味的“误读”，其实不无道理——现代中国作家中，确实难得像鲁迅那样兼及强烈的现代意识与深厚的古典修养的。事过境迁，鲁迅当年大声疾呼的如何“将活人的唇舌”作为源泉，早已不是问题；当代中国文章之吸纳口语，俨然已成时尚。而且，在我看来，正日益显示其弊端。与此相反，鲁迅所急于摆脱的那个古典世界的阴影，对于年轻人来说，基本上不存在——不要说纠缠，连感知或想象都十分困难。正是基于此，读者之欣赏鲁迅文章，真的回到了朱光潜的思路。

不只如此,最近几年,愈演愈烈的兼及文化与商业的怀旧时尚,年轻人必不可少的逆反心理,学界对于当代中国作家语言能力的质疑,还有关于五十年来教育体制以及课程建设的反省等,不知不觉的,竟汇成了一种思潮——重新召唤并审视那本已消失在历史深处的文言世界。学界的争论不说,大众的反应更值得关注。1999年由中国青少年基金会发起的“青少年古诗文诵读工程”,进展十分顺利,至今仍广受社会各界好评;2001年高考,一篇用浅白文言撰写的作文《赤兔之死》获得满分,引起教育文化界的哗然;与此相映成趣的,是清代词人纳兰性德成为少男少女追捧的对象。在我看来,这三件小事,预示着世人对于本来早已谢幕的文白之争,会有新的理解与诠释[31]。

对于生活在另一个时空、文化素质与鲁迅截然不同的21世纪的中国人来说,如何看待百年来的文言与白话之争,是个新出现的难题。但愿不致陷入“拨乱反正”与“拨正反乱”的怪圈,而是能理智地看待“五四”新文化人——尤其是鲁迅的精神遗产。在没有找到“万全之计”并因而“一语中的”之前,我希望考虑鲁迅的策略:将文章的“体式”与“文体”扭结起来,综合考察,而且兼及文学史与思想史的立场。

五、文体的“抵抗”

有“大体”而无“定体”的文章体式,既需要尊重,更需要超越。在晚清以降日益汹涌的西学大潮中,基于对西方“文学概论”的迷信,不少批评家习惯套用教科书上关于小说、诗歌、戏剧等文类的定义,并以此来规范中国作家的创作。鲁迅对此倾向非常不满,在很多场合里表示不屑,除了拒绝进入神圣的“文学殿堂”,更有所谓“伟大也要有人懂”之类的责难,而且直接指向“留学生漫天塞地以来”这一外部环境[32]。

同属留学生的鲁迅,基于其一贯的怀疑精神以及自家的文学经验,对教科书中凝定不变的文类界说很不以为然。在《徐懋庸作〈打杂集〉序》中,有这么一段话：

> 我们试去查一通美国的"文学概论"或中国什么大学的讲义，的确，总不能发见一种叫作Tsa-wen的东西。这真要使有志于成为伟大的文学家的青年，见杂文而心灰意懒：原来这并不是爬进高尚的文学楼台去的梯子。托尔斯泰将要动笔时，是否查了美国的"文学概论"或中国什么大学的讲义之后，明白了小说是文学的正宗，这才决心来做《战争与和平》似的伟大的创作的呢？我不知道。但我知道中国的这几年的杂文作者，他的作文，却没有一个想到"文学概论"的规定，或者希图文学史上的位置的，他以为非这样写不可，他就这样写，因为他只知道这样的写起来，于大家有益。[83]

表面上是在为"杂文"这一文章体式争地位，可体现的是鲁迅的思维特征：质疑所有世人以为"理所当然"的大道理。"从来如此，就对吗?""狂人"固执的追问，久久盘桓在鲁迅等"五四"新文化人心头。这一追问，既指向思想，也指向文体。前者的意义，已经得到许多研究者的再三掘发；反而是后者，不太为人关注。而在我看来，作为一个时刻咀嚼、品味、琢磨"文字"的思想家、文学家，鲁迅的怀疑立场以及抵抗精神，不能不牵涉"文体"。换句话说，像鲁迅这样以"抵抗"著称于世者，其挑战主流意识形态与抛弃社会普遍认可的文类观念，二者完全可能互相勾连。

对于传统中国文化，鲁迅有过十分激烈的抨击，但也不无缠绵与留恋，比如30年代的谈版画、说笺纸，便与十年前的"肆意践踏"线装书大不一样。这里有关注思想潮流与侧重艺术趣味的分野，但更重要的，还是其"对症下药"的论述策略。刻意阻断流行思路，不为时尚所蛊惑，这种每时每刻的抵抗，针对的是世人各种各样的"迷思"。这一点，倒是与乃师章太炎的思路十分接近，在《致国粹学报社书》中，章太炎称："虽然，学术本以救偏，而迹之所寄，偏亦由生。"[84]正视救偏之"偏"、除弊之"弊"，这一思路延伸下来，便是对于日渐成为主流的"白话文"以及西方文学尺度，既坚持，又反省。

相对于“说什么”的政治立场，“怎么说”的文体选择，更能显示个人趣味。因而，表面上不太起眼的后者，在我看来，更为曲折幽深。1921年，叶圣陶曾撰文批评当时一些提倡白话文学的人，偶尔还做文言文和旧诗词，讥此举为“骸骨之迷恋”[85]。此后，“骸骨之迷恋”便常被引用来形容守旧者之不能忘情过去。

可实际上，不少“五四”新文化人，对旧的文学样式“不思量，自难忘”。不妨以朱自清对于旧诗的态度为例。生前亲自编定《敝帚集》和《犹贤博弈斋诗钞》，但只是为了坚持新文化方向，朱自清从不公开发表旧体诗作。在“诗钞”的《自序》里，他作了这样的表白：

> 惟是中年忧患，不无危苦之词；偏意幽玄，遂多戏论之粪，未堪相赠，只可自画蚓涂鸦，题签入笥，敢云敝帚之珍，犹贤博弈之玩云尔。[86]

作为入室弟子，王瑶在《念朱自清先生》中，对朱先生的这一举措做了如下解释：“他作为一个新诗人和古典诗歌的研究学者，深知‘诗的传统力量比文的传统大得多，特别在形式上’；因此，新诗人在挣脱‘旧镣铐’，‘寻找新世界’的过程中的每一个新的创造，都引起他近乎狂喜般的强烈反应”；也正因此，他拒绝发表或出版自家的旧体诗集。[87]有趣的是，朱自清的《犹贤博弈斋诗钞》中，多有与叶圣陶的唱和之作——可见叶日后也无法摆脱此“骸骨之迷恋”。其实，这种心态在“五四”新文化人中相当普遍。鲁迅之撰旧体诗，仅限于题赠友人；郁达夫、郭沫若等则不只大写特写，而且公开刊行。可以说，或迟或早，那代文人极少能完全摆脱此诱惑的。

不仅仅是写旧体诗，中国现代史上的“激进文人”，仍然保持优雅的文人趣味的，大有人在。所谓的“新中有旧”，有时是跟不上急剧变化的时代，有时则是刻意反叛时尚，二者不可同日而语。生活在纷繁复杂的现实世界，略显矛盾与凌乱的人物，或许比过分整齐划一者更为真实可信，也更可爱。比起思想家普遍存在的理性与情感的分裂、口号与趣味的歧异、外在形象与内心世界的矛盾来，文学家因其感受细腻，再加上表达时淋漓尽致，更容易呈现“自我分裂”的倾向。像鲁迅这样既是思想家又是文学家的伟人，其政治立场与文学趣味之间存在某种缝隙,实在是再正常不过的了。直面其性格中的多疑、幽暗、自省,以及表达时的隐喻、讽刺、象征,对于我们走出符号化的“鲁迅形象”,大有裨益。

在我看来,不愿公开发表旧体诗词的鲁迅,其选择“以文言述学”,同样蕴涵着传统文人趣味。[88]讨论的是“传统中国”,为追求与研究对象相吻合,故意采用文言,这是一方面;另一方面,如此选择,还有文章美感方面的考虑。同是讨论《红楼梦》,对比演讲体的《中国小说的历史的变迁》和著述体的《中国小说史略》,不难明白二者的差异。前者的说法是:“至于说到《红楼梦》的价值,可是在中国底小说中实在是不可多得的。其要点在敢于如实描写,并无讳饰,和从前的小说叙好人完全是好,坏人完全是坏的,大不相同,所以其中所叙的人物,都是真的人物。总之自有《红楼梦》出来以后,传统的思想和写法都打破了。”后者则如此表述:“悲凉之雾,遍被华林,然呼吸而领会之者,独宝玉而已。”“全书所写,虽不外悲喜之情,聚散之迹,而人物事故,则摆脱旧套,与在先之人情小说甚不同。”“盖叙述皆存本真,闻见悉所亲历,正因写实,转成新鲜。”[89]大意差不多,可文气相去甚远,后者明显有“经营”文章的意味。

对于传统中国学术精神的领悟,对于尼采等现代主义思想家及其著述的兴趣[90],对于自家生命体验和艺术趣味的尊重,使得鲁迅撰写学术著作时,尊崇朴学,强调品味,轻视概论,怀疑体系。而所有这些,不能不影响其述学文体。是否采用文言述学,这是鲁迅的个人选择:《中国小说史略》的成功,不能归结为“古文的魅力”。只是鲁迅的选择,让我们明白问题的复杂性:在学术表达领域,不能简单地以文白断死活。

修习中国现代文学的都知道,不只文言被判死刑,就连文言、白话“分而治之”的设计,也因被周作人、胡适讥为带有明显阶级偏见,而声名狼藉,一蹶不振。所谓强分“我们”士大夫和“他们”齐氓细民、“古文是为‘老爷’用的,白话是为‘听差’用的”、“上等人认汉字,念八股,做古文;下等人认字母,读拼音文字的书报”,[91]凡此等等,说得过于干脆利落,黑白分明,回避了问题的复杂性。

其实,制约着“文体”的,除了阶级与政治,还有文类与学科。当初辨析文言白话各自利弊得失时,除了积极提倡白话与坚决捍卫文言的,还有第三种声音,那就是既积极推行白话,又不完全排斥文言。

若刘师培1905年分载于《国粹学报》的《论文杂记》,便称俗语入文势不可挡,最佳方案是“以通俗之文推行书报,凡世之稍识字者,皆可家置一编,以助觉民之用”,同时不废“古代文词”:

> 故近日文词,宜区二派:一修俗语,以启瀹齐民;一用古文,以保存国学。庶前贤矩范,赖以仅存。[32]

刘师培之谈论文白,视野相当开阔,既提到“英儒斯宾塞耳”,也说及“昔欧洲十六世纪教育家达泰氏”,再加上梳理了自古以来中国文学的发展趋势,可谓言之有据。

身为新文化运动策源地北京大学的校长,蔡元培“新派人物”的身份毋庸置疑。1919年11月17日,蔡先生应邀在北京女子高等师范学校发表演讲,谈论“国文之将来”:

> 所以我敢断定白话派一定占优胜。但文言是否绝对的被排斥,尚是一个问题。照我的观察,将来应用文,一定全用白话。但美术文,或者有一部分仍用文言。[33]

刘、蔡二家,都是预感到日常语言、文学语言、学术语言之间的缝隙,在提倡俗语/白话的同时,在某一层面上为古文/文言留一席之地。现在看来,这种“提倡白话、不废文言”的主张,在当时的情况下,虽策略性不强,却并非无理取闹。

讨论鲁迅的述学文体,顺带重提刘师培、蔡元培文白分途发展的主张,既是历史研究,也是现实关怀——在“传统中国”研究领域,我们该如何思考,怎样表达。在我看来,经历了百年风雨,“文白之争”可以消歇;今日中国,基于多元文化趣味,应该允许甚至鼓励文白之间互相制约,互相补充。落实到具体作者,生存于学界的中心或边缘,注重破坏或建设,推崇信仰或怀疑,采取正面突进或迂回包抄,所有这些,都不能不影响其拟想读者与论述策略。在这个意义上,关于述学文体的选择,完全可能“百花齐放”。

2001年11月9日演讲于

日本东方学会第51届年会

2002年12月20—29日

二稿于台北长兴街客舍

2003年12月25—31日三稿于京北西三旗

2005年1月6—10日定稿于京西圆明园花园

注 释

① 鲁迅:《我怎么做起小说来》,《鲁迅全集》4卷512—513页,北京:人民文学出版社,1981年。

② 黎锦明《论体裁描写与中国新文艺》(《文学周报》5卷2期,1927年8月)称:“西欧的作家对于体裁,是其第一安到著作的路的门径,还竟有所谓体裁家(Stylist)者。……我们中国文学,从来就没有所谓体裁这名词,到现在还是没有。我们的新文艺,除开鲁迅、叶绍钧二三人的作品还可见到有体裁的修养外,其余大都似乎随意的把它挂在笔头上。”

③ 韦勒克和沃伦合著、刘象愚等译《文学理论》(北京:三联书店,1984年)第十四章“文体和文体学”称:“文体学研究一切能够获得某种特别表达力的语言手段,因此,比文学甚至修辞学的研究范围更广大。所有能够使语言获得强调和清晰的手段均可置于文体学的研究范畴内:一切语言中,甚至最原始的语言中充满的隐喻;一切修辞手段;一切句法结构模式。”(第191页)

④ 1930年代修辞学家陈望道撰《修辞学发凡》,论及文体时称,有八种分类方法:民族的分类、时代的分类、对象或方式上的分类、目的任务上的分类、语言的成色特征上的分类、语言的排列声律上的分类、表现上的分类、依写说者个人的分类等。而作者最为关注的是第七种,即“表现上的分类”,包括“简约和繁丰”、“刚健和柔婉”、“平淡和绚烂”、“谨严和疏放”这四组八种体性(《修辞学发凡》第263页,上海教育出

版社,2002年)。90年代,申丹撰《叙述学与小说文体学研究》,区分文学文体学、功能文体学、话语文体学、社会历史/文化文体学等。论及狭义的文体即文学文体时,作者称:"包括文学语言的艺术性特征(即有别于普通或实用语言的特征)、作品的语言特色或表现风格、作者的语言习惯,以及特定创作流派或文学发展阶段的语言风格等。"(《叙述学与小说文体学研究》第73页,北京大学出版社,2001年)如果局限在文学文体学,论者一般都会兼及体裁、语体、风格三个层面,而不仅仅是语言分析。

⑤ 雁冰:《读〈呐喊〉》,1923年10月8日《时事新报》副刊《学灯》。

⑥ 《〈故事新编〉序言》,《鲁迅全集》2卷第342页。

⑦ 最典型的,莫过于曹丕的《典论·论文》:"夫文本同而末异,盖奏议宜雅,书论宜理,铭诔尚实,诗赋欲丽。"

⑧ ⑮《〈且介亭杂文〉序言》,《鲁迅全集》6卷第3页。

⑨ 参见《〈十二个〉后记》,《鲁迅全集》7卷第301页;《马上日记之二》,《鲁迅全集》3卷第342页。

⑩ 《〈自选集〉自序》,《鲁迅全集》4卷第456页。

⑪ 《〈朝花夕拾〉小引》,《鲁迅全集》2卷第230页。

⑫ "听说今年上海的热,是六十年来所未有的"——这样的开篇,确实不像学术论文。可这十二则发表在《申报·自由谈》上的系列短文,有完整的理论构思,非寻常杂感可比。第二年,此系列短文加上其他关于语文改革的四篇文章,合为《门外文谈》一书,由上海天马书店单独刊行。

⑬ 参阅《写在〈坟〉后面》和《〈坟〉题记》见《鲁迅全集》1卷第282页、第3页。

⑭ 参见《〈二心集〉序言》,《鲁迅全集》4卷第189—192页。

⑯⑱㊸ 《徐懋庸作〈打杂集〉序》,《鲁迅全集》6卷第291页、293页。

⑰ 《〈伪自由书〉前记》,《鲁迅全集》5卷第4页。

⑲ 《做"杂文"也不易》,《鲁迅全集》8卷第376页。

⑳ 谢曼诺夫著、李明滨译:《鲁迅和他的前驱》第102页,长沙:湖南文艺出版社,1987年。

㉑ 在《"题未定"草(六)》中,鲁迅这样谈论陶渊明:"这'猛志固常在'和'悠然见南山'的是一个人,倘有取舍,即非全人,再加抑扬,更离真实"(《鲁迅全集》6卷第422

页)。

㉒《〈二心集〉序言》,《鲁迅全集》4 卷第 191 页。

㉓ 参见《坟·论照相之类》、《二心集·"硬译"与"文学的阶级性"》、《二心集·宣传与做戏》、《花边文学·略论梅兰芳及其他(上)》、《花边文学·看书琐记》和《集外集·文艺与政治的歧途》等。

㉔ 参见《马上日记之二》,《鲁迅全集》3 卷第 342 页;《答 KS 君》,《鲁迅全集》3 卷第 112 页。

㉕《(坟)题记》,《鲁迅全集》1 卷第 3 页。

㉖ 钱玄同:《我对于周豫才君之追忆与略评》,1936 年 10 月 26 日《世界日报》(北平)。

㉗ 参见《周作人谈往事》1936 年 10 月 20 日《世界日报》(北平)。

㉘ 参见拙著《中国现代学术之建立》(北京大学出版社,1998 年)第八章"现代中国的'魏晋风度,与'六朝散文'",以及拙文《作为"文章"的"著述"》(见《掬水集》,天津:百花文艺出版社,2001 年)。

㉙ 在《〈集外集〉序言》中,鲁迅称:"只有几篇讲演,是现在故意删去的。我曾经能讲书,却不善于讲演,这已经是大可不必保存的了。而记录的人,或者为了方音的不同,听不很懂,于是漏落,错误;或者为了意见的不同,取舍因而不确,我以为要紧的,他并不记录,遇到空话,却详详细细记了一大通;有些则简直好像是恶意的捏造,意思和我所说的正是相反的。凡这些,我只好当作记录者自己的创作,都将它由我这里删掉。"(《鲁迅全集》7 卷第 5 页)

㉚ 参见朱金顺《鲁迅演讲资料钩沉》,长沙:湖南人民出版社,1980 年;马蹄疾《鲁迅讲演考》,哈尔滨:黑龙江人民出版社,1981 年。

㉛ 如"敬梓多所见闻,又工于表现,故凡所有叙述,皆能在纸上见其声态;而写儒者之奇形怪状,为独多而独详"云云,就不能说是口语实录。

㉜《中国小说的历史的变迁》第六讲,《鲁迅全集》9 卷第 335 页。

㉝《中国小说史略》第二十八篇,《鲁迅全集》9 卷第 282 页。

㉞《从帮忙到扯淡》,《鲁迅全集》6 卷第 344 页。以上。

㉟㊱《汉文学史纲要》第四篇,《鲁迅全集》9 卷第 370 页、第 375 页。

㊲ 要说鲁迅的"偏激"有策略性的考虑,最合适的例子,莫过于拆屋子的比喻:"中国人的

性情是总喜欢调和,折中的。譬如你说,这屋子太暗,须在这里开一个窗,大家一定不允许的。但如果你主张拆掉屋顶,他们就会来调和,愿意开窗了。没有更激烈的主张,他们总连平和的改革也不肯行。”(《无声的中国》,《鲁迅全集》4卷第13－14页)

㊳《〈华盖集续编〉小引》,《鲁迅全集》3卷第183页。

㊴㊵㊻《写在〈坟〉后面》,《鲁迅全集》1卷第285－287页。

㊶《古书与白话》,《鲁迅全集》3卷第214页。

㊷如《思想革命》(《谈虎集》上册,上海:北新书局,1928年)中称:“我们反对古文,大半原为他晦涩难解,养成国民笼统的心思,使得表现力与理解力都不发达,但别一方面,实又因为他内中的思想荒谬,于人有害的缘故。”

㊸参见《国语改造的意见》,《艺术与生活》第57页,长沙:岳麓书社,1989年;《国语文学谈》,《艺术与生活》第64－65页。

㊹周作人:《〈燕知草〉跋》,《永日集》第78页,长沙:岳麓书社,1988年。

㊺明石(朱光潜):《〈雨天的书〉》,《一般》1卷3号,1926年11月。

㊼《〈二十四孝图〉》,《鲁迅全集》2卷第251页。

㊽㊾《无声的中国》,《鲁迅全集》4卷第15页、第14页。

㊿章太炎:《白话与文言之关系》,章太炎主讲、曹聚仁记述《国学概论》(香港:学林书店,1971年)第113－121页。

51 南山(陈望道):《保守文言的第三道策》,《太白》2卷7期,1935年6月。

52 《名人和名言》,初刊《太白》2卷9期,1935年7月,见《鲁迅全集》6卷第361－364页。

53 参见《写在〈坟〉后面》,《鲁迅全集》1卷第286页;《门外文谈》,《鲁迅全集》6卷第100页。

54 《〈中国小说史略〉题记》,《鲁迅全集》9卷第3页。

55 《青年必读书》,《鲁迅全集》3卷第12页。

56 《〈中国小说史略〉序言》,《鲁迅全集》9卷第4页。

57 参见拙文《鲁迅的小说类型研究》,见《小说史:理论与实践》第202－219页,北京大学出版社,1993年。

⑱ 参见胡适《整理国故与“打鬼”》,《胡适文存三集》卷二第208页,上海:亚东图书馆,1930年。

⑲ 增田涉著、钟敬文译:《鲁迅的印象》,见《寻找鲁迅·鲁迅的印象》第337页,北京出版社,2002年。

⑳ 参见单演义《关于最早油印本〈小说史大略〉讲义的说明》,《鲁迅小说史大略》第125页,西安:陕西人民出版社,1981年。

㉑ 《蔡元培全集》3卷第271页,北京:中华书局,1984年。

㉒ 周作人:《中国新文学的源流》第111页,北平:人文书店,1934年订正三版。

㉓ 胡适:《文学改良刍议》,《新青年》2卷5号,1917年1月。

㉔ 胡适《中国哲学史大纲》(上海:商务印书馆,1919)之《凡例》称:“本书全用白话,但引用古书,仍用原文;原文若不容易懂得,便用白话作解说。”

㉕ 借用周作人《〈苦竹杂记〉后记》(《苦竹杂记》,上海:良友图书公司,1936年)中对于理想文章的描述。

㉖ 参见拙文《现代中国的述学文体——以“引经据典”为中心》,《文学评论》2001年4期。

㉗ 梁启超:《翻译文学与佛典》,《梁任公近著第一辑》中卷第104页,上海:商务印书馆,1923年。

㉘ 参见梁实秋《论鲁迅先生的“硬译”》,《新月》2卷6、7号合刊,1929年9月;实秋:《答鲁迅先生》,《新月》2卷9期,1929年11月。

㉙ 《“硬译”与“文学的阶级性”》,《鲁迅全集》4卷第210页。

㉚ 参见王宏志《重释“信达雅”:二十世纪中国翻译研究》第240—265页,上海:东方出版中心,1999年。

㉛ 参见《域外小说集》一书的《略例》与《序言》,见《鲁迅全集》10卷第157页、第155页。

㉜ 参见拙著《二十世纪中国小说史》第一卷第39页,北京大学出版社,1989年。

㉝ 《关于翻译的通信》,《鲁迅全集》4卷第382页。

㉞ 《〈苦闷的象征〉引言》,《鲁迅全集》10卷第232页。

㉟ 《〈出了象牙之塔〉后记》,《鲁迅全集》10卷第245页。

⑯ 参见《关于翻译的通信》,《鲁迅全集》4 卷第 383 页;《“题未定”草(二)》,《鲁迅全集》6 卷第 352 页。

⑰ 这一点,周作人很有同感。在其译述的《点滴》(北京大学出版部,1920 年)一书的序言中,周作人同样强调“直译的文体”,称译文应该“不象汉文”,“因为原是外国著作,如果同汉文一般样式,那就是随意乱改的糊涂文,算不了真翻译”。“应当竭力保持原作的风气习惯语言条理,最好是逐字译,不得已也应逐句译,宁可‘中不象中,西不象西’,不必改头换面。”

⑱ 陈寅恪:《冯友兰〈中国哲学史〉上册审查报告》,《金明馆丛稿二编》第 247 页,上海古籍出版社,1980 年。

⑲ 参阅拙文《作为文学史家的鲁迅》,《学人》4 辑,南京:江苏文艺出版社,1993 年 7 月;此文由中岛长文先生译成日文,刊《飙风》32 号,1997 年 1 月。

⑳ 郜元宝《“胡适之体”和“鲁迅风”》(《学人》13 辑,南京:江苏文艺出版社,1998 年 3 月)在语言表述层面抑胡扬鲁,颇有声色;但仅局限于鲁迅杂文与胡适政论,未及其各自的述学之文,殊为可惜。

㉑ 参见拙文《当代中国的文言与白话》,《中山大学学报》2002 年 3 期。

㉒ 《叶紫作〈丰收〉序》,《鲁迅全集》6 卷第 220 页。

㉔ 章太炎:《致国粹学报社书》,《章太炎政论选集》第 498 页,北京:中华书局,1977 年。

㉕ 参见斯提(叶圣陶)《骸骨之迷恋》,《时事新报·文学旬刊》19 期,1921 年 11 月 12 日。

㉖ 朱自清:《〈犹贤博弈斋诗钞〉自序》,《朱自清全集》5 卷第 242 页,南京:江苏教育出版社,1990 年。

㉗ 王瑶:《纪念朱自清先生》,《王瑶全集》5 卷第 582—585 页,石家庄:河北教育出版社,2000 年。

㉘ 在荒井健主编的《中华文人生活》(东京:平凡社,1994 年)最后一章,中岛长文专门讨论鲁迅的“文人性”(参见该书第 587—625 页)。这里的文人性,不是指“风流韵事”,而是传统文人对于花木、图书、版画、画像石、笺谱、古诗文等的欣赏乃至沉湎。

㉙ 参见《鲁迅全集》9 卷第 338 页,第 231—234 页。

⑩ 尼采的著述方式,同样不符合那个时代的“文学概论”或“哲学概论”。另外,鲁迅对佛学的修养,也让我们产生丰富的联想——那种遵循“写作手册”而非自家生命体验的著述,不是鲁迅认可的学问境界。

⑪ 参见周作人《中国新文学的源流》第100页;胡适:《〈中国新文学大系·建设理论集〉导言》,《胡适全集》12卷第274页,合肥:安徽教育出版社,2003年。

⑫ 刘师培:《论文杂记》,《中国中古文学史·论文杂记》第110页,北京:人民文学出版社,1962年。

⑬ 蔡元培:《国文之将来》,《蔡元培全集》3卷第358页。

(《文学评论》2005年第5期)

“为天地立心”

——鲁迅著作所见“心”字通诠

郜元宝

一、“心学”与“文学”的开始

鲁迅著作中“心”字的用法,《科学史教篇》为一转折。此前偶见,皆沿袭旧惯,泛指人心而无特殊规定,如“异哉!王何心乎?”(《斯巴达之魂》),“抚心愁叹……不觉生敬爱忧惧种种心”(《中国地质略论》),“笃守旧说,得新见无所动其心”(《人之历史》),或为科学上专有名词如“地心”(《中国地质略论》)、“求心力”、“离心力”、“心房”(《人之历史》)——至是篇,始明确赋予文化根基及个体生命自觉二义,并进一步将“心”区分为“神思”与“学”两端:“盖神思一端,虽古之胜今,非无前例,而学则构思验实,必与时代之进而俱升。”不仅此也,“科学发见,常受超科学之力,易语以释之,亦可曰非科学的理想之感动……”“事物之成,以手乎,抑以心乎”,就是说,“神思”之心比“学”之心更重要,“学”或“学”的延长即“手”,“非本柢而特葩叶耳”,其“深无底极”的“根源”与“本”,则是“神思”之心,或曰“理想”、“圣觉”。鲁迅抱怨对欧洲近世文明,“举国惟枝叶之求,而无一二士寻其本”,《科学史教篇》,即所以寻科学之本也。这以后,他干脆用“心”字专指“神思”之心,而于“学”之心废弃不讲,直呼曰“学”、“学说”。

随着鲁迅对“心”的理解逐渐明朗化,短暂的科学时代结束了,“心学”时代揭开序幕。时在一九〇七至一九〇八年间。

“心”既分为“神思”之心和“学”之心,则和“科学”一同让位的,还有

“学说”。《科学史教篇》怀疑一切“学”的价值，稍后《摩罗诗力说》更以“冰之喻”形象说明文学与“学说”功能之不同：要告诉生活在热带的人冰是什么，种种“学说”的解释都间接而无力，惟把冰块直接贴在热带人脸上，才是最好的解释。文学描绘人生即与此相似。鲁迅用这个比喻说明，“与人生即会”、“直语其事实法则”、“实利离尽，究理弗存”的文学，价值不仅高于“科学”，也高于“学说”。“心学”时代的揭幕，是文学家鲁迅告别科学家鲁迅之始，也为日后文学家鲁迅告别学者鲁迅埋下了伏笔。

鲁迅的“心学”和他的“文学”一同开始，“心学”就是“文学”。作为文化根基与个体生命自觉、有别于科学与学说的神思之“心”的“心声”、“内曜”，在鲁迅看来，就是原初的文学(诗)。

二十世纪中国文学又称“新文学”，以别于传统旧文学，这原本不成问题。但各人有各人之所谓“新”，把鲁迅归入“新文学”，固可彰显其个性(相对于形形色色的“旧”)，也能淹没其个性(混同于人皆趋赴的“新”)，故不能停留于“新”，应撩开“新”的面纱，“籀读其心声，以相度神思之所在”。在鲁迅，“新文学”首先乃是“心文学”。“心”是本体，“新”则系本体一现象。“新”而无“心”，只剩一副空壳。“新文学”须植根于新的“心”，而非别的什么“新”。判断何为真正的“新”，只能用“心”衡量，不能反过来用“新”衡量“心”。这是鲁迅文学/思想最吃紧处。

一般认为，鲁迅早期思想核心在“立人”，这大致包含相互支持的两面：“掊物质而张灵明，任个人而排众数。”然而，《文化偏至论》、《摩罗诗力说》、《破恶声论》三篇大文，基本概念都非“人”，而是“心”；含义相同或相近的还有“自心”、“自性”、“我性”、“此我”、“精神”、“神气”、“本原”、“本根”、“根柢”、“精神生活”、“内部之生活(主观之内面生活)”、“仁义之途，是非之端”、“神明”、“神思”、“人心(近世人心)”、“神思新宗(新神思宗)”、“反观诸己(内省诸己)”、“性灵”、“理想”、“情意”、“情操”、“情感”、“主观”、“主观性”、“主观倾向”、“主观意力”、“内”、“渊思冥想”、“自省抒情”、“内曜”、“自有之主观世界”、“心灵”、“神”、“旨趣”、“大本”、“灵明”、“灵府”、“中心”、“初”、“所宅”……诸概念极其庞杂,有《周易》、老庄语,孔、孟、陆、王语,《文心雕龙》语,佛家语,以及意译西哲语,汗漫无际,但抓住基本概念“心”,立论逻辑仍有序可寻。

首先,凡所议论,皆集矢于“轻才小慧”所表现的“近世人心”之“危”,并非绍述中国传统心性之学所言之“心”(虽然沿用了它的术语),亦非单纯译介西方十九世纪末“神思新宗”(尽管被当作主要参照),而是紧紧抓住中西古今“迫拶”中无路可走的“近世人心”,进行现实的逼问。

其次,主张一切文化,根柢在“自性”、“自心”,余皆“末”与“荣华”,文化危机本质上是“心”的危机,是“本根剥丧,神气旁皇”,“心夺于人,信不繇己”。

复次,文化改造,根本须是“心”的改造,应从“己心”出发,扩大“内部生活”,这样才能“外之既不后于世界之思潮,内之仍弗失固有之血脉,取今复古,别立新宗”,“储能于初,始长久耳”。

最后,确立“心声”——文学(“诗”)——为一生事业之本,“盖人文之留遗后世者,最有力莫如心声”,“心声”(广义的诗)为一国家一文化根本所系。

兹四者,层层递进,自成体系。

显然,此一体系并不到“立人”为止。人之为人,贵在有“心”。“立人”,必须先立其人之“心”,否则立无所立。

“立人”,一向认为来自西方话语背景,但若着眼于早期著作所呈现的“立人”和“立心”不可分割的关系,则似乎更应该考虑“立人”之说与中国传统的渊源。实际上,“立人”、“立心”既是纯正的汉语,也是纯正的中国哲学概念(特别是宋儒的口头禅)。魏晋时期,“人”即普遍被视为“五行之秀”、“天地之心”(刘勰《文心雕龙·原道》),宋儒干脆说“立人”就是“为天地立心”(《张子语录》),这也诚如后人解释的,“天地是没有心的,但人生于其间,人是有心的,人的心也就是天地的心了”(冯友兰《中国哲学史新编》第五卷第141

页)。“立人”,在根本上就是“立心”。人生天地间,倘无以自立,就好比天地无心。天地无心,世界就失去意义,这正是青年鲁迅最大的忧患,他甚至将这种忧患表述为一种无可逃避的宇宙图景:“寂寞为政,天地闭矣。”天地缘何而闭?因为“华国”之子孙“本根剥丧,神气旁皇”,“心夺于人,信不繇已”,其所生存的两间“恶声”四溢,一片“扰攘”。处在这样的时代,诗人何为?哲士何为?当然是要“为天地立心”了。

鲁迅所谓“心”,已非古人所知所感之“心”,而是近世中国之“心”;“天地”亦非古人所知所感之天与地,而是鲁迅置身其中的近代中国这个“海涛外薄,黄神徙倚”的“扰攘之世”。不过,就思维框架与向往的境界来说,鲁迅之心与往圣先哲之心是相通的。

倘说鲁迅有他的“人学”,首先应该是一种“心学”,而有别于一般之所谓“人学”。

归国后,“心学”用语的庞杂现象很快消失,而集中于“心”、“人心”、“精神”、“思想”、“灵魂”等。最常用的还是“心”字。有趣的是,他用“心”字代替留日期间众多同类字眼时,力避其他单字与“心”连缀,而尽量让孤立的“心”单字成词,情愿整句构型迁就这个单字,也不让这个单字经过变形——比如和另一个单字组成双声词——来迁就整句。如此宁拗而勿顺,在语言进化中故意保留一个刺目的非进化或反进化的存在,除了要彰显“心”字的特殊分量,还能有什么别的解释呢?

二、中西语言接触之际的双重误读

1898年底,江南水师学堂新生、十七岁的鲁迅专程回乡参加科举考试(县试),这件事足以说明当时一个“稍稍耳新学之语”的青年学子和传统学术有着怎样的联系。姑且不去深究县试考生应该在哪些范围作准备,但可以肯定,由思孟学派开始,中经韩愈,直到大程、陆、王的一套“心学”,都与“举业”有关,不该陌生罢。鲁迅说他“几乎读过十三经”(《华盖集·十四年的“读经”》),“十三经”之《周易》、《孟子》向来就被视为宋明心学的源头。此外,他熟悉的《诗经》、与天地精神相往来的庄子、《尚书》的“人心惟危,道心惟微,惟精,惟一,允执厥中”(他曾专门以此语开导过柔石)以及老子的“圣人无常心,以百姓心为心”,也都位列心学谱系之首。讲“人为天地之心,心生而言立,言立而文明”的《文心雕龙》,始终是鲁迅竭力推崇的少数几本古书之一,甚至将它与亚里士多德《诗学》相提并论(《集外集拾遗补编·题记一篇》)。《摩罗诗力说》由“心”而“诗”的论述框架,和《文心雕龙》首篇《原道》颇相类似。青年鲁迅对周敦颐、王阳明的兴趣也有案可稽。据《周作人日记》,鲁迅很早就通读过《王阳明全书》及《周濂溪集》,至于读书所得,1900年所作《莲蓬人》有很好的交代:“扫除腻粉呈风骨,褪却红衣学淡妆。好向濂溪称净植,莫随残叶堕寒塘。”真是一派理学后进的神情啊。而从来亲炙理学的无不染于心学,这已是公开的秘密。

留日后,对心性之学(以及与之相联、实际存在的通俗或准学术的心学)的兴趣该大大减少了吧?其实不然。且不说王学在近代日本的地位如何崇高,那些亡命东瀛的维新派与革命党人(梁启超、孙文、章太炎、汪精卫),几乎个个好谈心性(当然还有佛法),流风所及,在“清国留学生”中,“激昂慷慨,顿挫抑扬,才能被称为好文章”,三十年后鲁迅还清楚记得“‘被发大叫,抱书独行,无泪可挥,大风灭烛’,是大家传诵的警句”,而《湖北学生界》特刊《汉声》封面的四句古语,“摅怀旧之蓄念,发思古之幽情,光祖宗之玄灵,振大汉之天声!”因为掺杂着种族革命情绪和心性之学的传统,更令他血脉贲张。带着这种修养的中国留学生,一接触易卜生、尼采、斯蒂纳、叔本华、基尔凯郭尔等“唯心主义”与“主观唯意志论”,不难想象会发生怎样的“视界融合”。

用传统心性之学的术语翻译西方“神思新宗”,对青年鲁迅来说,几乎不可避免。问题是在翻译过程中,心学和“神思新宗”会形成怎样的碰撞,碰撞中各自又将发生怎样的意义转换。

鲁迅首肯那些“轨道破坏者”，是因为他们批判西方近世惟外在物质是务的文化偏至而注重主观内面生活的精神性，批判群众垄断真理而主张个人的反抗与创造。他认为这两方面都为当时中国所急需。但这些思想家们的主张，并不能用“个人”和“精神”一言以蔽之，他们崇尚“个人”与“精神”，但此“个人”并非东方思维中几乎全无规定的模糊现象，“精神”、“灵魂”也决不封闭于血肉之躯，唯在死后或在某种修炼状态中，才离开身体而进入别的领域。易卜生、斯蒂纳、叔本华、尼采、基尔凯郭尔等反抗西方宗教与形而上学哲学的统治，但与海德格尔所谓“本体—神学—逻辑”三位一体的形而上学传统仍然有着千丝万缕的联系(海氏对尼采的解读就充分证明了这一点)。

鲁迅从他们思想中吸收的“个人”、“精神”，主要取其“争天抗俗”的一面，于形而上学性略无措意，倒是引入了别有源头的生物学内容。“五四”时期，鲁迅对个人的理解更加直率了：“单照常识判断，便知道既是生物，第一要紧的自然是生命。因为生物之所以为生物，全在有这生命，否则失了生物的意义”，他称这是“生物学的真理”(《坟・我们现在怎样做父亲》)。李长之最先发现这种生物学思想。据日本学者研究，这是受了大正时代生命主义的影响，如 1905 年出版的北村透谷《内部生命论》(作于 1893 年)和中泽临川 1916 年《生命的凯歌》(伊藤虎丸《鲁迅的“生命”与“鬼”——鲁迅之生命论与终末论》，《文学评论》2000 年 1 期)。在这种生物或生命主义的理解中，“精神”、“理想”、“灵魂”的宗教与形而上学含义大大削弱以至消于无形，而个体肉身所固有的“神思”与“灵明”(世俗知识、情感和意志的集合)则大大强化。同时，也冲淡了中国心学传统“天—地—人—心”的整体观念或容易逃入禅窠的玄学自惬，但心学传统在推广过程中越来越强调将生命(肉身)包含在内的亲近世俗和实践的倾向，如“知行合一”、“心力合一”，则保留下来；普通人可以领会而日常生活必须时刻面对的“世道人心”这一面，尤其受到重视。

作为鲁迅思想出发点的“个人”与“精神”，是反宗教反理性的生物主义的个人与中国“心学”传统含义灵活的“心”——与肉体密切相连、善于容纳也善于拒绝的空虚灵动的“腔子”——的拼合。这是鲁迅对“神思新宗”和“心学”的双重误读，其创造性的深层含义，则是孤立的个体肉身面对笼罩性的“世道人心”时几乎毫无援助的精神承担。对鲁迅来说，这种承担不以超脱俗世为前提，毋宁就在和俗人之“心”的对话与搏斗中意识到自己也是一个俗人，才成为可能。承担的后果不必完全世俗化，也可以有形而上学性甚至宗教感，但即使这样，也不能忽略其世俗的基础。

鲁迅著作中的“心”字，来自古代汉语，又已进入现代白话文系统；既属“心学”的精英文本，又渗透于普通人的心灵体验。维特根斯坦说，“想象一种语言，就是想象一种生活”，确实，任何熟悉中国生活的人，一见“心”、“人心”这些字眼，脑海里马上就会演出一系列真实的生活场面，而“知我者谓我心忧，不知我者谓我何求”，“天心自我民心，天听自我民听”，“虽有忮心，不怨飘瓦”，“人心惟危，道心惟微，惟精，惟一，允执厥中”，“有机事，必有机心”，“心之官则思”，“正心诚意修身齐家治国平天下”，“问君何能尔，心远地自偏”，“劝君莫道山势险，更有人心险于山”，“吾心即宇宙，宇宙即吾心”，“圣人之学，心学也”，“为天地立心，为生民立命，为往圣继绝学，为万世开太平”，“心较比干多一窍，病如西施胜三分”、“以己之心，度人之腹”，“司马昭之心，路人皆知”，“路遥知马力，日久见人心”……从《诗经》时代绵延至今、由精英和俗众围绕“心”这个基本词共同书写的文化母本(心灵体验方式)，也总会在不同方面与不同层次被激活。

三、“心”与文学翻译的理想

鲁迅以其特殊的“心”靠近西方文化，不是经由理论渠道，而是通过文学翻译——他对“神思”之“心”与“学”之心、文学与学术的轻重缓急，始终有清楚的划分。

译介外国文学，鲁迅看重的，首先是外国文学作品中跳动着的外国作家与人民的真实的心。《域外小说集》“序言”要求读者阅读翻译作品，须“按邦国时期，籀读其心声，以相度神思之所在”，这样才能“不为常俗所囿，必将犁然有当于心”。对《月界旅行》、《地底旅行》二书，鲁迅欣赏的是不计结果但求“立志”的主题。他读阿尔志跋绥夫的《幸福》，感受到的是“有血的文人趋向厌世的主我”，而《黯澹的烟霭里》的作者安德列耶夫“有许多短篇和几种戏剧，将十九世纪末俄人的心里的烦闷与生活的暗淡，都描写在这里面”。《一个青年的梦》的作者武者小路实笃的序文《与支那未知的友人》说，“在这本书里，放着我的真心。这个真心倘能与贵国青年的真心相接触，那便是我的幸福了”。这也正是译者鲁迅的目的。《狭的笼》“译者附记”称，“通观全体，他于政治经济是没有兴趣的，也并不藏着什么危险思想的气味；他只有着一个幼稚的，然而优美的纯洁的心，人间的疆界也不能限制他的梦幻……俄国式的大旷野的精神……我掩卷之后，深感谢人类中有这样的不失赤子之心的人与著作”。《爱罗先珂童话集》译“序”说，“我觉得作者所要叫彻人间的是无所不爱，然而不得所爱的悲哀，而我所展开他来的是童心的，美的，然而有真实性的梦。……我愿意作者不要出离了这童心的美的梦，而且还要招呼人们进向这梦中”。《池边》“译者附记”则说，“那是诗人的童话集，含有美的感情与纯朴的心。……他不像宣传家，煽动家；他只是梦幻，纯白，而有大心……我本也早已忘却了，而不幸今天又看见他的《天明前之歌》，于是由不得要绍介他的心给中国人看”。

“绍介他的心给中国人看”，这句朴实的话传达了鲁迅从事文学翻译的全部理想。这理想乃根基于俗人之间的心心相印。鲁迅的心是世俗的，翻译，只是想了解另外世界真实的世俗的心。在鲁迅，不同文化间真正可沟通的，大概也惟有此心罢。

这在他对一些宗教性较强的作家的评骘中可以更明白地看出来。但丁，鲁迅爱其《神曲》“炼狱”篇描写的西绪福斯式的敢于进行绝望的反抗的“异端”，但他自己“就在这地方停住，没有能够走到天国”。1926 年的《集外集〈穷人〉小引》赞赏陀思妥耶夫斯基“因为显示着灵魂的深，所以一读那作品，便令人发生精神的变化。灵魂的深处并不平安,敢于正视的本来就不多,更何况写出?”但在鲁迅眼里,作为“人的灵魂的伟大的审问者”的陀氏对人的“灵魂的深处”的正视和描写,首先并非宗教性的,而是“在骇人的卑污的状态上,表示出人们的心来”。基于这种定位,他才惊叹“天才的心诚然是博大的”。1935年作《且介亭杂文二集·陀思妥夫斯基的事》,对陀氏的世俗性进行了更透彻的分析,至于他创作中的宗教性因素,则明确地表达了虽然敬重却不能了解也不能赞同的态度:“一读他二十四岁时所作的《穷人》,就已经吃惊于他那暮年似的孤寂。到后来,他竟作为罪孽深重的罪人,同时也是残酷的拷问官而出现了。他把小说中的男男女女,放在万难忍受的境遇里,来试炼它们,不但剥去了表面的洁白,拷问出藏在底下的罪恶,而且还要拷问出藏在那罪恶之下的真正的洁白来。……即使他是神经病者,也是俄国专制时代的神经病者,倘若谁身受了和他相类的重压,那么,愈身受,也就会愈懂得他那夹着夸张的真实,热到发冷的热情,快要破裂的忍从,于是爱他起来的罢。……但是,陀思妥夫斯基式的忍从,终于也并不只成了说教或抗议就完结。”其实在一开始,鲁迅对西方文学宗教母题就不太关心,对“原罪”说甚至还曾大胆地加以非议:“故世间人,当蔑弗禀有魔血,惠之及人世者,撒旦其首矣。然为基督宗徒,则身被此名,正如中国所谓叛道,人群共弃,艰于置身,非强怒善战豁达能思之士,不任受也。”把宗教异端和中国的离经叛道者对举,正是着眼于二者共同的世俗承担。他赞美“心所思惟,多涉恶事”的亚当及其子孙,推崇拜伦、雪莱“渎圣害俗,张皇灵魂有尽之诗”,刻薄地嘲笑挪亚的子孙“敬事主神,战战兢兢,绳其祖武,冀洪水再作之日,更得密诏而自保于方舟”(《摩罗诗力说》)。这和临终不愿忏悔,遗嘱“一个都不宽恕”,可谓始终一贯。

中国人要想真正介入世界上的事务,首先必须和世界其他国家与民族的人民的心相互沟通,彼此不再隔绝。对于中国与印度人民心灵的沟通,鲁迅也只寄希望于两国人民基于各自切身的现实处境的相互了解,对于佛教这个似乎是现成的沟通渠道,并不热心。在这方面,文学的作用是别的一切文化交流活动无法取代的。鲁迅是一个视创作为生命的作家,他之所以把大部分时间花在翻译上面,就因为相信文学能够成为东海西海心理攸同的最佳媒介。1936年所作《且介亭杂文末编·〈呐喊〉捷克译本序言》就道出了这层意思:"自然,人类最好是彼此不隔膜,相关心。然而最平正的道路,却只有用文艺来沟通,可惜走这条道路的人又少得很。"不管别人怎样,他自己对这种文学翻译的理想,可谓毕生以之。

四、"国民性批判"、"鉴别灵魂"与"深知民众的心"

鲁迅对中国或中国人的认识,其小说与杂文对中国人种种缺点的概括,向来被说成是"国民性批判"。

确实,鲁迅很早就读过美国人 Arthur H. Smith 的 *Chinese Characteristics*,因首肯 Smith 书,还读了在它启发下日本"支那通"的一些相关研究。凡别人对中国的研究,鲁迅一般都很留心,因为那是自省的重要凭借,即使并不高明,也不应一笔抹杀,更不能因此自护其短。然而撇开这点不讲,单看研究成绩,鲁迅对外国人关于所谓中国国民性的认识,并不满意。1933年10月27日致陶亢德信指出,Smith 书"错误亦多";至于日本,虽不断有"支那通"出现,但"尚无真'通'者"。1935年3月5日给内山完造《活中国的姿态》所作序中,他再次讽刺了那些研究中国国民性的人单凭肤浅片面的见闻就下结论的轻率与无知,认为他们最终达到"支那是'谜的国度'"的结论是不可避免的——他们的研究注定要走进死胡同,倒是内山那样满足于就事论事、不急于下结论的"漫谈"、"漫文","总算还好的"。

鲁迅部分采取了美、日学者研究中国国民性的结论而非全部,这可以肯定,至于对"国民性批判"的方法论本身,则并非深信不疑。"国民性批判"是站在优势立场居高临下对"他者"进行抽象、静态、细节和现象的描写,并将这种抽象、静态、细节和现象的描写上升为终极结论,因此很难深入体察被描写者的全体与内心。对于被研究者,"国民性批判"就是《花边文学·未来的光荣》所说的"被描写"。"国民性"概念普遍流行于十九世纪欧洲种族主义理论中,是不难理解的。整个十九世纪,西方学者研究东方“国民性”时所依据的各种理论,一直替西方建构着种族与文化的优越感,并为西方向全球进行殖民扩张与殖民征服提供了理论依据(此点可参看刘禾《语际书写》p. 57 - p. 94,天地图书有限公司1997年版)。

“国民性批判”的方法论局限是根本性的,这也不惟外国人如此。阿Q被推进革命军政法庭(其实仍是旧式衙门大堂),新派执法者“长衫人物”叫他“站着说!不要跪!”,阿Q还是身不由己跪下了,“长衫人物”便鄙夷地说:“奴隶性!……”但也并不叫他重新站起来。阿Q的下跪确乎是“奴隶性”,但出于高高在上的“长衫人物”之口,却立刻变成不关痛痒、毫无意义的一句白话。垂死的祥林嫂拦住新派知识分子,问人死之后怎样,这又是讲究迷信的“国民性”了,但身为新派知识分子的“我”却不知所对。在这种情况下,“我”对无知的乡下女人的“国民性”的了解,究竟能否触及她真实的内心?阿Q和祥林嫂的内心,与国民性研究者是隔绝的。国民性批判的方法论局限在这两个例子中暴露无遗。正是自以为可以认识中国人的这种方法论暴露了——如果不是导致了——对中国人的无知。

Smith将“面子”作为了解中国国民性的入口,固为鲁迅所激赏,但试将其书谈“面子”的第一章和《且介亭杂文》的《说“面子”》略加比较,不难发现二者差距之大,不可以道里计。Smith认为中国人爱面子源于“对戏剧的狂热”,但这种狂热(他又称之为“戏剧本能”)从何而来,何以必然牵涉面子,却说不清楚,最后只好将面子类比于南洋土著的“塔布”,将中国人爱面子类比于“英国人之于体育、西班牙人之于斗牛”,使人愈觉其渺茫。鲁迅将“戏剧本能”解释成“做戏”,“一字一句,一举手一投足,都装模装样,出于本心的分量少,倒还是撑场面的分量多”。这种分析(另外还可举出《论“他妈的!”》、《论照相之类》、《略论中国人的脸》等许多文章),着眼于自己也沉沦其中的共同的生活世界,举例通俗,说理平易,触及了“本心”,给人的感觉便是真相大白,昭然目前,“直解而无所疑沮”矣。

据许寿裳回忆,鲁迅在日本确实同他探讨过中国国民性的弱点,主要结论是认为缺乏"诚"与"爱"。许的回忆,向来作为鲁迅早期有志于国民性批判的重要证据,而为研究者经常引用。但鲁迅探讨中国国民性得出的结论,并非作为方法论的国民性批判本身所能推演出来。引导鲁迅得出那种结论的思想资源,毋宁是他更熟悉的中国古圣先贤的遗教。从先秦儒家到陆、王心学,"诚"与"心"、"良知"一样,皆人之为人的最高规定。"爱"的意义背景颇不易说,但十年后鲁迅作为文学家复出时写的一篇可以和早期论文媲美的《我们现在怎样做父亲》,明确把"爱"视为生物的人的一种天性;他批评孔融的父母子女原本无亲——也即无爱——的说法,说那"实于事理不合"。"独有'爱'是真的",是"人伦的索子","我现在心以为然的,便只是'爱'"。这样解说的"爱",就是十年前在许寿裳面前与"诚"一道提出的那个"爱"吧?它和心学鼻祖孟轲的"四端"说,不是很接近吗?早期对"国民性"的思考,思想资源主要是"心学"。他是从"人心"的角度理解所谓"国民性"的。

日本学者将 national characteristic 翻成"国民性",原本就非直译,而是借了中国心性之学语词背景的意译。characteristic 主要指事物互相区别的特征,并无"性"的意思。national characteristic 在新译名中含义已经起了变化,即在现象和特征的描述背后,指向心性的深处,只是后来中日学者在使用新译名时,没有意识到这个变化罢了。

值得注意的是,鲁迅谈国民性,往往前缀"所谓"二字,如"难道所谓国民性者,真是这样地难于改变的么?"(《华盖集·忽然想到〈四〉》)这就明白表示了"国民性"云云只是暂时借用别人的说法而已。在相同的语法位置上,鲁迅更爱用的,倒是"国民的劣根性"、"民族根性"之类稍稍变化的形式,而"根"与"性",又回到了心性之学的传统。

鲁迅接触 Smith 书并与许寿裳讨论国民性,正是在日本潜心写作那几篇文言论文之时,但这些文章很少出现"国民性"三字。偶或一用,也系转述他人话语,如述拜伦因不满他所帮助的希腊人而"极诋彼国民性之陋劣",普希金先受拜伦影响,后“弃置而返其初;或谓国民性之不同,当为是事之枢纽,西欧思想,绝异于俄,其去裴伦,实由天性”——对转述的西方国民性问题的解释,最终还是借助于中国传统的“天性”概念(《坟·摩罗诗力说》)。早期论文的中心概念一直是“心”,而非“国民性”,这点似乎至今无人议及。一九二五年著名的《呐喊·自序》追述近二十年前由科学而文学的转变,有段话常常被当做鲁迅“国民性批判”思想的集中表现:“凡是愚弱的国民,即使体格如何健全,如何茁壮,也只能做毫无意义的示众的材料和看客,病死多少是不必以为不幸的。所以我们的第一要著,是在改变他们的精神,而善于改变精神的是,我那时以为当然要推文艺,于是想提倡文艺运动了。”也几乎无人(包括对国民性理论提出质疑的刘禾)注意到,鲁迅在这里提到“国民”,却未提“国民性”;他强调要“改变”的始终不是什么国民性,而是“精神”。一九二五年三月三十一日,鲁迅在写给许广平的信中确实说过,“所以此后最要紧的是改革国民性,否则,无论是专制,是共和,是什么什么,招牌虽换,货色照旧,全不行的”,但他接着提到“在中国活动的现有两种‘主义者’,外表都很新的,但我研究他们的精神,还是旧货”,在他的用语中,“国民性”就其实际含义来说,随时都可以换成“精神”的。另外两处论到作为整体现象的中国人,鲁迅也没有使用“国民性”概念:“历史上都写着中国的灵魂,指示着将来的命运”[《忽然想到(四)》],“‘中国大众的灵魂’,现在是反映在我的杂文里了”(《准风月谈·后记》)。在鲁迅词典里,“精神”=“灵魂”=“心”。national characteristic 这个外来词只有与中国传统所固有、“百姓日用而不知”的“心”、“精神”、“灵魂”之类沟通,才能消除其方法论的限制,而不失为接近中国人真实存在的一种参考。在鲁迅,“国民性批判”只是一种值得借鉴的现象描述,深入透视这些现象,就必须触及隐藏在国民性现象背后的中国人的“根性”与“心”。

在鲁迅,“国民性”是从别人那里接过来的话题和谈论这一话题的方法,他自己更关心、更常用的则是“心”、“人心”诸概念。在“沉入于国民中”的北京生活时期,他忧愤难消的就是“季世人性都如野狗”(《癸丑日记》),这里“人性”等于“人心”,却不能换成“国民性”。谈到中国人的冥顽不化,他一言以蔽之曰“现在的人心,实在古得很呢”(《热风·随感录五十八　人心很古》)。他担心“娜拉走后怎样”,因为深知那仅有的“觉醒的心”只能使她像“醉虾”一样经受更大的痛苦。鲁迅认为中国人“许多精神体质上的缺点”来自“可怕的遗传”(《坟·我们现在怎样做父亲》),很快又指出,这种类似生物学的“遗传”其实是靠了复杂灵敏的文化密码的“心传”(《热风·随感录三十九》)。同样,历史上仁人志士的嘉言懿行也必须“活在战斗者的心中”,才能进入或者成为一种传统(《且介亭杂文末编·关于太炎先生二三事》),“死者倘不埋在活人的心中,那就真真死掉了”(《华盖集续编·空谈》)。

作为清醒的现实主义者,鲁迅始终主张要改变中国,“根本方法,只有改良社会”(《坟·我们现在怎样做父亲》)。但也因为是清醒的现实主义者,他的改革社会的思想从不停留于表面,而是指向从根本上构成一定社会文化形态的“世道人心”:“有志于改革者倘不深知民众的心,设法利导,改进,则无论怎样的高文宏议,浪漫古典,都和他们无干,仅止于几个人在书房中相互叹赏,得些自己满足。”(《二心集·习惯与改革》)不触及“民众的心”,就与他们的真实存在“无干”,也就不能从根本上激发他们的自觉。一定的国民性只是国民一定的“心”的外化,国民性的改变,根子上是“心”的改变,或者鲁迅所首肯的《新青年》所主张的“思想革命”(《华盖集·通讯》)。

在感慨国民性研究之难时,鲁迅说过,“倘使长久地生活于一地方,接触着这地方的人民,尤其是接触,感得了那精神,认真的想一想,那么,对于那国度,恐怕也未必不能了解罢”。了解别一国度的人们,“接触,感得了那精神”,这也就是《域外小说集》“序言”所谓“籀读其心声,以相度神思之所在”吧?认识活的中国人,不能倚赖从中国人的标本中提取出来的“国民性”,必须穿透居高临下、隔岸观火的隔膜的外衣,用“连自己也烧在这里面”的同情的体察(《集外集·文艺与政治的歧途》),探索他们(其实也就是我们)的精神、灵魂、思想与内心。

五、万恶之始：历代文功武卫的"治心"

比起"国民性"，"心"之所以更具观察问题的优越性,首先因为它随时可以获得中国语言传统的奥援,深深扎根于中国人的"内部生活"。不过，"心"比"国民性"更有助于观察中国人的实际问题,还在它的灵活性与可塑性,在于它动态地显示着个体生命的历史演变。"国民性"是形而上学的僵化规定,是出于他人之手的"被描写",它只告诉我们某个民族"是什么",却不能告诉我们某个民族特别是这个民族具体的族群与个人"可能是什么"。相反，"心"的体验结果属于"自己描写",它诉诸人的存在的可能性,诉诸人的自由。所谓自由与可能性,既能由此上升,也能由此堕落;可以由此得生,也可由此得死。正是在这点上,鲁迅不同于那些静止地谈论中国民族国民性的论者:"幸而谁也不敢十分决定说:国民性是决不会改变的。在这'不可知'中,虽可有破例——即其情形为从来所未有——的灭亡的恐怖,也可以有破例的复生的希望,这或者可作改革者的一点慰藉罢。"[《华盖集·忽然想到(四)》]作为研究和描写对象的国民性可以(应该)改变,就因为任何国民性总根植于民族的"心",而"心"总有其"破例"的"不可知",因此基于这"心"的国民性也就不会一成不变,除非"心"已死去。

早在日本留学、开始接触国民性理论时,鲁迅就意识到这个问题。他认为中国人和世界其他民族一样,开始心地都很健康。他赞赏尼采的"不恶野人","盖文明之朕,固孕于蛮荒,野人狉獉其形,而隐曜即伏于内……上征在是,希望亦在是"(《坟·摩罗诗力说》)。具体说到中华民族,则以为"朴素之民,厥心纯白"(《集外集拾遗补编·破恶声论》)。后来又说,人类基于生物天性的"爱","便在中国,只要心思纯白,未曾经过'圣人之徒'作践的人,也都自然而然的能发现","没有读过'圣贤书'的人,还能将这天性在名教的斧钺底下,时时流露,时时萌蘖;这便是中国人虽然凋落萎缩,却未灭绝的原因"(《我们现在怎样做父亲》)。就是在那些"圣贤书"中,一开始,"心"也并没有完全归于"纯厚":

“古今的心的好坏，较为难以比较，只好求教于诗文。古之诗人，是有名的‘温柔敦厚’的，而有的竟说：‘时日曷丧，吾及汝偕亡！’你看够多么恶毒？更奇怪的是孔子‘校阅’之后，竟没有删，还说什么‘诗三百，一言以蔽之，曰：思无邪’哩，好像圣人也并不以为可恶。”（《花边文学·古人并不纯厚》）

但历史上“心”的自由常被剥夺，本来应该自觉塑造，却往往走向反面，在各种力量的左右下扭曲，变形，堕落。古民“纯白”之心随着文化进步而逐渐退化，似乎历史愈发展，文化对人的天性的伤害就愈大，“纯白”的心灵也就愈不易求，而只能深埋于“地底下”，留存在文化所不能化及的乡野民间（《且介亭杂文·中国人失掉自信力了吗》）。

但鲁迅很快发现，文化对心的伤害，主要是该文化的一部分——掌握世俗权势的统治者以及帮同他们施行统治的知识分子——对人心的伤害。他从历史角度考察心学家们所谓“千古不磨”的中国之心，越来越专注于揭露历代文功武卫对“心”的残贼。他认为统治者和帮同他们施行统治的文人对“心”的残贼，是中华民族“心”的堕落的根本原因。

统治者对“心”的伤害，很野蛮，也很简单，就是由外而内，通过控制和戕害人的身体，剥夺人身自由，来控制、戕害人的内心，剥夺内心自由。“庄子曰，‘哀莫大于心死，而身死次之。’此之者，两害取其轻也。所以，外面的身体要它死，而内心要它活；或者正因为那心活，所以把身体治死。此之谓治心。”（《伪自由书·内外》）“哀莫大于心死，而身死次之”，语见《庄子·田子方》，本是记孔子语，鲁迅误作庄子了；原文也非“身死”，而是“人死”。但鲁迅的误记很有意思：人者，身心合一之谓也，身体自由是心灵自由起码的前提，动不动就取消这个起码的前提，就从根本上遏止了心的自由。历代“圣明君主”无不深知此点，《且介亭杂文·病后杂谈》就有这样的揭露：“大明一朝，以剥皮始，以剥皮终，可谓始终不变……真也无怪有些慈悲心肠人不愿意看野史，听故事；有些事情，真也不像人世，要令人毛骨悚然，心里受伤，永不痊愈的。”在鲁迅看来，唐以后，“治心”已成为流传有序的一个传统，“从宋朝到清朝的末年，许多年间，专以代圣贤立言的‘制艺’这一种烦难的文章取士，到得和法国打了败仗，这才省悟了这方法的错误。于是派留学生到西洋，开设兵器制造局，作为那改正的手段。省悟到这还不够，是在和日本打了败仗之后，这回是竭力开起学校来。于是学生们年年大闹了。从清朝倒掉，国民党掌握政权的时候起，才又省悟了这错误，作为那改正的手段的，是除了大造监狱之外，什么也没有了……然而，在这样的近于完美的监狱里，却还剩着一种缺点。到今为止，对于思想上的事，都没有很留心。为要弥补这缺点，是在近来新发明的叫作‘反省院’的特种监狱里，施着教育……考完放出的良民，偶尔也可以遇见，但仿佛大抵是萎靡不振，恐怕是在反省和毕业论文上，将力气用尽了罢”(《且介亭杂文·关于中国的两三件事》)。使鲁迅不禁毛骨悚然的是，他发现中国的“治心”，“古已有之，而于今为烈”：在他的少年时代，尽管异族统治，但“心的反抗，那时还不算什么犯罪，似乎诛心之律，倒不及现在之严”[《华盖集·忽然想到(五)》]。“别国的硬汉比中国多，也因为别国的淫刑不及中国的缘故。我曾查欧洲先前虐杀耶稣教徒的记录，其残虐实不及中国……中国青年之至死不屈者，亦常有之，但皆秘不发表。不能受刑至死，就非卖友不可，于是坚卓者无不灭亡，游移者愈益堕落，长此以往，将使中国无一好人，倘中国而终亡，操此策者为之也。”(1933年6月18日致曹聚仁书)以峻刑酷法“治心”，这在鲁迅看来实是中华民族积弱不振的万恶之首。

比较不那么野蛮的君主，另有一套高明的“治心”术，这除了上面提到的科举取士，还有《且介亭杂文·病后杂谈之余——关于“舒愤懑”》所揭露的：“单看雍正乾隆两朝的对于中国人著作的手段，就足够令人惊心动魄。全毁，抽毁，剜去之类也且不说，最阴险的是删改了古书的内容。乾隆朝的纂修《四库全书》……不但捣乱了古书的格式，还修改了古人的文章；不但藏之内廷，还颁之文风较盛之处，使天下士子阅读，永不会觉得我们中国的作者里面，也曾经有过很有些骨气的人。”将一个民族曾经有过正常的“心的反抗”的记忆巧妙抹去，好叫他们养成“从来如此”的习惯，确实够“阴险”的。鲁迅愤怒地称这些是对中国著作的“暗杀”，盖所杀者不仅中国之著作，更是中国曾经有过的骨气心力也。

站在人主旁边帮助他们“治心”的，古代是“圣人之徒”，现代则是“知识分子”。他们开始也许是害怕，“心里受伤”了，便别过脸去，“最好莫如不闻，这才可以保全性灵，也是‘是以君子远庖厨’的意思”。等到逃避术用得炉火纯青，便主动伸出手来帮助人主将“治心”的工作做得更好：或者将屠夫的凶残掩盖，粉饰，甚至用美妙的诗文将整个事件描写得异常风雅；或者贡献良法美意，用冠冕堂皇的说辞，严密烦琐的仪矩，将民众的心治得浑浑噩噩，服服帖帖。“治心”的工具也是集大成者，就是具有无上权威的那些煌煌经典：“我看不见读经之徒的良心怎样，但我觉得他们大抵是聪明人，而这聪明，就是从读经和古文得来的……倘不是笨牛，读一点就可以知道，怎样敷衍，偷生，献媚，弄权，自私，然而能够假借大义，窃取美名。”（《华盖集·十四年的“读经”》）这种彻底的“治心”，确实效果卓著。在统治稳固时，是自己消化；临到外族入侵，就拱手相让，因为早就替他们预先征服了自己民族的心了：“中国民族的心，有些是早给我们的圣君贤相武将帮闲之辈征服了的……心的征服，先要中国人自己代办。宋曾以道学替金元治心，明曾以党狱替满清箝口。”（《且介亭杂文二集·田军作〈八月的乡村〉序》）立于这种惨痛的“心史”背景中的鲁迅，听到胡适为“感化”日本人而说什么“要征服中国民族，必须征服中国民族的心！”当然禁不住要勃然大怒了，不管说者的真意何在。

缺乏精神原创，有意无意制造文化垃圾，这在鲁迅看来也是十恶不赦的“治心”。听任文坛的虚假繁荣，自鸣得意，不思创造，杜绝对外开放，使青年们除了“秕谷”而外，得不到“精神的粮食”，以至“由聋而哑”，变成尼采所说的“末人”，最终只能和供给他们秕谷的人一样，做卑微顺服的羔羊——对这种因为缺乏“强烈的独创的创作”而满足于自欺欺人也许可以说是无心的罪失，鲁迅一样不肯宽恕：“这现象，并不能全归罪于压迫者的压迫，五四运动时代的启蒙运动者和以后的反对者，都应该分负责任的。”正是有见于这种无心之罪必将导致民族精神的巨大灾难，鲁迅才那么无情地揭露所有以文坛功臣和权威自居的人们“心的腐烂”、“空虚”与“空洞”（《准风月谈·由聋而哑》）。

鲁迅和知识分子的矛盾,就在他的“诛心之论”专门指向知识分子有意无意地依附权势者并帮助权势者“治心”的行径(他称之为“瞒和骗”以及“帮忙”、“帮闲”与“帮凶”)。“横眉岂夺娥眉冶,不料仍违众女心。”(《报载患脑炎戏作》)这句好像玩笑的诗,不啻他全部“心的反抗”的真实写照。他毕生工作,大半就是毫不宽假地揭露“众女心”,像“这样的战士”,不管“他们都同声立了誓来讲说,他们的心都在胸膛的中央,和别的偏心的人类两样。他们都在胸前放着护心镜,就为自己也深信心在胸膛中央的事作证”,他也只是举起投枪,“微笑,偏侧一掷,却正中了他们的心窝”。

六、自白其心的创作

洞悉“民众的心”并历史地考察各种“治心”的同时,鲁迅也一样真实地表白自己的“心”,“慢慢地摸出解剖刀来,反而刺进解剖者的心脏里去”的自我解剖(《二心集·“硬译”与“文学的阶级性”》)或《野草》的“抉心自食”,始终是他作品的灵魂。

“心”是鲁迅旧诗经常吟咏的主题。“灵台无计逃神矢,风雨如磐暗故园。寄意寒星荃不察,我以我血荐轩辕”(1903年《自题小像》),此宋儒所谓“立志”,亦即先立其人之“心”。1931年《送O. E.君携兰归国》:“椒焚桂折佳人老,独托幽兰展素心。岂惜芳馨遗远者,故乡如醉有荆榛。”“素心”者,平素之心也,“纯白”之心也。同年《送增田涉君归国》:“扶桑正是秋光好,枫叶如丹照嫩寒。却折垂杨送归客,心随东棹忆华年。”是追怀往昔的暮年的心。1934年5月《无题》:“万家墨面没蒿莱,敢有歌吟动地哀。心事茫茫连广宇,于无声处听惊雷。”这是自处渊默而与天地精神相往来的大心。1935年10月著名的《亥年残秋偶作》未提“心”字,却是高度概括的一部“心史”。

《野草》二十三篇,“心”、“精神”、“灵魂”等用得最多,其中《死后》六见,《这样的战士》五见,《一觉》五见,出现频率之高,为其他作品所鲜见。《影的告别》说"我愿意只是虚空,决不占你的心地"。《求乞者》宣布"我不布施,我无布施心,我但居布施者之上,给与烦腻,疑心,憎恶"。《复仇》(其二)极写耶稣临刑时"透到心髓中"的痛楚。《希望》反复告白"我的心分外地寂寞","然而我的心很平安","我的心也曾充满过血腥的歌声"。《风筝》里"心"字共出现六次:"于是二十年来毫不忆及的幼小时候对于精神的虐杀的这一幕,忽地在眼前展开,而我的心也仿佛同时变成了铅块","但心又不竟堕下去而至于断绝,他只是很重很重地堕着,堕着","我也知道还有一个补过的方法的:去讨他的宽恕,等他说:'我可是毫不怪你呵。'那么,我的心一定就轻松了","有一回,我们会面的时候,是脸上都已添刻了许多'生'的辛苦的条纹,而我的心很沉重","我想,他要说了,我即刻便受了宽恕,我的心从此也宽松了罢","我还能希求什么呢?我的心只得沉重着"。《过客》说不愿看见人们"心底的眼泪,不要他们为我的悲哀!"《墓碣文》梦见"即从大阙口中,窥见死尸,胸腹俱破,中无心肝",还读到死者的墓志铭:"抉心自食,欲知本味","然其心已陈旧,本味又何由知?"

杂文(暂且不谈小说)固然有别于诗和《野草》,但即使这种"匕首"与"投枪"式的文体,在鲁迅手里也越来越变成"为己"之作,变成自白其心的抒写。若循代而下展读鲁迅杂文,就会发现其中也有一部他个人的"心史"。

二十年代中期,白话小说创作令他声名鹊起时,稍具人心者一读《〈呐喊〉自序》,却无不震骇于那大毒蛇般缠住灵魂的无边的"寂寞"。后来在《俄文译本〈阿Q正传〉序及著者自叙传略》中,他还说那时自己都没有把握,是否"真能够写出一个现代的我们国人的魂灵来……总仿佛觉得我们人人之间各有一道高墙,将各个分离,使大家的心无从相印",《阿Q正传》收到种种出乎意料的反应,竟至于使他自己"也要疑心自己的心里真藏着可怕的冰块"。1926年,从北京出逃的他僻居厦门,一个人对着弥天大夜,自己感到"沉静下去了。寂静浓到如酒,令人微醺。望后窗外骨立的乱山中许多白点,是丛冢;一粒深黄色火,是南普陀寺的琉璃灯。前面则海天微茫,黑絮一般的夜色简直似乎要扑到心坎里。我靠了石栏远眺,听得自己的心音”[《三闲集·怎么写(夜记之一)》]。在1927年的“革命策源地”广州,他感觉到“目前是这么离奇,心里是这么芜杂”,“虽生之日,犹死之年”。1932年裒集两年来的杂文准备付梓时,干脆题名曰《二心集》。所谓“二心”,不仅有古之被压迫的臣民不肯顺从的“携贰的心思”,也暗示他与“同阶级的人物”的截然异趋,而这“同阶级的人物”,既指御用帮闲文人,故作超然的骑墙派,也包括“摆出一种极左倾的凶恶的面貌”的“同一营垒的战友”。这样的“二心”,实在就是《破恶声论》所自期的不肯为任何权威所屈服、敢于“自别异”、“诚于中而有言;反其心者,虽天下皆唱而不与之和”的“心声”与“内曜”。1935年6月,回顾三十年前介绍波兰等欧洲被压迫小国的文学,他强调那是因为“满清宰华,汉民受制,中国境遇,颇类波兰,读其诗歌,即易于心心相印,不但无事大之意,也不存献媚之心”(《且介亭杂文二集·“题未定”草〈之三〉》),坚决和“倚徙华洋之间,往来主奴之界”的“西崽”们的“心”区别开来。鲁迅晚年不断目击惨状,耳闻流言,忍看朋辈成为新鬼,痛感积毁可以销骨,心境益趋荒凉,“悲愤总时时来袭击我的心,至今没有停止”(《南腔北调集·为了忘却的记念》),但他仍不愿有“超然的心”,因为那要“像贝类一样,外面非有壳不可的”,而是一如既往,希望终于能够“披沥真实的心……要彼此看见和了解真实的心”(《且介亭杂文末编·我要骗人》)。直到生命终点,他还无限深情地回忆屈死的“女吊”上场时如何走出巨大的“心”字;当死亡逼近门槛时,他盘算的是死后身体不能给癞皮狗吃,情愿喂狮虎鹰隼,养肥了它们,“天空,岩角,大漠,丛莽”就多了一道“伟美的壮观”,“捕来放在动物园里,打死制成标本,也令人看了神旺,消去鄙吝的心”(《且介亭杂文末编·半夏小集》);躺到病床上只能看看书房一角了,还说“无穷的远方,无数的人们,都和我有关”(《“这也是生活”》)。张载所谓“大其心则能体天下万物”(《正蒙·大心篇》),陆象山所谓“吾心即宇宙,宇宙即吾心”,也就是这个境界罢。

鲁迅说他的杂文“所获得的,乃是我自己的灵魂的荒凉和粗糙”,又说“我并不惧惮这些,也不想遮盖这些,而且实在有些爱他们了”(《华盖集·题记》),因为“灵魂”虽然“荒凉和粗糙”，到底没有完全屈服与麻木。这也正像他在《萧红作〈生死场〉序》中所说的，“然而我的心现在却好像古井中水，不生微波，麻木的写了以上那些字。这正是奴隶的心!”承认有一颗“奴隶的心”，该多么凄苦，多么无奈，但也只有敢于承认这一点的人，才有资格宣称：“那么，我们还决不是奴才。”

七、“吾愿先闻其白心”：以心应世的法则

创作是心声的吐露，衡人论事，批评作品，同样要直指本心。

《庄子·田子方》记叙当时被目为“荆蛮”的楚人温伯雪子路过“礼义之邦”的鲁国，曾批评“中国之君子”——号称“中国”的鲁国大概有一种文化中心主义吧——“明乎礼义而陋于知人心”，对此鲁迅深有同感，并进一步指出，“大凡明于礼义，就一定要陋于知人心”。他认为历史上多少欺蒙、冤枉、颠倒、惨剧、倒退、破坏，就因不知人心、为表面文章迷惑所致（《而已集·魏晋风度及文章与药及酒之关系》）。他与人交往，贵在心心相印，以诚待人，否则，“若其本无有物，徒附丽是宗，辄岸然曰善国善天下，则吾愿先闻其白心”（《破恶声论》）。

“先闻其白心”，这种简单到近乎天真的应世法则，却往往被“羞白心于人前”的“伪士”诬为“世故”。不过，倒也因此从反面获得了关于“世故”的一种解释：就是鲁迅善于“察见渊鱼”而并不“陋于知人心”的“心学”。

与白色相对，诸色可以看得更清；惟有“白心”，能照见一切心。鲁迅的文学很大程度上就是拿着镜子似的“白心”来查看别人的心。

对《新青年》的旧友，他就着眼于各人的心而痛下评骘：刘半农“浅”，失之浮薄，轻率，但根本善良，热情，耿直，有如“一条清溪，澄澈见底，纵有多少沉渣和腐草，也不掩其大体的清”；陈独秀和胡适之就有“韬略”了，独秀的“韬略”好似大门洞开的武库，一目了然，用不着提防，胡适之的则重门紧闭，深不可测。比较起来，他更喜欢刘的清浅（《且介亭杂文·忆刘半农君》）。对“老朋友”林语

堂,他的评语是“空腹高心”(《且介亭杂文二集·“题未定”草〈之六〉》),而认为顾颉刚口吃,是一边说话一边运用心思所致。李越缦这位“乡贤”风行一时的《越缦堂日记》,他每次看了都“很不舒服”,因为“从中看不见李慈铭的心,却时时看到一些做作,仿佛受了欺骗”[《三闲集·怎么写(夜记之一)》]。他还看出一些新青年思想其实很旧,他们的新艺术不过是从“轻薄的心里挤出来的”(《集外集拾遗补编·看了魏建功君的〈不敢盲从〉以后的几句声明》)。他借“三魂六魄,或云七魄”的传统说法,认为中国“国魂”也可以一分为三:“官魂”、“匪魂”、“民魂”,“惟有民魂是值得宝贵的,惟有他发扬起来,中国才有真进步”,但鉴于民族的良心(知识分子)的种种表现,他断定“民魂”难以发挥,因为许多“貌似‘民魂’的有时仍不免为‘官魂’,这是鉴别魂灵者所应该十分注意的”(《华盖集续编·学界的三魂》)。

当然,他也看见另外一些人的心。1933年上海纪念“一·二八”事变,“‘民族英雄’的肖像一次又一次的印刷着,出卖着”,鲁迅则追问“小兵们的血,伤痕,热烈的心,还要被人糟蹋多少时候?”(《伪自由书·对于战争的祈祷》)直到生命最后一息,他还顾念着五年前“暗暗的死”在角落里的学生柔石,“街道文明了,民众安静了,但我们试一推测死者的心,却一定比明明白白而死的更加惨苦”;因为想到柔石双目失明不知真相的母亲,鲁迅当时还选了珂勒惠支一幅木刻刊登出去,那是“一个母亲,悲哀的闭了眼睛,交出她的孩子去”,鲁迅认为,这正如珂勒惠支的自画像,“是一切‘被侮辱和被损害的’母亲的心的图像”(《且介亭杂文末编·写于深夜里》)。

对青年人的品评见出另一种气象。在一篇悼念文章中,他说未名社的韦素园“太认真;虽然似乎沉静,然而他激烈。认真会是人的致命伤的吗?至少,在那时以至现在,可以是的。一认真,便容易趋于激烈,发扬则送掉自己的命,沉静着,又啮碎了自己的心”(《且介亭杂文·忆韦素园君》)。1935年给《〈中国新文学大系〉小说二集》做“序”,检阅新文学第一个十年的创作,他只立一个标准,就是看作者们各自表露了怎样的“心”。他看到“浅草社”作者们如何“挖掘自己的魂灵,要发见心里的眼睛和喉舌”,“觉醒起来的智识青年的心情,是大抵热烈,然而悲凉的”,有许多“无可奈何的自慰的伤心之言”。他提醒读者注意冯沅君小说集《卷葹》的名字本意是“拔心不死”的草,称李健吾的《终条山的传说》十年之后犹能使读者看到“那藏在用口碑织就的华服里面的身体和灵魂”,而王鲁彦的“心情”虽然像爱罗先珂的悲哀,最后却“只好将心还给母亲,才来做‘人’,骗得母亲的微笑。秋天的雨,无心的‘人’,和人间社会是不会有情愫的”,但后来从作者另一篇小说中,他还是看到了“‘人’的心是究竟还不尽的”。对凌叔华小说,他只用了短短一句:“事态的一角,高门巨族的精魂。”这篇长序实在是心学批评法的一个范例。其实,1926年他为“浅草”社员编校文稿时,也是用这个方法来解读青年作者的作品的:“我照作品的年月看下去,这些不肯涂脂抹粉的青年们的魂灵便依次屹立在我眼前……灵魂被风沙打击得粗暴,因为这是人的魂灵,我爱这样的魂灵;我愿意在无形无色的鲜血淋漓的粗暴上接吻。”(《野草·一觉》)

这些当然也是“诛心之论”,但所“诛”者是别样的“心”。鲁迅的“诛心之论”从消极面说,是褊狭、刻毒、阴暗,从积极面说,则是直指人心,洞悉肺腑,使物无遁形,由此,“梦者自梦,觉者是之,则中国之人,庶赖此数硕士而不殄灭,国人之存者一,中国斯托生于是已”(《破恶声论》)——积极面显然是主要的,不过带了太多的愤激而已。

不管怎样,人心总要有一个根本的改变——“诛心之论”的目的在此。俄罗斯盲诗人爱罗先珂的童话《雕的心》,热情讴歌“爱太阳”、“慕太阳”的“雕的心”而批评孱弱萎靡的“人心”,极酷烈地描写了“雕王”为除去幼雕不幸养成的“人心”,不惜亲自将它们啄死的一幕。胡风认为,翻译这篇童话的鲁迅也有一颗“雕之心”(《从“有一分热,发一分光”生长起来的》)。我想,他是抓住了鲁迅在洞悉“人心”之后心中升起的理想的光——虽然在孱弱的人们看来,这似乎近于一种疯狂的冲动。

八、“心里的尺”:探询出路的指针

“我辈评论事情,总须先评论了自己,不要冒充,才能像一篇说话,对得起自己和别人。我自己知道,不特并非创作者,并且也不是真理的发见者。凡有所说所写,只是就平日见闻的事理里面,取了一点心以为然的道理;至于终极究竟的事,却不能知。”(《坟·我们现在怎样做父亲》)

1919年这段话,完全可以看作1907年另一段话的白话文翻译:“以是之故,则思虑动作,咸离外物,独往来于自心之天地,确信在是,满足亦在是”(《文化偏至论》)。

上面两段话都将个人的“确信”或“心以为然的道理”绝对置于“真理”或“终极究竟的事”之上,我觉得这是讨论鲁迅思想最恰当的出发点。鲁迅之为鲁迅,关键在此。

现代中国是一个“扰攘之世”,因为骤然失去传统秩序,普遍怅惶迷离,无家可归,纷纷寻找新的秩序,希望可以安顿自己。在向外寻找新秩序的时候,个人内心的是非好恶往往被看得很轻,而绝对真理、历史必然性之类外在的标准则被看得很重;人们并且进一步用后者来规范前者,要求前者,解释前者,直至取消前者。中国知识分子本来就有崇尚“天理”、“天道”的传统,这个传统一旦和西方近世理性主义汇合,就结成一张几乎不可挣脱的意识形态罗网。文学家鲁迅正是在这种情势下螳臂挡车,“争天抗俗”,用“心”取代“理”,用“心以为然”的标准抗衡“真理”或“终极究竟的事”。在他看来,越是“扰攘之世”就越应当尊重个人内心的声音,评判问题的标准只能从个人内心寻求,并不存在和个人“心以为然”的标准漠不相干的“真理”或“终极究竟的事”。“心”是“评论事情”乃至一般“说话”的基准,任何超越这一基准的先验权威,个人都有资格、有能力、有理由坚决抗拒之。

“心以为然”的“心”好像一种过滤器,一切都必须通过这个过滤器的检验,才能证明它们的合法性。

近代以来，一个为启蒙主义者共同关心的问题，就是如何在“王纲解纽”、准的无依的无序状态，为中国文化的再造建立一个有效基准。从晚清、“五四”直到今天，提供的各种答案，综合起来，无非三种：一，全盘西化，以西方文化标准为标准，“言非同西方之理弗道，事非合西方之术弗行”；二，中国文化本位主义，用中国固有的标准为标准；三，折中调和，无论“中体西用”或“西体中用”，都是要取二者之长，去二者之短，以造成超越中西方双重局限、史无前例、不偏不倚的新文化。

前两套方案，鲁迅在1907年就已经彻底与之划清界限了：“聚今人之所张主，理而察之，假名之曰类，则其为类之大较二：一曰汝其为国民，一曰汝其为世界人。前者慑以不如是则亡中国，后者慑以不如是则畔文明。寻其立意，虽都无条贯主的，而皆灭人之自我，使之混然不敢自别异……二类所言，虽或若反，特其灭裂个性也大同。”（《破恶声论》）鲁迅反对全盘西化和中国本位，出发点并非静止地比较中西文化异同与优劣，从而定其弃取，而是以注重不注重“自我”为唯一判断的标准，这与鲁迅一贯主张“自心”为文化之本的观点是吻合的。在他看来，全盘西化也好，中国本位也好，具体选择似乎水火不容，思维方式却如出一辙，即都不约而同地抹杀了在这中间“自心”的根本地位，抽空了文化选择、文化创造的主体，只在离开“自心”的既成文化的高下优劣上面，争一日之短长。

对第三套方案，鲁迅的意见有过一阵犹豫。《文化偏至论》确定了“自心”为文化发展的始基，但谈到未来中国文化的出路，他认为理想上还应该是“洞达世界之大势，权衡校量，去其偏颇，得其神明，施之国中，翕合无间。外之既不后于世界思潮，内之仍弗失固有之血脉，取今复古，别立新宗”，对折中方案抱有一定好感。在《破恶声论》否定了第一和第二两套方案之后，折中调和就顺理成章地显现为相当具有蛊惑性、似乎是剩下来唯一可走的第三条道路了。这第三条道路，当时还并无怎样的权威性，因此它是否会对个体的“心”构成和前二者一样的压抑与蔑视，一时也看不清楚。直到“五四”期间，在和《学衡》派的论争中，鲁迅才逐渐修正了以前这种模棱两可的思想,对用折中融会之法拼凑出“一是之学说”的不切实际、同样蔑视内心的迂阔之论,发出了辛辣的嘲讽(参见《热风·“一是之学说”》)。

全盘西化,中国本位,折中调和,这三副药方的共同点,就是将文化改造误解为在现成道路上进行非此即彼的选择。三者选择的对象不同,但就他们所选择的对象的现成给定的本质来说,又全无二致。其中致命的一点,就是不敢抛开现成给定的对象进行独立创造。进一步追究起来,之所以不敢抛开现成道路进行独立创造,根本原因,又在于作出选择之前,已经一致抹杀了进行独立创造所必须依靠的“敢于自别异”的个体内心这个始基。

文化创造的路不是现成给定的。走一条不是现成给定的道路,必须有一颗自由无畏的大心。这颗心不固执于已有,虚怀以待一切有益的营养,始终嘱意于尚未映入眼帘的道路。

1927年12月,在介绍陶元庆的绘画时,鲁迅发表了一段非常精辟的论述,寥寥数语,抵得过一部文化哲学:

> 他并非“之乎者也”,因为用的是新的形和新的色;而又不是“Yes”“No”,因为他究竟是中国人。所以,用密达尺来量,是不对的,但也不能用什么汉朝的虑尺或清朝的营造尺,因为他又已经是现今的人。我想,必须用存在于现今想要参与世界上的事业的中国人的心里的尺来量,这才懂得他的艺术。(《而已集·当陶元庆君的绘画展览时》)

鲁迅处处强调“自心”的重要,但他从未给“自心”的具体内容作过任何僵死规定。不作规定才是最本质的规定,因为“心”是不能被规定的。

鲁迅的“心”在面对具体事务时,固然清楚地显示着自己的是非好恶,但在面对整体文化出路这样的根本问题时,他的“心”永远是虚灵的,像一只空虚的杯子,未曾容纳什么,却因此可以容纳一切。这样的“心”,这样“心里的尺”,只是“无”;这个“无”,却是一切生机勃勃的“有”的始基。

世上本无路,路在人心中。

九、“吐露本心”:“转变”关口的支撑点

二十年代中期以后,迫于形势,鲁迅对“革命文学”发生了浓厚兴趣。他认识“革命文学”,主要参照,是苏联革命进程中的文学现象,但他理解苏联革命中的文学,不光是抓住理论,而主要以普通读者的身份,用一直充满确信地运用着从未放弃的方式,直接从苏联文学作品中感受作家们所展露和所描写的“心”。他对苏联乃至中国所谓“革命文学”的态度,是以自己对“革命时代的活着的人的心”的真实感受为转移的。

在 1926 年,他就这样读解苏联作家里培进斯基的作品:“他还是不免于念旧。然而他眼见,身历了革命了,知道这里面有破坏,有流血,有矛盾,但也并非无创造,所以他决没有绝望之心。这正是革命时代的活着的人的心。”(《华盖集续编·马上日记之二》)当大家都在谈“革命文学”时,鲁迅小心地提出了另一个概念,叫“革命时代的文学”,一字之差,却有根本的不同。“革命时代的文学”不等于由概念推导出来的纯乎其纯的“革命文学”,而是跳动着“革命时代的活着的人的心”的文学,是从这样的“心”发出的“心声”、“内曜”。同年对勃洛克《十二个》的读解如出一辙:“人多是‘生命之川’之中的一滴,承着过去,向着未来,倘不是真的特出到异乎寻常的,便都不免并含着向前和反顾。诗《十二个》里就可以看见这样的心:他向前,所以向革命突进了,然而反顾,于是受伤……”并且单凭托洛斯基论勃洛克的文章,鲁迅就很有把握地自以为看到了托洛斯基的“心”,断定托氏不仅是“一个喑呜叱咤的革命家和武人”,还是“一个深解文艺的批评者”(《集外集拾遗·〈十二个〉后记》)。对苏联作家的体认,给他批评在相似或相同处境里中国作家的创作提供了直接参考。比如,从叶永蓁《小小十年》中,他看到了“背着传统,又为世界思潮所激荡的一部分的青年的心”,他赞赏这位青年作者“逐渐写来,并无遮瞒,也不装点,虽然间或有若干辩解,而这些辩解,却又正是脱去了自己的衣裳”。这种批评,简直就是对勃洛克、里培进斯基的批评的翻版。

鲁迅对苏联文学这种“籀读其心声,相度其神思之所在”的心心相印的解读法,是在长期文学实践中自己建立起来的,苏联作家(包括苏联批评家)的作品不过给了他一个机会再次确认这种解读法,并进一步坚定了他一贯所抱的文学是“心声”、“内曜”的主张。

正是基于这种确信,当激进的青年文学家从意识形态的单向度要求出发对他大肆围攻时,他可以比以前更坚定、更响亮地主张,创作必须“抒写自己的心”,最好必须是在“感到寂寞时”(《而已集·小杂感》),“好的文艺作品,向来多是不受别人命令,不顾利害,自然而然地从心中流露的东西;如果先挂起一个题目,做起文章来,那又何异于八股,在文学中并无价值,更说不到能否感动人了”(《而已集·革命时代的文学》)。他热情鼓励中国的青年们“大胆地说话,勇敢地进行,忘掉了一切利害,推开了古人,将自己的真心的话发表出来”(《三闲集·无声的中国》)。他就是这样用他的“心”直接对抗他们的“意识”:“多少伟大的招牌,去年以来,在文摊上都挂过了,但不到一年,便以变相和无物,自己告发了全盘的欺骗,中国如果还会有文艺,当然先要以这样直说自己所本有的内容的著作,来打退骗局以后的空虚。因为文艺家至少是须有直抒己见的诚心和勇气的,倘不肯吐露本心,就更谈不到什么意识”(《三闲集·叶永蓁作〈小小十年〉小引》)。

上述文章均写于1926—1929年,正是通常所谓鲁迅思想的“转变”期。作为文学家的鲁迅,在“转变”期构成思想的剧烈冲突的,并非对于某种政治立场、社会理想与哲学思想由开始的“不信”转到后来“信”,而是两种不同的文学观念——《三闲集·文艺与革命(并冬芬来信)》所谓“写的是外表”还是“内心”的文学——的冲突。在和激进的青年文艺家们论争中,通过有意识的学习,鲁迅确立了文艺“不过是一种社会现象”的认识,然而在这大前提下面,他的文学的支撑点仍是个体的“自心”,而非群体的“阶级意识”,正如上面提到的那封回信,在承认了文艺的社会性之后,马上又补充说,文艺“是时代的人生记录”。

他的文学始终偏向主观人生,而非客观社会;偏向个体内部生活(“心”),而非强行规定(虚构)的群体“意识”。在这意义上,可以肯定地说,并不存在文学家鲁迅的所谓“转变”，因为他没有在一贯坚守的“心”之外，为文学——包括他决定为之辩护甚至为之献身的“革命时代的文学”——确立别的支撑点。他的文学一直是《摩罗诗力说》所确认的“心声”、“内曜”，就像《汉文学史纲要》对屈原的文学的界定：“凭心而言，不遵矩度”，或者《魏晋风度及文章与药及酒之关系》所推崇的魏晋文学家的“师心使气”。

余 论

然其心已陈旧，本味又何由知？……

……答我。否则，离开！……

——《野草·墓碣文》

七十五年前这个严峻的发问，始终折磨着关心鲁迅、关心中国现代历史的每一个读者的心。人们根据自己的经验、立场与知识背景，纷纷探索鲁迅的心，希望以各自的方式求得一个正解。长期以来，这几乎构成现代文学乃至文化史研究一个最大的兴奋点，而研究者的见仁见智，人言言殊，本身就是一种有趣的景观。

有人，如夏济安、李泽厚、汪晖、王晓明、吴俊等，深刻分析了鲁迅的个性心理，尤其是它的黑暗面，但他们的分析更多从现代西方哲学找依据，最后(李泽厚和汪晖)不得不以存在主义之类解释鲁迅。这当然未尝不可，而且，当鲁迅与中国传统之关系的研究出现不能兼顾十九、二十世纪西方思想影响的缺失时，李、汪的偏重还尤其显得必要。但是，倘若过分强调十九、二十世纪西方思想的一元影响而不察鲁迅思想所根植的中国传统的渊源，则又不免顾此失彼。

有人，如林毓生，在概括儒家传统特别是程朱理学和陆王心学的思维特征为“强调‘心’的理智与道德作用”、“强调从思想文化方面对社会作整体改造”之后，直接跳到“五四”，认为“五四”沿袭了这种思维习惯并把它推向极端，鲁迅便是这种极端偏至的传统思维方式的代表。这种说法对儒家传统的概括是否确当姑置勿论，但它至少化约了复杂的“五四”语境，抹杀了鲁迅以及其他“五四”代表人物对自身或许与之具有某种瓜葛的传统思维包括心学思维方法的挣脱与改造，更抹杀了在这同时,他们仍然有以各自的方式接续心学的精神气脉的可能性。

有人,如朱维铮,否认章太炎与王阳明的亲和关系,一定程度上也阻断了将鲁迅与包括“心学”在内的中国传统心灵体验方式联系起来的思考进路。谢樱宁《章太炎年谱拾遗》对此多有辨正,兹不赘述。

更多的人在研究鲁迅与中国传统时,胶着于鲁迅自己供认的“庄子韩非之毒”,对鲁迅未曾明言的包括“心学”在内的传统的其他方面,则不屑一顾。

有人,如胡风、冯雪峰,对鲁迅在多元拿来的基础上进行一元创造的智慧和勇气,阐释甚力,关于鲁迅不落痕迹的自由的思想形态也多有触及。正是他们的有关论述(比如冯雪峰强调鲁迅的思想不等于任何曾经影响过鲁迅的思想,胡风进一步强调鲁迅的文学/思想的本质是“心与力的结合”),触发了我对鲁迅“心学”的兴趣。限于时代环境,他们未能深究鲁迅与传统心灵体验的关系,即便对多元拿来的多元也往往只能述其有限的几元。但是,在所有关于鲁迅思想方式的解释中,胡、冯的说法还是最接近事情的本相。这是现代中国两位极能进行独立运思的值得尊敬的人物,他们的遗憾只是时代加给的。他们关于鲁迅的解释所蕴涵的思想努力,往往将问题逼近到鲁迅的“心学”的门槛,可惜这种努力的意义至今仍然被遮蔽着。

鲁迅的“心”究竟怎样,可从不同角度探索,这里只想提出一点:鲁迅的“心”以中华民族几千年的“心学”(由精英和俗众共同书写的心灵体验的历史)为依托,不过在他身上,又最能看出中国传统心灵体验方式的现代转换。鲁迅凭其心的挣扎,把在别人那里呈现为赤裸裸的概念形态的思想理论问题转换为活生生的“直剖明示”的文学问题——心灵体验、心灵判断、心灵取舍的问题,在“古今中外”激烈交战、几乎无路可走的绝境,开辟出自己的道路——心的道路。鲁迅在中国文化史上的特殊地位,主要就在于他身处“扰攘之世”,奋其毕生心力,为“心夺于人,信不繇己”因而“本根剥丧,神气旁皇”的“华国”“立心”,在于他的“立心”大业所完成的对中国传统心灵体验方式的继承与超越。鲁迅的思想/文学是特殊形态的一种心学。

2000年5月17日

(《鲁迅研究月刊》2000年第7期)

重识鲁迅"剽窃"流言中的人证与书证问题

符杰祥

一生为流言所困也深恨流言无聊的鲁迅曾痛切地说，"我一生中，给我大的损害的并非书贾，并非兵匪，更不是旗帜鲜明的小人；乃是所谓'流言'"。[1](151)而在数不胜数的流言中，大概只有陈源即陈西滢所拨弄的"剽窃"风波，鲁迅是动了真怒，也是唯一认真计较过的。据理反驳的《不是信》写于陈源文章见于报端后的第二天，反应之迅敏，此后的还不能"带住"，并在十年后仍记上一笔，亦可见鲁迅的愤懑有多深了。"现在盐谷教授的书早有中译，我的也有了日译，两国的读者，有目共见，有谁指出我的'剽窃'来呢？呜呼，'男盗女娼'，是人间大可耻事，我负了十年'剽窃'的恶名，现在总算可以卸下，并且将'谎狗'的旗子，回敬自称'正人君子'的陈源教授，倘他无法洗刷，就只好插着生活，一直带进坟墓里去了。"[2](450-451)当两书各有了译本之后，所谓"有书为证"，深怀道德耻辱感的鲁迅如释重负，以为自己从此之后可以永远摆脱不道德的恶名了。但这种善良的想法，恐怕还是过于乐观了。制造与传播流言是人类社会中的一种恶劣习性，后世的一些无聊之徒即使有条件、有可能比较，也宁愿掷书不读，而喜欢翻弄一些历史旧账哗众取宠，煽惑视听的。有鉴于此，笔者搜寻了相关的史料与书籍，详加梳理，仔细辨别，相信可以澄清部分事实。

一、当事人的相关说法与辨析

挑起"剽窃"争议的是陈源。他先是影射鲁迅"整大本的剽窃"[3]，随后又公开攻击鲁迅的《中国小说史略》，说它是"根据日本人盐谷温的《支那文学概论讲话》里面的‘小说’一部分”,来做“蓝本”的。[4]两文所指为一事,但说法不一,前者是“整大本的剽窃”,后者却成了“一部分”与“蓝本”,真相如何且不说,问题的程度已先严重地缩了水。指证的大打折扣让人对陈源的话语方式与态度不能不产生怀疑。陈源的后篇文章从暗处来到了明处,似乎有了充足的理由与依据,但让人失望的是,如何“根据”,怎样“蓝本”,文中并没有丝毫论证。拿过英国博士学位的陈源当然不是不能论证或缺乏论证意识,大概只是未加论证,所以不幸又为鲁迅所说中,“我以为恐怕连陈源教授自己也不知道这些底细,因为不过是听来的‘耳食之言’”[5](230)。

有人根据鲁迅直言自己书中的两篇“是根据它的”话,就自以为得到了证据,把“参考说”和“剽窃说”有意无意地混同起来,说成是鲁迅的“承认”,而陈源因此“并没有全错”。[6](198)但既然“没有全错”,陈源就应该“根据”自己“没有全错”的一部分据理反驳,来印证自己尚未论证的话并非“不负责任”,并非“听来的‘耳食之言’”,但陈源没有再声辩,且始终未发一言,即便是鲁迅说出了“谎狗”的狠话之后。那么,是否如他在信末所说:“我已经踏了两脚泥!我觉悟了。我大约不再打这样的笔墨官司了”呢?其实不然,陈源不踏进泥坑的“觉悟”仍是以“大约”的措辞为自己留了退路的,但他终于没有退回去。那么,这是否又是出于一种绅士的“雅量”呢?其实也不然。陈源是只佩服胡适的,在暗指鲁迅剽窃的那篇《闲话》中,就曾在文末抬出胡适来做对照,认为中国只有胡适和梁任公二人有靠自己著作生活的能力,其余皆无足论也。但是,胡适十年后在给苏雪林的复信中却这样写道:“说鲁迅抄盐谷温,真是万分的冤枉。盐谷一案,我们应该为鲁迅洗刷明白,最好是由通伯先生写一篇短文,此是gentleman(绅士)的臭架子,值得摆的。”[7](155)通伯是陈源的字,那么,“gentleman的臭架子”又是何意呢?看看胡适在《老章又反叛了!》一文中同样的引文就明白了。此句的原作者是吴稚晖,胡适引用吴稚晖的话是来嘲笑章士钊伪装绅士,只知道“雅量”之类的皮毛意思,而“不知道一个真正gentleman必须有sportsmanship,可译为豪爽。豪爽的一种表现就是肯服输”。所以,“最好是由通伯先生写一篇短文”就是让陈源写文章公开认错道歉,爽爽快快“服输”。似乎陈源未如胡适所期望的那样“豪爽”与“最好”,而是选择了躲避与沉默。

《中国小说史略》由初创到成书,到几次再版,前后经过十多次的增补修订,历时近二十年。对于这部耗费了自己几乎半生心血的学术著作,鲁迅自然很在意。“剽窃”流言一出,鲁迅的惊愕与气愤是可以想见的。他在《不是信》的反驳文章中首先坦率说明,“盐谷氏的书,确是我的参考书之一”,并指明《中国小说史略》的第二篇与论《红楼梦》的几点以及一张《贾氏系图》是“根据它的,但不过是大意,次序和意见就很不同。其他二十六篇,我都有我独立的准备,证据是和他的所说还时常相反”。根据“大意”而“次序和意见就很不同”,是因为“大意”皆以“史实”为“蓝本”,“不能不同”;“次序和意见”则是指建立在“史实”基础上的个人观点与看法。应该依据相同的“史实”,还是依据个人的“意见”来辨别抄袭问题,这是很明白的道理。鲁迅随后还列举了大量的材料仔细论析了二人在“分量,取舍,考证的不同”,从说理,到举证,再到论证本身,都是明白清楚的。

除两个当事人之外,有资格评说抄袭公案的还有传言给陈源的“揭发者”张定璜即张凤举。有人说,“张凤举是留日的,也是北大的教授,平日与周家兄弟又来往甚勤,只有他才能知道盐谷氏的书是什么样子,也只有他才能知道鲁迅‘根据’到什么程度”[6](198)。不过,这位被目为英雄的张凤举却是个可疑的污点证人。胡适给苏雪林的信中说,“通伯先生当日误信一个小人张凤举之言,说鲁迅之小说史是抄袭盐谷温的”,就是把他看作制造谣言而害得陈源吃了哑巴亏的“小人”的。据朱正先生考证,周作人、鲁迅、陈源之间的一些笔墨官司,就是这个两面三刀的“小人”挑拨离间的,而且抗战期间还落水附逆,是个汉奸文人。[8]仅就举证而言,张凤举却并没有提供任何片言只字的材料,举出“只有他才能知道”的证据。

更有资格评说此事的,恐怕还是事主盐谷温自己。然而,盐谷温不仅从未发表过“剽窃”的言论,而且还与鲁迅长期保持着密切的学术交往。据《鲁迅日记》1926 年 8 月 9 日与 8 月 17 日记载,“矛尘来并交盐谷节山信及书目一份”,“辛岛骁君来并送盐谷节山所赠《全相平话三国志》一部”。盐谷节山即盐谷温,辛岛骁是盐谷的学生。尤为可说的是,《全相平话三国志》系日本内阁文库所藏,为盐谷首先发现,对小说史研究具有重要意义,此种赠礼,厚意可感。为此,鲁迅在 1930 年的《中国小说史略·题记》中还特别提及了盐谷在小说史料搜集方面的贡献。1928 年 2 月,鲁迅所辑录的《唐宋传奇集》刚由北新书局印成,鲁迅即将此书回赠与盐谷。1929 年 2 月,鲁迅又收到盐谷寄赠的明正德本的《娇红记》影印本,并回信致谢。1931 年 9 月,《中国小说史略》改定本出版,鲁迅特寄赠盐谷温 3 本。

鲁迅在给增田涉的信中曾这样评价盐谷温:“节山先生真不离本色”,赞其钻研学术的用心专一。盐谷温首次提到鲁迅与《中国小说史略》的文字则见于他 1926 年 6 月 26 日在日本斯文会研究部的讲演。这篇演讲后来由孙俍工遵从盐谷嘱托译为中文,收在《中国文学概论讲话》的附录中,题为《论明之小说“三言”及其他》。开头一段即说:“我于上学年在大学编中国小说史底讲义……偶然发现了一种非常珍奇的材料,竟有为从前著《宋元戏曲史》的王国维氏,与近来著《中国小说史》的北京大学底鲁迅周树人氏等所还未曾见的书籍,现却发见已传到日本。”文中提及鲁迅与《中国小说史略》的文字还有其他 3 处,所论全部是盐谷新发现的史料问题。与此可为参照的是增田涉的回忆:“我们在大学听过盐谷温先生的中国小说史的讲课,在那时,关于中国小说史,盐谷先生在《中国文学概论讲话》中说的最详细,被认为在小说史方面是最高的成就。正在那时候,出现了鲁迅的《中国小说史略》,那材料的丰富和体系的完整使人惊异。因为当时谁也不注意,所以他给与新的研究的启发是不少的。受了它的刺激,盐谷先生完成了明代小说三言二拍的研究,弄明白了《今古奇观》的成立系统。”[9](1341) 鲁迅的《中国小说史略》能使盐谷温大为“惊异”,不是别的,而是“材料的丰富和体系的完整”给了他“新的研究的启发”。不难发现,盐谷温主动与鲁迅开始学术交往,并把《中国小说史略》作为自己上课的教材,是缘于对《中国小说史略》的赞佩与欣赏。由此看来，盐谷本人对《中国小说史略》是非常熟悉的，没有发现所谓“蓝本”乃至“剽窃”的问题，倒是欣赏与仰慕之情溢于言表。

再看学生们是如何说的。辛岛骁正好在“剽窃”风波发生的那一年夏天来到北京，也是盐谷温的学生中第一个拜访鲁迅的，他说：“在离开东京之前，我是佩服那部《中国小说史略》的，因而会到他时的心情，并非去会见作为作家的鲁迅，而是要向作为学者的鲁迅表示敬意，向他请教。”[10](1512)有意思的是，熟读过盐谷与鲁迅二人著述的辛岛骁也没有发现所谓的“剽窃”，反而发现鲁迅的《中国小说史略》在日本的“被剽窃”。他说：“恰好紧接着在东京出现《中国小说史略》，宫原民平氏也出版了《中国戏曲小说史概说》。尽管其中小说部分许多都是依据鲁迅的《史略》，而在《序文》中却并未提到此事，这使得我们青年学生都有些感到气愤。”而鲁迅在愤愤不平的辛岛骁“代为告罪”后，“却一点也没有表现出好像受到损害的态度，反而回答说，尽管自己的东西还有着许多缺点，竟被加以利用，对此感到抱歉”[10](1513)。鲁迅表现出的“谦虚”与“淳朴”让第一次会面的辛岛骁大为感动。

在盐谷温的学生中，增田涉是与鲁迅交往时间最长，也是对鲁迅了解最深的一位。从1931年3月到7月，鲁迅几乎每天下午都为增田涉逐字讲解《中国小说史略》，到了1935年，增田涉终于将《中国小说史略》翻译为日文，由东京赛棱社出版，鲁迅欣然为之作序。增田涉在回忆中说，在协助盐谷温的研究工作中，“使我深感到《中国小说史略》是中国小说史的划时代名著，而这正是我刚入大学的时候，这《中国小说史略》的作者，的确是惊人的学者——这样的尊敬的念头就深深栽进青年的头脑里，还不止我一个人，当时的同学，谁也一定是这样”[9](1341)。而在此后跟随鲁迅学习小说史的日子里，他更深切地体验到了这本书积20年搜集之久的勤苦与卓越：“中国自古以来，小说作品很多，但小说史却没有。鲁迅首先打算整理它，但因为是开头的尝试，所以需要多年的努力。而所完成的著作是非常卓越的，看看在他以后的，慢说超过它，连和它比肩的东西也没有出来，就可以知道，他的苦心努力，并不是寻常的。”[9](1401)

如果说以上所举皆是当事人或当事人的亲炙弟子的话,那么胡适可谓一个的的确确的旁观者。胡适在学术上的主张是科学主义,讲求“小心求证”、“拿证据来”,治学严谨而成绩卓然。相比陈源之辈,他更了解鲁迅的小说史研究,也更有资格评说此事。胡适在出版于1928年《白话文学史》的自序中提到了盐谷温在史料搜集方面的“帮助”,同时又说,“在小说史料方面,我自己也颇有一点点贡献。但最大的成绩自然是鲁迅先生的《中国小说史略》;这是一部开山的创作”。胡适为学也是颇为自信而自负的,但论学仍独推鲁迅为最,并非只是自谦。而更重要的是,他同时提到了盐谷温,说明他对盐谷温与鲁迅的书都是极为熟悉的。他在后来给苏雪林的信中又说,“现今盐谷温的文学史已由孙俍工译出了,其书是未见我和鲁迅之小说研究以前的作品,其考据部分浅陋可笑”[7](155)。因为对两书都很熟悉,所以才会有比较分析,才会看出鲁迅“真是万分的冤枉”。

除鲁迅外,这几类举证按可信层次可以说:相信张凤举,不如相信陈源;相信陈源,不如相信胡适;相信胡适,不如相信盐谷温。其一是盐谷温的事主角色更让人信服,其二是他相对远离中国文人复杂的人事圈,少了些纠缠,多了些中立。不过,即使是盐谷温,也终究还是人证。真正客观与最为可信的举证,恐怕还是作为物证的图书。在更为可信的证人中,盐谷温、辛岛骁、增田涉、胡适、鲁迅等,都是熟知这两本书的,所举材料也皆为书证。所以最终也可以说,相信人,不如更相信书。

二、《中国小说史略》与《中国文学概论讲话》异同比较

鲁迅在当时《不是信》的反驳文章中,就曾希望能将盐谷温的书翻译过来,以便公众分析鉴别。而在此后的一个月,朴社便出版了陈彬和的节译本,鲁迅在夏天看到了这本书,但不满意大量删削原书的所谓“选译”,原因是“和我的无从对比”。及至十年后的1935年,鲁迅的《中国小说史略》有了增田涉的日译本,盐谷温的《支那文学概论讲话》也在1929年6月有了孙俍工的全译本,鲁迅很是“高兴”,因为“两国的读者,有目共见”[2](450),可以自己做出比较与判断了。

据笔者从南京大学图书馆古籍特藏部所查,陈彬和的译本题为《中国文学概论》,1926 年 3 月由北京朴社出版,孙俍工的译本题为《中国文学概论讲话》,1929 年 6 月由上海开明书店出版。从译本篇幅来看,陈本共 104 页,孙本共 572 页,相差 5 倍有余。比如,关于唐代小说一节,陈本不到 1 页,仅 27 行,孙本却长达 51 页。从译本风格来说,陈本汤彬华所作的序中说,"愚夫因余喜文学之专心,又为便利后来编中国文学概论之参考,允如所请,费 10 日之苦心,择要译之"。陈本是一种仅费了 10 日功夫的"择要"与"辑译",大量删削,几失原貌,文字古雅,近于意译;孙本如译序所说:"自信除中有不甚关重要的一二处省略了以外都是逐句地翻译的",忠实于原著原貌,文字简朴,语调仍保留"讲话"风格,是严肃的直译,难怪鲁迅不满陈本而对孙本欣赏有加。另外一个细节问题是,汤彬华在序中透露说,陈的译本"蒙友人顾颉刚先生之好意,愿在其所办之朴社出版"。鲁迅与顾颉刚的交恶以及"剽窃"流言的传出,源头是否在这里,也是值得认真考辨的。所以,无论从哪个方面,鲁迅与盐谷温二书的比较,都应以孙俍工的译本为根据。

盐谷温的《中国文学概论讲话》是根据他在 1917 年东京文科大学夏季演讲的基础上整理、修订而成的,共分音韵、文体、诗式、乐府及填词、戏曲、小说等 6 章,小说部分为其最后一章。因为该书重在从横的方面系统说明中国文学的性质和种类,论小说部分未能像鲁迅的《中国小说史略》在纵的方面有充分的展开,这也是二书各自的优长之处。孙俍工在译序中说:"中国文人向来论文都主'文以载道',而视诗赋为文人小技,鄙小说为街谈巷语道听途说,这书主张杂剧传奇为国民文学,戏曲宜以俗人为对象,可算把向来那种迂腐的见解完全打破了。"以"国民文学"的观念重新梳理中国文人向来鄙视的小说,的确有一种开创之功,这也是盐谷书最重要的意义所在。也正因为如此,该书在提出自己的一些见解的同时,也还存在许多粗疏缺漏之处,鲁迅的小说史与之相比则要完备许多。

《中国小说史略》同盐谷温的《中国文学概论讲话》一样,也是在大学讲义的基础上修订而成的。不过相较而言,盐谷书还保留了演讲中活泼的口语风格,纵意而谈、不十分确定的口说语气随处可见;而鲁迅书完全将讲演话语转化为一种古雅、严谨的文章语言,课堂上随意发挥、娓娓而谈的部分被鲁迅有意删略掉了。这是两书在修订过程中的不同选择,也体现出了不同的倾向与特色。

据盐谷原序所署日期"大正七年十二月二十三日",可知盐谷书出版于1918年或稍后,而鲁迅开始讲授小说史则在1920年,出书更在3年后的1923年。就学术研究而言,以前人或同人中先出的书为"参考",是很正常的事情。而作为晚出的小说专著,鲁迅所下的功夫与所达到的成绩,显然远远超过了盐谷的小说章节部分。盐谷的小说一章分为"神话传说"、"两汉六朝小说"、"唐代小说"、"诨词小说"等四节,鲁迅的小说史从"史家对于小说之著录及论述"到"清末之谴责小说",则共计28篇。无论在资料搜集还是历史梳理方面,都更为系统、翔实与细密;史识方面,更是提出了许多属于自己的独特见解与说法,其中多数论断至今还一直为后世学者所采用。盐谷书的小说部分白话文译本为170余页,鲁迅以文言文所写的小说史有340余页,如果将文言与白话的文字差异计算在内的话,篇幅差异还要更大。当然,这种差异也是由两书一为概论、一为专史的不同性质所决定的。

在小说史料的"根据"与"考证"方面,鲁迅认为自己和盐谷温多有不同,甚至"还时常相反",这是确实的。比如,盐谷温论六朝小说根据《汉魏丛书》,论唐人小说根据《唐人说荟》,而鲁迅指出,这两部书都存在许多问题,所以,与盐谷温不同,他使用的材料是自己经年积累、搜集的《古小说钩沉》辑本和《太平广记》。早在1922年,鲁迅就写过《破〈唐人说荟〉》一文,指出这一部书"假如用作历史的研究的材料,可就误人很不浅",认为它存在着"删节"、"硬派"、"乱分"、"乱改句子"、"乱题撰人"、"妄造书名而且乱题撰人"、"错了时代"等7个问题。撰写过多部文学史的郑振铎因此指出,《中国小说史略》在史料搜集与考证方面堪称"千锤百炼之作":

> 自第三篇"《汉书·艺文志》所载小说",到第七篇"《世说新语》与其前后",却是从一部细针密缝的三十六卷《古小说钩沉》的搜辑的结果里勾稽

出来的。第八篇“唐之传奇文”到第十一篇“宋之志怪及传奇文”乃是研究了五百卷的《太平广记》和《青琐高议》、《顾氏文房小说》等等古籍而后写下的，其态度最为谨慎小心，一举而廓清了明清以来唐人百家小说、唐代丛书以及龙威秘书等的谬误与浅陋。近来对于唐宋传奇文的认识比较清楚，全是鲁迅先生之力。自第十二篇“宋之话本”以下到最后第二十八篇“清末之谴责小说”，其材料也全是新鲜的，不知费了多少的搜访之力。他的《小说旧闻钞》一书可以证明：其对于材料的真伪，取舍的不苟，和蒋瑞藻诸人的《小说考证》等书大为不同。[11]

鲁迅治学如其所言，不以珍本、善本为重，同时也限于条件，“所阅大抵常本耳”[12](89)，考证过程中也难免存在一些缺憾，但这并不妨碍鲁迅在材料方面形成自己“独立的准备”。而即使是不可能形成“独立的准备”的史料，学者的“取舍”与“分量”也能够显示出各自不同的观念与见识。对于任何一种历史研究来说，年代愈久远，材料愈难寻觅，也正因为可供使用的材料有限，人们在使用材料方面就往往趋同而很难出新。而越到后面，相关的材料更加丰富，更容易寻觅，新的见解也就更容易发生。比较盐谷书与鲁迅书，一个有意味的现象就是，在论汉代及此前的小说与神话传说时，二书使用的材料多有交叉，而到汉唐之后尤其是明清小说那里，鲁迅书中出现了许多盐谷书所未具有的新材料，观念的分歧与独创性也就更为明显。盐谷论宋元明清小说，以“诨词小说”统合为一节，甚为粗略，而以“诨词小说”的“俗语体”与“有趣”来概括宋以后的所有中国小说的共性特征，也显得笼统与模糊，不仅以偏概全，而且难以充分说明不同时期小说发展的流派分化与丰富个性。而鲁迅根据历史流变与文本特征将其具体划分为宋的话本、拟话本，元明传来的讲史，明的神魔、人情、拟宋市人小说，清的拟晋唐、讽刺、人情、才学、狭邪、侠义及公案、谴责小说，显然要明白、详实、精当得多，凡此种种，都是盐谷书所不具备的。

进一步说，即使因历史久远而难以搜寻新的材料，鲁迅对材料的取舍与意见仍与盐谷存在诸多根本差异与不同。比如，在材料使用方面更容易出现交叉与趋同现象的神话传说那里,二书虽然都选取了《列子·汤问》中共公怒触不周山的故事与《山海经》中昆仑山、西王母的故事材料,但在材料的论断与意见上就完全不同。鲁迅选取《列子·汤问》的材料旨在说明"神话演进,则为中枢者渐进于人性"的问题[13](18);盐谷温选取这则材料则是要指出神话发生的问题,如其所说:"这是仰观天文见日月皆从东出,从西落,俯察地理见百川皆东流入于海,从这里所发生的神话。"[14](316)再比如,二书都选择了《山海经》的几则材料,但观点与结论也是不一样的。盐谷温认为,《山海经》"与其说是地理书不如说是各方的异闻传说底杂录",而鲁迅则根据"所载祠神之物多用糈(精米),与巫术合"推断,《山海经》"盖古之巫书也,然秦汉人亦有增益"。如果说这两种材料属于意见不同的话,其他材料在取舍方面的差异就更为明显了。在两种材料外,鲁迅书还搜集、选取了《艺文类聚》、《淮南子》、《左传》、《史记》、《穆天子传》、《太平御览》等书中的神话传说,这是盐谷书中所没有的。而盐谷温所特别看重的《天问》,并不为鲁迅完全认同。盐谷将《天问》置于文首,鲁迅则置于篇末;盐谷视《天问》如《山海经》一样,为"小说底先驱",鲁迅则完全否定了这种看法。他指出,这种说法受朱熹的影响,认为《山海经》与《淮南子》是为解释《天问》而作,是不对的。《天问》中的神话传说不过是说明,"此种故事,当时不特流传人口,且用为庙堂文饰矣"。鲁迅曾坦言说,自己的这篇文章,是"根据它的,但不过是大意"[5](230)。也即是说,自己在写作时借鉴过盐谷温的书,但不过是参考而已,"次序和意见就很不同"。由此可知,鲁迅所说的"根据",不过是"参考"之意,而且也仅是"参考之一"。后世的一些无聊之徒,以此来妄加揣测,说什么"鲁迅对盐谷温的书的使用,已超过了通常的参考"[6],不过是以对"根据"一词的望文生义,来附会陈源的"蓝本"之说。实际上,陈源说"剽窃"站不住脚,说"蓝本"同样属于无稽之谈。

至于二书在具体观点与论断上的种种不同,则难以枚举,择其大端,可略举一二。其一是巫鬼之说。在谈及中国神话何以不发达的问题时,鲁迅书中说:"说者谓有二故:一者华土之民,先居黄河流域,颇乏天惠,其生也勤,故重实际而黜玄想,不更能集古传以成大文。二者孔子出,以修身齐家治国平天下等实用为教,不欲言鬼神,太古荒唐之说,俱为儒者所不道,故其后不特无所光大,而又有散亡。"[13](21-22)这里的"说者"即盐谷温,语出其小说一章第一节的首段。"说者谓"表明鲁迅是在引用盐谷温的观点,但随后语气一转,提出了"然详案之,其故殆尤在神鬼之不别"的新看法,并举出五则故事详加论证,说明自己并不完全同意盐谷温的意见。鲁迅提出"神鬼之不别"的个人意见,源于他对中国巫鬼信仰风习的独特认知,而这一观点贯穿于其论始终。所以,鲁迅在论《山海经》时就别具心裁地指出,这是一部巫书。随后在论六朝小说时,他更是直接将其名为"鬼神志怪书",认为"中国本信巫,秦汉以来,神仙之说盛行,汉末又大畅巫风,而鬼道愈炽;会小乘佛教亦入中土,渐见流传"。论宋代志怪时仍指出,"宋代虽云崇儒,并容释道,而信仰本根,夙在巫鬼"。盐谷温对中国的巫鬼说似乎不很知悉,所以他在论楚辞中的《天问》时就没有谈及巫风的影响,论六朝小说时也仅注意到其"仍然是出入于神仙道术","佛教底影响,渐渐表现到了小说里来了",而未注意其中巫鬼之风的影响因素。

其二是鲁迅更强调一种文人传统,盐谷温则更重视民间的诨词与俗话传统。如有学者所说,"鲁迅衡文讲史,主要是谈文人的文学性书写"。[15](318)鲁迅自己也曾明确提出:"讲文学的著作","史总须以时代为经","以文章的形式为纬"。[16](243)由此出发,鲁迅所欣赏的主要是"文笔可观"的文人之作,论小说得失时重"文采"也更甚于重"意想"。比如,他对唐代小说评价甚高,就在于"虽尚不离于搜奇记逸,然叙述宛转,文辞华艳","而尤显者乃在是时则始有意为小说"。对宋代小说评价不高,就在于其"既平实而乏文彩",属于"诰诫连篇,喧而夺主"的一种。而盐谷温则是抑唐扬宋的。他将唐以后小说通称为追求俗语体与趣味的"诨词小说",认为小说"经唐渐渐发达,但还不过是词人文士底余业,其文体是秾艳绮缛的文言。真正有国民文学底意味的小说是创始于宋代"[14](403)。这种完全相反的评价,就在于鲁迅特别突出了文人传统与文学性准则,而盐谷温则更重视民间说唱传统一脉的文学,鲁迅著述的文学性特长可能也是一种欠缺,但对文学形式的强调却也正是他的独特意义所在。在同时代只重视文献考据而忽视文学价值的普遍风气中,大概也只有鲁迅做到了这一点。

综上可知,二书在风格、性质、论断等方面不是程度差异,而是根本有别的问题。只要下点功夫,认真核校,"蓝本"乃至"剽窃"之论,与"参考书之一"的分别,是断不会发生误会的。有人说,"不必看盐谷温的著作,仅从鲁迅这里的供认,再参阅他的《中国小说史略》,也不能说陈西滢的话全是错的"[6](196)。我以为,"不必看盐谷温的著作",便轻下鲁迅"供认"的断语,"也不能说"全是对的。

注　释

① 鲁迅.华盖集·并非闲话(三)[A].鲁迅全集:第3卷[M].北京:人民文学出版社,1981.

② 鲁迅.且介亭杂文二集·后记[A].鲁迅全集:第6卷[M].北京:人民文学出版社,1981.

③ 陈西滢.闲话[J].现代评论:第2卷,1925,(11).

④ 陈西滢.闲话的闲话之闲话引出来的几封信[J].晨报副刊,1926,(1).

⑤ 鲁迅.华盖集续编·不是信[A].鲁迅全集:第3卷[M].北京:人民文学出版社,1981.

⑥ 韩石山.少不读鲁迅,老不读胡适[M].北京:中国友谊出版公司,2005.

⑦ 胡适.致苏雪林[A].胡适文集:第7卷[M].北京:人民文学出版社,1998.

⑧ 朱正.小人张凤举[J].鲁迅研究月刊,2002,(12).

⑨ 增田涉.鲁迅的印象[A].鲁迅回忆录·专著:下册[M].北京:北京出版社,1999.

⑩ 辛岛骁.回忆鲁迅[A].鲁迅回忆录·散篇:下册[M].北京:北京出版社,1999.

⑪ 郑振铎.鲁迅先生的治学精神[J].申报,1926,(10).

⑫ 鲁迅.320605致台静农[A].鲁迅全集:第12卷[M].北京:人民文学出版社,1981.

⑬ 鲁迅.中国小说史略[A].鲁迅全集:第9卷[M].北京:人民文学出版社,1981.

⑭ 盐谷温.中国文学概论讲话[M].上海:开明书店,1929.

⑮ 龚鹏程.近代思潮与人物[M].北京:中华书局,2007.

⑯ 鲁迅.351105致王冶秋[A].鲁迅全集:第13卷[M].北京:人民文学出版社,1981.

[《山东师范大学学报(人文社会科学版)》2008年第3期]

中国近代批儒思潮的跨文化性：从章太炎到周氏兄弟

彭春凌

引论

章太炎平生三赴日本，第一次缘于戊戌政变后流亡到沦为殖民地的台湾，担任《台湾日日新报》汉文版编辑，后两次1902年、1906年则均直接抵日。太炎以明治日本为中介接引西学，如相关研究所示，大概可以确认。[①]然而，如此论述似仍受限于探究明治日本与近代中国关系的潜台词，即近代中国人以更早近代化的日本为桥梁、为老师，学习西方。虽然说，明治儒教的展开，受多元思想的冲击，呈现别样纷呈的面相。但遗憾的是，人似乎只能被动地遭遇历史，而不能主动地选择去邂逅某一段或某一面历史。不同于梁启超遭遇中江兆民、中村正直，王国维恰逢狩野直喜，章太炎虽对重野安绎的学院式实证主义早有了解，但和明治日本、明治儒学的初次晤面并发生情感冲撞却是在日本的第一块殖民地台湾，日本甲午胜中国后膨胀的国家意识及加强殖民地统治的威权面相于此显露无遗。井上哲次郎衍义《教育敕语》包涵的日本中心的东洋意识形态、天皇"万世一系"的国学思想吸附儒学的忠孝等部分伦理条目包装出的"国体论"，日渐塑成了包括《台湾日日新报》报人在内的日本普通国民的精神生活。任职该报期间，太炎与该报围绕"国体论"的种种舆论展开隐晦而复杂的思想缠斗，在儒学的伦理根底、政治图景与宗教信仰三个层面上呈现的是双方几乎难以逾越的分歧与鸿沟，他最终创作了《儒术真论》，将康有为的孔教思想与日本吸附进近代国体论的儒学观念嫁接整合，作一体之批判。此即为章太炎第一度显露中国近代批儒思潮的跨文化性。

章太炎对明治日本国家主义面相“意兴都尽”[②]的不快之感于1906年后他在东京主编《民报》时期续有深化,“逢蒙杀羿”[③]之语屡书不绝。而通过和在日本右倾团体黑龙会会刊《东亚月报》上发表文章的“梦庵”武田范之的往复论辩,太炎愈益揭破表面推崇孔子、阳明的日本学人“封建遗民、情存势利”,“以仕宦为光宠,以卑谄为效忠”[④]的思想本质。这又和他抨击孔教“使人不脱富贵利禄的思想”[⑤]、康梁新党“夸者死权,行险徼幸,以求一官一秩”[⑥]意思一致。值得注意的是,以佛教建立宗教信心,不仅是太炎此时期的精神选择,他更提出与佛国印度联合,和“抱独立主义”的亚洲民族“和亲”[⑦],以反对东西方各种面目的帝国主义,建立超越儒教圈的亚洲构想来抵抗日本的东亚论述。此为章太炎第二度昭示中国近代批儒思潮的跨文化性。

随着近代日本以儒学伦理条目包装的国家主义、军国主义自台湾起步,主动地来遭遇中国,对“忠君”、“王道”的抵抗就必将成为有良知的知识人之共识,这在有留日经验的新文化人鲁迅、周作人那里体现得更为明显。周作人《语丝》刊文对抗《顺天时报》日人谬论,鲁迅1930年代《在现代中国的孔夫子》透露早年的生命史、《儒术》对儒教决绝的抗拒,显示了寻求民族独立自主的新一代知识人与太炎经验的隐隐呼应,他们甚至选择比章氏《儒术真论》更为极端的方式来拒绝国内外各种“伪”儒术,留下了中国近代批儒思潮具备跨文化性的进一步延续的烙印。

一、“真儒术”与康章分歧

与日本“国体论”强调“一君万民”、臣子对天皇无条件的忠诚、拒绝革命不同,章太炎展现了晚清变革期儒教的伦理根底是以道德理性为基础,将人得之于上天、有所同然的内在良知作为根本出发点,坚持《春秋》公羊学的“以天统君”之论,承认“革命”作为自然趋势的合法性。章太炎在殖民地台湾的经验,最终促成的跨文化成果，是1899年的《儒术真论》。从知识学上，此文固然是太炎秉承清代无征不信的科学传统、融汇西方近代科学知识，长期思索的结果，但《儒术真论》成文背后，台湾殖民地经验的刺激同样不可忽视。章太炎极度反感日人将维系天皇万世一系的"天意论"及神道精神施诸对台湾的殖民统治，要求当地人祝颂皇国的神圣，臣服于"神意"安排的被统治局面。由《儒术真论》的附文《视天论》先后发表在《台湾日日新报》和《清议报》的两个版本之改动情况看，台湾经验对他有所刺激的地方，主要是将批评天神上帝虚妄的对象从墨子、耶稣转移到儒家内部，坚决辨明"伪儒"与"真儒"，决绝切除儒教中神道设教、"敬天明鬼"的"病灶"。由此，太炎的"真儒术"既不从言天言帝的《诗》、《书》等"六经"出发，也与"祭神如神在"、若隐若现言及"天道"之《论语》无关，更多体现着章太炎本人的思想创见，而非对既往儒学观念的承继。"以天为不明及无鬼神"⑧，更成为章太炎与康有为经今古文学论争的逻辑起点和争夺"真孔子"的理论原点。

在涉及经今文学时，太炎早期的理论表述有紧张与歧义。一方面，无论是《公羊传》的拨乱反正论、九世复仇说、以天统君义，《齐诗》"午亥之际为革命"的革命论，还是视孔子为玄圣素王、中国文化的共主，在建构近代儒学变革诉求的伦理价值及政治蓝图时，经今文学构成中国近代儒教转型的主要动力，也是太炎不能回避的资源，尽管他本人常用"《春秋》三家所同"⑨来作自我申辩。另一方面，章太炎无比厌恶明治国体论对儒学经典词汇、"天意"概念的搬用，在他看来，这一切都肇端于儒学典籍中那些本来存在的"敬天明鬼"之观念。比如《齐诗》"五际"说，认为逢卯、酉、午、戌、亥年乃"阴阳终始际会之岁"会产生政治变动，⑩这类容纳阴阳五行、沟通天人，以自然现象解释社会活动的思想具备相当的危害性。于是，章太炎以最为激进的方式，割掉了在他看来会衍生出日本式帝国主义思想肿瘤的儒教"病菌"——敬天论，从而廓清出一个完全"干净"的儒学。

然而，这一刀切下去，固然能清理掉人格神的诬妄，但对"敬天"不作明确界定和分梳,就意味着不仅要摒除以"天理"为基盘的宋明理学之全部,亦几乎将汉代儒学(尤其是今文学)中与宗教体验相关的"天人之际"学说一概抛弃,儒学中"主静"与"主敬"两派皆无立锥之地。这是对形而上学的放逐。从学问的角度,儒学的阵地将仅存留以训诂考订、无征不信为基础的清代朴学,这还不是最致命的。真正的问题是,从信念的角度,先不谈个人的身心安顿及精神支撑问题,如果对上天代表的终极意义上之公道和正义的价值理性不具备宗教信仰般地守护及笃信,单是改变外部世界的行动——"革命"和"政治"如何成为可能?因为"某种信念是一定要存在的,不然的话,即使是世界上最重大的外在政治成就,也免不了为万物皆空的神咒所吞噬"[11]。而从太炎及此后中国一次次的革命浪潮来看,对终极正义、对理想主义宗教信仰般的追求与守护,这个意义上的"敬天",并未消失。

章太炎态度决绝的"真"、"伪"之分,既是他与康有为经今文学长期鏖战的归宿,也是他在殖民地台湾、与以儒学的个别条目和语汇包裹的明治日本"国体"论述,相决斗的结果。康章分合必须在政治和学术两个层面的互动关系中进行考察。《订孔》(1902年后)及《驳康有为论革命书》(1903年)的出现一般理解为太炎政治上与康决裂,于学术中激化了早就潜伏的经今古文学冰炭般的矛盾。这个判断整体而言大致准确。然而,就《儒术真论》"章氏学"出炉的过程看,在学术内部,章太炎并非一成不变,他仍旧有一个微妙的学问独立意识逐渐完成的过程,换言之,台湾经验使他更坚定地收获足以抗衡康有为学说最牢固的理论构架。由于学问内部基础的夯实和巩固,政治分途后的对抗才更为果决。

太炎1899年底的《今古文辨义》虽已从反"明鬼"、抵"敬天"立场上处处挑战康有为,但仍相对隐晦。其明确反满、革命的政治立场后,心中愈发感到汉贼不两立。康有为凭倡导保皇、钟情敬天这两项,就足以和他在台湾遭遇到以谀颂诗文及"天意论"装点的日本近代"国体论"等量而观。这两个敌人终于在"尊皇"与"敬天明鬼"的相似性中边界消弭,被拧结成了一个敌人。《驳康有为论革命书》以王莽自谓"天生德于予,汉兵其如予何"讥刺康有为以为光绪

“幽居而不失位，西幸而不被弑，是有天命存焉”，指出“拨乱反正，不在‘天命’之有无，而在人力之难易”[12]。章氏后来持续的反经今文学及批康言论中，将近于阴阳、“神仙兵符”、“康有为以孔子为巫师”[13]，一直视为核心标靶。

章太炎以宁肯舍弃“六经”与《论语》的决绝方式建立“真儒术”，逐渐将“敬天”的信仰与“尊皇”、“帝制”的政治等同，容纳“明鬼”的思想和“巫术”、“神道”的迷信并列，由此把康有为和日本《教育敕语》体现的儒学捆绑在一起，同视为“伪”。站在章太炎的角度，两个敌人因某些用语的相似点及情感上的憎恶感粘着成一个敌人，可以理解；然而，从康有为的思想出发，章太炎对他形象的勾勒，难免有政治歧见与学派差异所致的主观想象甚至刻意诋诬。

首先，康有为推崇“敬天”，敬畏天命，深具自由精神与个体属性，与帝制、尊皇的政治恰相反悖。康氏 1902 年固然说过光绪被“弑而未成”，受“幽而复出”，“皆天命也”的话；[14]但他《我史》描述自己逃难中十一次几近死亡，而均能幸免一死的经历，亦曰“曲线巧奇，曲曲生之，留吾身以有待来兹。中国不亡，而大道未绝耶？聚散成毁，则客感客形，深阅生死，顺天俟命，但行吾不忍之心，以救此方民耳”[15]。在康氏眼中，一切秉承道德正义的个体都能最终获得终极公正的“天命”之眷顾，光绪如此，自己也如此。这即是仲尼“天生德于予”的信念，又是历代中国士人“天行健，君子自强不息”的动力。儒学的“天”，本是针对每一个个体而言，希望个人将自身本性绝对化，在天人合一中寻找到道德依归，信仰天命之自由与良心之自由、道德之自由是一体的。康有为视儒家“事天、养心、尽性”的天人一致为塑造每个个体道德修养的核心。[16]在康氏的孔教规划中，作为信仰之天与帝制君王并无必然关联，所以“凡圆颅方趾之黔黎，莫不为天之子”，人人皆有祭天之权。[17]如此的“天命”和日本近代“国体论”下“敬天”等于尊天皇，等同于对帝国意志和独断神道的顺从，相去何啻万里。

其次，康有为包容“明鬼”，并非对儒学推崇理性、弘扬人智的反驳，而是出于对世俗信仰状况及民众认知能力的判断。康同样有高度理性的态度，主张“谶记之说，灾祥之论，卜相之事，窈异恍惚，不尽可信”，但是“古者民愚，阴冥之中事事物物皆以为鬼神,圣者因其所明而怵之,则有所畏而不为恶,有所慕而易向善”[18];圣人并非不知鬼神的诬妄,但既然民众中确实存在鬼神信仰,在一时难以让他们获得更好的心灵寄托之际,大可因势利导,劝其向善。康有为对人类目前及未来能否完全消除鬼神,比较悲观,指出“太古多鬼,中古少神,人愈智,则鬼神愈少,固由造化,然其实终不可灭也”[19]。这也是康氏“孔教”能宽容“明鬼”的原因。

其实,康氏“孔教”主张与日本容纳进“国体”的儒教之迥别,从日本近代“孔子教”运动对康有为“孔教”的批判,看得更清楚。民初的孔教运动1917年受张勋复辟牵累而逐渐消退后,日本的孔子教运动才于1918年因“斯文会”的扩大重组及随后《斯文》杂志的发刊日渐兴盛,取名“孔子教”就是为了区分中国的“儒教”或康有为的“孔教”。该运动宗旨是“扩张我皇道”、“拥护我国体”[20]。御用学者服部宇之吉(1867—1939)大加鞭挞康有为兴起公羊学,以孔子为革命改制素王,孔教中具备民主共和依据等主张;[21]日本化的“孔子教”极力避免与康氏“夫孔子之道,尊尧舜之共和,而倡汤武之革命”[22]的“孔教”扯上任何关系。盐谷温重申“支那乃易姓革命之国,革命之举决非孔子初衷。吾国拥戴万世一系皇室,乃是孔子理想之国度”[23],向前回溯,可说是在重复《台湾日日新报》的批康言论。

由此可见,从章太炎开始、由台湾起步的中国近代批儒思想固然将日本明治后捆绑进国体论的儒学与国内康有为复兴儒教的孔教运动作一体之批判,但两者完全不能等量齐观,此亦为体察近代批儒思潮时不得不明鉴之处。

二、超越儒教圈的亚洲构想:《民报》时期的章太炎

虽然太炎早年《论亚洲宜自为唇齿》(1897年)、《原人》(1900年)等文考虑到中日同文同种,而有联日以抗俄、抗满的亚洲构想。然而,1907年章太炎起草《亚洲和亲会约章》中,却将日本排斥在外,以支那、印度为核心,联合越南、缅

甸、菲律宾等陵夷衰微之国，“反对帝国主义而自保其邦族”[24]。从日本转向印度，表明章太炎超越了血缘禀赋之“种”与同属儒教圈相似之“文”为中心的亚洲想象，而以当前命运的相似与否、共同的民族解放诉求作为结盟的依据。值得注意的是，中印相合的亚洲构想，除了反帝国主义的境遇相通，“囚徒相对”，“非为互相扶翼，卒弗能达此由衷之言”[25]外，太炎还有“笃志于薄伽梵教甚亲印度人”[26]，因信奉佛教而亲近印度的文化背景。这一过程的深化，除了众所周知的原因，即太炎自身学问“转俗成真”[27]、以佛教“发起信心、增进国民的道德”[28]以外，他从台湾到东京，愈加深刻地感受到日本“兴亚”乃是借同种同文之利扩张帝国主义野心，仍是其“批儒”不可忽视的跨文化外因。具体的关联，则在和《东亚月报》日本学人武田范之往复论辩中体现得最为明显。而由于《东亚月报》的情况及双方论辩的内容，尤其关涉武田范之一方，迄今鲜见详论，本文以下将作较具体的梳爬。

《东亚月报》乃日本黑龙会的会刊，黑龙会是1901年以内田良平为中心成立的右翼组织，原会刊《黑龙》杂志1903年曾停刊，1907年日俄战争后复刊，1908年4月号开始，改名为《东亚月报》、为“启发四万万凡民，同跻文明之域”[29]，以全汉文的方式出版。武田范之(1863—1911)作为曹洞宗僧侣身份的大陆浪人，对佛学颇有涉猎，与太炎也有一定的交往；[30]他署名“梦庵”在该刊第2号“文苑”栏登载《寱语》，质疑《民报》19号上太炎的《大乘佛教缘起说》太过迂远，与《民报》作为革命报推翻政府、建设共和的实际需求不符。

太炎于《民报》21号载《答梦庵》，回应武田的指责，开篇即是抨击儒教的道德，认为革命最大的敌人乃是“热中利禄”，而此风气则是“宋世昌言理学，君臣之义日重”及“近世又益昌言功利”[31]，内外、中西两方面伦理痼疾熏染的结果。将矛头对准宋世理学的君臣之义，章太炎有一箭双雕的意旨。一则，与谴责政敌康梁保皇党“挟其竞名死利之心”[32]呼应；再则，也是揭露日本道德风气中热衷势利的面相。日本儒学向以理学为正宗，太炎在台湾时也早就见识了“君臣”之义作用于日本报人的精神痕迹，《东亚月报》第1号有题为“东亚之文明先导者”

的孔夫子画像,第 2 号则有王阳明的画像,日本人如此举动的目的恐更多是基于“善利同文,以为启发东亚之器械”[33]的功利目的;太炎却从此出发应对梦庵的指责,称“礼教不如戒律之安稳;王学不如大乘之精严”。太炎认为革命的任何主义,都要“待人而行之”,佛教能“以勇猛无畏治怯懦心,以头陀净行治浮华心,以惟我独尊治猥贱心,以力诫狂语治诈伪心”;针对震旦“去封建时代已远”、“不事王侯者世以为重”的国情,佛教最适合塑造当前革命者的伦理。相较而言,日本人欣赏的王阳明不但辗转“剽窃”佛家之说,阳明学更为明末“急功近利不避声色”的“厉阶”。太炎从比较儒佛,分析梦庵等人抨击佛教的国民心理,进而区分中日两国的社会制度、文化根底,致使他和武田范之的论辩迅速擦出火药味。

武田范之在《寱语》中嘲讽“几亿民众咸做佛声”的印度“以之终亡”;支那因为有颜回之徒“安分知足、明哲保身”而有今日的窘境,支那人章太炎倡导印度佛学,毋宁是“颜回而怀文殊臭骸”[34],于事无补。太炎却从武田范之的话语中发现“封建遗民,情存势利”的日本国民心理,因为印度、中国的衰亡而蔑视印度的佛教,也鄙薄中国的颜回和隐士。太炎对日本人“务在尊崇贵族,以仕宦为光宠,以卑谄为效忠”、趋炎附势的印象由来有自,不单在《答梦庵》提及的、《东亚月报》请伊藤博文及韩国推进日韩合并的大奸臣宋秉畯作序这一桩事上。[35]

1907 年 4 月 20 人,印度人在虎门女学馆开会,纪念十七世纪末从民间兴起、颠覆蒙古帝国的西婆耆王,此举当然蕴涵反对英国殖民统治的诉求。百数日本人参列会议,政界要人大限重信亲临演说,“参席者不哀印度之亡,而为大限伯击掌”,“伯见英人士女之列坐者,鞠躬握手,曲尽恭谨……及演说惟言英皇抚印度至仁博爱,不可比拟,而勖印度人以改良社会勿怨他人,勿谋暴动”。太炎亲眼见识了所谓的“东方英杰”“谐媚取容之语”[36],无视印度人民苦难的势利嘴脸,惊诧不已。

后太炎更借《印度人之观日本》,道出自己多年观察日本“国俗”的心声——“夫怀势利之心,以观文化,固无往而不牴牾……人性固多有侈慢者,亦多有猥贱者,侈慢、猥贱二者兼存,令得良医诊其神经,不知作何形状也”[37]。如此结论,与战后日本杰出思想史家丸山真男批判性地总结日本思想的“原型”、或“历史意识的古层”在于顺应形势,[38]无是非善恶标准的接受现实、拥抱现在,内涵极为相似。支那的“儒书、文艺”、印度的“佛教”乃至朝鲜文化皆“有德于日本人”,日本文明无“一发之自己者”,但日人“今视印度已亡,支那又为己战胜,朝鲜乃不战而就附庸陪属之伍,骄矜自贵,始则吕钜、终则车上舞”。其“以国之盛衰兴废”作为评价“文化高下”的准绳,对盛者“猥贱”,对衰者“侈慢”[39];此恰恰源自他们“尊贵族”、“重仕宦”等封建遗民习气,亦是礼教作用于日本的负面效果。

武田范之在《东亚月报》第 4 号上撰《答太炎书》,全文核心在回击太炎对日本国民“情存势利”、“以仕宦为光宠,以卑谄为效忠”的判断。武田指出,太炎所谓的“不事王侯,世以为重者”,并非“现实世界之事态”,这说明,武田不否认追逐富贵利禄的人生观及势利姿态的合理性;他反将太炎一军曰,“若有汉家英俊,戴汉主而逐满人,或建共和国,之时安车蒲轮以迎太炎”,太炎究竟是“钦钦然服其王事”,抑或“为名高而蹈东海”,还是“陋居攻古书,或托降龙钵,杖解虎锡,金环历历,周游天下,以广济众生,补冥冥之化乎”?换言之,章太炎现在嘴上对功名利禄看得浅淡,真在荣华富贵面前又将如何进退呢?

从太炎一人之处事,武田谈及汉族与日本两种“君臣之义”的区别,相比日本“一民族之国”,君主也是民族家长,忠孝合一、百世未渝的体制;汉族由于满族入关而丧失自己的族主,因“不事异主而自绝君臣之义”,自我放弃汉种古圣所树的“名教”。武田警告汉族,如此沉沦下去,“其或为犹太种,为波兰人”[40]。此言毒戾之至,不但将日本军国主义的张狂表露无遗,同时进一步澄清日本“国体论”吸附的儒学忠孝伦理条目中无条件效忠天皇、忠孝一本,与晚清变革期儒学如章太炎《书〈原君〉篇后》的“君臣”,更多指向因治理天下而达成的契约关系之间的区别。

针对武田的文章,太炎于《民报》23 号上发表《再答梦庵》,全文只有一行字

“公等可与治乎？章炳麟白”[41]。言短意长，太炎对《东亚月报》等倡东亚同文共荣的日本人彻底失望。在“亚洲方为群慜觊觎”之时，扶桑三岛，“骄恣自大，窃比于西方，其视汉土，以为莫救，尝鼎一脔，则彼旦暮希焉者”，“安能与之翕合”[42]？所谓的东亚“同文同种”掩饰的正是日本侵略、奴化中国的野心。将日本排除在亚洲诸友邦之外，这无疑挑战了《民报》六大主义中“主张中国日本两国之国民的连合”一条，与此同时，也埋伏了同盟会后期陶成章、章太炎的光复会与孙中山决裂的导线。

太炎《民报》时期从思想上集中批判孔教“使人不脱富贵利禄的思想”，基于此，他拟定的支那与印度联合之道乃是“以两国文化相互灌输”[43]，以印度的佛教改善“支那士人憙言政治，而性嗜利，又怯懦畏死”的毛病，用中国“体国经野之术”补足印度“经国之术”[44]匮乏的短处。从政治上，太炎即视谈孔教、保皇改良的康梁新党为当然的政敌，又逐渐脱离了黑龙会“同文”的宣传，将日本摒除在亚洲和亲之外；并且在言谈评论之间，有意无意提醒世人，赞同所谓“同文”的儒教，实质在为有侵略野心的皇国日本张目。

如太炎《中国之川喜多大尉袁树勋》批评山东巡抚袁树勋严禁人民争矿，“官家主持、民人本无议政之责”的话，其实是将开矿权让给德国人，是“与德人合谋屠其人、籍其地”，并号召山东士民，“为义和团，无为衍圣公”，因为“衍圣公曾以军乐迎德皇画像至其第”[45]，与敌亲和。汤增璧抨击康梁执着于将“中华”作为国名乃“炫惑人心”，“蚩蚩忘九世之仇而戴胡貉之族”。他还公布康有为流亡初期写给品川弥二郎的书信，嘲笑信中称日本为“同洲至亲至爱之国”[46]的言语，以“日本为诸夏之邦”，“尤极荒谬”[47]。虽然说，此言有含沙射影、针对革命阵营内部孙中山等“联日”主张的意思，但碍于“同盟”之谊、顾忌处日本寄人篱下之境，很多话毕竟不好明言，借助贬斥论敌康有为，倒颇能一书愤懑的情绪。

章太炎等批评日本儒教的用语与抨击康有为的孔教道德，如出一辙，《民报》更隐隐暗示二者的暧昧关系，国内外的两种政敌的道德与思想形象再次合二为一，这表明，《民报》时期太炎等人的批儒思想同样具备跨文化性。然而，必须澄清的是，儒教的符号在《东亚月报》同人那里不过是可资利用的道具而已，武田范之就直言，“今也，日本人不甚尊崇孔夫子，况眇焉一阳明乎”？[48]章太炎以儒教为标靶攻击《东亚月报》，日人并不在意，也戳不住他们的痛处。而太炎对康梁的道德抨击更多可视为政敌间互相的攻伐。康有为之学问“于佛教尤为受用”，曾“潜心佛藏，大澈大悟”[49]，虽然说，太炎对佛教名理的开掘或高于康氏，但章氏以佛教反思儒教的信仰和道德，相比康氏仍难免有“后见之明”的嫌疑。而同章太炎一样，康有为流亡后对印度的好感远大于日本，他 1902 年前后即居于印度大吉岭，撰《印度游记》，重注“四书”，感叹印度“风俗之至仁厚”[50]冠绝全球。康有为虽标榜“孔教”，但其对孔教信仰、道德层面的阐述已多少浸润了佛教的雨泽。这又是在论述太炎《民报》期以佛教为思想资源、建立超越儒教圈的亚洲想象，跨文化批评具有儒教“同文”面目的伦理思想时，不得不辨明之处。

三、周氏兄弟等“批儒”的跨文化性

反孔批儒是新文化运动的主要标志，而新文化人的“批儒”，或隐或显、或多或少，都与跨文化的外因相连，跟章太炎批儒之轨迹也有相似及可类比之处。出现如此局面，主要动力还不在两代人学问思想的授受与传承关系，而实在是以“王道”、“天意”、“忠孝”等儒学部分伦理符号包装的“神国”“军国”日本，从台湾到中国腹地，吞食侵略儒教中国的“足迹”一路行来的延续性，使得两代寻求民族独立自主的知识人虽时异地殊，却几乎处于相同的文化命运之中，亦激发他们鸣出相似的拒绝伪儒术的不平之音。这也就是为什么有留日背景的如陈独秀、钱玄同、鲁迅、周作人等，往往成为最激进的“反孔批儒”者的重要原因。

《新青年》上的激进反孔浪潮，陈独秀主要针对国内政治中形形色色的复辟声音，并视儒教的“三纲”伦理为培养奴隶意识的根源。然而，《新青年》的批儒也不时流露出日本侵略中国之痕迹所带来的影响。《青年杂志》第 1 卷第 1

号王庸工来信,谈及筹安会为改共和国体为君主立宪的舆论造势时称,“此邦官民,对于吾国国体变更,莫不欣欣然有喜色”,“以此为彼国取得利益莫大之机会”[51]。“此邦”即日本也,王庸工担忧中国国体的变更会为日本侵华铺路。记者的回信将“孔子《春秋》尊王之教”[52]视为出现如此时政局面的思想源头,把解决当时复辟政治困局的希望,寄托在对儒教伦理思想的清算上,可以说,致力于通过反孔批儒、国民伦理觉悟,从根本上解除日本侵华的危机。陈独秀的反孔教,继承自章太炎的重要理论是彻底否定孔教的宗教性,他终其一生都相信“孔子的第一价值是非宗教迷信的态度”[53],由此也认定“日本人之尊天皇”与“欧美人之信耶稣”,“为同一之迷信”[54]。相比于陈独秀,鲁迅、周作人兄弟在跨文化的思虑中言说“批儒”,更持续亦更丰富。

周作人1936年称,“二十年来在中国面前现出的日本全是一副吃人相,不但隋唐时代的那种文化的交谊完全绝灭,就是甲午年的一刀一枪的厮杀也还痛快大方……现在所有的几乎全是卑鄙龌龊的方法”[55]。中国日益感到日本吃人相的二十年正是新文化展开的二十年。1920年代《语丝》与《顺天时报》之争,不夸张地说,几乎是《台湾日日新报》汉文版上章太炎与日本报人论争的翻版,亦有《民报》与《东亚月报》暗斗的投影。周作人用“逢蒙学射于羿,尽羿之道,思天下唯羿为愈己,于是杀羿。孟子曰,是亦羿有罪焉”[56]的典故,表达对日本用汉文办《顺天时报》奴化中国的痛心之情,与太炎在日反复书写“逢蒙杀羿”的心境,有所同然。而章太炎叠合日本“国体论”与康有为的两套儒学话语,一体批判,在周作人那里同样能寻找到相似痕迹。

1924年底北京政变,清帝废号迁宫,章太炎非常欣喜,致电黄郛等“清酋出宫,夷为平庶,此诸君第一功也”[57]。周作人与老师立场相同,赞赏之余,对日本人在此事上的舆论极为不满,惊讶“日本京都帝国大学教授佐佐木亮三郎、狩野直喜、矢野仁一等三博士,以中国废清帝号,实为颠覆王道根基之乱暴行为”,讽刺其荒谬如“唐人的梦话”[58]。《顺天时报》“日日揭橥‘民心’,反对其所谓逼宫之‘不祥事件’,为敝国保留一线之‘王道根基’”[59]的“大放厥词”,“就是康有为办的报恐怕也不过如此”[60];再次在“保皇”层面把康有为和日本“国体论”捆绑在一起。

事实上,康有为的确反对冯玉祥“搜宫”,理由却并不是日本人的“王道”、“忠君”论,而是认为“共和国以法为治,若可听一有力者横行废杀,谁敢自保”?民国应以约法作为“共和国之公共原则”。民国约法规定人民一律平等,保护财产、居住、迁徙的自由,既然溥仪已经是公民,即使不论当初退位时的优待条件,也应该享有民国普通公民的权力。今日冯玉祥可以随意“搜宫”、践踏法律,“法律可不依法律而变更废止之,则举国富人及中人之家皆将被暴民之劫掠”[61]。康有为戊戌政变后,长期游历欧美,和日本的亲密接触远不如太炎。同样长期留美、倡导宪政的自由主义者胡适对“搜宫”也提出抗议,其视角和康有为一致。胡适说,“我是不赞成清室保存帝号的,但清室的优待乃是一种国际的信义、条约的关系。条约可以修正,可以废止,但堂堂的民国,欺人之弱,乘人之丧,以强暴行之,这真是民国史上一件最不名誉的事”[62]。然而,就连胡适,周作人都担心他被《顺天时报》等“外国人的谬论所惑”[63],更何况康有为?不管康氏说什么,已经被贴上复辟的标签,又是孔教的领袖,在周作人心目中,当然就和日人谈王道并论,而不用分辨其中的差别了。

胡适针对周作人的质疑,回信给周,称“外国人与清室有关系的,如庄士敦君,我颇相熟,深知他们并没有什么复辟谬论。……此外,以我所知,英文报纸上也没有鼓吹复辟的论”[64]。由此可见,周作人所谓的“外国人”主要是日本人,而胡适心目中的“外国人”却是英美人,拥有不同跨文化背景的现代知识人在溥仪出宫问题上的不同态度(周作人以为“极自然极正当”,胡适却提出抗议),正说明他们所接触的异文化对其思想冲击之差异,有留日背景、见识过“忠君”、“王道”丑恶的学人,更加警惕帝制国体的复苏,也更倾向于将国内任何的“孔教”论议重合于日人的“孔子教”论。鲁迅亦复如是。

鲁迅自早年在仙台弃医从文,到1934年创作《儒术》,一生的文学经历,亦暗伏一条呼应章氏《儒术真论》心境的潜流。

鲁迅1935年的《在现代中国的孔夫子》,是因日人"正在尊孔",而用日文创作并初登于日本《改造》杂志、"骂孔子"[65]的文章。创作动机就可见其"骂孔"的双向性,批判中国历代统治者及袁世凯、孙传芳、张宗昌等将孔子视为"不会噜苏的"、"权势者的留声机",同时也暗讽日本"孔夫子之被利用为或一目的的器具"。和当年章太炎一面猛批国内的"乡愿",一面驳斥日本的"学究",情形何其类似。不过,世风日下,鲁迅言及的张宗昌等,连"乡愿"、"学究"都不如,从未读过十三经,"连字也不大认识"却"带累孔子也更加陷入了悲境"。此文提到了两个讯息,十分有助于透视鲁迅早年思想形成的环境。

鲁迅自称曾三次见过孔子画像,《孔子家语》插图及汉代墓石画像都算历史陈迹,而象征近代影像的,只有"梁启超氏亡命日本时,作为横滨出版的《清议报》上的卷头画,从日本倒输入中国来的"。事实上,《清议报》100册似都并无图像,自然也就没有登载过鲁迅所谓的孔子画像。这应该是一个误忆。虽然记忆错误,但鲁迅这里暗示的是他的一个主观印象,即康梁倡导"孔教"受日本尊孔影响,而"倒输入"到中国。"倒输入"日文原文用的汉字是"逆输入"[66],与周作人时常言说的"日本文化里的谬丑的东西,特别是根本于中国的……要逆输入到中国来的时候"的"逆输入"无二致,背后的情感也和作人"难免感到一种厌恶"[67]相同。就历史全景考察,鲁迅关于中国近代"孔教"从日本逆输入的判断恐怕有偏差,康有为的"保教"乃是经今文学理论与清末变革思潮互相作用的结果,康有为的孔教运动也早于日本的"孔子教"运动,且是后者着力批判的对象。然而,揆诸鲁迅早年的生命史,就他个人的经验而言,得出如此印象,却显得十分真实。

1902年,鲁迅赴日留学,既学到"水是养气和轻气所合成"等近代科学知识,又见识了日本《教育敕语》演绎的忠君爱国之国家主义,明治维新一利一害两个面相。鲁迅回忆早年的日本经验,始终难以忘怀弘文书院学监大久保先生率大家"到御茶之水的孔庙里去行礼"[68]时,自己错愕的心情。由此出发,鲁迅1904年后仙台生活中一些以往模糊、缺席的图景似乎也丰满起来。日俄战争是中日甲午战争后,日本国家主义膨胀的第二次高潮,日本政府文部省为经营战时的地方教育,“鼓舞忠君爱国之节操”,鼓励在学校放日俄战争的幻灯片。日本东北大学医学系细菌学教室现存日俄战争的幻灯原版片15张,震撼了鲁迅灵魂的处死俄探场面的片子,并未能找到。不管鲁迅是通过哪种途径阅读到中国人当俄探被处死的画面,抑或并没有看过类似的幻灯片,即便是观看现存的“吉井少尉奋战在摩天岭”、“桥本步兵一等兵背着长官的尸体战斗”[69]等幻灯片,日本学生喊出忠君爱国的“万岁”之声也是可以想象的[70],因为死亡、牺牲,生命如樱花般瞬间坠落的“美”的悲壮景象,凝聚大和魂发挥的功效并不会次于杀戮的画面。

对坐在课堂上的鲁迅来说,除了体验到中国国民看客心态的悲哀外,应该也注意到由于忠皇的国家主义,日本“国民精神上已经很受斲丧”[71]。鲁迅后来总结说,主奴关系有相对性,“凡是人主,也容易变成奴隶”[72];某种程度上讲,似乎是章太炎对日本文化评价的另一种表达方式,即所谓少见的“猥贱心”与“侈慢心”的合一。《教育敕语》塑造出来的日本“爱国青年”看幻灯片时“拍掌欢呼”高呼“万岁”,又模仿托尔斯泰寄信给考分不俗的鲁迅,令其改悔,这些青年在欺人的狂嚣背后,难道不是隐藏更深的奴性吗?鲁迅认知近代儒教同样有跨文化的因缘,明了这一点,再重新理解《狂人日记》仁义道德与“吃人”的关系时,亦会相应开启跨文化的多维批判视野。

1926年鲁迅客居厦门,致信许广平,曰:

> 我对于自然美,自恨并无敏感,所以即使恭逢良辰美景,也不甚感动。但好几天,却忘不掉郑成功的遗迹。离我的住所不远就有一道城墙,据说便是他筑的。一想到除了台湾,这厦门乃是满人入关以后我们中国的最后亡的地方,委实觉得可悲可喜。台湾是直到一六八三年,即所谓“圣祖仁皇帝”二十二年才亡的,这一年,那“仁皇帝”们便修补“十三经”和“二十一史”的刻板。现在呢,有些国民巴不得读经……然而郑成功的城却很寂寞,听说城脚的沙,还被人盗运去卖给对面鼓浪屿的谁,快要危及城基了。[73]

鲁迅这段书写充满隐喻,亦几乎重现了章太炎将台湾经验融入到《儒术真论》的心情。不过这次,鲁迅是站在厦门海边,遥望对岸的台湾,令他感触的不是海风吹拂、怪石嶙峋的自然美,他更愿意走进时间深处,思索被奴役与求自主的民族历史。以元、清异族入侵来比拟日本切近之侵略,以明末遗民郑成功寄寓汉民族不屈的抵抗精神,继承了章太炎对民族情怀的言说。"满人入关中国亡"(异族入侵)、"台湾"(当时是日本殖民地)、"读经"(儒教的符号)、"郑成功的城"(抵抗精神),表面流动、散乱的意象,在中国的历史与现实参照下,却成为拥有紧密互动关系的文化符码,它们共同指出鲁迅内心的隐忧,在读经的掩护下,象征抵抗精神之"城"不但寂寞,而且城脚的沙还被盗卖,城基松动危殆,城坍塌之日亦将不远。

鲁迅以为,当时宣扬儒术就像是配合日本以"王道"包装的侵略;精神城堡根基松动、民族不屈的灵魂被遗忘,他于此嗅到了亡国的前兆。由此,1934年,他多次批评知识界领袖胡适,认为他的谈话,即"只有一个法子可以征服中国……彻底停止侵略中国,反过来征服中国民族的心"[74],更像是在答复日本人中里介山以"王道"劝降的《给支那及支那国民的信》,而里面也包含着"尊孔"与"崇儒"的危险性,即侵略者假借文化的同一性掩护其野蛮的征服行为——"大莫大于尊孔,要莫要于崇儒,所以只要尊孔而崇儒,便不妨向任何新朝俯首。对新朝的说法,就叫作'反过来征服中国民族的心'"[75]。正是如此反殖民反压迫的双向文化视野中,《儒术》诞生。

《儒术》借古讽今,讥讽异族入侵之际,元遗山、颜之推等同时代的儒者屈服于侵略者,"献经"、"卖教",以"儒术"求自保的无耻。颜之推的《家训》当时在上海无线电广播,其中的内容,如"有学艺者,触地而安,自荒乱已来,诸见俘虏,虽百世小人,知读《论语》《孝经》者,尚为人师……积财千万,不如薄伎在身"等,让鲁迅立刻联想到"忠君"的帝国日本正打着"王道"旗号侵略中国。他非常警惕地宣称:"易习之伎,莫如读书,但知读《论语》《孝经》,则虽被俘虏,犹能为人师,居一切别的俘虏之上。这种教训,是从当时的事实推断出来的,但施之于金元而准，按之于明清之际而亦准。现在忽由播音，以‘训’听众，莫非选讲者已大有感于方来，遂绸缪于未雨么?”[76]

虽然说，鲁迅对颂诗、敬天明鬼的憎恶，与章太炎《绝颂》、《人定论》、《儒术真论》相似，如他讽刺“(统治者)如果给与一个暗示，说是倘不讴歌，便将更加虐待，那么，即使加以或一程度的虐待，也还可以使人们来讴歌”[77]、“《颂》诗早已拍马”[78]；鲁迅也大力抨击“好讲鬼话”、“最恨科学”的人，“拿了儒、道士、和尚、耶教的糟粕，乱作一团，又密密的插入鬼话”，说“万恶都由科学，道德全靠鬼话”[79]的言论。但是，章太炎的《儒术真论》与鲁迅的《儒术》，有一个很明显的差别。即章氏全文正面立论，着力阐述“真”儒术的相貌，在他看来，一旦“真”儒术廓清，伪儒术其“伪”自现；但凡他意识到“孔子之道，非长素辈所能附会”[80]时，晚年着重倡导“真儒术”、“粹然成为儒宗”[81]，就十分自然。而鲁迅《儒术》乃至“儒”的名称，全涉负面的含义，大有凡是“儒术”均是“伪”的倾向，无“真”可言。

究其原因，儒家经典与真理的对应关系，在章太炎那里早就松动，《儒术真论》的立脚点就并非六经；而“儒”之名经历了近代持续的批判浪潮，鲁迅不愿让它来与“真价值”挂上关系，因“厌恶和尚，恨及袈裟，而孔夫子之被利用为或一目的的器具，……于是要打到他的欲望，也就越加旺盛”，鲁迅采用了“全部，或全无”[82]勃兰特氏的批判态度。

更为切实的考虑应该是，日本帝国主义打着“孔子教”的名义侵略中国，“在中国的王道，看去虽然好像是和霸道对立的东西，其实却是兄弟，这之前和之后，一定要有霸道跑来的”[83]，“手里拿着西洋新式的兵器，而口里仍是说着假道学话，如王道、大乘，和平云云，乃更是由矛盾而进于滑稽”[84]。本来，儒教的原产国中国和侵略者日本争夺“真儒”的话语权力，似乎应该是中国占上风的，但“公道和武力合为一体的文明，世界上本未出现”[85]，思想与学术较量之“话语场”从来受政治势力及权力关系的主导，由于中国当时是弱国，日本在军事强势的支撑中全力争夺儒教话语的阐释权。此时再和日本在这一问题上纠缠，很可能被请君入瓮；鲁迅说“孟子生于周季,所以以谈霸道为羞,倘使生于今日,则跟着人类的智识范围的展开,怕要羞谈王道的罢”[86];他只负面斥“伪儒术”,而不从正面张“真儒术”,就是避免进入这场胜负因实力而定的游戏。

然而,周作人对比中日两国儒学传统,曾曰:

> 我们知道日本人是和中国人不同的,在中国人听了毫不为奇的政治上革命的行为,在日本人即使不是断不能也总是绝难理解的。[87]
>
> 中国的国风是革命的,倘若所谓为体的中学不是革命的性质的,当然不能存立。[88]

如果以上天赋予的有所同然之道德良知为信念,永远追求正义与公平的“革命”,是中国儒教的“真传统”,是“真儒术”,鲁迅又能否同意呢?或者说,难道他的一生,不正是验证如此“真儒术”的存在吗?而略加对比会发现,周作人对中国“国风”的分析与《台湾日日新报》对康有为的抨击,日本孔子教运动中《斯文》杂志、服部宇之吉等对中国孔教及康氏本人的批评话语高度一致。这就意味着,在日本这个他者的反衬下,某种程度上讲,周氏兄弟亦与康、章为代表的中国近代变革期的儒学思想有内在呼应和承继。

周作人又称:“我相信中国国民所有的只是道教思想,即萨满教……儒教绝不是中国文化的基础……他的注重人生实际,与迷信之理性化的一点或者可以说是代表中国民族之优点的,但这也已消灭,现代被大家所斥骂的‘新文化运动’倒是这个精神复兴的表示。”[89]如果说,“新文化运动”的确是儒教“注重人生实际,与迷信之理性化”精神的复兴,那么它绝不是复兴的开始,而是处在晚清章太炎因接触异文化的他者而更认清自己,书写“儒术真论”的延长线上。

注　释

① 小林武:《章炳麟と明治思潮:もう一つの近代》,东京研文出版,2006年。

② 章炳麟:《太炎先生自定年谱》,香港龙门书店,1965年,第7页。

③ 周作人:《日本管窥之四》(1937年),《周作人文类编》7,湖南文艺出版社,1998年,第

51页。

④ 太炎：《答梦庵》，《民报》第21号，1908年6月10日，第129、130页。

⑤ 太炎：《演说录》，《民报》第6号，1906年7月25日，第5页。

⑥ 太炎：《箴新党论》，《民报》第10号，1906年12月20日，第2页。

⑦ 章太炎：《亚洲和亲会约章》，《陶成章集》，中华书局，1986年，第456页。

⑧ 章氏学：《儒术真论》，《清议报》第23册，1899年8月6日，中华书局(影印)，1991年，第1507页。

⑨ 章太炎：《艾如张、董逃歌序》，《章太炎全集》4，上海人民出版社，1985年，第240页。

⑩ 《汉书》卷75，《翼奉传》颜师古注引孟康之言，中华书局，1962年，第3173页。章太炎：《独圣》(下)、《清儒》(《章太炎全集》3，第106、155页)持续批评该观点。

⑪ 马克斯·韦伯著、冯克利译：《学术与政治：韦伯的两篇演说》，三联书店，2005年，第103页。

⑫ 章太炎：《驳康有为论革命书》(1903年)，《章太炎政论选集》(上)，中华书局，1977年，第202页。

⑬ 章太炎：《学隐》，《检论》，《章太炎全集》3，第481页。

⑭ 康有为：《答南北美洲诸华商论中国只可行立宪不能行革命书》(1902年)，《康有为全集》第6集，中国人民大学出版社，2007年，第315页。

⑮ 《我史》，《康有为全集》第5集，第106页。

⑯ 《〈中国学会报〉题词》(1913年)，《康有为全集》第10集，第16页。

⑰ 《人民祭天及圣祔配以祖先说》(1914年)，《康有为全集》第10集，第200页。

⑱ 《意大利游记》(1904年)，《康有为全集》第7集，第374页。

⑲ 《中庸注》，《康有为全集》第5集，第383、376页。

⑳ 细田谦藏：《孔子は天皇万世一系主義を抱持せらる々の説》，《斯文》第4编第5号"孔夫子追远纪念号"，1922年10月，第102页。

㉑ 服部宇之吉：《孔子及孔子教》(《春秋公羊學と孔子》、《孔子教に關する支那人の誣妄を辯ず》)，东京明治出版社，1917年，第334、351页。

㉒ 《参政院提议立国之精神议书后》(1914年)，《康有为全集》第10集，第204页。

㉓ 盐谷温:《孔夫子と我が國體》,《斯文》第8编第5号,1926年,第3页。

㉔ 章太炎:《亚洲和亲会约章》(1907年),《陶成章集》第456页。

㉕ 汤增璧(署名"揆郑"):《亚洲和亲之希望》,《民报》第23号,1908年8月10日,第56页。

㉖ 太炎:《送印度钵逻罕保什二君序》,《民报》第13号,1907年5月5日,第97页。

㉗ 章太炎:《菿汉微言》,《菿汉三言》,辽宁教育出版社,2000年,第61页。

㉘ 太炎:《演说录》,《民报》第6号,1906年7月25日,第4页。

㉙ 桂太郎:《东亚月报开刊序》,《东亚月报》第1号,1908年4月10日,东京东亚月报发刊所,秀光社印刷,內田良平文書研究会:《日本国家主義運動資料集成第1期·黒龍會関係資料集》(原刊缩印),東京柏書房株式会社,1992年,第86页。

㉚ 滝沢誠:《権藤成卿》记载了章炳麟、武田范之、権藤成卿的交往笔谈情况,可参看,東京紀伊國屋書店,1971年,第49—61页。

㉛ 太炎:《答梦庵》,《民报》第21号,1908年6月10日,第126页。

㉜ 太炎:《箴新党论》,《民报》第10号,1906年12月20日,第7页。

㉝ 伊藤博文:《东亚月报开刊序》,《东亚月报》第1号,1908年4月10日,《日本国家主義運動資料集成第1期·黒龍會関係資料集》,第85页。

㉞ 梦庵:《寱语》,《东亚月报》第2号,1908年5月10日,"文苑"栏,《日本国家主義運動資料集成第1期·黒龍會関係資料集》,第143页。

㉟ 上两段涉及的太炎《答梦庵》引文,参见《民报》第21号,1908年6月10日,第129、127、128、130页。

㊱ 太炎:《记印度西婆耆王纪念会事》,《民报》第13号,1907年5月5日,第94页。

㊲ 太炎:《印度人之观日本》,《民报》第20号,1908年4月25日,第34页。

㊳ 丸山真男:《歴史意識の"古層"》(1972年),《丸山真男集》10,東京岩波書店,1996年。

㊴ 太炎:《印度人之观日本》,《民报》第20号,1908年4月25日,第34页。

㊵ 梦庵:《答太炎书》,《东亚月报》第4号,1908年8月1日,《日本国家主義運動資料集成第1期·黒龍會関係資料集》,第204、205页。

㊶ 太炎:《再答梦庵》,《民报》第23号,1908年8月10日,第133页。

㊷ 汤增璧(署名“揆郑”):《亚洲和亲之希望》,《民报》第 23 号,1908 年 8 月 10 日,第 57 页。

㊸ 太炎:《支那印度联合之法》,《民报》第 20 号,1908 年 4 月 25 日,第 38 页。

㊹ 太炎:《送印度钵逻罕保什二君序》,《民报》第 13 号,1907 年 5 月 5 日,第 97、99 页。

㊺ 太炎:《中国之川喜多大尉袁树勋》,《民报》第 24 号,1908 年 10 月 10 日,第 78、80 页。

㊻ 《康有为初与品川子爵书》,《民报》第 24 号,1908 年 10 月 10 日,第 85 页。

㊼ 汤增璧(署名“揆郑”):《康梁之今昔》,《民报》第 24 号,1908 年 10 月 10 日,第 82、89 页。

㊽ 梦庵:《答太炎书》,《东亚月报》第 4 号,1908 年 8 月 1 日,《日本国家主義運動資料集成第 1 期 · 黒龍會関係資料集》,第 206 页。

㊾ 梁启超:《南海康先生传》,《清议报》第 100 册,1901 年 12 月,第 6315、6311 页。

㊿ 康有为:《物质救国论》(1904 年),《康有为全集》第 8 集,第 66 页。

[51] 王庸工:《致记者》,《青年杂志》第 1 卷第 1 号,1915 年 9 月 15 日,“通信”栏,(东京汲古书院,原刊本影印,1970 年),第 99 页。

[52] 记者:《答王庸工》,《青年杂志》第 1 卷第 1 号,1915 年 9 月 15 日,“通信”栏,第 99 页。

[53] 陈独秀:《孔子与中国》(1937 年),《陈独秀著作选编》5,上海人民出版社,2009 年,第 164 页。

[54] 陈独秀:《我之爱国主义》,《新青年》第 2 卷第 2 号,1916 年 10 月 1 日,第 128 页。

[55] 周作人:《谈日本文化书之二》(1936 年),《周作人文类编》7,第 63 页。

[56] 周作人(署名“岂明”):《日本人的好意》,《语丝》第 131 期,1927 年 5 月 14 日,第 12、13 页。

[57] 章炳麟:《为溥仪出宫致黄郛、王正廷等电》(1924 年 11 月 8 日),《章太炎政论选集》(下),第 803 页。

[58] 周作人(署名“开明”):《三博士之老实》,《语丝》第 4 期,1924 年 12 月 8 日,第 5 版。

[59] 周作人:《外国人与民心》(1924 年 12 月 9 日),《周作人文类编》7,第 638 页。

⑥⓪ 周作人:《日本浪人与〈顺天时报〉》,《语丝》第51期,1925年11月2日,第1页。

⑥① 康有为:《质问善后会议电》(1925年),《康有为全集》第11集,第371页。

⑥② 《胡适致王正廷》(1924年11月5日),《胡适来往书信选》(上册),中华书局,1979年,第268页。

⑥③ 《周作人致胡适》(1924年11月9日),《胡适来往书信选》(上册),第270页。

⑥④ 《胡适致周作人》(1924年11月12日),《胡适来往书信选》(上册),第272页。

⑥⑤ 鲁迅:《致萧军信》(1935年4月28日),《鲁迅全集》13,人民文学出版社,2005年,第448页。

⑥⑥ 此句日文原文为:“一度は梁啟超氏が日本へ亡命した時に横濱で出版した《清議報》の口繪として日本から逆輸入して來たもの”。鲁迅:《現代支那に於ける孔子樣》,《改造》1935年6月号,東京:改造社,第1—2页。

⑥⑦ 周作人(署名“山叔”):《逆输入》,《语丝》第132期,1927年5月,第12—13页。

⑥⑧⑧② 《在现代中国的孔夫子》(1935年),《鲁迅全集》6,第326、328—329、324页。

⑥⑨ 渡边襄:《鲁迅与仙台》(所附插图),[日]大村泉编著,解泽春译:《鲁迅与仙台:东北大学留学百年》,中国大百科全书出版社,2005年,第73页。

⑦⓪ 《藤野先生》,《鲁迅全集》2,第317页。

⑦① 周作人:《游日本杂感》,《新青年》第6卷第6号,1919年11月1日,第687页。

⑦② 《论照相之类》,《鲁迅全集》1,第193页。

⑦③ 《厦门通信》(1926年9月23日),《鲁迅全集》3,第387页。

⑦④ 《太平洋会议讨论中日问题·胡适之谈话》,《申报》,1933年3月22日,第8版。

⑦⑤ 《算账》(1934年),《鲁迅全集》5,第542—543页。

⑦⑥⑧③⑧⑥ 《儒术》(1934年),《鲁迅全集》6,第32—34、10、11页。

⑦⑦ 《关于中国的两三件事·关于中国的王道》(1934年),《鲁迅全集》6,第10页。

⑦⑧ 《文学上的折扣》(1933年3月12日),《鲁迅全集》5,第62页。

⑦⑨ 鲁迅(署名“唐俟”):《随感录》33,《新青年》第5卷第4号,1918年10月15日,第449—451页。

⑧⓪ 章太炎:《与柳翼谋》(1922年),《章太炎书信集》,第741页。

⑧① 《关于太炎先生二三事》(1936年),《鲁迅全集》6,第567页。

㉞ 周作人：《谈东方文化》(1936 年)，《周作人文类编》7，第 726 页。

㉟ 《忽然想到 10》(1925 年)，《鲁迅全集》3，第 94—95 页。

㊲ 周作人(署名“开明”)：《三博士之老实》，《语丝》第 4 期，1924 年 12 月 8 日，第 6 版。

㊳ 周作人(署名“岂明”)：《和魂汉才》，《语丝》第 63 期，1926 年 1 月 25 日，第 4 页。

㊴ 周作人(署名“岂明”)：《清浦子爵之特殊理解》，《语丝》第 102 期，1926 年 10 月，第 9 页。

(《鲁迅研究月刊》2011 年第 10 期)

第二辑

鲁迅对鹤见祐辅《思想·山水·人物》的翻译

王彬彬

在鲁迅所留下的一千多万字的译著中,译与著的字数大体相等。 鲁迅翻译过14个国家上百名作家的作品,日本作家鹤见祐辅的《思想·山水·人物》是其中之一。

《思想·山水·人物》在鲁迅的译作中,并不怎么受人关注,但二十世纪90年代以来,却频频为人道及。 究其原因,就在于鲁迅是否为自由主义者,忽然成了一个问题。 在讨论鲁迅与中国现代自由主义的关系时,在争论“自由主义者”这顶帽子能否戴上鲁迅的脑袋时,不同观点的论者都会谈到鹤见祐辅所作、鲁迅所译的这部书。 因为这部译作中,有一篇宣扬自由主义的《说自由主义》,而鲁迅在译本的《题记》中,又特意对这一篇做了这样的说明:“那一篇《说自由主义》,也并非我所注意的文字。 我自己,倒以为瞿提(引按:即德国诗人歌德)所说,自由和平等不能并求,也不能并得的话,更有见地,所以人们只得先取其一的。然而那却正是作者所研究和神往的东西,为不失这本书的本色起见,便特地译上那一篇去。”这几句话,既表达了鲁迅对自由主义的态度,又表达了他对自由与平等之关系的看法。 鲁迅直接论及自由主义的文字极少,这几句关于自由主义的说明,就成为宝贵的“资料”了。

其实,要研究鲁迅与自由主义的关系,不仅仅是鲁迅对这篇《说自由主义》的翻译和《题记》中的说明值得注意,鲁迅对这整部书的取舍,都值得探讨。 鹤见祐辅的这部被鲁迅称作“杂文集”的书,其实整体上就是一部宣扬自由主义的书。 那些并未直接论及自由主义的文章,也往往赞美的是那种自由主义的政治态度和生活态度,称颂的是那种自由主义的精神。

在《壁下译丛·小引》中,鲁迅说:"但我向来不想译世界上已有定评的杰作,附以不朽的,倘读者从这一本杂书中,于绍介文字得一点参考,于主张文字得一点领会,心愿就十分满足了。"选择原作时,不管作者已有的声望,不理会原作已获得怎样的评价,只要自己觉得对此书的移译和介绍,可让中国人"得一点参考"、"得一点领会",就不妨将其移译过来。"参考"和"领会",其实都是中性的,并不意味着赞同和接受。从鲁迅的全部译作中,人们可以看出鲁迅两方面的翻译动机。一方面,作为翻译者的鲁迅,喜爱认可原作,移译的动机就是想让中国读者认同和接受它。另一方面,作为翻译者的鲁迅虽然并不喜爱认可原作,但觉得不妨移译过来,让中国读者的知识结构更丰富些、精神视野更开阔些。当然,这只是大概的分别。更多的时候,应该是所译的书或文章,既有为鲁迅所喜爱认可的部分,也有令鲁迅不以为然不感兴趣的部分。将自己喜爱和认可的东西移译过来,这不是问题。值得探讨的,是鲁迅在多大程度上能将那些自己不以为然不感兴趣的东西译成汉语。鲁迅固然并不只译那种自己所喜爱认可的东西,但如果认为在翻译那种自己并不以为然并不感兴趣的东西时是无条件的,那肯定也是误解。我们应该明白,鲁迅有时会把那种自己并不喜爱认可的东西移译过来,但不能认为无论怎样令鲁迅憎恶讨厌的东西,鲁迅都可能将其译成汉语。而研究鲁迅对鹤见祐辅《思想·山水·人物》的取舍,可让我们在相当程度上懂得鲁迅移译自己不喜爱不认可的东西时,有着怎样的条件和限度。

研究鲁迅对《思想·山水·人物》的取舍,还能让我们懂得:简单地给鲁迅戴上一顶"主义"的帽子,简单地说鲁迅是某种"主义者"或不是某种"主义者",都是不妥的。

一

鹤见祐辅,1885年生,1972年去世。生前是日本较为知名的作家和评论家。《思想·山水·人物》是他的一部"杂文集"。2005年10月,我在东京的一家书店，购得一册鹤见祐辅《思想・山水・人物》原作。从版权页上可知，该书由“大日本雄辩会讲谈社”初版于大正十三年(1924年)12月。鲁迅1925年2月13日日记中有“往东亚公司买《思想・山水・人物》一本，二元”的记载。初版在东京问世一两个月后，鲁迅即在北京购得此书，那么，鲁迅据以翻译的，应该是初版本。鲁迅在翻译《思想・山水・人物》时，前12篇是边翻译边发表的。鲁迅为译本所写的《题记》，一开头就说：两三年前，当他从这本“杂文集”中翻译《北京的魅力》时，并没有想到要继续翻译下去，最后竟将译文积成一本书。《北京的魅力》其实是关于北京的一组六篇文章的合称。这六篇文章依次是《暴露在五百年的风雨中》、《皇宫的黄瓦在青天下》、《驴儿摇着长耳朵》、《到死为止在北京》、《骆驼好像贵族》、《珠帘后流光的眸子》(此处用鲁迅译文。本文在引用《思想・山水・人物》时，有鲁迅译文者，则用鲁迅译文，无鲁迅译文时则自译)。鲁迅翻译的这组《北京的魅力》，最初在1925年6月30日出版的《民众周刊》第26号上发表，至第29号发表完毕，连载了四周。[①]

1928年3月31日，鲁迅翻译了《思想・山水・人物》的“序言”，发表于《语丝》周刊第四卷第22期。[②]鲁迅1928年4月3日日记有这样记载：“译《思想・山水・人物》迄。”1928年5月，鲁迅翻译的《思想・山水・人物》由上海北新书局出版。《思想・山水・人物》从1925年春季开译，到1928年4月译迄，前后三年。

鲁迅对鹤见祐辅《思想・山水・人物》的翻译，是一种选译。在译本的《题记》里，鲁迅说：“原书共有三十一篇。如作者自序所说，‘从第二篇起，到第二十二篇止，是感想；第二十三篇以下，是旅行记和关于旅行的感想。’我于第一部分中，选择了十五篇；从第二部分中，只译了四篇，因为从我看来，作者的旅行记是轻妙的，但往往过于轻妙，令人如读日报上的杂俎，因此倒减却移译的兴趣了。”这样说来，原著中近三分之一的篇目，被鲁迅舍弃了。下面是被鲁迅舍弃的篇目：

《失意与修史》。这篇文章开头就说：“失意的政治家，往往成为伟大的历史家。”文章首先举孔子为例，说孔子因失意而作《春秋》，接着，又列举了日本和西方历史上的多个由“失意的政治家”而变成“伟大的历史家”的人物。在文章中,鹤见祐辅表达了自己对“历史家”的理解和申明了成为“史家”的条件。

《人物月旦之事》。这篇文章谈论的是对人物的品评,主要是对英国新出版的一种维多利亚女皇传的评说和赞美。

《出洋前后》。这里所谓的“洋”,指西洋。这篇文章谈论的是作为一个日本人,去西洋前夕和从西洋归国后的不同感受、不同心境。

《看见富士山》。这篇文章,写于1923年东京大地震后不久,以一个美国人的话开头。那个美国人对作者说:“现在,从东京的任何地方都能看见富士山了。”这个美国人不经意间说出的话,让作者生出许多感慨。东京的建筑物在大地震中倒塌、焚毁,于是富士山便从东京的任何地方都能看见。这让作者想到,富士山原本一直耸立在那里,以前之所以看不见它,是因为人们的双目被各种建筑物挡住了而已。紧接着,作者就写到五年前在白宫与美国总统威尔逊晤谈的事,说威尔逊在任何时候心中都有一座“富士山”——这就是那些最普通的美国人民。文章的主旨是对威尔逊的赞美。在《思想·山水·人物》这部随笔集中,有多篇文章表达了对威尔逊的赞美,这篇《看见富士山》只是其中之一。当然,作者更是在表达自己所秉持的自由主义政治理念。

《帝都的复兴》。这是一组四篇文章的合称。四篇短文依次是:《自由》、《创造的精神》、《都市生活者》、《未来的历史》。四篇文章主旨都是东京的重建。这里特别值得注意的,是第一篇文章《自由》。这篇文章一开篇就引用了一句古希腊名言:“幸福源自勇气,勇气源自自由。”然后就大力强调在重建东京的过程中,“自由”的重要,主张每一个东京市民都必须以一种“自由”的精神投入到东京的重建中,同时,又必须把东京建成一个让每个人都享受到“自由”的城市。在思考东京的重建时,首先想到“自由”,这耐人寻味。但这种对“自由”的呼吁,被鲁迅舍弃了。关于这篇《自由》,下文还将论及。

《文学与政治的歧途》。这篇文章谈论的是对文学的兴趣和对政治的兴趣如何在同一人身上既并存又冲突,文章举了西方和日本的数种例子来说明这一现象。作者自己就是一个既有强烈的文学热情又有浓厚的政治兴趣的人,文章可认为是作者自身体验的表达。鲁迅在翻译《思想・山水・人物》时,将这篇文章舍弃了。但我们知道,《鲁迅全集》中,有一篇重要文章,题目就叫《文艺与政治的歧途》。这本是鲁迅1927年12月21日在上海暨南大学一次演讲的记录。在演讲结尾,鲁迅说:"今天所讲的,就是这么一点点,给它一个题目,叫做……《文艺与政治的歧途》。"这题目显然借自于鹤见祐辅。鲁迅的《文艺与政治的歧途》所谈论的问题,比鹤见祐辅的《文学与政治的歧途》要重要得多;鲁迅的思考也比鹤见祐辅要深广得多。但鲁迅之所以思考文艺与政治的"歧途",也许一定程度受到了鹤见祐辅的启发。[③]

《国境生活者》。这是一篇主张学术研究要扩大视野、不能为"专业"所囿的文章。所谓"国境",是一种比喻,指各学科各领域之间的界线。作者对通常意义上的"专门家"表示了深深的怀疑和鄙薄,强调重要的科学发现往往来自"门外汉"。用今天的话说,作者呼吁的是学科交叉,强调跨学科研究的重要。所谓"国境生活者",即是此意。

《从纽约南行》。这是一组十二篇文章的合称,主要是在美国的游记,基调则是对美国的赞颂。鲁迅在译本《题记》中所说的"过于轻妙"的游记当指此类。

《南方的回忆》。这也是一组文章的合称,也是十二篇。《南方的回忆》在原著中紧接《从纽约南行》。《从纽约南行》写的是从纽约到南方途中的事,《南方的回忆》则是写在南方的观感。这组文章的基调也是在赞颂美国,自然也是鲁迅所认为"过于轻妙"者。

《秋天的轻井泽》。这是一篇国内的游记,写的是作者1923年秋天在轻井泽这个地方旅游的见闻,而且将日本的情形与英美比较,这也应当属鲁迅所说的"过于轻妙"、如同日报"杂俎"的旅行记之列。

《北支那的初夏》。这是一组三篇文章的合称,依次是:《未知的国度》、

《奉直战争》、《天坛如同纸镇》。三篇文章,写的是作者在第一次直奉战争期间从沈阳到北京的见闻。在原书中,《北支那的初夏》之后,便是《北京的魅力》。这两组文章的基调很接近,在对中国现状的叙述中,透露出对中国历史、文化和人民的敬畏。当然,在一些具体的地方,两组文章给人的感觉有些不同。鲁迅舍弃了《北支那的初夏》,选译了《北京的魅力》。顺便指出,在《北支那的初夏》第三篇《天坛如同纸镇》的最后,还出现了胡适:“数日之后,来访的北京大学明星胡适君,对着窗外惊叫:‘看哪!天坛!’”这让我们知道,当鹤见祐辅1922年逗留北京期间,胡适曾到其下榻的旅馆拜访他。

以上是对被鲁迅所舍弃的篇目的介绍。鲁迅在译本《题记》里说,舍弃的是那种“过于轻妙”的“旅行记”。但我们知道,被鲁迅舍弃的,并不都是“旅行记”。这些文章之所以被鲁迅舍弃,应该说,是比较不为鲁迅喜爱赞同的,是比较不合鲁迅口味的。

二

那么,被鲁迅选译的部分,就每一篇都很令鲁迅喜爱,每一句都很合鲁迅口味么?恐怕也不是。应该说,鹤见祐辅的《思想·山水·人物》这本书的总体基调,就与鲁迅惯常的思想情感、价值观念,颇相扞格、龃龉。

在《思想·山水·人物》的《序言》中,鹤见祐辅写道:“贯穿这些文章的共通的思想,是政治。政治,是我从幼小以来的最有兴味的东西。所以这本书名,也曾想题作《政治趣味》或《专门以外的工作》,但临末,却决定用《思想·山水·人物》了。”在译本《题记》里,鲁迅也说:“作者的专门是法学,这书的归趣是政治,所提倡的是自由主义。我对于这些都不了然。”这本书虽然看起来很散漫,古今“日”外,无所不谈,但有一个共同的旨趣:政治。书中写了许多政治人物,谈了许多政治问题;即便原本写的是与政治毫无关系的事,也往往要绕到政治上来;在说明日常人生中的某种道理时,也总喜欢以政治人物和政治事件为例。

鹤见祐辅是政治上的自由主义者，信奉的是自由主义政治理念。他总是以一种自由主义的眼光看待政治，总是以一种自由主义的价值观念评判政治，所以，这又可以说是一本宣扬自由主义政治理念的书。鹤见祐辅的自由主义理念来自英美，是英美传统的自由主义的信徒，英美是他的“政治偶像”，是他心目中的榜样、楷模，书中时时处处流露出对英美的艳羡、爱慕、崇敬。所以，这又不妨说是一本讴歌英美的书。熟悉鲁迅的人都不难觉察到：谈政治、倡政治自由主义、颂英美，实在与鲁迅基本的思想情感、价值观念，相去甚远。

在译本《题记》里，鲁迅声明对鹤见祐辅所提倡的自由主义并“不了然”；又对之所以选译了《说自由主义》一文特意做了说明。按照鲁迅的取舍标准，这篇《说自由主义》，应在舍弃之列。而之所以终未舍弃，是因为实在无法舍弃。前面说过，鹤见祐辅的这本书，以政治为旨趣。这样说还不太准确，应该说是以自由主义政治为旨趣，是在极力宣扬自由主义政治理念的。至于专谈自由的文章，有两篇，一篇是《帝都的复兴》这组文章中的第一篇《自由》，另一篇就是《说自由主义》。可以说，这篇《自由》和这篇《说自由主义》，犹如这本书的双目。如果把翻译比作画像，那是无法把两只眼睛都省略的；即使你再不喜欢那两只眼睛，也至少要保留一只。《帝都的复兴》这组文章已被全部舍弃了，那这篇《说自由主义》就不得不保留下来。鲁迅说是“特地”译了这一篇，这“特地”正可理解为“不情愿却又不得不”。鲁迅一定觉得，如果译本把这两篇以“自由”为题的文章都舍弃而又要以《思想·山水·人物》为书名出版，那既对不起作者也对不起读者。

《说自由主义》虽然保存下来了，但那篇《自由》却终被舍弃了。作为今天的一个中国读者，鹤见祐辅这本书中最令我感动的文章，其实正是这篇《自由》。1923年9月1日，东京发生大地震，大地震又引发海啸、火灾，城市几成废墟。在思考东京的重建时，鹤见祐辅首先想到的是“自由”，主张要以一种自由的精神去重建东京，呼吁把东京建成一座让每个市民都充分享有自由的城市，这是十分难能可贵的。1923年以前的东京，肯定是不那么自由的。当物质的旧东京毁灭的同时，鹤见祐辅希望精神的旧东京也随之毁灭。当人们纷纷谈论东京在物质上的新生时，鹤见祐辅首先想到的是东京在精神上的新生。下面试将文章的最后两段话译出：

> 新都市的建设，必须以给予市民以自由的环境为目标。我们不是要建设一个以战争为目标的封建都市，也不仅仅是要建设一个熙来攘往的商业中心。我们是要建成这样一个都市：在这里，每个人都能过一种有意义有价值的生活。
>
> 过去的东京，是一个让人觉得不利于工作、不利于思考、也不利于游玩的不安全的地方。以一等国自夸的日本人，却建设了一个像三等国首都一般的都城，并且不以为怪。日本国民天赋之才的发挥，不知因此而受到怎样的阻碍。建设一个让每个人的天赋之才都自由施展的真正的都城，现在正是时候。

《自由》这篇短文，在我看来，是鹤见祐辅书中最值得译介给中国读者的。不仅八九十年前的中国读者需要它，就是今天，对于中国读者，它仍然具有充分的价值。但这篇《自由》却被八九十年前的鲁迅舍弃了。其原因，就在于鲁迅对鹤见祐辅所说的道理"不了然"，无兴趣，不相信；就在于鹤见祐辅的《自由》不能引起他起码的共鸣。能够把这样一篇文章舍弃的人，我想，是不能称之为"自由主义者"的，就像一个大啖红烧肉的人，不能称之为"素食主义者"一样。

还应该说到鲁迅对英美的态度。对无论哪国的政治，鲁迅都并不真正感兴趣，但对北欧、德国和俄国的文学、文化，鲁迅则往往颇有好感。对英美，政治上固然无兴趣，文学、文化上也无亲近感。早年，鲁迅在《文化偏至论》、《摩罗诗力说》等文章中，曾提及过拜伦、卡莱尔、约翰·穆勒等人，后来就不见他对英美文学、文化有什么赞美之辞。上海时期，鲁迅在与亲友通信中，则多次表示对英美的厌恶和抗拒。例如，1927年11月20日，在致江绍原信中，鲁迅说："英文的随笔小说之流，我是外行，不能知道……英美的作品我少看，也不大喜欢。"④

1935年5月17日，在致胡风信中，鲁迅说："英作品多无聊(我和英国人是不对的)。"[5]英国的文学,不能令鲁迅喜爱,斥之曰:"无聊。"鲁迅更明确地说自己与英国人"是不对的"。当胡风想要翻译惠特曼的《草叶集》时,鲁迅又大泼冷水,并推荐波兰的作品。在晚年,还有一件有趣之事。当鲁迅和郑振铎合编的《北平笺谱》即将出版时,鲁迅于1934年1月11日致信郑振铎,写道:

> 顷接六日信,甚喜。《北平笺谱》极希望能够早日出书,可以不必先寄我一部,只望令荣宝斋从速运来,因为这里也有人等着。至于我之二十部,实已不能分让,除我自藏及将分寄各国图书馆(除法西之意,德,及自以为绅士之英)者外,都早已约出,且还不够,正在筹划怎样应付也。[6]

鲁迅打算向各国图书馆赠送《北平笺谱》,但意大利、德国和英国不送。意、德两国,其时法西斯主义正盛行,不送,自在情理之中。而英国不送,则仅因为"自以为绅士",就有些耐人寻味了。鲁迅平生足未曾履英土,与英国人也少有接触,为何如此厌恶英国和英国人呢?这种厌恶是早已有之,还是后来才产生的呢?——这些姑且不论。总之,鲁迅对英美是不喜爱、无兴趣的;而鹤见祐辅的《思想·山水·人物》则是时时崇英,处处褒美的。

鲁迅基本的思想情感和价值观念与《思想·山水·人物》相龃龉,还从一些具体的地方表现出来。例如,鲁迅译本《思想·山水·人物》的第一篇《断想》,是一组二十七篇文章的合称,其中第五篇是《费厄泼赖》,文章对英国式的费厄泼赖做了热情歌颂:"我们在英国史上,屡次接触到人间的伟大。这就因为英国是'费厄泼赖'(fair play)的国度的缘故。参透了竞技的真谛的英国人,便也将竞技的'费厄泼赖',应用到一切社会的生活上去。恬然说谎,从背后谋杀政敌似的卑怯万分的事,是不做的。而且,这样的卑怯的竞技法,社会也不容许。这样的人,便被社会葬送了。所以那争斗,就分明起来。从中现出人间的伟大来,大概并不是偶然的事。这就因为英国的空气的安排,是可以使伟大的人物出现的。"鲁迅亲手译出了这篇热烈赞颂英国的"费厄泼赖"进而赞颂英国"伟大"的文章,却也亲手写出了《论"费厄泼赖"应该缓行》这篇名文。这篇文章写于1925年12月29日,其时鲁迅已经开始翻译《思想·山水·人物》,其中的那则《费厄泼赖》肯定已经读过。鲁迅既写文章极力强调“费厄泼赖”在中国“应该缓行”,又将这则《费厄泼赖》译成汉语、介绍给中国读者。这明白地证明着:鲁迅所翻译的东西,并非一定是他所喜爱认可的东西。

再例如,在鲁迅《思想・山水・人物》译本中,有一则《政治和幽默》,还有一篇《说幽默》,自然都是对“幽默”的赞美。《政治和幽默》中说:“懂得幽默的人,无论在怎样的境地,都能打开那春光骀荡的光明世界来。所谓读书,不过是打开这境地的引子罢了。”至于那篇《说幽默》,在《思想・山水・人物》中,要算是一篇长文了,分八个部分论述了“幽默”的必要和可贵。然而,译出了这两篇赞美“幽默”的文章的鲁迅,上海时期却屡屡对林语堂们提倡“幽默”表示非议。在鲁迅看来,林语堂们在中国提倡“幽默”,是容易“将屠户的凶残,使大家化为一笑,收场大吉”的。鲁迅既把几篇歌颂英国式“幽默”的文章译介给中国读者,又极力反对林语堂们提倡英国式的“幽默”。这当然也可作为一条证据,证明着鲁迅所移译的,并非就是他所认同的。

三

对鹤见祐辅这部《思想・山水・人物》中的若干文章,鲁迅是喜爱和认可的。但总体上,鹤见祐辅这部书并不令他感到亲切。书中所提倡的,往往是鲁迅不感兴趣不以为然的。在鲁迅的全部翻译活动中,对这部书的翻译过程,是颇为特殊的。

鲁迅1928年3月31日为译本所做的《题记》,一开头就说:“两三年前,我从这杂文集中翻译《北京的魅力》的时候,并没有想到要续译下去,积成一本书册。每当不想作文,或不能作文,而非作文不可之际,我一向就用一点译文来塞责,并且喜欢选取译者读者,两不费力的文章。这一篇是适合的。爽爽快快地写下去,毫不艰深,但也分明可见中国的影子。我所有的书籍非常少,后来便也还从这里选译了好几篇,那大概是关于思想和文艺的。”又说:“自检旧译,长长短短的已有十二篇，便索性在上海的‘革命文学’潮声中，在玻璃窗下，再译添八篇，凑成一本付印了。”鲁迅1925年春季开始翻译书中的文章，1927年10月初到上海后，才萌生将译文“凑成一本付印”的打算。可见，鲁迅对鹤见祐辅的这本书，一开始就没有很高的热情和强烈的兴趣。从1925年春到1927年10月，将近两年半的时间，才译了12篇，平均几个月才译一篇，鹤见祐辅的这本书，在鲁迅眼里，实在有点像鸡肋了。当然，在实际的翻译过程中，各篇之间的时间间隔，又并不是平均的。

读鲁迅《题记》开头的几句话，人们容易认为《北京的魅力》是鲁迅最先翻译的书中文章，但其实并不是。1925年4月14日《京报副刊》发表鲁迅所译的鹤见祐辅书中的《自以为是》[7]，这才是鲁迅发表的第一篇《思想·山水·人物》的译文。查鲁迅日记，1925年4月21日有“以译稿寄李小峰”的记载。此译稿即鹤见祐辅书中《徒然的笃学》，译文发表于4月25日《京报副刊》。[8]这是鲁迅发表的第二篇《思想·山水·人物》的译文。《北京的魅力》则从6月30日开始在《民众周刊》连载，这是发表的第三篇译文，比《自以为是》晚了两个半月，一般来说，不会是《北京的魅力》翻译在前而《自以为是》翻译在后。鲁迅翻译该书的第四次记载，则在1926年7月10日，这一天，鲁迅译完了《所谓怀疑主义者》一文，并在25日出版的《莽原》周刊第14期发表。[9]第三次与第四次之间，居然间隔了一年多。第五次出现，则在1926年12月7日，这一天，鲁迅译完了《说幽默》并作《译者识》，发表于1927年1月10日出版的《莽原》半月刊第2卷第1期。[10]第四次与第五次之间，也隔了近半年。但接下来就快了。1927年5月31日，译了《读的文章和听的文章》，发表于7月10日出版的《莽原》半月刊第2卷第13期。[11]1927年6月1日，译了《书斋生活与其危险》，发表于6月25日出版的《莽原》半月刊第2卷第12期。[12]1927年6月21日，译了《专门以外的工作》，发表于《语丝》周刊第142期至第143期。[13]鲁迅1927年6月27日日记有“寄矛尘译稿一篇。寄小峰译稿三篇”的记载。从日记注释中可知，寄矛尘者即鹤见祐辅书中的第一篇《断想》。是年5月，章矛尘任杭州《民国日报》副刊编辑，向鲁迅索稿。鲁迅遂译此文“塞责”。《断想》一组二十七篇，鲁迅将其全部译出。但章矛尘不久即离职,译稿转至上海北新书局,连载于《北新》周刊第45期至第52期(1927年9月2日至10月20日),《北新》半月刊第2卷第1期至第5期(1927年11月至1928年1月)。6月27日这天寄小峰者,则为鹤见祐辅书中《善政和恶政》、《人生的转向》和《闲谈》三篇,均发表于这年七八月间出版的《北新》周刊上。[14]

以上是鲁迅定居上海前翻译发表12篇文章的情况。《自以为是》如果是鲁迅最先翻译的文章,那鲁迅翻译这部书的缘起,就很容易理解。可以认为,鲁迅1925年2月13日买回这部书,读过之后,并没有马上萌生译介的念头。当《京报副刊》向其约稿时,他才想到从中译出一文"塞责"。而首先想到这篇《自以为是》,自在情理之中。这篇文章,批判的是日本人的"骄慢"。文章举了几个例子,说明人类历史上一些原本很优秀的民族,后来都因为"骄慢"而零落、衰朽、沦亡。文章说:"日本人始终安住在《源氏物语》和《徒然草》的传统中,做着使日本语成为世界语的梦,粗粗一看,固然是颇像勇敢的,爱国底的心境似的。但其中,却含有背反着人类文化的发达的,许多的危险。""以一个民族,征服全世界,已经是古老的梦了。波斯、罗马、蒙古、拿破仑,就都蹉跌在这一条道路上。然而摄取了世界的文化,建设起新文明来的民族,却在史上占得永久的地位的。蕞尔的雅典的文化,至今也还是世界文明的渊源。""我们也应该识趣一点,从夸大妄想的自以为是中脱出……我们应该抱了谦虚渊淡的心,将世界的文化毫无顾虑地摄取。从这里面,才能生出新的东西来。"可以说,这篇文章太对鲁迅的胃口了。鲁迅痛恶中国人的"骄慢"和自大,认为中国人应该虚心学习其他民族好的东西。现在,当他看到鹤见祐辅批判日本人的"骄慢"和自大,呼吁日本人虚心向别的民族学习时,关于中国人不应如何和应该如何的看法就更坚定了。读这篇文章,鲁迅一定产生了强烈的共鸣。于是,当《京报副刊》向他约稿时,他便欣然译出。从这里可以看出:鲁迅翻译鹤见祐辅这部书的最初动因,仍然是喜爱和认可。

《自以为是》发表十来天后,鲁迅又译出了《徒然的笃学》。《徒然的笃学》嘲讽和批判了那种空有满腹知识但却毫无创见的人，强调不应读死书、死读书。这种看法显然也是鲁迅所赞成的。后来，当《民众周刊》向他约稿时，他又译出了《北京的魅力》这组文章。三年之后，当鲁迅为即将出版的译本写《题记》时，之所以一开头就提到《北京的魅力》，一来因为这组文章有六篇，很长，翻译过程中的甘苦容易留在记忆里；二来，恐怕也因为这组文章中有颇令鲁迅不舒服的话。《北京的魅力》意在赞美北京。鲁迅在北京生活过十六七年，对北京的风土景物很有好感。上海时期，与友人通信中，鲁迅时时表示出对北京的留恋，时时流露出北归之意。也许是对北京较为喜爱，使得鲁迅动手翻译《北京的魅力》。但鹤见祐辅在《北京的魅力》中写的有些话，又肯定是令鲁迅大不快的。例如，在《到死为止在北京》这则文章的最后，鹤见祐辅写道：

> 我一面陶醉在支那生活的空气中，一面深思着对于外人有着“魅力”的这东西。元人也曾征服支那，而被征服于汉人种的生活美了；满人也征服支那，而被征服于汉人种的生活美了。现在西洋人也一样，嘴里虽然说着 democracy 呀，什么什么呀，而却被魅于支那人费六千年而建筑起来的生活的美。一经住过北京，忘不掉那生活的味道。大风时候的万丈的沙尘，每三月一回的督军们的开战游戏，都不能抹去这支那生活的魅力。

我们知道，对于外国人肤浅或不怀好意地歌颂中国，鲁迅是分外痛恨的。鹤见祐辅那些具体地赞美北京风土景物的话，也许能在一定程度上为鲁迅所认同，但那种笼统地对中国人“生活美”的讴歌，一定令鲁迅大皱眉头。尤其《到死为止在北京》最后的那种论调，令鲁迅深恶痛绝，多次予以严词谴责。实际上，鲁迅在《灯下漫笔》[15]中，就指名道姓地谴责了鹤见祐辅。在这篇文章的第一部分，鲁迅对中国传统文明进行了猛烈的批判，指出中国人从来就没有争到过“人”的价格，强调一部中国历史，只是两种时代的交替：“想做奴隶而不得的时代”和“暂时做稳了奴隶的时代”。在文章的第二部分，鲁迅一开始就说：

> 但是赞颂中国固有文明的人们多起来了，加之以外国人。我常常想，

> 凡有来到中国的,倘能疾首蹙额而憎恶中国,我敢诚意地捧献我的感谢,因为他一定是不愿意吃中国人的肉的!
>
> 鹤见祐辅氏在《北京的魅力》中,记一个白人将到中国,预定的暂住时候是一年,但五年之后,还在北京,而且不想回去了。

鲁迅这里说的,正是《北京的魅力》这组文章中的《到死为止在北京》。在引用了《到死为止在北京》中最后的几段话后,鲁迅予以了激愤的批驳:“中国人的耐劳,中国人的多子,都就是办酒的材料,到现在还为我们的爱国者所自诩的……古人曾以女人作苟安的城堡,美其名曰‘和亲’,今人还用子女玉帛为作奴的贽敬,又美其名曰‘同化’。所以倘有外国的谁,到了已有赴宴的资格的现在,还在替我们诅咒中国的现状者,这才是真有良心的真可佩服的人!”“所谓中国的文明者,其实不过是安排给阔人享用的人肉的筵席。所谓中国者,其实不过是安排这人肉的筵席的厨房。不知道而赞颂者是可恕的,否则,此辈当得永远的诅咒。”这篇《灯下漫笔》写于1925年4月29日,与翻译《北京的魅力》在同一时期。现在难以确定《灯下漫笔》的写作与《北京的魅力》的翻译孰前孰后。但不管孰前孰后,人们都不难看出这样的“矛盾”:正是如此痛恶鹤见祐辅此种论调的鲁迅,将此种论调译成了汉语、介绍给了中国读者。

四

鹤见祐辅的《思想·山水·人物》中,写中国的文章有两篇,一篇是《北支那的初夏》,一篇是《北京的魅力》,两篇文章写的是同一趟旅程中的见闻感受。1922年第一次直奉战争期间,鹤见祐辅来到中国,从沈阳到北京。《北支那的初夏》写从沈阳到北京的观感,字里行间对中国的“文明”、对中国人的“忍耐力”、对中国的“民众舆论”充满崇敬。《北支那的初夏》由三则短文组成,第二则《奉直战争》,写的是途中所见的即将奔赴战场的奉军士兵,说这些士兵怎样纪律严明、怎样不惧艰辛、怎样视死如归。文章最后还特意描写了一个十三四岁的少年,说他怎样从容、镇定。鹤见祐辅深为这些士兵的神情举止所感动。文章以这样的话结尾:“深深打动我的,既不是被称作将军的吴佩孚,也不是被称作元帅的张作霖,而是这众多身着土布制服奔赴战场的中国青年的身影。”在鲁迅看来,军阀的混战,不过是在“争夺地狱的统治权”。鲁迅翻译《北京的魅力》,已经让人有些费解,如果他把这篇《北支那的初夏》也译介给中国读者,那就更让人难以理解了。《北支那的初夏》终于被鲁迅舍弃,那是毫不奇怪的。至于《北京的魅力》中那些令鲁迅痛恨的话,鲁迅是为了尊重作者和读者才译出的。在翻译时,可以整篇地舍弃,但一篇中有部分言论再令自己不快,也照样译出,这是鲁迅翻译时的一条原则。鲁迅之所以在翻译它的同时,又著文批判其中的部分言论,正有着“消毒”的考虑。但《北京的魅力》的翻译,肯定令他感到了不快。当他必须为那些他所深为厌恶的日文寻找合适的汉语表达时,他的心绪一定不会很好。

不妨认为,正是《北京的魅力》倒了鲁迅的胃口,在译完这组文章、又在《灯下漫笔》中对之做出了“消毒”后,鲁迅便把鹤见祐辅的这部书放下了。鲁迅之所以在译本《题记》中强调当翻译《北京的魅力》时没有想到会续译下去、积成一本书,恐怕就因为鲁迅在译完《北京的魅力》后,就决意不再碰这本书。鲁迅再次翻译这部书中的文章,是在一年多以后的1926年7月。鲁迅于7月10日译完《思想·山水·人物》中的《所谓怀疑主义者》。译文发表于25日出版的《莽原》周刊第14期。在7月6日日记中有“下午往中央公园,与齐寿山开始译书”的记载。这是与齐寿山合作,开始依据德文本重译荷兰作家望·霭覃的长篇童话《小约翰》。在《小约翰》开译不久,又译《所谓怀疑主义者》,一定是为了给《莽原》填版面或撑门面而赶译的;而之所以从《思想·山水·人物》中选译了《所谓怀疑主义者》,恐怕也因为一时找不到更合适的可译之文。从译完《北京的魅力》而放下鹤见祐辅的这部书,到为翻译《所谓怀疑主义者》而重新拿起这部书,这一年多的时间里,鲁迅的创作量很大,杂文、小说、散文、散文诗等,丰富多彩。这期间,在创作的同时,也翻译了许多单篇文章。1929年4月出版的

《壁下译丛》,是鲁迅所翻译的文艺论文的结集,共收译文二十五篇,其中近一半文章,译于这一年多里。在一年多的时间里,鲁迅翻译了这许多东西,但却置《思想·山水·人物》于不顾。

实际上,鲁迅集中地翻译《思想·山水·人物》,是在辞去中山大学一切职务但仍逗留广州时期和定居上海初期。从1925年4月发表第一篇译作《自以为是》,到1926年12月7日译出第五篇《说幽默》,用了二十个月。1927年4月21日,鲁迅辞去中山大学一切职务,就集中地翻译起《思想·山水·人物》来。定居上海前所译12篇中,有七篇译于1927年6、7、8这几个月。而那篇《断想》,由二十七则文章组成,实际上相当于其他文章二十来篇。所以,从字数上来说,定居上海前,绝大部分是在这几个月间完成的。我们知道,从辞去中山大学一切职务到离粤赴沪的数月间,鲁迅的心情极坏,思绪也很乱,精神和思想都面临着危机和重整,因此也是典型的"不想作文"和"不能作文"的状态,于是就只好翻译。应该认为,是一时找不到更好的可译之作,鲁迅这才又拿起《思想·山水·人物》,一气译出多篇。1927年10月3日,鲁迅到达上海。到上海后,当然也一时心绪难宁。今后到底做什么,也难以遽然决定。而鲁迅是一个闲不下来的人。何况,生计方面的压力,也不容鲁迅长时期无所事事。这时候,看看《思想·山水·人物》的译文字数已经不少,才萌生了索性再译数篇,"凑成一本付印"的想法。这样,刚到上海的鲁迅,又赶译了八篇,它们是:《读书的方法》、《论办事法》、《往访的心》、《指导底地位的自然化》、《说自由主义》、《旧游之地》、《说旅行》、《纽约的美术村》。八篇之外,又译出了《序言》。

从辞去中山大学一切职务,到在上海定下心来,这段时间,某种意义上是鲁迅精神和思想的过渡期,是心理状态和生存方式的调整期。而《思想·山水·人物》的翻译,基本上完成于这一时期。所以,译作《思想·山水·人物》是这种过渡和调整时期的产物。如果没有这种过渡和调整时期,恐怕《思想·山水·人物》这本译作也不会有。在这种过渡和调整时期集中地翻译这部书,对于鲁迅来说,是一种聊胜于无的工作。换句话说,译本中除少数几篇真正为鲁迅喜爱赞同,其他文章，对于鲁迅来说，都是可译可不译的。译出来，可作为中国读者的“参考”，或让中国读者得一点“领会”；不译，也没有什么可惜。

鲁迅在为译本所写的《题记》中，有这样一番话：“这里要添几句声明。我的译述和绍介，原不过想一部分读者知道或古或今有这样的事或这样的人，思想，言论；并非要大家拿来作言动的南针。世上还没有尽如人意的文章，所以我只要自己觉得其中有些有用，或有些有益，于不得已如前文所说时（引按：即‘不想作文，或不能作文，而非作文不可之际’），便会开手来移译，但一经移译，则全篇中虽间有大背我意之处，也不加删节了。因为我的意思，是以为改变本相，不但对不起作者，也对不起读者的。”“倘要完全的书，天下可读的书怕要绝无，倘要完全的人，天下配活的人也就有限。每一本书，从每一个人看来，有是处，也有错处，在现今的时候是一定难免的。我希望这一本书的读者，肯体察我以上的声明。”鲁迅在为自己的译作所作的序跋性文字中，花费如此多的笔墨说明所译者未必是自己所赞同认可者，是绝无仅有的。

但鲁迅对自己所移译的这些文章的不赞同不认可，是绝对的无条件的，还是相对的有条件的，仍然是值得思考的。鲁迅在为厨川白村的文艺评论集《出了象牙之塔》所做的《后记》中，有这样一番说明：“惟原书在《描写劳动问题的文学》之后还有一篇短文，是回答早稻田文学社的询问的，题曰《文学者和政治家》。大意是说文学和政治都是根据于民众的深邃严肃的内底生活的活动，所以文学者总该踏在实生活的地盘上，为政者总该深解文艺，和文学者接近。我以为这诚然也有理，但和中国现在的政客官僚们讲论此事，却是对牛弹琴；至于两方面的接近，在北京却时常有，几多丑态和恶行，都在这新而黑暗的阴影中开演，不过还想不出作者所说的好招牌，——我们的文士们的思想也特别俭啬。因为自己的偏颇的憎恶之故，便不再来译添了，所以全书中独缺那一篇。”在翻译厨川白村的《出了象牙之塔》时，独把这一篇《文学者和政治家》舍弃了。而舍弃的原因，只因为这文章不合中国的“时宜”。所以鲁迅对这篇文章的“憎恶”，是有条件的和相对的，他自己也意识到这种“憎恶”的“偏颇”。我们知道，《思想·山水·人物》

中,也有一篇《文学与政治的歧途》,被鲁迅舍弃了。 而鲁迅舍弃鹤见祐辅《文学与政治的歧途》的原因,与舍弃厨川白村《文学者和政治家》的原因应该是相同的。 对于这篇被舍弃的《文学与政治的歧途》,鲁迅的不赞同不认可也并不是绝对的和无条件的。 至于那些被选取而又并不赞同并不认可的文章,如《费厄泼赖》、《政治和幽默》、《说幽默》等,就更应该看到鲁迅对它们不赞同不认可的相对性和有条件性。 鲁迅固然写过《论"费厄泼赖"应该缓行》,但强调的也是"缓行",而不是决不可行。 至于"幽默",鲁迅本来并不反对。 只是在1930年代那种"风沙扑面,狼虎成群"的特定时期,鲁迅认为对"幽默"的提倡有可能使"幽默"变质,成为有害的东西,才对提倡"幽默"表示反对,其实鲁迅的本意,恐怕也不过认为对"幽默"的提倡"应该缓行"。

这也使我们意识到:鲁迅一生反对过许多东西,但并非都是绝对的和无条件的反对。 不懂得鲁迅反对过什么,固然就不能懂得鲁迅;但如果不懂得鲁迅对许多东西反对的相对性和有条件性,也同样会严重误解鲁迅。 前面说过,鲁迅与鹤见祐辅的这部宣扬政治自由主义的《思想·山水·人物》有一种总体性的扞格、龃龉,但这种扞格、龃龉也并非绝对的和无条件的。 其实鲁迅只是对自由主义不感兴趣,认为这种"主义"并不能解决中国的问题,对自由主义理念本身,并无特别的恶感。

研究鲁迅对鹤见祐辅《思想·山水·人物》的取舍,也让我们懂得:鲁迅绝不是通常意义上的自由主义者,但也绝不是自由主义的敌人。

本文系教育部哲学社会科学研究重大课题攻关项目"现代启蒙思潮与百年中国文学"(项目号:05JZD 00027)的阶段性成果。

注　释

① 《鲁迅年谱(增订本)》第2卷,人民文学出版社2000年版,第220页。

② 《鲁迅年谱(增订本)》第3卷,第54页。

③ 鲁迅《文艺与政治的歧途》收入《集外集》。 日本庆应大学的长堀祐造教授曾指出鲁

迅此次讲演与鹤见祐辅的关系。参见《鲁迅革命文学论中的托洛斯基文艺理论因子》,《日本中国学会报》第 40 集,1988 年。

④ 《鲁迅全集》第 11 卷,人民文学出版社 1981 年版,第 597 页。

⑤ 《鲁迅全集》第 13 卷,人民文学出版社 1981 年版,第 129 页。

⑥ 《鲁迅全集》第 12 卷,人民文学出版社 1981 年版,第 318 页。

⑦ 《鲁迅年谱(增订本)》第 2 卷,第 194 页。

⑧ 《鲁迅年谱(增订本)》第 2 卷,第 2、198 页。

⑨ 《鲁迅年谱(增订本)》第 2 卷,第 311 页。

⑩ 《鲁迅年谱(增订本)》第 2 卷,第 347 页。

⑪ 《鲁迅年谱(增订本)》第 2 卷,第 395 页。

⑫ 《鲁迅年谱(增订本)》第 2 卷,第 396 页。

⑬ 《鲁迅年谱(增订本)》第 2 卷,第 398 页。

⑭ 《鲁迅全集》第 14 卷,人民文学出版社 1981 年版,第 661—662 页。

⑮ 收入《坟》。

(《天津社会科学》2008 年第 3 期)

亲情、仇恨、不辩解说

——再谈“二周”兄弟失和

刘丽华

1923年7月19日，周作人交给鲁迅一封绝交信，鲁迅欲邀二弟问明原因，周作人不予理会。于是，性格刚毅的鲁迅很快便找房子搬了出去。1924年6月11日，安排好西三条新居后，鲁迅回八道湾取书物，竟被作人夫妇当作强盗“骂詈殴打”。人们不禁奇怪，不久前还是亲密的兄弟，大哥还被一家人当作“家长”来尊敬，怎么一下子竟被如此对待？

我们看到多部传记作品在客观引用一些当事人谈论“兄弟失和”的材料后，都不禁表示了感慨，还有的传记作者或许是出于对周氏兄弟的爱护，干脆认为：“清官难断家务事”，并认为“这里毫无是非曲直可分，只能说是同样美好的人性，同样强大的个性彼此冲突，而不可解脱的悲剧”。认为这完全是因“误会”而产生的冲突。[①]

笔者认为“二周”失和确是起因于家务事。在上世纪八十年代以前，对兄弟失和的评价由于政治方面的干扰，观点自然是一边倒，谴责周作人。八十年代后重评周作人，重新认识周作人在现代文学史上的地位后，前引的观点就有了普遍的代表性。再次审视“二周”兄弟失和的过程，笔者认为仍然有一些问题可以思考，并对上引观点提出商榷。

重新阅读相关材料，尤其是二周日记，笔者感到兄弟失和远不是一个突发事件造成的，周作人的妻子信子所提供的“事件”，仅只是矛盾长期酝酿的一个突破口，两兄弟怡怡深情到走向决裂，经历了一个渐变到突变的过程。事发当初周作人确实存在着误会，但考察整个过程决不是无是非曲直可分，明显地可以看出两人品格的高下。

一、大哥身上的“光环”渐渐消逝

由于父亲早逝，长子鲁迅自觉挑起家庭生活的重担，成为中年守寡的母亲的帮手。“长兄如父”，几个年幼的弟弟，也对一贯爱护他们，在人生的道路上引领他们，并富于自我牺牲精神的大哥十分尊重。

《鲁迅日记》1912 年 6 月 29 日：“晨寄二弟信，又寄三弟信……得二弟妇信，附芳子信一纸。”

1912 年 7 月 11 日：“寄三弟信，内附与二弟信一小函，又与二弟妇笺一枚。”

1916 年 1 月 15 日：“上午往交民巷日邮局寄羽太家信并银三十六圆，附与福子笺一枚。”

类似上面这样的记载，在鲁迅从 1912 年 5 月到北京教育部任职，单身居住在绍兴会馆时期的日记中经常出现。鲁迅牵挂并照顾全家人，包括弟媳信子、芳子和他们在日本的家庭。那时鲁迅是北京教育部的佥事，弟弟作人则是绍兴中学的教师，无论从社会地位还是经济收入上都有很大差距，可以说鲁迅是作人、建人事业上的引路人，是当时周家主要的经济依靠，又是周氏家族精神上的支柱，大哥是名副其实的家长。再看那几年鲁迅和周作人两人间的通信，两三天就一封，甚至一天一封，二人都有编号，鲁迅不断将自己在北京购买的古籍、佛教方面的书籍寄回去，让作人同享，作人也将寻到的拓片、买到的书籍寄给大哥，或将自己的稿子不断寄来，请鲁迅修改，与兄长切磋学问。六年中无不如此，简直就如热恋中的情人，令人唏嘘感慨，天下再也没有这样好的兄弟了。

鲁迅十分看重二弟的才华，1917 年 4 月，为了让二弟得到进一步发展，鲁迅向北大校长蔡元培推荐成功，周作人来到北京，到北大任教。那时作人和信子自然对大哥十分感激，此后兄弟二人在绍兴会馆共住的两年半时间，形影不离，同甘共苦，兄唱弟随。鲁迅帮助作人准备讲义，帮助他在北大讲坛站稳脚跟。以后作人在《新青年》上发表的诗文都经鲁迅修改过目；自然，鲁迅在《新青年》上发表的作品作人也是第一个读者;作人深谙鲁迅的创作思想,有的文章是在兄弟俩多次交换意见后写出,所以经常相互署对方的名字。那时,他们不在乎名与利,因为攻打封建堡垒,唤醒沉睡的国人,开辟新文化阵地,这神圣的目的在他们是一致的,况且早期《新青年》撰稿也是根本没有稿费的。

这种情况一直持续到1919年。就在1919年的下半年,鲁迅辛苦操劳购买了八道湾住宅,过户、修缮,先让作人一家入住。年底,鲁迅冒严寒只身回绍兴接母亲、朱安及三弟一家迁居北京。在八道湾,和善的鲁老太太让出家政大权,从此由信子当家,自然鲁迅作为大哥还是公认的一家之主。

这时的鲁迅和周作人在文坛上同享文名,鲁迅发表了《狂人日记》、《孔乙己》、《明天》、《药》等小说和《我们现在怎么做父亲》等杂感。周作人则发表了《人的文学》、《平民的文学》、《思想革命》等重量级的理论文章,以及多篇《随感录》。哥哥是用创作显示了文学革命实绩的著名作家,弟弟是当时屈指可数的重要的文艺理论家。兄弟俩相互配合,共同为建设现代中国新文学开辟一片新天地。

但此时的作人已不是一个跟在哥哥背后的小弟弟形象了。他是北大的名教授,成名的作家和文艺理论家,人们称鲁迅、作人为"周氏兄弟",在人们眼中,作人与哥哥是平分秋色。另外,此时经济上对家庭的贡献作人也与鲁迅不相上下。因此,事情正在悄悄地起变化。

北京大学在"五四"新文化运动中具有无可替代的领袖作用,新的思潮和理念,新的主张和新学问层出不穷。《新青年》、《新潮》等杂志也依托于北大,北大成为全国新文化界仰慕的精神圣殿,北大也为周作人的发展提供了一个极有利的平台。周作人是北大名教授;是《新潮》杂志的主任编辑;是北大"歌谣研究会"的主任;北大研究所国学门委员;是《文艺季刊》、《国学季刊》的编委。此外,由于北大重要的学术地位,与国内外文化界交往很多,周作人大都参与。

鲁迅供职的教育部此时却因政局动荡,总长、次长频繁更替,并且经费短缺,每况愈下。鲁迅在教育部十四年始终是个佥事,直到1920年底才到北大兼课,

1921 年到师大兼课，因是教育部的官员，许多行动反受限制，只能做兼职讲师。[②]

从日记上看，1920 年以后，兄弟二人在一起活动的记载大大减少，比鲁迅小几岁的作人，在人生的道路上原就比大哥遇到的挫折少，此时，真是英姿勃发，积极进取，有信仰，有追求。他的思想、文章带有浓重的理想主义、浪漫主义色彩，这使他在青年学生中享有极高的威信。作人经常被请到各学校团体演讲。1920 年初连续三次到“少年中国学会”演讲；到“北京青年会”以及师范学校、协和医学校、燕京大学、清华大学等校演讲。社会活动也很多，1919 年底，周作人与蔡元培、李大钊、胡适等人共同发起“工读互助团”；1920 年又积极推动“新村运动”，主持新村北京支部工作，以至当时也在从事新村运动的毛泽东到八道湾拜访周作人；1922 年又与胡愈之、周建人等发起“妇女问题研究会”。此外，周作人积极参加了关于旧戏、关于“非宗教同盟”等问题的论争。周作人还成为当时几个重要刊物以及社团的核心人物，他参加了“文学研究会”的发起工作，并负责起草了宣言；郑振铎创办《文学旬刊》请他当编辑。而此时的鲁迅一是由于官吏的身份限制了许多活动，二是作为冷静、慎重的思考者，鲁迅对当时蜂拥而至的各种思潮均抱审视的态度，不轻易表示赞同或反对，他支持世界语的推行，但同时也发表了冷静的看法，[③]并对周作人热衷的“新村运动”表示了不同的意见。[④]总之此时的周作人学术以及社会活动远比鲁迅广泛活跃，周作人经常以主人的身份宴请学术界人士，或在八道湾，或在饭店。大哥鲁迅在很多时候成为陪客，[⑤]当然客人们对鲁迅都相当尊重。

旺盛的热情、紧张的工作损害了周作人的健康，1921 年他整整病了大半年，就在病中，周作人也真是勤奋，他不断作诗作文，学习世界语。到西山养病后，6 月 8 日发表重要短文《美文》，将“美文”这一概念第一次引入中国，呼唤白话美文在中国出现。6 月 9 日又发表《新诗》一文，总结五四以来的新诗运动，提出应该有一个会，或有一种杂志专门研究新诗的发展，这篇短文立即引起很大反响，到第二年 1 月，由俞平伯、朱自清、叶圣陶等人创办的新文学史上第一个新诗杂志《诗》月刊便在上海创刊了。周作人作为一个文艺理论家实际上起到了引导新文学运动发展的作用。

而 1920 年以后的鲁迅,创作相对进入一个低潮,作品不多。 当然,作为一个作家不可能像机器一样平均生产文学作品,有高产期,自然也有低产的积累酝酿时期。

在周作人忙于赶场演讲,推动“新村运动”时,1920 年 4、5 月,鲁迅接受了教育部指派的任务,赴午门整理战利品德文书。 6、7 月份为侄子沛住院奔忙,经常夜间在医院陪护。 1920 年下半年,鲁迅创作了短篇《风波》、《头发的故事》并翻译了一些外国文学作品,还准备年底到北京大学授课。

1921 年周作人病了大半年,鲁迅作为大哥无微不至地给予关怀。 周作人到西山养病,鲁迅常去看望,回家来还得四处筹钱。 由于教育部和各学校欠薪,日记中经常有向朋友借钱的记载,鲁迅还将藏书《六十种曲》卖掉,得到四十元钱。整个教育部由于长期欠薪,部员无法维持生活,10 月 24 日,教育部同仁赴午门索薪。[⑥]12 月 21 日教育部全体职员开大会决定全体辞职向当局索还欠薪。[⑦]这些活动鲁迅全部参加,鲁迅这个“家长”经济上的负担分外沉重。 鲁迅于 1920 年底到北大任教,1921 年初到北师大任教,在授课的同时鲁迅把相当多的精力放在《中国小说史略》的撰写上,同时还在持续前几年进行的古籍校勘和碑拓的收集工作,这是一个学者寂寞耕耘的生涯。 1921 年底,多年酝酿的阿 Q 形象已经成熟,在孙伏园的催促下,《阿 Q 正传》写成在《晨报副刊》连载。 作品一经发表,获得强烈反响,周作人也撰写《〈阿 Q 正传〉》一文给予评价。 《阿 Q 正传》进一步奠定了鲁迅在文学史上的地位。 但与周作人比起来,鲁迅的社会活动少得多,与文学团体和学生社团的交往也较少,就是与胡适、陈独秀、李大钊等《新青年》同仁的交往也不密切,因此这时有人找鲁迅要通过周作人来找。 例如 1921 年 2 月 11 日、12 日陈望道连续两天给周作人信,通知已收到鲁迅的小说《故乡》,说:“鲁迅先生有文来,我很欢喜,不但欢喜有文章给读者,因此便知他底病(据说曾有病)已经愈好了。”[⑧]1921 年 3 月 2 日胡适致信周作人,说他正发起办《读书杂志》,请周作人帮助并代向鲁迅“致意,请他加入”[⑨]。 相比周作人的活跃和广泛的社交，鲁迅显得沉静、深沉。这除了官吏身份的限制，恐怕也是鲁迅自身性格气质使然。但这种情景必然在作人和信子心中产生影响，在八道湾形成对比。鲁迅不计较自己，低调行事，多承担家务的后果，使作人和信子越来越觉得大哥不过如此。在绍兴时遥望北京，大哥身上的光环十分耀眼，现在看来竟落在弟弟之后。再加上平时鲁迅总规劝信子要节省，这使信子十分气恼，并记恨大哥。原本老实厚道的作人也脾气见长，有一次鲁迅拆开了一个熟悉朋友的来信，以为是给两个人的，拆开了才知道是给作人一人的，第二天将信交给二弟时，作人竟然冲大哥发起了脾气。[10]这在几年前是绝对不可能出现的事情。

鲁迅称自己是“穷人”

鲁迅曾对增田涉说：“他常买糖果给周作人的小孩，周作人夫人不让他们接受而抛弃掉，鲁迅用充满感慨的话说‘好像穷人买来的东西也是脏的’。”而且鲁迅称信子为“房东太太”[11]。笔者原先不理解为什么鲁迅称自己是穷人，重新阅读原始材料，明白了鲁迅当时寂寞而又无法表述的苦境。

1. 感情的残缺，家庭生活的不完整。

与朱安不正常的婚姻生活，给鲁迅造成心理和精神上很大的压力，构成情感生活的空白，原先单身在北京也许还要好一些，现在与朱安每天相对无语更造成在热闹的八道湾中难耐的内心寂寞。自然，朱安也同样会心理失衡，没有子嗣，没有丈夫的爱，使她在其他女性面前，在虽然并不比自己强多少的女性面前自觉低人一等，鲁迅和朱安视作人、建人的孩子为自己的子嗣，信子非但不感激反而恶言中伤。朱安夫人也有同鲁迅一样的感受，曾气愤地对别人说：“她（信子）大声告诫她的孩子们，不要亲近我们，不要去找这两个‘孤老头’，不要吃他们的东西，让这两个‘孤老头’冷清死。”没有爱的婚姻让人感到精神上的穷困和重压。信子的话就像两块石头砸伤了鲁迅和朱安这两颗善良的心。

2. 真好像是个打工者。

当初鲁迅为一大家子人住进八道湾忙里忙外好几个月,并花掉了多年的积蓄。其中周作人只在一次去农事试验场游玩的归途中到八道湾看了一次,还取过一回房契。当大哥的吃苦受累这边弄妥帖,又孤身赶回绍兴接母亲、朱安和建人一家到北京。八道湾共居的几年中,信子、芳子及孩子们经常生病,或住院或三天两头接医生到家里看病。周作人 1920 年生病大半年,鲁迅更是忙得焦头烂额,四处筹钱。算算几年中,独独鲁迅和朱安夫人身体健康没有大的开销。说来鲁迅真好像是个打工者,每月尽其所有交给信子,自己搞得一文不名,信子真是名副其实的房东。鲁老太太、鲁迅、朱安都是量入为出,持家有方,与信子的铺张挥霍截然不同,但这种"落后"的生活方式在信子看来就是穷人的日子。

3.经济上收入后来确实不如作人高。

鲁迅的收入原先一直高于周作人,1919 年底入住八道湾时两人大体持平。鲁迅月薪 300 元,周作人月薪 240 元,但周作人 1919 年就开始到女高师兼课,而且笔头快,文章也写得多,因此两人不相上下。从 1919 年开始教育部和国立高校开始欠薪,但过几个月还能发还。从 1920 年开始,欠薪情况愈加严重,鲁迅、周作人除少量的稿费和讲课费外,薪水还是主要收入,因此鲁迅多次参加索薪活动。周作人也向朋友借贷,但从未参与索薪。到了 1921 年情况发生了变化,周作人的收入超过了鲁迅。经济实力这个东西确实是厉害,一旦实力不如人,别人就不承认你的家长地位,敢于抗命不遵。据《周作人日记》记载,1921 年以后,一是周作人得到了几笔"巨款",二是周作人受聘到燕大任教。

《周作人日记》"1921 年 10 月 28 日收《新青年》社洋百元。"

"1921 年 12 月 12 日收世界丛书社来洋四百元。"

"1922 年 8 月 16 日又收世界丛书社 250 元。"

"1923 年 2 月 8 日收北大版税 129.69 元。"

1921 年年初,由胡适介绍,周作人已应允到燕京大学任教,后因得病耽搁。病好后,1922 年 3 月 4 日与司徒雷登校长签定了合同,担任燕京大学中国新文学系主任,月薪 200 元。8 月 1 日还未开学授课,周作人就收到了燕大 7 月份开出的薪水200元支票。[12]燕京大学是美国人开办的教会学校，绝无欠薪问题，这样周作人每月就比鲁迅多出200元的固定收入。

周作人的收入有些鲁迅知道，肯定也并非全部清楚，只燕京大学一项就令鲁迅觉得自己已经是个穷人了。物质眼光极强的信子由此就可以轻视鲁迅，阿Q是谁？反正不能变米肉，自己的丈夫比大哥还强，根本不用参加什么索薪。既是没有本事的"家长"，为什么还要指手画脚？这也就是信子敢于撕破脸皮，作人附和信子将大哥轰出门去的"底气"。

究竟有无"鲁迅事件"

如果说由于兄弟间社会地位和经济收入的变化改变了家庭的格局，那么信子对鲁迅的无情质证则彻底改变了家庭的命运。假如事发当初，周作人不拒绝鲁迅希望沟通的请求，事情可能远不至于如此，结果鲁迅是被泼了一头粪水离开了八道湾，蛰居砖塔胡同，大病一场。兄弟失和在外人看来正方为周作人，鲁迅已处于需要辩诬的反方的境地。翌年6月11日，西三条房屋落成，鲁迅回八道湾取东西，周作人夫妇又理直气壮地对鲁迅"骂詈殴打"，陷鲁迅于更为屈辱的被动地位。可现在有的论者却说"在某种程度上，可能周作人比鲁迅还要痛苦"。说是周作人多年的蔷薇梦破灭了。殊不知这蔷薇梦原是兄弟二人一同织就的，当家的大哥早就洞悉这蔷薇梦即将不保，可还在极力修补。鲁迅出走后，内心除了惋惜这蔷薇梦彻底破灭得太快，还得忍受屈辱。而如梦方醒的周作人像只洁白的"都路"（日语"鹤"）气势汹汹，不断絮叨着他的"沉默"和"不辩解"。当鲁迅在砖塔胡同默默地教书，修正他的《中国小说史略》，将养病体的时候，周作人还在持续着前两年就已开始的繁忙且交际甚广的名教授生活。读《周作人日记》，鲁迅从八道湾搬到砖塔胡同的第五天，8月7日周作人至长美轩，与沈尹默、沈兼士、张凤举等众人共宴；9月8日至朱逷先处同几位友人共宴；9月10日至中央公园来今雨轩中同一干友人共宴；11日又与沈兼士、钱玄同等10人共宴；16日又与张凤举以及日人山川、泽村、丸山等宴会;9月20日赴日本公使馆与东京大学教授以及北大同仁共同商议组织“中日学术协会”事。笔者不是说周作人也得闭户不出大病一场,才证明他内心的痛苦,只是重新阅读原始材料,体会二人所处正反方的地位,认为周作人不是也不可能是更痛苦受打击更沉重的一方。

周作人与信子一唱一和,二人认为“罪”在鲁迅。如果只是鲁迅一方的“罪过”,并无造成后果,那么信子咬定鲁迅干了什么?那么让她暴怒,她对丈夫说了什么?一贯温和的周作人竟也那么暴怒,竟对大哥大打出手呢?这个问题多年来被周作人所谓的“不辩解”搞得云山雾罩,到晚年与鲍耀明通信中还升格称为“鲁迅事件”。[13]但多年制造的朦胧中,也透出一丝亮色,周作人1964年10月17日致鲍耀明的信中说了明白话。他对香港友联出版公司1964年出版的赵聪著《五四文坛点滴》评价道:“大体可以说是公平翔实,甚是难得,关于我和鲁迅的问题,亦去事实不远……”其实赵聪书中也没披露什么新材料,只是引用了许寿裳的话说:“他们兄弟不和,坏在周作人那位日本太太身上,据说她很讨厌她这位大伯哥,不愿同他一道住。”[14]

原来不过如此。另外几十年来知情人也不断透露出当时的一些传闻,如说鲁迅听窗了,撞见洗澡的信子了等等,也不过如此。真令人泄气,到底是不值得发作的小事情;鲁迅的一贯为人行事,使人们对常患癔病的信子的话大打折扣。最有力的“杀手锏”恐怕是如下情况:据舒芜回忆,台静农曾详细告诉他鲁迅和周作人失和的原因,“周作人在北京西山养病时……有一次正是急需钱用的时候,鲁迅替周作人卖一部书稿,稿费收到了,鲁迅很高兴,想着羽太信子也正着急,便到后院去通知羽太信子,不料后来羽太信子对周作人说鲁迅连夜进来,意图非礼”[15]。笔者是女性,并自信性情善良,请容许我说一句“透底”的话,鲁迅当时所接触的女性们与信子相比天差地别;信子的不可爱处太明显,哪个男人敢去招惹这样一个有病的女人?但信子的话周作人都相信了。笔者从不以恶意推测我的同类,更反对“女人祸水论”,但肇事者的身份无人可以替代。我认为唯一的合理解释,就是信子在盛怒之下,将鲁迅对她的“伤害”夸大其辞,或丧失理智将鲁迅虽未“得逞”的“劣迹过程”向丈夫形容得十分卑劣，使得周作人无法开口学说，使得他暴怒，将大哥看成仇人和卑劣小人。

如果不作如上解释，又怎么能说得通呢？如果上述说法可以成立，那么就根本不存在所谓“鲁迅事件”！

信子毕竟是个癔病病人，又被周作人惯得不可一世，周作人自己也饱尝苦果。想必深夜扪心应当能悟出当年听信信子之言，对大哥的做法是不公正的。原指望他在晚年能说一句明白话，“人之将亡，其言也善”，但是他不。在1964年写的《不辩解说》中仍然讳莫如深欲言又止，而且悠闲地摆起龙门阵，安然地看着自己织就的朦胧的网。假如对大哥早年扶植自己，为全家做牺牲有一点点感恩，也应还大哥一个清白，然而周作人不。就像对山本忠孝的决绝作法，就像对待自己失足做汉奸至死无一点反悔意向一样，对大哥一直咬住不放，至死不受良心谴责，将真相带入坟墓。我们只能喟叹一声，这真是周作人性格中一个显著的特点。1923年6月3日，也就是在兄弟失和前不久，鲁迅和周作人一同接受日文版《北京周报》记者的采访，兄弟俩一同抨击中国人爱面子的劣根性。[16]实际不幸得很，周作人自己就正是他所抨击的“硬撑门面”的中国人之一。这真是一个绝大的讽刺。中国是一个有着渊远传统，讲究孝悌的国度，周作人对鲁迅的绝情无论从新道德还是从中国传统道德来看，都在后世人心中输却一筹。而进一步说他将面子、良知与道义孰重孰轻搞颠倒了，就不仅只是一个道德层面上的问题了。先前许多论者由于受政治干扰，评价“兄弟失和”落入一个陈旧的套路固然不好，但今天是否也应该避免落入新的无是非的套路才更为接近真实。

注　释

① 钱理群：《周作人传》，北京十月文艺出版社1990年版。

② 参见民国元年10月颁布的《大学令》，《法令辑览》1917年版。

③ 《集外集·渡河与引路》。

④ 见鲁迅1919年8月13日致钱玄同信。《鲁迅全集》11卷，第366页。

⑤ 见《周作人日记》1923年1月20日、5月26日,大象出版社1996年版。

⑥ 见《鲁迅日记》1921年10月24日。

⑦⑧ 《鲁迅年谱》2卷,人民文学出版社1981年版,第38页。

⑨ 《胡适全集》,安徽教育出版社2003年版,第355页。

⑩ 荆有麟:《鲁迅眼中的敌与友》,转引自张菊香、张铁荣编《周作人年谱》,天津人民出版社2000年版,第241页。

⑪ 《且介亭杂文·从孩子的照相说起》。

⑫ 《周作人日记》1922年8月1日。

⑬ 鲍耀明编:《周作人晚年书信》,香港真文化出版公司1997年版,第433页。

⑭ 转引自陈漱渝《东有启明 西有长庚——鲁迅与周作人失和前后》,《鲁迅研究动态》1985年第5期。

⑮ 舒芜:《忆台静农先生》,《新文学史料》1991年第2期。

⑯ 《面子与门钱》,《鲁迅研究资料》第三辑,文物出版社1979年版。

(《鲁迅研究月刊》2006年第10期)

鲁迅与创造社关于“革命文学”论争始末

卫　公

1927年7月中国大革命失败后，上海成为革命文学家云集之地。鲁迅于10月3日从广州到达上海，度过了他最后的、也是最伟大的十年。创造社诸君亦翩然而至，重整旗鼓提倡无产阶级革命文学。郑伯奇、王独清等人早于广州“四·一五”反革命大屠杀前便离穗赴沪，准备开展新兴文学运动。成仿吾从黄埔军校弄到一笔活动经费也于7月30日来到上海，不久于10月上旬赴日本邀约五位“新锐的斗士”回国重振创造社雄风。接着，10月下旬冯乃超、朱镜我回上海，11月上旬李初梨、彭康、李铁声回上海。郭沫若也于11月上旬从香港秘密回到上海，并按周恩来的指示发动华汉（阳翰笙）、李民治（一氓）参加创造社以加强党的领导。与此同时，蒋光慈、钱杏邨、孟超、杨邨人等从武汉赴沪组织太阳社，洪灵菲、戴平万、林伯修（杜国庠）、柯伯年（李春蕃）从海外回沪组织我们社，也提倡革命文学。于是，在国际、国内“左”的思潮高涨的大背景下，在老成持重与幼稚轻率的不同个人因素驱使下，诱发了一场鲁迅与创造社等关于“革命文学”的论争。这场论争大致可分为联合—破裂—论战—重组四个阶段，时间始于1927年冬天，1928年形成高潮，1929年底基本结束。笔者现据掌握的材料，重评这桩诉讼纷纭的历史公案。

一

联合鲁迅是创造社同人的初衷。它的行动见诸《鲁迅日记》1927年的记载。11月9日载：“郑伯奇、蒋光慈、段可情来。”11月19日载：“下午郑、段二君来。”指的是创造社代表两次访问鲁迅，谈联合作战事，商议共同恢复《创造周报》，提倡革命文学。鲁迅本于一年前已有此意，他曾向许广平表白："其实我也还有一点野心，也想到广州后，……与创造社联合起来，造一条战线，更向旧社会进攻，我再勉力写些文字。"[①]可惜鲁迅到广州后，创造社成员大都星散，失去了一次合作的机会。事实上，鲁迅与创造社诸君也曾有过共同签名发表《中国文学家对于英国知识阶级及一般民众宣言》的行动。[②]现在到了上海，创造社主动提出此事，鲁迅便欣然应允，建议恢复《创造周报》，继续发挥它在革命青年中的作用，并且联合发表了恢复《创造周报》的启事。

这个过程隐藏着两件事实尚待弄清：一是究竟谁首倡与鲁迅联合？二是恢复《创造周报》发表过什么启事？

关于第一个问题，历来有郑伯奇首倡与郭沫若首倡两说，当事人也各有说法，而且不同时期有不同说法。孰是孰非，请看史料分析。

郑伯奇写过七篇文章谈及此事。

1. 《不灭的印象》(原载1936年11月15日上海《作家》月刊第2卷第2期)，为痛悼鲁迅逝世而作。郑回忆初次访问鲁迅的情景："那时候，我有一个不知自量的妄想，以为趁这机会，大家应该联合在一起，把文学运动复兴起来。……我只想到联络各方面的人出一个'周刊'或《洪水》型的活泼的刊物来作推动。当时留社的朋友只有光慈、独清、可情几个人。大家都赞成我这意见。于是我们便想可以联络的作家，去分头接洽。/找鲁迅先生去的是我和光慈。他住在东宝兴路景云里。这是我到他寓所去的第一次。……/谈话的结果很圆满。我们希望他做一个经常的撰稿员，他无条件地答应了。看起来，决不像是'漫然应之'；他的样子很诚恳，还谈到一些具体的话。"此时郑的印象清新而深刻，写得也具体，可信性较大。很明显，联合鲁迅的主意是郑伯奇首先提出，并得到同人赞成的。

2. 《二十年代的一面——郭沫若先生与前期创造社》(原载1942年3、4、5、6月及1943年4月重庆《文坛》半月刊第1卷第1、2、3、4、5期及第2卷第1期)，为纪念郭沫若创作生活25周年而作。向以谦虚谨慎著称的郑伯奇作了退让，便改口说：“沫若和我都主张跟他合作，……蒋光慈也赞成。遂由我和光慈同志去景云里访问鲁迅，提出合作办法。鲁迅先生赞成，并主张仍用《创造周报》名义。”在这种特殊场合下，郑已从一人首倡改为二人提议了。这对于郑来说是可以理解的。

3.《回忆和学习》（原载1950年10月19日西安《群众日报》），为纪念鲁迅逝世14周年而作。郑又回忆起当年的情景：“当鲁迅先生到上海的时候，郭沫若、成仿吾先生都不在那儿，创造社面临着大转换的前夕，我留在上海感觉力量单薄，尤其感觉到有集合力量出一个进步文艺刊物的必要。但是鲁迅先生住在闸北景云里，我去访问他，提议联合出一个进步的文化刊物。鲁迅先生非常赞成。”这里，郑补充了一些重要情节，如提议联合鲁迅的原委，郑首倡联合鲁迅初时郭尚未回上海等。所以郑伯奇无疑是首倡者了。

4.《我的文学经历》（约写于1950年，原载1995年8月22日北京《新文学史料》季刊第3期，总第68期）。郑重申自己倡议联合鲁迅：“我想联合鲁迅先生和蒋光慈（原名蒋光赤）诸人，共同编一战斗性的刊物，由创造社出版。蒋光慈同意我的主张，我便和蒋光慈同去访鲁迅先生，说明了我们的计划。鲁迅先生慨然赞成。”从行文中看出，首倡者为郑伯奇亦可肯定。

5.《艺术剧社前后》（原载1958年2月《中国话剧运动五十年史料集》第1辑）。郑也有简单忆述：“鲁迅先生到上海以后，我们曾提出合作的希望，鲁迅先生欣然表示同意。”这里虽笼统地说“我们”，但也包括郑伯奇自己在内。

6.《略谈创造社的文学活动》（原载1959年4月26日北京《文艺报》半月刊第8期，总第240号）。郑对此又作了重要补充：“鲁迅先生由广州来到上海，蒋光赤、段可情和我便同去见鲁迅先生，提出联合行动的意见。鲁迅先生大为赞成，建议恢复《创造周报》，他愿意积极参加。当时郭沫若同志已由潮汕（笔者按：应为香港）潜回上海，完全同意这个主张。”由此看来，最初是郑伯奇他们提出联合鲁迅的主张，后来又得到郭沫若同意的。

7.《创造社后期的文学活动》（原载1962年8月1日西安《延河》7、8月号合刊)。郑对此说得更为完整:“许多进步作家和革命知识青年从各地到上海,从事文化活动。蒋光慈、段可情、黄白薇等先后都来了。创造社成了大家经常出入和临时安身的地方,一时顿形活跃,不久,鲁迅先生也由广州来上海。年底前后(笔者按:应为1927年11月上旬),沫若同志参加南昌起义,行军潮汕以后,也经由香港回到上海。我们觉得这么多的进步作家聚集上海,大家联合起来,共同办一个刊物,提倡新的文学运动,一定会发生相当大的影响。……蒋光慈和段可情也有同样的想法。我们取得郭沫若同志的同意和支持,同去访问鲁迅先生,谈出联合的意思,鲁迅先生立即欣然同意。他并且主张不必另办刊物,可以恢复《创造周报》,作为共同园地,他积极参加。我们都很高兴。沫若也表示非常欢迎。我为此曾两次访问过鲁迅先生。”这充分说明郑伯奇是联合鲁迅的首倡者,蒋光慈和段可情所见略同,此事还得到郭沫若同意和支持。此篇是郑伯奇回忆创造社后期活动的集大成,史料比较可靠;况且写作此篇时郭沫若是国家领导人之一,以郑的品格论,他是决不会也不敢掠人之美的。

综观郑伯奇的七段忆述,只有一段说他和郭沫若提议联合鲁迅,一段说大家提出的,其余五段都可以肯定郑伯奇是联合鲁迅的首倡者,尤其是首尾两段最具说服力。

与郑伯奇同访鲁迅的蒋光慈,迄今尚未发现有关这方面的回忆文字存世,访问情况无从得知。另一同访者段可情,笔者有幸于1981年6月30日在成都四川省政协办公室访问过他。当时段已届82岁高龄,仍在四川省文史研究馆参事室工作。段可情生于1899年,四川达县人。自小爱好文学,1919年留学日本,1922年赴德国攻读文学,1926年赴苏联莫斯科中山大学研究社会科学,1927年8月回国,在上海参加创造社。段说:访问鲁迅是老郑的主意,得到郭老的支持,我和光慈参加了;第一次鲁迅很客气,第二次他答应了;主要是老郑与鲁迅谈,我帮腔。笔者这段访问录也是郑伯奇首倡联合鲁迅的一个证据。

另一方的当事人郭沫若也写过四篇文章谈及此事。

《“眼中钉”》(原载1930年5月10日上海《拓荒者》月刊第4、5期合刊)。郭回忆说:“当在一九二七年的年末,那时鲁迅先生在上海,我也从广东回到了上海。伯奇光慈诸人打算恢复《创造周报》,请鲁迅先生合作,这个提议我是首先赞成的。”这里分明说提议联合鲁迅的是“伯奇光慈诸人”,而且郑伯奇居首,郭只是“首先赞成”而已。此文写作时间距事发仅两年多,应该说是印象清新,真实可信的。

《鲁迅与王国维》(原载1946年10月1日上海《文艺复兴》月刊第2卷第3期)。郭却说:“在这时经由郑伯奇蒋光慈诸兄的中介曾经有过一次切实合作的酝酿。我们打算恢复《创造周报》,……邀请鲁迅先生合作,竟获得了同意。”这里的主词已被置换,倡议联合鲁迅的是包括郭沫若在内的“我们”,郑伯奇蒋光慈等只是“中介”而不是主角了。

《一封信的问题》(原载1947年10月1日上海《人间世》月刊复刊第7期,第2卷第1期)。郭已改口说:“第二年(笔者按:指1927年)的十一月左右……我曾同郑伯奇蒋光慈诸兄商议,把《创造周报》恢复起来……并请求鲁迅先生指导。他们两位去和鲁迅先生商量,鲁迅先生也就答应了。”很明显,郭沫若却成了联合鲁迅的首倡者了。

《跨着东海》(原载1947年10月30日上海《今文学丛刊》第1本《跨着东海》)。郭俨然以首倡者自居:“我……通过郑伯奇和蒋光慈的活动,请求过鲁迅来合作。鲁迅在那时也由广州回到上海来了,对于我的合作的邀请,他是慨然允诺了的。”可见,无论提议和邀请与鲁迅合作,都是郭沫若的主意了。

综观郭沫若的四段忆述,发展倾向十分鲜明,主体意识越来越浓:郑伯奇他们从联合鲁迅的首倡者,变成与鲁迅商议的中介,最后成了无关紧要的配角了;郭沫若则从联合鲁迅的赞成者,变成倡议者之一,最后完全成了首倡者了。这种颠倒主次的忆述,既违背了郭沫若自己最初的说法,也有悖于郑伯奇大部分回忆的意见,所以是难以成立的。

总之,比较郑伯奇与郭沫若有关这个问题的回忆可以看出:郑伯奇的大部分回忆是较为客观公正的,郭沫若的大部分回忆是较为主观武断的;最早说郑伯奇首倡联合鲁迅的是郭沫若,最后说郭沫若首倡联合鲁迅的也是郭沫若。也许郭沫若越到后来功劳越大越多,难免有时某些功劳也分不清彼此了。虽然新中国成立后郭沫若再没有谈论此事,但郭沫若首倡联合鲁迅的说法颇有市场,为不少论者和史家所接受,故很有必要花点笔墨把事实真相呈露出来。

关于第二个问题,联合鲁迅恢复《创造周报》发表过什么启事?署名如何?至今仍然有说是《创造周报》"复活宣言",有说是鲁迅与创造社"联合宣言",有说是负责人鲁迅与郭沫若领衔……这些都不确切,原因在于他们未睹原件,辗转讹传。实际上发表过两个启事。

其一,《〈创造周报〉优待定户》(原载1927年12月3日上海《时事新报》)。所列编辑委员为成仿吾、王独清、郑伯奇、段可情;特约撰述员为鲁迅、麦克昂(郭沫若)、蒋光慈、冯乃超、张资平、陶晶孙、赵伯颜等三十余人。下列定价及优待办法,并预告"准一月一日出版"。由此可知:这并非什么"复活宣言"或"联合宣言",只是一般的编辑、作家名录,及优待定户办法的启事;鲁迅与郭沫若领衔的只是特约撰述员,并非什么负责人,连编辑委员也不是;鲁迅与创造社合作达成协议,并准备实施的时间当在11月中、下旬至12月初,此事发生在冯乃超、朱镜我、李初梨、彭康、李铁声等五位新人从日本回到上海之后,他们对此应该耳闻目睹乃至亲历的。然而,现在几乎所有论著都把它说成是发生在他们回国之前,他们对此一无所知,这是与史实不符的。比方冯乃超说:"应该声明,我们的确没有反对过联合鲁迅的主张。从我个人的记忆来说,我们在回国前后都没有听说过这段准备联合的消息。"③这种说法令人难以置信,因为此事发生在他回国之后,何况他本人还是特约撰述员之一呢。

其二,《〈创造周报〉复活了》(原载1928年1月1日上海《创造月刊》第1卷第8期初版本)。分三部分。一、复活预告:"我们的文学革命已经告了一个段落,我们今天要根据新的理论,发扬新的精神,努力新的创作,建设新的批评——我们将在复活的《创造周报》开始新的简册。我们在这里正式宣布,我们的休息已经告终,我们决在十七年的第一个星期日(笔者按:即1928年元旦)再与诸君相见。”二、编辑委员排列稍变:成仿吾、郑伯奇、王独清、段可情。三、特约撰述员基本列名:鲁迅、蒋光慈、张资平、陶晶孙、穆木天、赵伯颜、潘怀素、麦克昂、李初梨、冯乃超、彭坚(彭康)、李白华、李声华(李铁声)、袁家骅、许幸之、倪贻德、敬隐渔、林如稷、夏敬农、黄药眠、杨正宗、孟超、张牟殊、杨邨人、黄鹏基、张曼华、高世华、聂觞、邱韵铎、成绍宗等。这则启事倒有点像“复活宣言”,但又不是由鲁迅、郭沫若领衔见诸报端。看来它写好后延误了时机,待自己的刊物出版才发表出来,所以显得时过境迁了。

在前后两份名单中,可以发现一个值得注意和深思的问题——成仿吾赴日本未归不知其事而被列名,朱镜我从日本归来知道其事而未列名(五位新人中独缺一人),这也许成为鲁迅与创造社联合失败的一个伏因。

二

鲁迅与创造社从联合到破裂,走了一段历史的曲折之路。破裂的原因何在?表现怎样?很值得探寻。

首先,因为成仿吾与五位新人另有计划。1927 年 10 月上旬,成仿吾赴日本邀约五位新人回国参加后期创造社工作。冯乃超当时在东京帝国大学文学部社会学科攻读美术史专业,成仿吾先到东京找他商谈,拟订开展戏剧运动,筹备写剧本搞演出的计划。后又到京都找李初梨他们商谈。当时,李初梨已从京都帝国大学文学部德国文学科转到哲学科,朱镜我刚从东京转到京都帝国大学大学院研究哲学,彭康亦在帝大哲学科,李铁声则在经济科。他们觉得单搞戏剧运动不合时宜,便请冯乃超到京都来商谈今后活动的方针大计。经过认真讨论,成仿吾与他们五人一致认为中国大革命失败后,当务之急是宣传马列主义理论,提倡无产阶级革命文学,并拟创办一个理论批判刊物进行鼓吹。于是他们五人毅然决然地弃学回国,冯乃超、朱镜我先于 10 月下旬回到上海,李初梨、彭康、李铁声亦于 11 月上旬回到上海,成仿吾则暂时留日继续作些发动工作。

其次,因为郑伯奇联合鲁迅的计划没有征得成仿吾他们的同意和支持。郑的计划大约萌生于10月中、下旬,当时成仿吾已赴日活动,郭沫若尚未回沪,自然没有机会与成商谈了。待成仿吾发动了五位新人回国的消息传到上海后,创造社便把他们安排住在窦乐安路纪家花园一座清静的小院落里,郭沫若于11月上旬回沪后还与他们会谈过,郑伯奇也曾“简单地将这种情况传达给坚定了革命文学信念的朋友们,当然不会被采纳”[④]。他们五人中四人虽然也在恢复《创造周报》启事的特约撰述员中署名,但也是有名无实的。他们仍然坚持原定计划。正如郑伯奇所说:“他们主张另起炉灶,完全站在新的立场,发刊一个纯粹理论批判的杂志。这新计划我首先赞成;可是我自己的提议,我又不愿放弃。‘双管齐下’罢,那时我们的人力财力都做不到。问题就这样搁起来。”[⑤]也如郭沫若所说:“两个计划彼此不接头,日本的火碰到上海的水,在短短的初期,呈出了一个相持的局面。”[⑥]

于是郭沫若电催成仿吾回沪商议,作出抉择。12月上旬成回到上海,经过一番磋商,“他坚决反对《创造周报》的复活,认为《周报》的使命已经过去了,支持回国朋友们的建议,要出版战斗性的月刊,名叫《抗洪》(后来这个名字没有用,是改为了《文化批判》)。对于和鲁迅合作的事情大家都很冷淡”[⑦]。在这种情况下,郭沫若为了防止创造社的分裂,先做了退让,同意照着成仿吾他们所乐意的计划进行。郑伯奇也让步了,不再坚持自己的意见,但没有向鲁迅作妥善的安排和交代,就这样有头无尾地放弃了联合鲁迅的计划。这实质上是牺牲了创造社与鲁迅的团结而求创造社内部的团结,只顾防止内部的分裂而不顾联合战线的破裂。因此,距离发表复活《创造周报》启事仅半个月,12月18日上海《申报》又刊登了广告《〈创造周报〉改出〈文化批判〉月刊紧急启事》,内称:“现因编辑上的关系,决将《创造周报》停办,改出《文化批判》月刊。从十七年元月起,按月逢十五号出版。……已预定《周报》者,得改订《文化批判》,无须补费,以示优待。”并附创刊号要目预告九篇,其中首篇就是冯乃超的《艺术与社会生活》。这表明:改变计划的时间当在12月中旬;联合鲁迅一事无形取消;原因也并非什么"编辑上的关系",而是刚回国的人们的激烈反对(似乎主要取决于成仿吾与朱镜我两人的态度)。

由于12月中旬事态的急转,两个计划的消长还显得比较混乱。1928年1月1日,延迟了五个月才出版的《创造月刊》第1卷第8期初版本,封三刊登上述《〈创造周报〉复活了》的广告,宣布该刊定于是年元旦刊行;封底另载《创造周报》的《优待定户启事》。一切仍依郑伯奇的计划进行。接着又出版了《创造月刊》同期的另一版本,正文次末页以创造社名义增刊《〈创造月刊〉的姊妹杂志〈文化批判〉月刊出版预告》,说明"本社受《文化批判》同仁诸君委托,谨预告《文化批判》月刊将于明十七年元月中与诸君相见"。封三则换成《〈创造周报〉改出〈文化批判〉月刊紧要启事》,并预告了创刊号要目,包括冯乃超的论文及成仿吾的祝词。显然这又按成仿吾和五位新人的计划进行了。颇具意味的是,封底虽然照旧,但在封三紧要启事线外另加"附注",说明"后面关于《创造周报》定价广告一则,显系误印,当即声明取消"。至此,《创造周报》的复刊彻底流产了。由于计划改变过于仓促,因而留下太多的遗憾。

三

从破裂到论战,又把事态推向恶性发展。由于五位新人正处于血气方刚时期,具有青年人所特有的冲动和轻狂个性,他们从日本接受了苏联的革命理论,同时也受到"左"倾思潮的影响,认为必须对中国旧文坛作彻底的清算,又认为鲁迅是没落倾向的代表,因而发动了一场围攻鲁迅的大论战。

1928年1月15日创刊了《文化批判》月刊,从哲学、政治、社会、经济、文艺、科学诸领域宣传马列主义学说,标志着创造社后期的肇始。该刊共出五期,由朱镜我主编,冯乃超协助编辑前三期,后改名《思想》月刊、《新思潮》月刊。成仿吾在《祝词》中说"这是一种伟大的启蒙"运动,"它将从事资本主义社会的合理的批判,它将描出近代帝国主义的行乐图,它将解答我们'干什么'的问题,指导我们从那里干起”。朱镜我在《编辑初记》中也自许:“我们志愿把各种纯正的思想与学说陆续介绍过来,加以通俗化。”应该说,这是创造社后期的重要文化刊物,担负着神圣而艰巨的“历史使命”。然而,冯乃超在创刊号上发表的《艺术与社会生活》,却掀起了轩然大波。

此篇完稿于1927年12月18日,也就是《申报》首先登出《〈创造周报〉改出〈文化批判〉月刊紧急启事》的日子,常为论者所否定,其实也应作具体分析。全文7 000余字,分六节,中心议题是“现在中国的艺术与社会的关系应该是怎么样”?即“我们在转换期的中国怎样建设革命艺术的理论呢?”最后的结论:“艺术是人类意识的发达,社会构成的变革的手段。”文中引用了马克思、恩格斯的《共产党宣言》,从资本主义社会的经济角度分析中国社会的现状;引用了列宁的《列甫·托尔斯泰是俄国革命的镜子》,分析托尔斯泰的思想矛盾;引用了普列汉诺夫的《艺术与社会生活》,分析“为艺术而艺术”倾向的社会根据。从而作出科学的论断:“人类的思想是受着生活过程底规定和制约的,不论任何思想也不能超越时间和空间底限制,历史上怎样伟大的思想也不能脱离该当时代的生产关系的制约。”如此看来,文章的主要方面还是可取的,它反映了马列主义对中国青年知识分子理论思维的巨大影响,具有鲜明的革命开拓性和较高的理论深刻性,为当年文艺批评所少见,故不应轻易否定。

然而此篇却有一致命伤,在第二节论及新文学作家叶圣陶、鲁迅、郁达夫、郭沫若、张资平的倾向与社会关系时,除对郭沫若评价还较正确,对张资平批判富有预见外,对其他人评论却是或失之偏颇,或严重错误的。他认为叶圣陶“是中华民国的一个最典型的厌世家,他的笔尖只涂抹灰色的‘幻灭的悲哀’。他反映着负担没落的运命的社会”。这显然是错误的。尤其严重的是对鲁迅的评价,他说:“鲁迅这位老生——若许我用文学的表现——是常从幽暗的酒家的楼头,醉眼陶然地眺望窗外的人生。世人称许它的好处,只是圆熟的手法一点,然而,他还常追怀过去的昔日,追悼没落的封建情绪,结局他反映的只是社会变革期中的落伍者的悲哀,无聊赖地跟他弟弟说几句人道主义的美丽的说话,隐遁主义!”这更是嘲讽与僭妄！关于“鲁迅老生”问题，“老生”者，“老头子”之谓也，是对老一辈的轻蔑称呼。冯乃超曾多次对访问者说是“手民之误”，原作“鲁迅先生”。郑伯奇也为他辩护：“实际上‘老’字不是笔误便是错排，并非有意刻薄。”[⑧]这种辩解也属徒然。因为原文注明用的是“文学的表现”，“老生”正是讽刺的手法；另外在该刊第2期对创刊号的勘误表上，此文仅更正“不幸”（应为“幸福”）一处，并无更正“老生”；更有力的证明是该刊第4期中也用过“老生”这词，鲁迅也说拿他的年龄来奚落。可见当年冯乃超对鲁迅是大为不恭的，表现了要推倒“既成文坛”的妄举。在《艺术与社会生活》中，他给鲁迅划定的阶级成分是“小资产阶级”，断言“在此社会层中不会诞生伟大的艺术家”，而其“历史的任务，不外一个忧愁的小丑（Pierotte）”。这便是后期创造社与鲁迅论战的发轫。他还在该刊第4期发表了《人道主义者怎样地防卫着自己？》，调整鲁迅“精神错乱”、“朦胧的醉眼”和“人道主义者的裸体照相”，为“笔尖围剿”鲁迅推波助澜。

接着，创造社其他一些成员也蜂起围攻鲁迅。石厚生（成仿吾）在《毕竟是“醉眼陶然”罢了》[⑨]中，把鲁迅比喻为“中国的唐吉诃德，不仅害了神经错乱与夸大妄想诸症，而且同时还在‘醉眼陶然’；不仅见了风车要疑为神鬼，而且同时自己跌坐在虚构的神殿之上，在装做鬼神而沉入了恍惚的境地”。还说他“暴露了自己的朦胧与无知，暴露了知识阶级的厚颜，暴露了人道主义的丑恶罢”。李初梨的《请看我们中国的Don Quixote的乱舞——答鲁迅〈“醉眼”中的朦胧〉》[⑩]，竟说鲁迅“‘无聊’而且‘无知’”，是“一个战战兢兢的恐怖病者”，甚至“对于布鲁乔亚泛是一个最良的代言人，/对于普罗列塔利亚是一个最恶的煽动家！”彭康的《“除掉”鲁迅的“除掉”！》[⑪]也说鲁迅的“朦胧”，“一是对于理论的没理解，一是对于事实的盲目”。还挖苦他坐在“黑房”里，“朦胧”变了黑暗，“醉眼”变了瞎眼，走动起来当然要“碰壁”。氓（李一氓）也写了《鲁迅投降我了》[⑫]来凑热闹。到了杜荃（郭沫若）的《文艺战线上的封建余孽——批评鲁迅的〈我的态度气量和年纪〉》[⑬]，攻击鲁迅可谓登峰造极了，给他戴上了三顶大帽子:鲁迅是“资本主义以前的一个封建余孽”,是“二重的反革命的人物”,是“一位不得志的Fascist(法西斯谛)!”从而把围攻鲁迅推向高潮。

同时,太阳社、我们社也踊跃参战。钱杏邨(阿英)的《死去了的阿Q时代》[14],光慈的《鲁迅先生》[15],编者(洪灵菲)的《〈我们月刊〉创刊号·编后》[16]等便是此类。后来越演越烈,连其他社团或非社团的人士也相互呼应。例如弱水(潘梓年)的《谈现在中国的文学界》[17],朱彦的《阿Q与鲁迅》[18],燕生的《越过了阿Q的时代以后》[19]等。一时间鲁迅便成了众矢之的。其“围剿”人数之多,规模之大,手段之强,上纲之高,令他震惊。据不完全统计,从1928年初至1929年底,发表有关革命文学论争的文章约有270篇,而直接与鲁迅既“论”且“战”者亦过百篇之多,上述仅是代表而已。

鲁迅猝不及防,奋起还击,仿佛一个受伤的老猎手,昂然屹立在文学的大野,抖动着一身凛凛正气,相继写下了一系列反驳文章,大都收入《三闲集》中。《“醉眼”中的朦胧》是最初的回击,用讽刺笔法,反讽了“冯乃超的所谓‘醉眼陶然’”,还戏说“最好还是让李初梨去‘由艺术的武器到武器的艺术’,让成仿吾去坐在半租界里积蓄‘十万两无烟火药’”。在《文艺与革命》的回信中,鲁迅则正面直陈自己的意见:“我以为一切文艺固是宣传,而一切宣传却并非全是文艺。”又说“我以为当先求内容的充实和技巧的上达,不必忙于挂招牌”。他批评有些革命文学家“招牌是挂了,却只在吹嘘同伙的文章,而对于目前的暴力和黑暗不敢正视”。他拿了冯乃超的独幕话剧《同在黑暗的路上走》的结尾和“附识”来作警示。他还指出太阳社钱杏邨的错误:“超时代其实就是逃避,倘自己没有正视现实的勇气,又要挂革命的招牌,便自觉地或不自觉地必然地要走入那一条路的。”《我的态度气量和年纪》一文,先回敬弱水认为鲁迅的文章“尖酸刻薄”的指责,再指出创造社用鲁迅的“籍贯,家族,年纪,来作奚落的材料”,“于是‘论战’便变成‘态度战’,‘气量战’,‘年龄战’了”。这对论战是毫无意义的。此外,鲁迅还写了《扁》、《路》、《通信》、《太平歌诀》、《革命咖啡店》、《文坛的掌故》、《现今的新文学的概观》及《三闲集·序言》等;还有

《二心集》中的《非革命的急进革命论者》、《上海文艺之一瞥》。尤其是写于1931年7月的最后一篇,鲁迅虽然称创造社中某些人是新"才子+(加)流氓"式的,但对革命文学队伍的构成作了充分的肯定:"到了前年,'革命文学'这名目这才旺盛起来了,主张的是从'革命策源地'回来的几个创造社元老和若干新份子。……因为实在具有社会的基础,所以在新份子里,是很有极坚实正确的人存在的。"并对革命文学运动的社会背景及存在问题作了科学的分析:"革命文学之所以旺盛起来,自然是因为由于社会的背景,一般群众,青年有了这样的要求。……但那时的革命文学运动,据我的意见,是未经好好的计划……便将在苏维埃政权之下才能运用的方法,来机械地运用了。再则他们,尤其是成仿吾先生,将革命使一般人理解为非常可怕的事,摆着一种极左倾的凶恶的面貌,好似革命一到,一切非革命者就都得死,令人对革命只抱着恐怖。其实革命是并非教人死而是教人活的。"应该说,这个评价是客观公正的。

创造社、太阳社等在创导无产阶级革命文学中攻击鲁迅的要点是:1. 划定鲁迅的阶级成分,有说封建余孽,有说小资产阶级,有说资产阶级;2. 确定鲁迅的政治倾向,或说没落者,或说隐遁主义,或说人道主义,或说棒喝主义(法西斯蒂);3. 抹煞鲁迅作品的崇高价值,说是以趣味为中心,反映落伍者的悲哀,已经过时;4. 甚至对鲁迅进行人身攻击(中国的唐·吉诃德、忧愁的小丑、醉眼朦胧、满口黄牙),用他的籍贯(绍兴)、家族(弟弟)、年龄(老生)来作奚落的材料,对其态度、气量加以指责(尖酸刻薄、太过小气)等。显然,这是十分错误的。但这场论战实际上涉及鲁迅与他们对中国革命和革命文学问题的重大分歧,那就是:中国革命的形势、性质和方式问题,文学与政治、与现实的关系问题,文学的功能和特性问题,作家的世界观转变问题,五四新文学的评价问题,等等。从总体上看,鲁迅是基本正确的,尽管他过于激动而难免夹杂着某种意气;创造社、太阳社是大抵错误的,虽然他们的主观愿望也是要革命。

关于这场论战的性质,以往传统的说法以何凝(瞿秋白)的《鲁迅杂感选集·序言》为代表,作者虽也说过"反映着二七年以后中国文艺界之中这两种态度、两种倾向的争论”,但最终还是归结为“表现着文人的小集团主义”。这种分析过于褊狭而似欠中肯。现在流行的说法以新版《鲁迅全集》编者对《“醉眼”中的朦胧》的注释为代表,说是“革命文学阵营内部”的论争。[20]这种意见又过于宽泛而略嫌模糊。笔者认为,这固然是新文学者与新文学者之间的论争,但从思想路线上看应是唯物主义思想与“左”倾教条思想之争,实际上也是渐臻成熟的现实主义著作家与相当幼稚的马列主义理论派之争。这正反映了创造社、太阳社受到日本福本主义的“理论斗争”、“分离结合”口号的影响,受到苏联“拉普”“左”派幼稚病的影响,也受到中国共产党内瞿秋白“左”倾盲动主义的影响,于是在组织上表现出严重的小集团主义、宗派主义,在思想上表现出主观主义、教条主义的偏见。问题的关键就在于此。

这场内耗严重的论战,对鲁迅的心路历程影响巨大,进一步促使他思想的彻底转变。他曾表示:“我有一件事要感谢创造社的,是他们‘挤’我看了几种科学底文艺论,明白了先前的文学史家们说了一大堆,还是纠缠不清的疑问。并且因此译了一本蒲力汗诺夫的《艺术论》,以救正我——还因我而及于别人——的只信进化论的偏颇。”[21]所以,这场论战也产生过积极的效果,它扩大了无产阶级革命文学运动的影响,扩大了无产阶级的文化阵地,促进了双方对马列主义文艺理论的学习和钻研,促进了马列主义著作的翻译和出版,促进了左翼文学主潮的形成,为新的革命组织的成立准备了思想条件和理论条件。

一场噩梦似的论战,这只是创造社后期历程的一段插曲。创造社后期的主要功绩,在于揭起宣传马列主义文学说、倡导无产阶级文学这两面大旗,驰骋在左翼文化疆场上,为无产阶级文化建设作出了杰出贡献。以朱镜我、彭康、李德谟(一氓)为代表,主要从事马克思列宁主义学说(包括文艺理论)的翻译、阐释、撰述,在中国马列主义传播史上写下了光辉的篇章;以冯乃超、李初梨、华汉(阳翰笙)为代表,主要从事无产阶级革命文学的介绍、评论、创作,在中国现代文学史上是个划时代的创举,成为左翼文化运动的先锋。其功是不可没的。

四

团结是文学社团的生命,从论战到重组则是鲁迅与创造社关系的重大转机。1928年秋,中共江苏省委宣传部部长李富春找华汉谈话,指出创造社、太阳社这样围攻鲁迅是错误的,必须立即停止论争。文化支部书记潘汉年亦接到通知,于是召集两社主要成员开会,传达上级党的指示,决定两社所办刊物一律停止攻击鲁迅,并派人向鲁迅赔礼道歉。从此论战趋于缓和,转入尾声。1929年10月,中共中央宣传部部长李立三指示,要团结鲁迅,联合其他左翼作家,筹建新的革命文艺团体。"文委"书记潘汉年便抽调冯雪峰、冯乃超、华汉、钱杏邨、沈端先(夏衍)等人筹备组织中国左翼作家联盟,随后拟定筹委会12个基本构成员名单:鲁迅、冯雪峰、柔石、沈端先、冯乃超、郑伯奇、彭康、华汉、钱杏邨、蒋光慈、洪灵菲、戴平万。并通过冯雪峰征得鲁迅同意。

1929年冬,冯乃超在柔石陪同下第一次去景云里拜访鲁迅。鲁迅很平易近人,毫无芥蒂,还谈到德文翻译,而对论战的事只字不提。次年初春,冯乃超与冯雪峰、潘汉年、李初梨、沈端先等人第二次拜访鲁迅,主要商谈成立"左联"事宜。鲁迅给他们讲述了"金扁担"和"吃柿饼"两个故事。1930年2月16日,12个基本构成员在上海北四川路公啡咖啡馆召开"上海新文学运动者底讨论会"。会议内容是"清算过去"和"确定目前文学运动底任务"。筹委会还讨论了"左联"的发起人名单和纲领,冯乃超被推举为《理论纲领》的起草人。2月24日,冯乃超第三次拜访鲁迅,征求他对"左联"纲领的意见,鲁迅看后说:"就这样吧。这种文章我写不出来。"3月2日下午,中国左翼作家联盟在上海中华艺术大学举行成立大会。最初发起的有50余人,当天到会的盟员40余人,大都是原创造社、太阳社、我们社等文艺团体成员。冯乃超、郑伯奇报告筹备经过,潘汉年代表党致辞,鲁迅作了《对于左翼作家联盟的意见》的重要讲话。大会通过筹委会拟定的纲领和17项提案,会后推定沈端先、冯乃超、钱杏邨、鲁迅、田汉、郑伯奇、洪灵菲七人为常务委员。鲁迅是旗手和盟主。冯乃超还担任“左联”的第一任党团书记兼宣传部部长。“左联”的成立,标志着左翼文艺运动成为有组织的革命运动。不久,冯乃超主编《文艺讲座》第一册,收入鲁迅、郭沫若等人的文章。他还与冯雪峰等为鲁迅举办50寿辰纪念会。在与梁实秋的论战中,鲁迅主动配合冯乃超作战,写了奇文《“丧家的”“资本家的乏走狗”》,还说“乃超这人真是忠厚人”。“我帮乃超一手,以助他之不足。”[22]鲁迅自费影印出版《梅斐尔德木刻士敏土之图》后,还特意赠送一册给冯乃超,他还安排冯雪峰将半本日文关于养羊(或养鸡)一类小册子给冯乃超翻译,换取稿费以解决生活困难。可见鲁迅对冯乃超也像对其他青年一样,是宽宏大量,不计前嫌的。

1930年5月20日,中国社会科学家联盟在上海成立。创造社的许多成员,像朱镜我、彭康、潘汉年、李一氓、王学文(王昂)、何思敬(何畏)等都参加了,朱镜我还担任“社联”的第一任党团书记。“左联”与“社联”的相继成立,标志着创造社活动的真正结束,它与鲁迅及太阳社、我们社等共同汇入了30年代的左翼文化大潮中。这也是“革命文学”论争的一个积极成果。

1993年冬草拟,

1999年夏改成于广州康乐园。

注释

①《两地书·六九》。

② 1927年4月1日上海《洪水》半月刊第3卷第30期签名为:成仿吾、鲁迅、王独清、何畏等;1927年6月1日东京《文艺战线》月刊第4卷第6号署名为:郭沫若、张资平、郁达夫、郑伯奇、何畏、鲁迅、王独清、成仿吾。

③ 冯乃超《鲁迅与创造社》,原载1978年北京《新文学史料》第1辑。

④ 郑伯奇《回忆与学习》,原载1950年10月19日西安《群众日报》。

⑤ 郑伯奇《不灭的印象》,原载1936年11月15日上海《作家》月刊第2卷第2期。

⑥⑦ 郭沫若《跨着东海》,原载1947年10月20日上海《今文学丛刊》第1本《跨着东

海》。

⑧ 郑伯奇《“左联”回忆片段》,《郑伯奇文集》第1278页,陕西人民出版社1988年5月初版。原注出处有误。

⑨ 原载1928年5月1日上海《创造月刊》第1卷第11期。

⑩⑪ 原载1928年4月15日上海《文化批判》月刊第4号。

⑫ 原载1928年5月30日上海《流沙》半月刊第6期。

⑬ 原载1928年8月10日上海《创造月刊》第2卷第1期。

⑭ 原载1928年3月1日上海《太阳月刊》3月号。

⑮ 原载1929年1月5日上海《海蜃》半月刊第1期。

⑯ 原载1928年5月20日上海《我们月刊》创刊号。

⑰ 原载1928年4月1日上海《战线》周刊创刊号。

⑱ 原载1928年12月15日上海《新宇宙》半月刊创刊号。

⑲ 原载1928年5月1日上海《长夜》半月刊第3期。

⑳ 《鲁迅全集》第4卷第66页注[1]。

㉑ 《三闲集·序言》。

㉒ 冯雪峰《回忆鲁迅》第50—51页,人民文学出版社1981年7月出版。

(《鲁迅研究月刊》2000年第2期)

周扬“避嫌”之作

叶德浴

鲁迅《答徐懋庸并关于抗日统一战线问题》的发表，是两个口号论争中的一桩大事，它给了不可一世的“国防文学”一方以沉重一击。不用说，“国防文学”一方是决不肯轻易罢休的，起来反攻的一拨接着一拨。其中最重要的有三人。

第一个重要人物，是徐懋庸。他在8月下旬一口气写了《一封真的想请发表的私信》和《还答鲁迅先生》两篇文章，以辱骂代替论争，对鲁迅进行了极其离谱的攻击，什么“这种魄力，是唯先生所独有的，但与‘告密’自然不同”，什么“所谓‘信口胡说，含血喷人，横暴恣肆，达于极点’者，岂不是先生自己的这种行为么”，几乎丧失了应有的理智。

第二个重要人物，是郭沫若。他在8月30日冒着酷暑，打着赤膊，穷一日之力，挥汗写出《蒐苗的检阅》，为徐懋庸助威，对鲁迅进行反驳，反复强调“民族革命战争的大众文学”这个口号“没有必要”，要鲁迅把口号“撤回”。

徐懋庸和郭沫若的文章都是用真名发表的，当时一般读者都是知道的。

至于第三个重要人物，就不是那么多人知道了。那是躲在“林淙”这个名字后面编辑《现阶段的文学论战》并为此书写了《前记》的周扬。

原来，鲁迅的《答徐懋庸》发表之后，内心一百个不自在的周扬时时都在想方设法来一个反攻。但他又有所顾虑，不愿露出自己的本相来进行。正好这时光明书局要周扬选编一本有关两个口号论争的文章集子。他就把谭林通找来商量。谭林通，笔名林淙，周扬1929年在东京就相识的好友。周扬想借用林淙的名义来出这本书。谭林通欣然同意，一本“林淙选编”的《现阶段的文学论战》就此问世。周扬通过这本材料选编和一个《前记》，表示了对鲁迅乃至“民族革

命战争的大众文学"这个口号的坚决否定的立场，表示了唯"国防文学"是新文学路线的正统的立场。《前记》全文如下：

我们的民族遭逢了历史上空前的残害，我们的土地生命和财产，被人家强暴地公开掠夺，国难的严重，存亡的危迫，在近百年我们的被压迫的挣扎奋斗史中，已经达到了顶点。这一残酷的事实，在每一个尚有独立的良心，不甘愿作亡国奴隶的中国人的心里，唤醒了一个共同的要求："救亡图存。"

整个民族革命解放的运动，已被这个历史的车轮推上一个新的更高阶段了。文学是时代的触角，在这一领域内表现出来的，便是"国防文学"的号召。过去有着光辉的历史的新文学运动，是曾经踏过了非常艰难苦斗的路途的，在它担负起目前这个神圣的使命，向着自身的更高阶段发展前进的里程中，自然所走的也并非尽是平坦大道。然而，"没有斗争，便没有发展"，前者正是是后者的条件。

最初把文学上的民族解放的任务提出来的，是在两个并不十分为人所知的刊物上的两篇文章。虽然并没有明确地提起了"国防文学"这一个口号，却可以说是它的雏形。不久，在报纸的副刊上就出现了"国防文学"的口号，立刻引起了各方面的注意和讨论。其中固然有不少热意的拥护和赞助，从而建立起较有系统的理论来，同时也因此招来了特种论客们的悻悻然的非难和攻击。其中，站在"左"的立场，而对"国防文学"的口号施行了正面攻击的，是《礼拜六》上徐行的文章。这并不是什么"不幸"，反而倒是使得"国防文学"的理论得到了更深一层的锻炼。这里选收了一些"国防文学"运动初期的论文和徐行的文章在第一辑里，作为这一运动的初期论战的代表；其他许多零碎的断片和短文，以及无关宏旨的攻击文字，为了避去烦琐和重复，且因篇幅的关系，都只好割弃了。

收在第二辑里的，几乎是关于确立"国防文学"理论的基础，更进而深入到实践运动——建立文艺界的统一战线——中去的论文的全部。郭沫若的《国防·污池·炼狱》,无疑地给“国防文学”奠立了一块不可动摇的基石。

这时候,胡风在《文学丛报》发问了“人民大众需要什么文学”?他自己随即回答是:“民族革命战争的大众文学”,却没有批评到“国防文学”半个字。无论这态度是否故意,而因此惹起了一般文艺青年的怀疑和不安,搅乱了文艺界的近于统一整齐了的步调,是不容否认的。论争开始了。这并不是争正统或注册权的问题,而是新文学的规范的问题。论争的范围,涉及很广,“国防文学”的内容,在这次论战当中更加被明确化了。与这次论争有关的双方的文章,都收在第三辑中。鲁迅答徐懋庸的信,虽然其中涉及私人的事件很多,但对于两个口号和统一战线的问题,也提示了一部分颇值重视的意见。丁非的《关于国防文学的论争》,郭沫若的《蒐苗的检阅》,俞煌的《把我们的笔集中到民族解放的斗争吧》,和《新认识半月刊》上“每月论题”的《文艺界的统一战线问题》,不但可以代表国外国内各地的反响,而且也可以说是对这次的论争,给了明快的解答,使之告一段落了。至于,九月份《作家月刊》上吕克玉的《对于文学运动几个问题的意见》,因为在理论上并没有什么新的见解,而且态度卤莽轻率,篇幅冗长,便没有把它收进这集子里面。今后的文学运动,是应该而且必须向着防遏意气用事,而在“国防文学”的建设的批评和创作的实践当中,向前迈进的。

我们的优秀的创作家们,通过自身的创作活动的经验,对于“国防文学”也发表了他们的意见。这是非常有意义而且可贵的。这些统统收在第四辑中。

因为搜集材料的困难,尤其是外地的刊物难得,收在这本集子里的文章,自然并不能说是十分完全,然而从这里,读者总能够看得出新文学在现阶段上的一个大体的动向来吧。

(林淙选编《现阶段的文学论战》,光明书店1936年版,第1—4页)

这本书的真正的编者是周扬，这个秘密一直保持了60年之久，直到周扬去世后谭林通才在他的纪念文章《难忘相识在东京》中透露出来。他说：“‘两个口号’论战时，上海光明书局请周编了一本《现阶段的文学论战》。周为了避嫌，便要我写了两段《前言》，并署名‘林淙选编’。林淙是我的笔名。《前言》后几段选编经过，是他自己执笔写的。”（王蒙、袁鹰主编《忆周扬》，内蒙古人民出版社1998年版，第52页）这是说，《前言》的主要部分，是周扬写的。事实上，前两段文字也是谭林通根据周扬的意见写的，整个《前记》的思想观点是统一的。

这篇《前记》的主旨很清楚："国防文学"的口号是文艺界统一战线的正宗，新文学路线的正统；"民族革命战争的大众文学"的口号是旁门邪道。——这样的文章，自然必须采取一些"避嫌"措施了。

《前记》首先提出，"国防文学"是"过去有着光辉的历史的新文学运动""向着更高阶段发展前进的里程中"，在当前阶段担负起的"神圣的使命"。——一语点明"国防文学"在我国新文学运动中继往开来的历史地位，宣布"国防文学"唯我独尊的正统权威性。

关于第一辑里的文章，《前记》称，反映了"国防文学"口号从雏形到成熟，"引起各方面的注意和讨论"的情况。同时，特意提到了"托派"徐行的文章，把它放在这一辑里，"作为这一运动的初期论战的代表"。

关于第二辑里的文章，《前记》称，收集了"关于确立'国防文学'理论的基础"的"论文的全部"。

关于第四辑里的文章，《前记》称，反映了"我们的优秀的创作家们"拥护"国防文学"的意见。

综观对于第一、二、四辑文章内容的介绍，透出了"国防文学"堂堂正正、浩浩荡荡、众望所归、唯我独尊的阵容和声势。

关于第三辑，《前记》称，选辑了有关两个口号论争的文章。《前记》特别提到三篇反对"国防文学"口号的文章。第一篇是胡风的《人民大众向文学要求什么?》。给予的评价是:“搅乱了文艺界近于统一整齐了的步调。”实际上是给胡风扣了一顶“破坏文艺界团结”的大帽子。周扬明知道鲁迅在《答徐懋庸》中说得十分明确,“民族革命战争的大众文学”的口号不是胡风提的,胡风的那篇文章是鲁迅“请他做的”;周扬的“破坏文艺界团结”的大帽子实际上是给鲁迅扣的。周扬还严正指出,论争“不是争正统或注册权的问题,而是新文学的规范的问题”。鲁迅在《答徐懋庸》中批驳徐懋庸指“民族革命战争的大众文学”这口号为“标新立异”时,说:“‘标新立异’也并不可怕;这和商人的专卖不同,并且事关上你们先前提出的‘国防文学’的口号,也并没有到南京政府或‘苏维埃’政府去注过册。”还说:“如果一定以为‘国防文学’提出在先,这是正统,那么就将正统权让给要正统的人们也未始不可,因为问题不在争口号,而在实做。”周扬的“不是争正统或注册权的问题”一语,显然是针对鲁迅的。这实际上是把提出新口号的鲁迅说成是破坏“新文学的规范”的罪魁祸首了。

第二篇提到的是鲁迅的《答徐懋庸》。周扬给的评语是:“虽然其中涉及私人的事件很多,但对于两个口号和统一战线的问题,也提示了一部分颇值重视的意见。”这里对鲁迅的《答徐懋庸》作了双重贬抑。一、把鲁迅对周扬等人宗派主义行为的揭发与批判,说成是“涉及私人的事件”。把鲁迅丑化为一个热衷于打私仗的人物。二、鲁迅有关两个口号和统一战线的问题的意见,只有“一部分”是“颇值重视的”。这一来,鲁迅的《答徐懋庸》可取之处寥寥了。

周扬在对胡风、鲁迅的两篇文章作了评断之后,紧接着是这样一番论述:“丁非的《关于国防文学的论争》,郭沫若的《蒐苗的检阅》,俞煌的《把我们的笔集中到民族解放的斗争吧》,和《新认识半月刊》‘每月论题’的《文艺界的统一战线问题》,不但可以代表了国外国内各地的反响,而且也可以说是对这次的论争,给了明快的解答,使之告一段落了。”被周扬肯定为“可以说是对这次的论争,给了明快的解答”的这几篇文章,都是站在“国防文学”的立场贬抑乃至否定“民族革命战争的大众文学”口号,反对胡风、鲁迅的。这样的文章居然可以成为“对这次的论争,给了明快的解答”的总结性文字,岂非拿历史开玩笑!

第三篇提到的是冯雪峰以吕克玉的笔名发表的《对于文学运动几个问题的意见》。评语是:"因为在理论上并没有什么新的见解,而且态度卤莽轻率,篇幅冗长,便没有把它收进这集子里面。"这是说,冯雪峰的文章由于存在周扬所说的种种严重问题,连作为反面教材的资格也没有了。事实是,冯雪峰的这篇写于8月末的文章,并非"没有什么新的见解"的炒冷饭之作。文章谈了五个问题,个个都有新的见解。尤其对于"文学理论问题上的机械的观点"的批判,更是口号论争以来少有涉及的。不妨摘录几段看看:

以上我大半和周扬们的"关门主义"扯扭,在这里我更想略略指出一两点作为他们的关门主义的所谓"理论的根据"的,他们对于文学理论的机械的了解。这种指出,在平时已属需要,在文学运动应当扩大化的现在,更属需要了。(下略)

周扬的理论,一方面实在如茅盾先生所说,是东鳞西片地凑拢来的,他实在是一个小钱杏邨。但惟独他的关门主义,他对问题的机械的了解,却能够自成一贯。在"三年前",周起应论"第三种文学"的时候,曾抱着"非无产阶级文学即资产阶级文学"的见解,当时曾有人给以批评,说这在理论上是机械论的错误,在策略上是左倾宗派主义的错误。最近周扬在论"国防文学"的时候,很明显地是在重复着周起应的错误;周起应的错误还情有可原,因为是在"三年前",奇怪的是在运动发展的"三年后",周扬不但重复着而且还固执着周起应犯过的错误。他在论"国防文学"一文上,大有在现在非"国防文学"即"汉奸文学"的论断,又在另一个地方说这样的话:"象沙汀似的作家,总不能算是汉奸作家罢"(大意如此)。这种理论,实在惊人。如果不是满房子,满弄堂,满天下都是"国防文学",就是满山,满野,满马路都是"汉奸文学"了,连沙汀这样优秀的前进作家都有被看作"汉奸作家"的嫌疑,不得不请周扬出来辩明。请问大家(周扬自然不在内),究竟谁曾把沙汀和"汉奸作家"两个观念连在一起来想过?我想大家一定说:"没有。"这种理论,实在是"凡天下之女人,非节妇即娼妓也"的妙论之化身,然而这却是机械的理论,那根据原仍在于对于文学的阶级性的机械的了解。

周扬,还有别的人,对于理论的机械的观点,还表现在对于“现实主义创作方法”的理解和它在我们文学运动上的运用上。在《现实主义试论》一文里,周扬将“世界观”和“创作实践”分开,并且强调着和重复着“世界观”的老调,是抽象的主观论的机械的创作观点。他抱着作家研究“正确的世界观”,批评家宣传“正确的世界观”,就“保证”使作家走向正确的方法去的见解。这大概就是他相信做几篇“非汉奸即国防”的“国防文学论”就能够解决一切问题了的根据。然而“正确的世界观”固然是紧要的,但怎样去研究呢?去获得呢?是否买一本《唯物辩证法 ABC》来读呢?倘若是的,倘若如周扬似的那样以为“正确的世界观”就在书本上,在亭子间里,那么我们就不能“保证”人能获得“正确的世界观”,因为周扬研究了这么许多年,也仍是连一个小小的“文坛”都看不清楚,何况一个世界!这只是给周扬一类人自己辩解,或者为了抬高自己,以为能写“正确的世界观”这几个字的批评家,就应当藐视作家,指挥作家了。倘若不是这样,那么研究“正确的世界观”,就不能和作家的实践生活与创作实践分开。因为据我的理解,世界观是表现在作家对于现实的关系上的,所以只有在实践上才表现出来。作家和一个人一样,读社会科学书固然是重要的补助。但主要的应当在他的生活上,在他对于历史的和当时的事象的关心和分析上,在他对于例如莎士比亚或巴尔扎克的作品(两人生平都来不及读到马、恩二人的著作)的研究上,在他对题材的摄取上,在他写作的过程上去获得“正确的世界观”。“正确的世界观”不是一个枣子,可以化一个铜子买来,长久放在袋里的。不是“没有实践就没有理论”的名言么?为什么呢?就是说,离开了实践,理论就是停止了的,死了的,灰色的东西。因此,周扬的机械的观点,在于一则将“世界观”的研究和作家的实践机械的分开,二则强调抽象地研究“世界观”,将“世界观”看成为抽象的东西。由于这样的不正确的了解，就带来了现实主义创作方法的运用和提倡上的不求和实际运动相并进，以及批评家的高谈式的偷懒和不尽职了。譬如说，我以为现在我们的文学运动，使我们的文学和实际生活接近起来，使我们的文学对实际生活的落后的距离减少，是先于一切的，比任何事都重要的；因此，说明摄取什么题材，怎样去摄取的问题，如果对照着我们文学发展的现在的程度，则是提倡现实主义的创作方法的首要的一步。然而我们的批评家似乎并不看重题材的问题，陶醉于“题材不重要，重要的是意识，是世界观”这样的理论；因而对于某些即使在对于现实的关系的把握上有一二点不足之处，然而在题材上特别有意义与价值的作品如《子夜》等，也就评价过低了。批评家提倡现实主义的创作方法，系与创作家合作，共同研究；批评家不应像一个“厌烦”的牧师，只把眼睛朝着圣像，说上帝怎么好怎么好，对“善男信女”们的实际问题，理也不理。在我们文坛上，很少和作家研究具体作品，研究题材，写法，等等的关于创作实际工作的批评文字；有的，除了口号之外，就是一些说上帝怎样好怎样好的说教。这虽是高谈，实际上是偷懒与不尽职，因为我们所希望的那种批评工作，是比专讲“世界观”之类的事情艰苦得多了。（《作家》第1卷第6期）

不难看出，冯雪峰对于周扬的机械论的批判，理论是十分深刻的。所谓“在理论上并没有什么新的见解，而且态度卤莽轻率，篇幅冗长”，全是心怀不满的发泄。无须隐讳，冯雪峰在个别措辞用语上有不够严肃之处，尤其是在“作者附记”中要“周扬虚心一点，不再胡闹”，未免有点过分了。但整篇文章的态度还是严肃的，“态度卤莽轻率”的断语是不符合实际的。

周扬，就是这样，通过《前记》告诉人们，无论鲁迅、胡风、冯雪峰一些人如何反对“国防文学”的口号，而“国防文学”这个口号却以绝对而又绝对的优势，在论争中取得历史性的胜利，奠定了它在新文学运动中承前启后的正统地位。踌躇满志、不可一世之态，跃然纸上。周扬，躲在“林淙”这个假名后面，通过《前记》，为两个口号的论争作了一厢情愿的总结，替自己树立了一座唯我独尊的丰碑。

如果我们再看看第三辑的文章编排,对于周扬的用心当会有更进一层的了解。

第三辑

A

“人民大众向文学要求什么”	徐懋庸
从走私问题说起	屈　轶
新的形势和文学的任务	艾思奇
论现在我们的文学运动	鲁　迅
关于《论现在我们的文学运动》	茅　盾
理论以外的事实	徐懋庸
新的形势和文学界的联合战线	黄　俞
看了两个特辑以后	杨　骚
评两个口号	梅　雨
论两个口号	张　庚
现阶段的文学问题	任白戈
关于引起纠纷的两个口号	茅　盾
与茅盾先生论国防文学的口号	周　扬
再说几句	茅　盾
答徐懋庸并关于抗日统一战线问题	鲁　迅
蒐苗的检阅	郭沫若
关于国防文学的论争	丁　非
把我们的笔集中到民族解放的斗争吧	俞　煌
文艺界的统一战线问题	新认识社

B

人民大众向文学要求什么	胡　风

抗日文学阵线	龙贡公
创作活动的指标	耳　耶
现实形势和民族革命战争的大众文学	路　丁
一点意见	张天翼
文学的新要求	奚　如

按照常理，这一辑，根本不应该分A、B两栏，只要按照双方文章发表的先后排列就可以，这样才能反映出论争的真实过程。周扬却硬把文章分列两栏。把徐懋庸的批驳胡风的文章放在A栏的首位，把引起论争的胡风的文章放在B栏，作为另类处理。在第一辑里，周扬就是分A、B两栏安排“国防文学”提倡者的文章和反对者托派徐行的文章的。表示一方是革命的，一方是反革命的。在这个第三辑，周扬依法炮制，表示赞同“国防文学”口号、反对“民族革命战争的大众文学”口号的是革命的，提倡和拥护“民族革命战争的大众文学”口号的，虽然不是反革命也是破坏革命的。而与胡风的文章同列B栏的，还有聂绀弩（龙贡公、耳耶）、路丁、张天翼、奚如。他们的文章由于赞同“民族革命战争的大众文学”口号，也被视为虽然不是反革命也是破坏革命的。

这里出现了一个分栏的准则问题。既然把赞同“民族革命战争的大众文学”口号的文章放在B栏，为什么鲁迅的两篇文章不放在B栏而留在A栏呢？岂不是自相矛盾吗？说穿了，无非因为鲁迅威望太高，把他的文章放到B栏，必将引起广大读者反感，给这个集子的流布带来不利影响。其实，他把胡风的文章放在B栏，就已经无情地把自己的“仇鲁情结”暴露无遗了。鲁迅已经在《答徐懋庸》中明白宣告，胡风的那篇文章是他请胡风写的。把胡风的文章作为另类处理，不就泄露了他的“仇鲁情结”吗！

周扬生前对他的这个“避嫌”之作始终守口如瓶，讳莫如深。1982年编辑《周扬文集》第一卷时，周扬为《关于国防文学》等三篇有关两个口号问题的文章又加写了一个“作者附记”，其中有一段话是：

> 四月底，冯雪峰以中央特派员的身份来上海，他向鲁迅传达了中央的

> 精神,并同鲁迅、胡风等商议,提出民族革命战争的大众文学的口号。鲁迅的这个口号首先是由胡风的文章《人民大众向文学要求什么?》披露的,当时我们不知道这个口号提出的背景,认为是胡风的个人意见,直到鲁迅发表了《答托洛斯基派的信》、《论现在我们的文学运动》和《答徐懋庸并关于抗日统一战线问题》,我们才知道了鲁迅的全部观点,以后我和其他同志也就没有再写文章。(《周扬文集》,人民文学出版社1984年版,第1卷第176页)

"以后我和其他同志也就没有再写文章",这句话很有意思。他的"避嫌"之作,不正是在"鲁迅发表了《答托洛斯基派的信》、《论现在我们的文学运动》和《答徐懋庸并关于抗日统一战线的问题》,我们才知道了鲁迅的全部观点"之后写的吗!怎么会是"没有再写文章"呢?这表明,周扬是下决心要把他的"避嫌"之作隐瞒到底了。——自然,他有勇气承认"民族革命战争的大众文学"这个口号是冯雪峰"传达了中央精神,并同鲁迅、胡风等商议"提出的,这是十分了不起的实事求是的精神。但他的实事求是精神没有贯彻到"避嫌"之作上,不能不是一大遗憾。他做梦也没有想到,他的好友谭林通会在他去世之后把这个不足为外人道的秘密给捅了出来!

(《鲁迅研究月刊》2009年第8期)

成仿吾晚年谈鲁迅

——一种既往的文化现象或心理现象的回顾

阎焕东

这件事在我心里已经搁了许多年了，总觉得应该说出来，让更多人了解。因为这里涉及的双方都是人们所熟悉的重要人物，所谈意见又是那么尖锐，令人惊诧，绝难想到，不应该让它湮没。而事实上，早在当时，私下里我也曾和少数几个朋友议论过，但都觉得公布出来不合时宜，说过去就算了。又过了好些年，觉得这事还是有点意思，而且对当事人来说那些意见已经超出了是非的界限，已经可以作为一种过往的社会文化现象或心理现象来看待，所以还是讲出来，供识者评议。

事情本来很简单，但因为过去太久了，说起来不免有点绕，所以我想还是从头讲。

上世纪八十年代初，老作家郑伯奇去世不久，陕西一家出版社准备出一本《郑伯奇文集》，想找人写篇序言。找谁写呢？他们认为最合适的是成仿吾。因为成仿吾和郑伯奇都是五四时期新文化运动的健将，创造社的创始人，长期在一起生活、战斗，交往密切，相知颇深。后来成仿吾投身实际的革命斗争，经历过长征，到了延安，以后转向教育，先后在多所大学主持工作，“文革”过后，又回到中国人民大学任校长。后边的几十年他们虽然不在一起，但仍保持着比较密切的联系和友谊。论相交之久，相知之深，以及资历、声望，成仿吾都是写序言的最佳人选。出版社找到成仿吾，他爽快地答应了。

我记得那是1982年的初夏，当时成仿吾已经85岁，到了耄耋之年，身体也不大好。那时虽然还没有离退休制度，但事实上他已不在第一线工作，平时也不大到学校上班。写序言须要找一个帮手。当时我在人民大学语文系工作，教现代文学，写过几篇有关创造社和创造社作家的文章，学校就找到了我。这是义不容辞的事,又是领导上交下来的任务,我自然无可推辞。

一天上午,人民大学党委秘书陈光来找我,他同时也是成校长的秘书,说已和成老联系好,他正在家等着。我和陈光也是熟人,这使我感到这件事情做起来会更轻松些。我们便一起到成仿吾家去。

那时成仿吾住在中央党校宿舍,似乎是两家合住的一栋小楼。上到二楼,紧连着楼梯是一个不大的客厅,空落落的,几乎没有什么陈设。成仿吾独自坐在一个特制的木椅上,那木椅像个木框,里面有个吊床,可以前后摆动。因为是夏天,老人上身只穿一件短袖衬衫,蜷缩在那样一个矮矮的木椅里,骨骼显得格外突出和宽大。显然他是在等我们。我随陈光走过去,向他问好;他招呼我们在他身边坐下,但并未起身。看来他确实行动不便。这使我感到一丝黯然。两三年前我见到他的时候,他身体还很硬朗,有时还到课堂听课,到学生的实验基地去看望师生。

几乎没有寒暄,谈话便直接进入正题。

成仿吾稍稍沉默一下,面向我说:“郑伯奇这个人,在创造社,不是头面人物。有关他的东西出的不多,现在人死了,要出个集子。”成仿吾说话很慢,声音低沉,有很重的湖南口音,凡我感到听不大清楚或不大明白的地方,陈光就在旁边及时地进行翻译或解释——这种方式大概也是成仿吾平时同人谈话时经常使用的,所以他说话总是不断地停下来,等陈光的翻译或说明,直到对方表示听明白了,他才接着往下讲。

刚说了这么几句,他忽然转了话题,说:“鲁迅是头面人物,现在谁都写他,净出他的东西。”他把目光转向我身边的一个方凳,指着那上面放着的一本《东北师大学报》说:“前几天,东北师大来人,让我给他们写幅字,说是校庆用,指定要写鲁迅的两句诗,就是那最有名的两句:‘横眉冷对千夫指,俯首甘为孺子牛’。”他略微停顿一下,语气变得更低沉,也更肯定,说:“这是什么话?——这是放屁!”我不由得心里一震,眼睛紧盯着他;他并不理会我的反应,继续说下去:“这两句诗,意思很明白,就是不把群众放在眼里,只他自己是英雄。对这两句诗，毛泽东同志《在延安文艺座谈会上的讲话》里替他作解释，说是要做无产阶级和人民大众的牛，还说这要成为我们的‘座右铭’。这种解释是不对的，那不是鲁迅的意思。鲁迅的意思，是群众算不得什么，我自己最了不起！”

这些话成仿吾是一口气说下来的。他说得有点激动，容不得谁来插嘴。说完这一段，他才停下来，听陈光解释，而其实我已经听明白了，而且印象深刻。但等陈光说完，他又似乎感到有什么不妥，声音平和了一点，对我说：“这个不要写进去啊。”接下来，像是要为前面的话作一点说明，他说：

“东北师大要我写这首诗，我很生气。鲁迅这首诗，本来是郁达夫请他吃饭时写的，鲁迅也说是‘自嘲’不是什么好诗，其实是坏诗。达夫也很坏，那时我们向左，他向右；我们参加革命了，他却离开了我们。不过，达夫心地满好。但他四处活动，跟胡适之好，跟汪精卫好，跟鲁迅好；鲁迅也和他好，但这并不是他的光荣。郁达夫到处跑，后来他跑到南洋，被日本人抓了，当了三年翻译，最后被杀害了。这个人喜欢表现自己，说日本话，日本人知道了，让他做翻译，做了很多坏事。”稍后，他还补了一句，说：“鲁迅对郁达夫起了很坏的影响。”

成仿吾继续说：“所以，东北师大要我写鲁迅这两句诗，我就是不写！‘横眉冷对千夫指，俯首甘为孺子牛’这两句诗，毛主席为他解释，也解释不过来。这明明是要把无产阶级和人民大众当‘孺子’、当阿斗嘛！鲁迅就是这么个人，他是唯我独尊，把自己看成上帝和救世主，人民大众是阿斗，要由他来拯救。这是不要人民，不要民主。这两句诗很坏！”

说到这里，成仿吾停了一下。他似乎感到自己说走了题，失了控制，显出一点歉意和无奈，随后才转到郑伯奇，但脑子里还是离不开鲁迅。他强调说，郑伯奇始终是爱国的，进步的，是创造社的得力干部。“他虽然不是共产党员，但一直倾向我们。在上海那样困难的环境中，我们的活动从来不避开他。他人实在，没有坏心，这是一贯的，从生到死都是这样。”随后讲了两件事。一件事是1933年冬天，他从鄂豫皖苏区带着沈泽民的密信到上海找党中央，在极端困难的情况下通过鲁迅同中央接上了关系。这件事他讲得很详细，但与通常人们所了解的不同的是,这中间郑伯奇起了关键作用。他说,在上海他感到最无助的时候,在良友图书公司找到了郑伯奇,是郑伯奇建议他去找鲁迅,并打消了他的疑虑,说:“鲁迅满好,国民党报纸骂他是‘准共产党’呢!”他这才决定去找鲁迅,才有了后面的事。关于这件事,成仿吾强调:“现在都说,鲁迅帮我找到了党中央,这不假,但如果没有郑伯奇,我不会去见他——那太冒险呀!在这件事上,鲁迅是帮了我,但郑伯奇不讲,不行。这是我过去没讲到的。”

另一件事是1927年春天,创造社的一些主要成员都集中到广州,在广州设立了创造社分部。为配合北伐战争,强烈抗议帝国主义特别是英帝国主义与中国军阀相互勾结镇压中国革命的罪行,由成仿吾与何思敬等商量,起草了一份《中国文学家对于英国知识阶级及一般民众宣言》。那时鲁迅也在广州,成仿吾说:“我们想找鲁迅参加,怕鲁迅不敢参加,郑伯奇就亲自去找鲁迅,他带着我的信,——这在鲁迅日记上有,他和鲁迅本来就认识,这样鲁迅就签了名。为这个宣言,郑伯奇是尽了力的。”成仿吾又补充说:“现在大多数人认为,鲁迅到广州是要和创造社合作,这份‘宣言’就是一个证明。其实鲁迅只有一个人,他在广州很孤单。在这件事上,事实上不是合作,是我们把他拉进来的。因为我们太‘红’了,我们想,不把鲁迅拉进来,不好,清一色。所以在‘宣言’上的签名,第一名是我,鲁迅是第二名,其他多半都是创造社的。为这个‘宣言’,郑伯奇起了重要作用,宣言的法文稿也是郑伯奇翻译的。”

在这次谈话中,关于鲁迅,成仿吾还说了下面一些话:“现在有人心里就是鲁迅。其实,鲁迅这个人,我看不起他!(他)到死都不同意解散左联——不解散左联,怎么搞统一战线?而事实上,你不解散左联,它自己也解散了!”

“大革命失败后,鲁迅表示要与创造社合作,准备恢复《创造周报》,我反对!郭沫若也赞成合作,认为现在北伐失败了,南昌起义失败了,现在不是革命的时候,是搞文化运动的时候。这是失败情绪的表现,我批判了他,不同意合作,认为与鲁迅合作是倒退。”

“后来鲁迅也到了上海,上海环境对他不利,他还是一个人。《文化批判》

很快出来了，我们不搞《创造周报》，我们搞马克思主义……”

这次谈话持续了两个多小时，基本上都是成仿吾在讲，陈光随时插进来作点翻译或解释。我很少有机会能提点什么问题，而且从一开始成仿吾那样讲到鲁迅，使我感到有点茫然，也想不出该提什么问题。总的感觉是有关郑伯奇谈得太少，担心很难凑成一篇文章。但这时我和陈光都意识到成仿吾已经累了，不可能再谈下去。陈光明白我心里的意思，他同时对成仿吾又对我商量着说：“今天是否就谈到这里，回头请焕东同志先拟个稿子，然后再交成老审定?”成仿吾点点头，说“就这样吧”。我们就告辞了。

回到家里，我仔细翻阅了成仿吾谈话的记录，又查了一点资料，写了个稿子。当然主要是写跟郑伯奇有关的内容，除了成仿吾与郑伯奇的交往及一般评价就是他所讲的1927年在广州发表《宣言》和1933年到上海找党中央两件事，这两件事虽然都和鲁迅有关，但主要是讲郑伯奇，讲他在这中间所做的工作；而成仿吾单纯针对鲁迅所说的那些话都没有写进去。当时这么处理也并不是想“为贤者讳”或有别的什么目的，只是觉得这些内容与郑伯奇关系不大，写到序言里不大合适，而且成仿吾已经表示有些话“不要写进去”。涉及郁达夫的一些话也是这样处理。我把稿子誊写了一份，交给陈光。过了几天，陈光告诉我说成仿吾已经看过稿子，约我再过去谈谈。

这一次是在成仿吾的书房。他坐在宽大的沙发里，稿子已摆在他面前的茶几上。看上去他精神好多了，说话语气很平和，对我说：稿子看过了，写得很好；改了几个字，修改时可作参考。他顺着稿子上的次序又把他说过的那两件事说了一遍，强调对在广州发表的《宣言》要讲讲它的重要意义；关于他到上海找党中央，他说，“细节不用写了，就写是郑伯奇告诉我去找鲁迅。郑伯奇对我帮助很大，按照他的这个线索，我找到了党”。成仿吾没有再提我所略去的他关于鲁迅的那一大篇话，表明他对这种处理是认可的。我释然了。

回家后我把成仿吾改过的稿子仔细地看了一遍，发现改动的地方虽然不多，但都很必要也更准确。比如，原稿上说“……五四运动的风暴煽起了我们胸中的熊熊烈火,决心拿起文艺的武器,为祖国的解放而呼号、战斗”,成仿吾把“文艺的武器”改为“各样的武器”,就更准确了。又如,原稿上写的是“那时候我(成仿吾)和沫若住在福冈,伯奇在京都”,他改为“那时候我在东京,沫若在福冈,伯奇在京都”,这就改正了我的疏忽,避免了错误。特别需要说明的是,还有一处,原稿写的是“对鲁迅先生的思想、品格,我(成仿吾)一向是很敬佩的,参加革命实践工作以后,体会尤深”,他把“敬佩”二字改为“了解”,这个改动显然是动了脑筋的,更符合他的实际,也表现了他一贯的耿直的性格。这也表明,成仿吾虽然同意不把与郑伯奇无关的他对鲁迅的那些意见写进序言里,但他在谈话里所表达的对鲁迅的看法并没有什么改变,“敬佩”二字在他那里是没有的。从这些改动中,也可以看到这时的成仿吾头脑是清醒的,态度认真而且明确,绝不敷衍。这一点给我印象很深。根据成仿吾的意见,我又把稿子整理了一下,誊清之后交给陈光。至此,我要做的事情就算结束了。

又过了两三年,成仿吾去世之后,他的女儿到我家,送来那篇序言的稿费,说这是她父亲特别交代过的。我推不掉,对这位逝去的前辈,心里涌起一阵特别的感动。

这件事虽然已经过去很久,但我心里一直难以忘怀。成仿吾关于鲁迅的那些话以及他的整个态度,令我惊讶,也很费解。特别是说鲁迅的那两句诗“是放屁”,说“鲁迅这个人,我看不起他”,这样的话,在我心里留下的印象像刀刻的一样,也不可能轻易抹去。“诗无达诂”,自古皆然,对鲁迅那两句诗可以有不同理解和诠释,事实上也存在不同的解释和看法,但它的基本思想和意蕴是明白无疑的:那是鲁迅精神的典型表述,也是鲁迅风格和人品的诗意凝结,虽以“自嘲”出之,却是罕有的警句,时代精神的体现。毛泽东的解读正是抓住了它的基本点,所以才被人们所认同。这样的诗句怎么能斥之为“放屁”呢?!成仿吾的说法我也琢磨过,大约是说你鲁迅把民众当作“孺子”,把自己看成是为民众忍辱负重的英雄,这不是把自己当作救世主了吗?如果这种揣测不差,那么就真是曲解了原诗也误解了鲁迅,“谬以千里”了。至于成仿吾说“鲁迅这个人,我看不起他”,据他说是因为鲁迅“不同意解散左联”，影响“搞统一战线”，这种说法显然与他过去所说鲁迅是“拥护民族统一战线的最英勇的战士”自相矛盾。凡此种种都让人隐隐感到，这里所表现的还不只是对某个问题或某件事的具体看法，不只是在某个具体问题或事件上的不同意见，而是在内心深处有着沉积已久的隔膜和怨愤，而这种情绪与人们一般所知道的成仿吾与鲁迅的关系，特别是鲁迅晚年成仿吾与鲁迅的关系以及后来成仿吾对鲁迅的态度有很大距离。为什么会是这样？这就让人费思量了。

熟悉中国现代文学史的人都知道，当年鲁迅与创造社曾有过分歧和争论，知道成仿吾作为创造社最率直的批评家对鲁迅《呐喊》所作的远远谈不上公正的批评，和鲁迅对这位在创造社门前挥舞大斧的批评家的不满和反驳；也知道在1928年关于革命文学的论争中带头反对联合、批判鲁迅的就是成仿吾，而鲁迅也作了有力的回击。但他们革命的大目标毕竟是一致的，随着革命形势的发展，他们终于走到了一起。正如后来鲁迅在谈到他和郭沫若及茅盾的关系时所说，他同他们之间虽然也曾时有冲突或“用笔墨相讥，但大战斗却都为着同一的目标，决不日夜记着个人的恩怨”（《且介亭杂文末编·答徐懋庸并关于抗日统一战线问题》）。鲁迅与成仿吾的关系应该也是如此。所以到了1933年冬天，成仿吾在极端危难的情况下找到鲁迅并请他帮助寻找党中央时，鲁迅毫不犹豫，伸出了援手。而从此之后，成仿吾对鲁迅的态度也发生根本的改变。1936年鲁迅逝世后，成仿吾在一篇纪念文章中写道：“自1933年以来，我们是完全一致了，我们成为战友了。我们的和好，可以说是团结统一的模范，同时，从此他成了拥护民族统一战线的最英勇的战士。1933年底我与他在上海见面时，我们中间再没有什么隔阂了。”文章中，他还呼吁，“在民族危急的目前，我们中国的每个文化人应该学习鲁迅的这种精神，统一团结起来，担负起战时任务。每个中国人应该发扬鲁迅牺牲一切执行统一战线的伟大精神，用一切力量扩大巩固抗日民族统一战线，争取我们民族的彻底解放”（《纪念鲁迅》，原载上海《鲁迅风》）。后来成仿吾虽然离开文艺战线，但每逢鲁迅的纪念活动，他还多次发表讲话，其态度基本上都和上面的讲话一样,是积极的,肯定的。

但是在这次谈话中,为什么突然会有这样的大转弯呢?而且,我相信,成仿吾的这些话绝不是一时的冲动或失言,而是发自深心且积蓄已久,是十分清醒和明确的。这就需要人们认真思考了:这是为什么呢?

我反复想过,粗略地说,可能有以下几点原因。

一,早年的分歧和隔阂太深、太感性,并未得到根本化解。五四时期,在新文学运动中鲁迅与成仿吾属于不同的文学集团,两人的年纪相差16岁,一般说来也可以算是两代人,他们的社会经历、文化背景和文学主张都有着明显的不同。成仿吾的《〈呐喊〉的评论》充分表明了这位年轻批评家对鲁迅及其作品的门户之见和轻率无知。如说"《阿Q正传》为浅薄的纪实的传记","结构极坏","《孔乙已》、《药》、《明天》等作,都是劳而无功的作品,与一般庸俗之徒无异";还说鲁迅意在创造典型,"这一个个典型筑成了,而他们所居住的世界反是很模糊的","作者的失败,也便是在此处";还说"文艺的标语到底是'表现'而不是'描写',描写终不过是文学家的末技",等等。这些意见当然十分偏颇,鲁迅不屑一顾。但是,对当时只有26岁的成仿吾来说,这些意见——或者说是偏见、谬见——却是很认真的,并带着执着,带着激情,带着冲动和血性。到1928年,也由于成仿吾带头反对与鲁迅联合,在革命文学阵营内部引发了一场激烈论争。这时候成仿吾和他的创造社同仁,特别是后期创造社的几位"小朋友"如李初梨、冯乃超等一样,除了更多了一份盲目的自负,又多了一份意气用事,在他们眼中,鲁迅直成为"时代的落伍者"和"有闲即是有钱"阶级的代表,成了文学革命的障碍!这就把革命的方向搞错了。在这个过程中,鲁迅的反驳虽然是克制的,"往往给我十刀,我只还他一箭",但他的还击却带着他独有的犀利,且形神毕肖,刻骨铭心,如把创造社说成是"才子+流氓"的团体,说成仿吾"摆着一种极左倾的凶恶的面貌""将革命使一般人理解为非常可怕的事",还说成仿吾"以无产阶级之名"指斥他为"有闲阶级"的代表,"而且'有闲'还至于有三个","我以为无产阶级是不会有这样锻炼周纳法的",等等。显然这样的反击和讥讽给人印象更深，让你感到更痛，作为创造社的看门批评家的成仿吾绝不会忘记。但是后来，情况改变了，成仿吾参加了革命实践，他和鲁迅有了“同一的目标”，站到了同一的革命战线；再后来，到 1933 年，成仿吾通过鲁迅找到了党中央，于是二人终于言归于好。成仿吾一再表示感谢鲁迅帮他找到了党，而鲁迅也高兴地赞扬成仿吾“从外表到内里都成了铁打似的一块”（见许广平《鲁迅回忆录》）。从那以后，如成仿吾所说，“我们是完全一致了，我们成为战友了”，“我们中间再没有什么隔阂了”。可以说这些话都是真的。但是，问题在于，“在那以前”又怎么样呢？事实上，是这转变来得太快、太突然了，在那以前的分歧和隔阂都被压下或搁置了，并未根本消失或化解。特别是成仿吾一方，作为一个实际的革命工作者，一切以革命的利益为重，一切以党和党的最高领袖的意见为准则，这也便是他后来几十年对待鲁迅的基本态度；而过去存在过的争论和分歧，以及青年时代所形成的对鲁迅及其作品的一些具体意见或成见，却并未真正消除或改变，也没有机会让他得到根本消除或改变，只是压在心底，没有机会去触及而已。这一次谈话中，因为涉及“头面人物”以及有关郑伯奇的书出得少这样的话题，可能触及他心中的某种隐痛，使他感到不平，由此似乎得到了喷射口，憋在心中的话终于出人意料地喷发出来。

二，在革命大目标一致的情况下，即便存在着一些分歧和隔阂也被掩盖了。比如，在那篇《纪念鲁迅》的文章中，成仿吾就特别说明：“关于过去创造社与鲁迅的争论问题，今天已经没有再提起的必要了。”很明白，这里说的是在“今天”这个特定的时间段，即在鲁迅刚刚去世，举国上下呼吁“团结统一”的时候，是“没有必要”“再提起”了，而不是说在任何时候都不再提起，更不是说当年“创造社与鲁迅的争论问题”已经根本解决，历史的是非已烟消云散。顺便说一句，关于“创造社与鲁迅的争论”，特别是在争论中成仿吾自己所扮演的角色和所发表的意见，就我所见到的有限的资料而言，在后来的近半个世纪的时间里，成仿吾几乎从来没有作过认真的反思，更没有自我批评。只有一次，当有人当面问他“左联前夕创造社、太阳社与鲁迅论争的情况”及克兴、杜荃等对鲁迅的攻击时,他才含糊地说到他“当时对鲁迅的批评也有些偏激”,而且立刻反过来说鲁迅“1931年说我们都是‘流氓’。实际上这时我们都已经入党,从事革命工作”,没有任何自责的意思(1959年《与苏联研究生彼德罗夫关于创造社等问题的谈话》,见《成仿吾文集》第290—292页)。这里就留下了伏笔,留下了很大的自由发挥的空间。而且,就是在前面我们提到的那篇《纪念鲁迅》的文章中,成仿吾对鲁迅虽然有着明确的积极评价,但细心去读,也可看出其中的分寸和保留。在这篇文章中,成仿吾对鲁迅的肯定讲了三点:一是五四时期,指出鲁迅是勇敢迎接时代曙光的“第一作家”,其作品“反映了当时的黑暗,民众的怨哀,没有希望”——此处对鲁迅作品所作的概括与当年《〈呐喊〉的评论》虽有所不同,但并不涉及也不排斥当年的评论,如果换一种角度来看,原有的那些意见几乎仍可以成立。二是大革命时期,说鲁迅到了南方,“开始与革命的潮流接触,在失望与压迫中间毕竟认识了革命的真理”。这里一面是把鲁迅对革命潮流的认识看作初步的,似乎到了广州以后才有所接触,同时也把创造社等对鲁迅的粗暴的批判抹掉了,还隐约地把他们自己看作“革命潮流”和“革命真理”的代表,在这里成仿吾显然也保留了自己的意见。三是对于鲁迅的最后十年,只是说“在他痛骂托派汉奸的著作中表现了他是中国文化界最前进的一个,他达到了这一时代的政治认识的最高标准”。我们知道,鲁迅“痛骂托派汉奸的著作”是很有限的,那么其他的大量著作又怎么样呢?那到底是一些什么样的著作?这里也留下了很多不确定的因素。

以上种种,表明成仿吾对鲁迅的看法显然是有保留的,这保留一直存在,即便是在1933年以后也并未彻底消除。遗憾的是,在过去许多年里,这一点往往被人们忽略了。而这些看法和保留,特别是那些一直积存在心底的东西,那些在过去的特殊年代和“左倾”思潮的影响下形成、并带有浓厚门户之见的某些想法或说法,到了某种适当的时候,就可能突然地爆发出来。

三,“文革”中的愤怨和不平部分地转嫁到鲁迅身上。十年浩劫中,成仿吾作为“党内走资本主义道路的当权派”被打倒,受尽屈辱和折磨,而每次批斗都必然要涉及他同鲁迅的关系问题。他成为“反鲁迅”的“急先锋”，“反鲁迅”成为他的主要“罪状”。他过去有关鲁迅的各种言论，他与鲁迅之间的“文字之争”，一条条都被罗列出来，上纲上线，大批特批，并逼迫他低头认罪。然而，成仿吾是位耿直的硬汉，他是不会服输的，大批判只能激起他更大的反感和强烈的反驳，甚至会用粗话骂出来——这反驳和咒骂在当时不可能公开表达，但在心里一定会有。既然定他罪名以及用以批判他的“武器”都与鲁迅有关，那么自然他也会把愤怒与反驳转移——至少是部分地转移到鲁迅身上。何况他对鲁迅本来就不大心服，本来就有过那么一些并不恭敬的看法。这看法和“文革”中积累的愤怨长时间埋在心中，相互交织、糅合，到了忍不住的时候，就可能爆发。这一次成仿吾谈郑伯奇，一开始就转向鲁迅，是与此前不久东北师大请他题写“孺子牛”的诗句直接相关的，可能这使他想起了“文革”，想起了那些屈辱的日子，想起在那疯狂的年代人们如何用鲁迅的语录包括“孺子牛”或“千夫指”这类的诗句向他狂吼，他的咒骂和反驳也就忍不住脱口而出了。

四，人老了，精神上的束缚和禁忌会更少一些，人会变得更随意，有时也难免出格。前面说到，成仿吾这次谈话的时候，已经85岁，早已过了“从心所欲不逾矩”的年纪。然而，要真正做到“不逾矩”却谈何容易！只不过在精神上更随意、更自由却是无疑的，何况又恰逢“思想解放”的年代。这个时候，他自然会常常回忆自己漫长的过去，往日的恩怨、是非会在心头时时翻起，当年与鲁迅的关系和相互间的“文字之争”也必然会在醒里梦里浮现在眼前。“关于过去创造社与鲁迅的争论问题”，在民族解放战火纷飞的年代，是“没有再提起的必要了”，但到了这个时候就没有了什么顾忌，不管“必要”不“必要”，都会翩然来到他的眼前，而且他也必然会有自己的意见。这是没有办法的事。革命年代被理性压抑的感情会时时冲击人们的心灵；领袖的“指示”以及类似的条条框框对这样一位耄耋老人也失去了制约与束缚的力量。所以，他就可以更直率地说出藏在心里的对鲁迅的那一份不敬，还可以毫无顾忌地一再说毛泽东对那两句诗的解释“是错误的，那不是鲁迅的意思”，“毛主席为他解释，也解释不过来”。这些话,对成仿吾来说,与其说是一种意见,毋宁说是一种情绪的抒发或宣泄,而且其所针对的也并不一定全是鲁迅,也包括“文革”中他因“反鲁迅”或其他种种莫须有的罪名而遭受的各种屈辱与磨难。总之,不管这种意见对不对,也不管其中有多少激愤和意气,成仿吾总算是说出了长期深藏在心里的话。我觉得这也好,对一位 85 岁的老人来说,把这些话说出来总比继续憋在肚子里好受些。

记得鲁迅曾经说过:“只要谁露出真价值来,即使只值半文,我决不敢轻薄半句”(《华盖集续编·我还不能“带住”》)。这也是鲁迅论人论文的一条原则。在这里,鲁迅所注重的就是这个“真”字,是“真话”、“真价值”、“真感情”。只要是“真话”,即便是不同意见,即便是话不好听,也可以得到他的尊重。成仿吾的这些意见,不论对错,显然都是他心灵中的真实的东西,所以也有其值得尊重的一面。而且,如果鲁迅有知,他也会为“文革”中成仿吾因他而受的折磨深感歉疚的。

当然,也应该看到,成仿吾的这些意见毕竟是错误的,或有欠公允的,其中有太多的意气,太多的执拗和非理性的东西。前面说到,成仿吾在谈话过程中头脑是清醒的,态度是明确的;但是,清醒未必理性,明确更不一定正确。对鲁迅是如此,由鲁迅而牵连到郁达夫也是如此。如说“鲁迅对郁达夫起了很坏的影响”,这是没有根据的。关于郁达夫最后离开创造社,其中有复杂的原因,主要是相互间的意见分歧,特别是和当时创造社某些成员的“极左”情绪有关,单说是“我们向左,他向右;我们参加革命了,他却离开了我们”,显然是一种简单的说法,并不符合当时的实际。抗战中郁达夫流落南洋,据当时同在南洋的朋友说,郁达夫因“不小心,讲了几句日本话,就被日本兵抓去,强迫他当翻译”,前后约 6 个月。这期间,“他用尽方法掩护自己,同时帮忙华侨,所以他给当地华侨印象极好”。还说,“他常常偷偷地来看我们,告诉我们日本人的种种暴行,所以他非常恨日本人”(见郭沫若《论郁达夫》一文所引沈兹九的信,载《沫若文集》第 12 卷第 553—554 页)。正因为如此,郁达夫在日本投降后被日本人秘密杀害,最后被国家追认为烈士。这已经是写在历史上的事实,是谁也改变不了的。可以肯定地说,对上述事实成仿吾不可能不知道,而且他在谈话中也始终保留着对郁达夫的一份好感,如说“达夫心地满好”,但由于对鲁迅的愤怨,并认定“鲁迅对郁达夫起了很坏的影响”,连类所及,对郁达夫也便说了那些有悖事理的出格的话,这是很不应该的。而事实上,成仿吾的这种意见,对鲁迅、对郁达夫都无所损害,受损害的反倒是他自己,特别是那些粗话,与人们所尊敬的饱经沧桑和磨砺的文化老人的形象颇不相称。这种意见和态度甚至会使人想到1928年“革命文学”论争中的某种情景,想到鲁迅所说的那副“极左倾的凶恶的面貌”,这是人们不愿看到甚至感到遗憾的。同时,这又使人想到“左倾”或者说是“左倾幼稚病”这种东西是多么顽劣,一旦被缠上,它会像个鬼影跟随你一生。这是我们所有人都应当时刻警惕的。

还有一点我想说的是,成仿吾在这次谈话中对鲁迅所发表的一些意见,他在鲁迅问题上所出现的“反复”,并非个案。与他有相同或相似经历的一些人,如创造社的其他成员,如1928年“革命文学”论争中及1936年“两个口号”论争中站在鲁迅对立面的一些人,包括周扬、夏衍以及冯乃超、李初梨等文艺界著名前辈在内,经历过当年激烈的论争,到后来几乎一律承认鲁迅“伟大旗手”的地位,而到了“文革”中又几乎一无例外地为当年的“攻击鲁迅”或“反鲁迅”而被打翻在地,“低头认罪”。等到“文革”风暴过去之后,这些人也都和成仿吾一样垂垂老矣,到了自己可以支配自己的言行,可以“从心所欲”的年纪。这时候,至少是其中的一部分人,未必不会对他心目中当年并不完全心服或并不完全赞同的鲁迅要心生非议。这其中,夏衍表现得最突出,周扬更含蓄,也更理性,而郭沫若(即杜荃),本质上也是属于比较理性或更理性的一类,但也不能说他对鲁迅在心里不存芥蒂,没有话说(郭沫若始终回避他以杜荃的笔名所写的有关鲁迅的文章就很能说明问题),只可惜还没等他对过去进行反思,还没等到“思想解放”,便早早去世,来不及说什么了。所以成仿吾能说出来,也颇难得,他为历史留下了一个特异的例证。

是耶?非耶?——且让后人评说。

2008.9.20.初稿,2009.6.9.四稿

(《鲁迅研究月刊》2009年第8期)

20世纪30年代:鲁迅、纪德与苏联和共产主义

——纪念鲁迅诞辰125周年、逝世70周年

李春林　高　翔

一

1936年鲁迅逝世之际,美国著名记者埃德加·斯诺这样写道:

> 鲁迅是现代中国文坛一个最重要的人物,他是可以比拟于:苏俄的高尔基;法国革命时的伏尔泰;罗曼·罗兰;巴比塞;今日的A·纪德等几个仅有的,在民族史上占有光荣的一页的伟大作家。[①]

斯诺在文中仅对鲁迅与伏尔泰进行了简约的比较,对鲁迅与纪德等其他人的关系未做考察。值得注意的是,他所提及的其他三位法国作家都是在20世纪30年代走向左倾,仰慕共产主义和歌赞苏联的。其中又尤以纪德为最:1936年6月17日至8月24日他应邀访问了苏联,6月20日他与斯大林、莫洛托夫、布尔加宁等一起站在莫斯科红场检阅台上参加高尔基的葬礼,并发表演说。我以为,斯诺之所以将鲁迅同罗曼·罗兰、巴比塞和纪德作比,除了他们都是"民族史上占有光荣的一页的伟大作家"外,也是因为发现了他们几乎同时走向了共产主义这一特点(纪德批评苏联的《从苏联归来》一书出版于1936年11月,当时斯诺可能尚未见到)。

二

其实，鲁迅与纪德还是有事实性联系的：

1933年6月4日鲁迅写了《又论“第三种人”》一文。此文的缘起是戴望舒从法国发回一信，介绍了纪德参加法国革命文艺家协会并发表抨击德国法西斯的演说的有关情况。但他称纪德为法国的“第三种人”，鲁迅不予认同，指出：“只要看纪德的讲演，就知道他并不超然于政治之外，决不能贸贸然称之为‘第三种人’。”[②]鲁迅对纪德的左倾是比戴望舒更了然于心的。1934年9月16日，鲁迅在致徐懋庸信中开列了两本纪德所著关于陀思妥耶夫斯基的论著日译本书目；[③]20日致徐懋庸信中说徐给《译文》投的稿子——纪德的《陀思妥耶夫斯基论》中译——太长，“纪德的作家评论，我看短的也不少，有的是评文，有的则只说他的生活状态（如Wilde），看起来也颇有趣，先生何妨先挑短的来试试呢？”[④]鲁迅对纪德的理论著述是相当熟悉的。1934年顷，鲁迅翻译了纪德的一篇短文《描写自己》和日本石川涌对于此文的说明《说述自己的纪德》（发表于同年10月《译文》月刊第1卷第2期），并写有《译者附记》。在这篇《附记》中，鲁迅首先指出，纪德的著作和关于他的评传自己读得极少，同时又指出，“每一个世界的文艺家，要中国现在的读者来看他的许多著作和大部的评传，我以为这是一种不看事实的要求。所以，作者的可靠的自叙和比较明白的画家和漫画家所作的肖像，是帮助读者想知道一个作家的大略的利器”[⑤]。很明显，鲁迅此举是要向中国读者普及纪德。同年12月26日，鲁迅在给黎烈文的一封约稿信中又这样写道：“《译文》比较的少论文，第六期上，请先生译爱伦堡之作一篇，可否？纪得左转，已为文官所闻，所以论纪德或恐不妥，最好是如《论超现实主义》之类。”[⑥]鲁迅向黎烈文约爱伦堡所写论文的中译，但可能黎烈文要提交爱伦堡关于纪德的论文，故鲁迅指出由于“纪德左转”，书报检查官已经知晓，倘若杂志刊发此类文章则有风险。可见纪德左转给当时中国社会所带来的冲击。而他在前此所译的纪德

《描写自己》则是纪德关于自己的一般性介绍,并不涉及“左转”内容。若是作为苏联作家、又一度是纪德密友的爱伦堡所写的关于纪德的论文,是不可能不涉及“左转”的,这是当时国民党政权所最害怕的——担心这会在中国原来并不左倾的知识分子中引起连锁反应。鲁迅准确地把握了时代动向,所以建议黎烈文不要译爱伦堡论纪德。1935年8月16日《“题未定”草(五)》中又将纪德、巴尔扎克、高尔基并列为伟大的作家。[7]

要之,从上面的简单勾勒中,不难看出,鲁迅虽然读纪德不多,但对他还是相当了解的,尤其是对他的“左转”给予了肯定性评价。我们尽管未发现纪德关于鲁迅的文字,但鲁迅与纪德的心是相通的,这不独表现在他们的同向左转,也表现在他们的彻底反传统,他们的喜欢孤独(纪德在《描写自己》一文中即宣称“没有比孤独更好的了”[8]),他们的高度重视个体的命运和个性的发展,他们对陀思妥耶夫斯基和尼采的推崇等等,甚至他们都有一个完全是名义上的妻子(当然导致此种情况的原因并不相同),均不乏可比因素。但在20世纪30年代,两人最为突出的共同特征就是他们的“左转”。

三

纪德本被视为一位资产阶级作家。他于1932年初发表的《日记》中说对“苏联的态度,抱着太深切的关心”,并表示自己在学习马克思主义,研读《资本论》。于是人们普遍认为,纪德向左转了。纪德作为一位出身资产阶级家庭的作家的“左转”,其实也自有其深因在。

应当说,作为一位作家,作为一位知识分子,只要其良知尚存,就不可能不关注人间的无量苦难,不可能不站在弱势群体一边。纪德自然亦如是。但使纪德灵魂发生裂变的应说是他的黑非洲之行。从1925年7月14日至1926年6月初,纪德在非洲旅行了将近一年时间。他的亲见亲闻,彻底打破了宗主国统治者所编造的关于殖民地的种种神话,目睹了那里的人民的无尽灾难。殖民者敲诈、掠夺那里的人民,各种残忍手段无所不用其极。当地土著居民拒绝迁移,就会遭到大屠杀的厄运。纪德感到,土著居民是“整个一群隐忍的人,一个受压迫的可怜种族”[⑨],“现在我知道了,我应该挺身而出,为那些苦难的人们说话”[⑩]。纪德向有关部门写信揭露种种暴行,以致当地居民将纪德看成巡视的官员,纷纷找纪德控诉。“纪德详细地记下了他们受到的不公待遇以及殖民地官员与大公司沆瀣一气压榨剥削当地土著人的恶劣行径,将这些内容都写进了自己的书中。”[⑪]这本书就是《刚果之行》。1928年,他又出版了《乍得归来》,继续着对残暴的殖民统治的抨击。虽然有学者认为“纪德这样做除了出自自身的正义感外,还有一种站在白人立场上以保护人自居的责任感”[⑫]。但事实上纪德所做的一切有利于非洲土著居民的生存,而不利于巧取豪夺、横征暴敛的殖民者。他揭露丑闻,涉及政界和金融界,甚至在议会挑起辩论,以敦促政府进行调查,终于迫使殖民政府宣布租地契约将不再续签。他站在了那些被欺凌与被侮辱者一边,站在弱势群体一边;而这恰与当时法国左翼阵营的立场是一致的,即是说他已经在向左转了。只不过他自己尚未公开地宣称。

当时不独是法国的而且可以说整个世界的左翼知识分子都是倾心于苏联的,因为这个国家公然宣布它是一个无产阶级专政的国家,这个国家的政权是为工农大众和一切从前的被剥削、被压迫者服务的。并且,它还是当时的唯一者。随着关于苏联的正面报道的日益增多,那些关注大众解放的左翼知识分子也就越来越将苏联作为自己的理想国,将其作为解救劳苦大众乃至全人类的希望所在。处于这种政治文化氛围中的纪德开始关注苏联,乃是历史的必然。1931年大约春夏之际,纪德读到了一篇关于苏联五年计划所取得的成就的报道,纪德对此深信不疑,热情赞叹:“我阅读的东西引人入胜。这也许是第一篇使我兴奋不已的关于俄国的文章,这是有关五年计划的简单统计;这简直是个奇迹。我情不自禁地真心希望,五年计划获得成功。”[⑬]翌年2月,他读到了斯大林的一篇讲话,亦表赞同。随后,他开始阅读《资本论》,力求在理论上弄懂马克思主义。后来,他就在《日记抄》中对自己的政治转向作了公开的发布。

纪德政治“左转”的另一重要原因是对自由与个性发展的极度渴望。纪德自幼个性就备受压抑,这甚至导致了他的同性恋的癖好和对自己妻子的精神与肉欲完全相分离的极其特殊的关系。他一生也一直为个性的解放和发展而战斗。“纪德一向喜欢极端的个性。”⑭而马克思主义恰恰强调人的个性的自由与发展。马克思和恩格斯认为:“任何人类历史的前提无疑是有生命的个人的存在”⑮;而“代替那存在着阶级和阶级对立的资产阶级旧社会的,将是这样一个联合体,在那里,每个人的自由发展是一切人的自由发展的条件”⑯。恩格斯还曾指出:要建立这样一种社会制度,“使每一个社会成员都能够完全自由地发展和发挥他的全部力量和才能”⑰。这一切无疑都会使纪德产生共鸣。他写道:“从心灵、气质和思想来看,我过去一直是共产主义者。”⑱在他致苏联第一次作家代表大会的贺信中写道:“在精神领域内,苏联今天的任务,是在文学艺术方面,建设共产主义的个人主义。……共产主义者,只有在重视每个人的特点的时候,才能使人们敬服。每个艺术家,必须成为个人主义者,无论他的共产主义信念多么坚定,他对党的热爱多么强烈。”⑲1935年8月2日的日记中又说:“对共产主义的赞同非但不否定个人化,反而要求个人化。而且,我相信,一个健康的共产主义社会鼓励并要求鲜明的个性。”⑳这些论说应说与马克思和恩格斯的相关论述基本一致。在纪德看来,真正的共产主义就应当代表着这样一种精神境界,体现着这样一种理想。而苏联正是或应是这种境界与理想的负载者与实现者。所以他号召纪念十月革命,他赞美苏联,在苏联面临德国法西斯威胁时,他要保卫苏联,并作了如此对比:“在恐怖的德国,我所见到的最可恶、最悲惨的过去恢复了,复辟了。但是,苏维埃社会的政权,前途是不可限量的。”㉑

应当说,纪德并没有误读共产主义;但他对于当时斯大林领导下的苏联却是误读了。

四

通常认为,鲁迅是在1927年国民党蒋介石集团发动“四·一二”反革命政变后走向了共产主义,并以此将鲁迅的思想分为前后期。我觉得问题似乎并非如此简单,鲁迅的思想发展历程十分复杂,其世界观的质变乃是一个渐进形式,大约经历了从1925至1929五年时间,直至1930年他才成为一个真正的马克思主义者,共产主义者。[22]李何林先生也曾指出,收录于《二心集》(含1930年和1931年的作品)已经是马克思主义的著述了。同时,鲁迅也正是在1930年成为中国共产党领导的中国左翼作家联盟的盟主的——这可以视为鲁迅向共产主义跨越的组织性标志。这也就是说,鲁迅与纪德一样,是于20世纪30年代跨越到共产主义者的行列的。并且其开始时间也大约起于1925年。倘若说,纪德的1925年至1926年的非洲之行,使他真正地触及殖民地下层人民的悲苦,从而开始酝酿巨大的思想变革;那么鲁迅则在1925年支持女师大学潮、1926年经历了“三·一八”惨案、1927年经历了“四·一二”反革命政变,在这一连串的巨大刺激后,世界观和政治立场发生了痛苦的蜕变。

而鲁迅走向共产主义的原因亦与纪德相近:自觉地站在被压迫者与被统治者一边和对人的个性的尊崇与追求。

中国的历史在鲁迅看来是吃人的历史;他一直将中国人划分为上等人与下等人,他痛恨上层社会的堕落,同情下层社会的不幸。他总是站在弱势群体一边。他在1925年写道:“……大小无数的人肉的筵宴,即从有文明以来一直排到现在,人们就在这会场中吃人,被吃,以凶人的愚妄的欢呼,将悲惨的弱者的呼号遮掩。”[23]1926年他宣称自己“对于上等人向来并不十分尊敬”,称其为“卑鄙阴险”者流,[24]往往对其施以无情的愤火与毒焰;1927年他在一篇讲演中说:“保存旧文化,是要中国人永远做侍奉主子的材料,苦下去,苦下去。虽是现在的阔人富翁,他们的子孙也不能逃。我曾经做过一篇杂感,大意是说:‘凡称赞中国旧文化的,多是住在租界或安稳地方的富人,因为他们有钱,没有受到国内战争的痛苦,所以发出这样的赞叹来。殊不知将来他们的子孙,营业要比现在的苦人更其贱,去开的矿洞,也要比现在的苦人更其深。’”[25]此处已经酝酿着革命的春雷了。而在当时的国际环境中,各资本主义国家暴露的种种弊端日益严重(鲁迅留学日本时期即对其有所批评),在中国,农民起义和所谓旧民主主义革命已经不可能再有意义(鲁迅曾经历了辛亥革命失败所带给他的深深苦闷,那么心仪十月革命和苏联在鲁迅那里也就成为了历史必然)。其实,早在1925年鲁迅在谈及5月7日北京学生的一次游行示威时即曾说过:"因为加了强力的迫压,遂闹出开会以上的事来。俄国的革命,不就是从这样的路径出发的么?"[26]如果追溯得更早一些,鲁迅早在1919年所写的《"来了"》与《"圣武"》中已经有了对俄国革命的朦胧的赞美——但如他后来在《答国际文学社问》一文所说尚有怀疑。1925年后才开始明朗化:是年,他阅读并珍藏了列宁的《国家与革命》,为任国桢翻译的《苏俄文艺论战》一书撰写《前记》。到了30年代,鲁迅不独撰写了《"硬译"与"文学的阶级性"》、《非革命的急进革命论者》等充满了深刻的辩证唯物主义和历史唯物主义精神的名篇,并且写出了今天看来不无缺失的完全是为苏联辩护的《我们不再受骗了》(此文曾收入解放后出版的中学教科书中)一文。此文一个重要内容即是对于帝国主义及其侍从们对苏联购物须排长队现象的攻击进行驳斥。鲁迅说:"这一事,我是相信的,因为苏联内是正在建设的途中,外是受着帝国主义的压迫,许多物品,当然不能充足。但我们也听到别国的失业者,排着长串向饥寒进行;中国的人民,在内战,在外侮,在水灾,在榨取的大罗网之下,排着长串而进向死亡去。"[27]显而易见,鲁迅是通过中国乃至别国弱势群体与苏联人民生存现状进行比较的方式来论证苏联排队现象的可以理解性的,并进而达到肯定苏联这一社会主义国家的目的。他也同纪德一样,赞扬了苏联经济的发展:"小麦和煤油的输出,不是使世界吃惊了么?"[28]此文写于1932年5月6日;而在此前半个月所写的《林克多〈苏联闻见录〉序》中,则更是用了他所惯用的穷人与阔人对比的手法对苏联的革命给予了肯定:"这革命恐怕对于穷人有了好处,那么对于阔人就一定是坏的,有些旅行者为穷人设想,所以觉得好,倘若替阔人打算,那自然就都是坏处了。"[29]可以这样说,鲁迅自青少年时代即已萌生并逐渐根深蒂固的穷人与阔人根本对立的这一思想在20世纪30年代必然使他走向共产主义和这一理论的实践样板苏联。

鲁迅一生致力于掀翻人肉的筵宴，消灭吃人现象；同时他更致力于人的精神解放，使人的个性得到充分发展。他在早年既已强调“尊个性”、“任个人”，实现“个人的自大”，即个体个性的解放。鲁迅后来虽然强调阶级的解放，但从来没有放弃对个性的尊重。“他越到后来越深刻地认识到，工农大众的解放，不仅要体现在政治、经济方面，而且要体现在思想、个性的解放上。”[30]而这恰与马克思主义观点相合。恩格斯指出：“要不是每一个人都得到解放，社会本身也不能得到解放。”[31]毛泽东说得更为直白：“解放个性，这也是民主对封建革命必然包括的。有人说我们忽视或压制个性，这是不对的。被束缚的个性如不得解放，就没有民主主义，也没有社会主义。”[32]鲁迅根据自己的有限见闻，甚至只能说是根据他所了解的马克思主义的推理，认为“苏联，是平平常常的地方，那人民，是平平常常的人物，所设施的正是合于人情，生活也不过像了人样”，“几万万的群众做了支配自己命运的人”。[33]这绝不仅仅是指苏联人民物质生活的改善，更主要的乃是他们获得了人的尊严与地位，他们不再受暴君的驱使（当然这是鲁迅对当时苏联的误读）。于是鲁迅像纪德一样歌赞苏联：“现在苏联的存在和成功，使我确切的相信无阶级社会一定要出现。”[34]苏联《真理报》于1934年转载了含有此语的鲁迅的《答国际文学社问》一文，并曾多次邀请他访苏，均是顺理成章之事。

鲁迅对于苏联和共产主义的向往，还有一个为纪德所不具备的原因：他对俄罗斯人民、俄罗斯文学、俄罗斯精神的深爱，使他产生了俄罗斯情结、俄罗斯想象，使他爱屋及乌，对于植根于这片广袤的黑土上的理想之光，无限热爱。孙郁写道：“我疑心鲁迅后来的左倾化，与俄国文学中的激进意识颇有关联。由个体的反抗到对社会整体的叛逆，俄国人提供的因素是太丰富了。”[35]此语恰中肯綮。鲁迅青年时代即沉浸于俄罗斯文学中，俄罗斯文学伴随他走过了一生，在生命的最后关头，他还在翻译《死魂灵》。俄罗斯文学中所反映出来的尖锐的阶级对立使他产生了强烈的共鸣，而几代俄国知识分子深入平民、反抗专制的苦行精神和战斗精神更使他神往。俄国无产阶级革命其实亦是俄国几代知识分子反抗专制与解放大众的战斗的蜕变与继续，至少从理论目标上是如此。鲁迅由对俄国知识分子及其所进行的斗争的尊崇到对俄国无产阶级革命的同情、理解逐渐发展到歌赞、捍卫,可谓一脉相承。

五

然而,理想是理想,实践是实践,有时两者并不完全相符,甚至很不相符。

纪德由于对苏联和共产主义的由衷赞美,而得到苏联的热情邀请,到苏联进行访问。苏联方面乃至法共方面本来都以为他会对苏联发出比以往更为热烈的歌赞,而这位在世界卓有影响的文化战士的此种言说将会给苏联带来巨大的政治利益。不料纪德在回国之后所写的《从苏联归来》及随后的《为我的〈从苏联归来〉答客难》二书中却对斯大林统治下的苏联提出了激烈的而又是实事求是的批评。

纪德之所以如此,首先因为他是一个“思想忠实,生活严肃而且是言行一致的人”[36]。纪德一生追求真实,容不得半点的虚伪与矫饰。他是怀着共产主义的理想,怀着此前所得到的关于苏联如何美好的间接印象前往苏联的,事实上带有“验证”的目的。他说:“正为不要再看见穷人,我才到苏联去。”[37]对弱势群体深切的博大的爱,使他急于亲眼看到那没有穷人的国度,证实一下它的现实存在。

其次,他曾较长时间地浸润于马克思主义著作的研读中,在他去苏联之前已有三年之久。他对共产主义建立了坚定的信仰。爱伦堡曾称纪德为“极端共产主义者”[38],不对,纪德乃是一位真正的共产主义者,他是不允许阉割、背叛马克思主义基本理论的现象的存在。“在未到苏联去以前,那里若干新近的决议,似乎表明方向在转变,业已使得我们疑虑不安。”[39]所以,他事实上也是带着问题来到苏联的。

基于以上两个原因,纪德对于苏联的批评,就绝对不是像当时苏联以及法共和其他某些所谓左派人士所说的那样是什么代表资产阶级右派对苏联所做的攻击,而是以真正的马克思主义者的眼光对苏联所做的审视。

在纪德的眼中,苏联广大下层大众处于一种十分困窘的生存状态中。“在许多领域之内,受痛苦的阶级之状况是丝毫未曾改善的。”[40]许多人温饱问题未能解决,工资极低,经常欠薪(连列宁的未亡人克鲁普斯卡雅都对此进行批评),住房陈旧,生产事故频仍,瓦斯爆炸夺人性命,而处理极为不力;贫富差距日益扩大,“每日五卢布或更少些的工资(按:据纪德记载,当时黑面包一公斤价0.85卢布[41]),使得最大多数劳动者陷于差不多极端贫困地位,只为的让某些特权分子能支领更大的薪水”,“大多数人的剩余劳动使得其他的人能支领过剩的工资。人们便如此走向形成一个特权阶级”[42],官僚可以有三个老婆(按:相当于今日中国二奶、三奶之类),三辆汽车,当然更有豪宅。而“这个资产阶级化过程”是为“今日治理者所夸奖和鼓励的”,“看到那些属于或自认属于‘好的方面’的人,对于‘底下人’之轻蔑或至少漠视,怎能不令人痛心呢”[43],所以,他要批评苏联;显而易见,这种批评完全是基于下层大众的立场的,弱势群体的立场的。纪德更不属意于苏联的,是在斯大林的高压统治下,人们完全丧失了个性与自由。在苏联,每一个人都同其他人相仿佛,“一种非常的一致性支配了人们的服装”[44],连住宅也给人以“一种完全消灭个性的印象”[45]。既然在外在形式上如此,那么对于人的精神上的个性的扼杀也就不可避免。在苏联,离众独异被判为异端,所大力提倡者乃是顺从精神和附和主义。“若是国内一切公民思想都是一致的,这对统治者自然很便利。”于是在苏联形成了“独夫的专政,而不是无产者共同的专政,不是苏维埃的专政”[46]。在独夫的专政下面,是不准人有自己的思想的,有自己的思想就是反革命。在纪德看来,最个人性的事物也就表现着最人类性的事物。而这也是与马克思主义基本原理相符的。事实上,在纪德那里,完全泯灭人的个性是等同于反人类罪的。所以,他写下了这样的激愤之词:“我怀疑:今日在其他的国家,即算在希特勒的德国吧,‘精神’能比这里更少自由、更低头、更恐怖的(更受恐怖所吓怕了的)?”[47]此处的评价与他以前对两国的对比完全相反,语言或许稍有过头,但也完全可以理解:纪德是按照马克思主义所提出的未来的社会的样态来要求苏联的,结果发现苏联原来是南辕北辙。

要之,纪德对苏联的批评,并非因为苏联搞共产主义,而是因为其搞假共产主义,背叛了马克思主义。纪德曾明确地以列宁的某些论说来批评斯大林统治下的苏联:

> 列宁的防止官吏变成官僚,而提出的不可缺少的三条件:第一,可以随时罢免和选举;第二,薪俸与普通工人工资相等;第三,人人参加监察,使得——他坚持这点——大家暂时都是官吏。而没有一人能变成"官僚"。这三个条件,没有一条履行过。[48]

纪德认为,在苏联,"人民选举,无论公开的或秘密的,都是一种玩笑,一种骗局:从上至下都是委派的。人民只有权利选举那预先指定的人。无产阶级受人玩弄"。所谓无产阶级专政渐渐地成了"官僚分子对于无产阶级之专政"。那些官僚分子们,"不愿意知道什么是真正的社会主义,他们只为阻止社会主义之成功而工作"[49]。虽说是有人认为苏联于20世纪80年代解体后发生了所谓资本主义复辟;但事实上这种复辟在斯大林统治下早已发生。今天我们读纪德对当时苏联的批评文字,不能不惊异于他的眼光的锐利和大无畏的勇气。我想,倘若马克思见到这些批评,会引纪德为知己的吧!

六

我们再来考察一下鲁迅对苏联是否一味赞美而缺乏批评。鲁迅没有到过苏联,并且他要了解苏联也没有纪德那样方便:法共由于当时是合法政党,这当然使它获取苏联信息的管道较为通畅,纪德对苏联的了解亦受惠于此。鲁迅没有这样的政治条件。因此,在鲁迅对苏联的赞美中确有"'信息不对称'下的误读"[50],甚至为苏联排队购物这一表明物质极为匮乏的现象进行了辩护(纪德是毫不客气地给予了批评的)。但鲁迅对苏联亦绝非没有微词。鲁迅对于苏联的批评一般都不是直接的和系统的,而是潜藏于他对苏联文学的译介与评论中。

十月革命后,苏联文坛上曾有一段时间是无产阶级文学与"同路人"文学并存的局面。

所谓“同路人”文学，其主旨在于反对每个作家都以同样的方式进行写作，而是提倡个性化写作。这样的创作主旨当然不会为当时的俄罗斯无产阶级作家联盟（“拉普”）所接受。如“拉普”理论家列列维奇曾写道：“种种小资产阶级作家团体尽管认为革命是可以‘接受’的，却不认识它的无产阶级性质，只把它视为盲目的无政府主义的农民暴动（‘谢拉皮翁兄弟’等诸如此类的团体就是这样），他们用哈哈镜来反映革命，是没有能力组织读者的心理和意识以实现无产阶级的最终任务的。”[51]此处所指的“谢拉皮翁兄弟”即是“同路人”文学的重要团体，所以这里的批评实质上乃是对“同路人”文学的批评。显而易见，在正宗的无产阶级文学理论家看来，“同路人”文学是属于异类的。但鲁迅对“同路人”文学却情有独钟。

鲁迅于 1933 年初编译出版了两本苏联作家短篇小说集，一为“同路人”作家的，名曰《竖琴》，另一为无产阶级作家的，名曰《一天的工作》。两书绝大多数作品为鲁迅所译，均由上海良友图书公司出版（前者 1 月，后者 3 月）。倘若说出版时间的先后尚不能明确说明倾向性，那么两书安排内容的改变却无疑昭示出这一点：起初计划“同路人”作家作品和无产阶级作家作品各收入 10 篇，但后来却变成前者为 12 篇，后者则 8 篇，将《竖琴》中所容纳不下的 2 篇移入《一天的工作》中。这可谓鲁迅策划下的“同路人”作家对无产阶级作家的地盘的“侵略”。当然，鲁迅还翻译了无产阶级作家法捷耶夫的长篇小说《毁灭》；但他也翻译了“同路人”作家的长篇小说《十月》。总的来说，鲁迅对“同路人”作家作品的评价要超过对无产阶级作家作品的评价。

鲁迅认为，尽管“同路人”作品政治倾向性不鲜明，但却真实地写出了革命，绝非什么“哈哈镜”。

鲁迅所译介的“同路人”作家作品有以下几方面内容：

首先是反映十月革命期间斗争的残酷的。如隆茨［鲁迅译为伦支］的《在沙漠上》。此作取材《旧约》，写以色列人在向远方“横着流乳和蜜的国土”的前行过程中的艰辛、饥馑、抢掠、奸淫、流血、复仇、杀戮,其实是在写十月革命。理定的《竖琴》写莫斯科初革命后的饥饿、冻馁、混乱、恐怖,镇压反革命时的冤狱频仍、草菅人命。左祝黎的《亚克与人性》亦是指向当时革命的恐怖与黑暗方面,尤批判了革命后的个人专制独裁、知识分子的为虎作伥。皮里尼亚克[鲁迅译为毕力涅克或毕勒涅克]的《苦蓬》通过零零散散的画面折射出革命进行过程中的一个混乱而荒谬的世界和人的内心世界的变态。而雅柯夫列夫[鲁迅译为雅各武莱夫]的《十月》写莫斯科武装起义,作品对于红军与白军在战斗中的凶残(包括红军征召童子军),给予同等笔力的表现。拉甫列涅夫的《星花》(曹靖华译,收入《竖琴》)是写中亚地区的革命斗争的,但作家对革命与反革命两方面的描写,亦是并无偏倚。在鲁迅所译介的"同路人"作家中,只有谢芙琳娜[鲁迅译为绥甫琳娜]的《肥料》是个例外:作品更侧重于描写反革命分子的凶残(但也写出了革命者的粗鲁与无序乃至乱抓与乱杀)。其余作品大多缺乏明确的倾向性。

其次,有些作品主要表现革命后人民生活的艰难。如扎米亚京(鲁迅译为札弥亚丁)的《洞窟》力在写出普通人们在革命后由于燃料匮乏,被寒冷所折磨,甚至使得知识分子发生人格分裂,沦为偷盗者。左琴科(鲁迅译为淑雪兼轲)的《贵家妇女》通过一个革命胜利后的小官员追求一位"贵家妇女"而不得的故事,来折射出当时普遍的贫穷和饥饿以及等级观念的泛滥。鲁迅在《竖琴》中还收入了柔石译的左琴科的《老耗子》,此作反映了人民对滥发国债的不满(纪德在《从苏联归来》一书中对此给予了正面抨击)。

再次,主要表现革命后人们的并不健康的精神状态。如英贝尔(鲁迅译为英培尔,后转向为无产阶级作家)的《拉拉的利益》表现出人们的古旧观念并未随着革命的成功而得到蜕变;卡达耶夫(《竖琴》集中译为凯泰耶夫,后转向)的《"物事"》(柔石译)展现出革命初胜利后普通民众不独生活困窘而且精神呆滞的那一面。

最后,有些作品实际上是宣传阶级调和论。最典型者当是费定(鲁迅译为斐定,后转向)的《果树园》:此作是写一位园艺工人在革命后对旧主人的忠诚。人们耳熟能详的拉甫列涅夫的《第四十一》亦如是,此作虽系曹靖华所译,但鲁迅也是熟悉的,在《〈竖琴〉后记》中曾提及此作。

倘若我们将鲁迅所译介的上述"同路人"作家作品联系起来通读一遍,自然会对十月革命后的苏联产生另种印象,而作为译介者的鲁迅会更如此。选择本身就是一种价值评判,鲁迅虽然对上述个别作品有时亦有微词,如说皮里尼亚克对于革命"不免有着看不分明之处"[52];但从总体看来,显然给予了更多的赞同与肯定。

鲁迅心仪"同路人"文学,最主要者乃是其真实性。鲁迅这样评判《十月》:人物"没有一个是铁底意志的革命家;亚庚临时加入,大半因为好玩,而结果却在后半大大的展开了他母亲在旧房子里的无可挽救的哀惨"(亚庚尚是一少年,因为好玩参加了红军结果被杀);而伊凡本是一个产业工人却参加了白军屠杀自己的阶级兄弟后又自杀;"虽然临末的几句光明之辞,并不足以掩盖通篇的阴郁的绝望底的氛围气"[53]。这样的作品自然是"非革命"的,但鲁迅认为,"或时或处的革命,大约也不能说绝无这样的情景"[54]。"它的生命(按:指《十月》),是在照着所能写的写:真实。"[55]在译完《十月》之后的1933年,鲁迅仍多次强调《十月》"其中所记系当时实情,可作新闻记事观"[56],"《十月》的作者是同路人,他当然看不见全局,但这确也是一面的实情,记叙出来,还可以作为现在和将来的教训,所以这书的生命是很长的"[57]。"同路人"的作品尽管政治倾向不鲜明,但它却写出了真实,或许是片面的真实,但亦因之达到了片面的深刻。这些作家不会从鲜明的政治立场出发去追求全局的圆满性(那似乎是无产阶级作家所乐于做的),也就不会忽视、冲淡、抹煞那些所谓并不有益于"全局"的真实,从而以"或时或处"的真实,补充与揭示了全局的真实。鲁迅说"同路人"作品的"生命是很长的",其深层原因即在此。可以说鲁迅译介的"同路人"作家的代表作,几乎全部蕴含此种特点,鲁迅亦每每对其发出赞叹:如说扎米亚京的《洞窟》"巧妙地写出人民因饥寒而复归于原始生活的状态"[58],费定的《果树院》"脍炙人口”[59]。有时鲁迅甚至直接将“同路人”作品与无产阶级作家相考较,如说隆茨的《在沙漠上》“篇末所写的神,大概便是作者所看见的俄国初革命后的精神,……现今的无产作家的作品,已只是一味赞美工作,属望将来,和那色黑而多须的真的神,面目全不相像了”[60]。鲁迅不独对这篇写出了革命中的残酷的作品很是欣赏,并且对无产阶级作家作品的一味歌颂提出了批评。

诚然,鲁迅倾心于“同路人”作家作品亦与其较高的艺术水平不无关系;他认为无产阶级作家作品“少有独创性”[61],只是对《毁灭》给予了较高的评价。

但主要的是“同路人”作品的真实性,使得鲁迅在信息不对称的情况下从文学作品认识了苏联的更多方面。而对这些作品的选译介评,事实上也正可以视为鲁迅对苏联的批评。

有一个现象值得注意:鲁迅所译介的“同路人”作家中不乏被杀关管斗者:皮里尼亚克被处极刑,扎米亚京被判入狱,左琴科被苏联作家协会开除,隆茨离开故国,费定等后来被迫转向。尤其是扎米亚京是在十月革命前后被关进牢房的作家,后被迫流亡国外,客死巴黎。在他的创作被自己的祖国封杀四年之后的1930年,鲁迅却将他的《洞窟》译出,并大加赞许。过去鲁迅曾被称为党外的布尔什维克,鲁迅如此做法显然并不符合布尔什维克的党性原则。这是与斯大林的暴政的一种情感对立,完全可以看作对当时的苏联的一种批评。可以预言,倘若鲁迅同纪德一样有机会到了苏联,那么他也会写出一本对苏联进行批评的书的,因为他同纪德一样追求真实,反对任何“瞒”和“骗”。他追求个性自由(这也是他与“同路人”作家相亲和的原因之一),反对将人们个性全部抹煞的专制独裁。

七

但鲁迅与纪德对苏联的批评不独形式不同,一为间接、宛曲的方式,一为直接、明确的方式;批评的着力点亦有区别:鲁迅对于反映革命斗争的残酷方面的作品译介得更多一些,蕴涵着更多的人道主义情怀,纪德则注重从革命后的现状并不符合革命理论角度立论,尤强调斯大林政权对人的个性的抹煞,更具理论杀伤力。此种不同,一方面与两人的文化背景有关,更主要是由于鲁迅既乏信息又无亲身实践体验造成的。然而从中却透视出这样的消息:鲁迅对苏联式的共产主义已有所怀疑。至少在情感上有抵触情绪。鲁迅十分关心爱罗先珂回国后的命运当是一例。有一次他同荆有麟谈起一位日本朋友来信说爱罗先珂回国后不明不白地死掉了(后经戈宝权先生调查,爱罗先珂活至1952年[62]);鲁迅对此是这样解释的:"他主张用和平建立新世界,却不料俄国还有反动势力在与共产党斗争,共产党当然要用武力消灭敌人,他怎么会赞成呢?结果:他就被作为敌人而悄悄消灭了。"[63]从语风上不难看出鲁迅对苏俄政权滥用暴力的不满。事实上,鲁迅对苏联的态度是矛盾的:一方面,他认为苏联是建立了世界上第一个无产阶级政权的国家(一心一意为劳苦大众的解放而战叫的鲁迅当时确实认为只有这样的政权能使劳苦大众获救),所以他向往这个国家,捍卫这个国家,这诉诸理智层面,主要体现在他的杂文创作中;另一方面,他对这个"新型国家"建立过程中及其以后产生的过多的血污有时心存抵触,这更多地诉诸情感层面,主要体现在他对"同路人"文学的译介和私下谈话中。[64]

尽管鲁迅与纪德在对苏联的批评方面呈现出诸多不同,然而两者之间有着一个特别突出的共性:作为知识分子的独立性品格和敢于向权力(无论其为何种样态,打着什么旗号,只要它欺压人民)挑战。纪德先是对法国资产阶级政府宣战,批判它的罪恶的殖民主义政策,批判它的等级制度,批判它的社会的虚伪。这可谓是出身于资产阶级家庭的纪德的反戈一击。当他发现他所心向往之的苏联在暴君的统治下完全背弃了马克思主义,他又开始对苏联进行批判,从其经济基础到上层建筑,从大众受压到党讼冤狱。这又是反戈一击。并且由于他对马克思主义理论的谙熟,这些批判更具有致命性。也正因此,无论是法共还是苏联都采用了一切手段来阻止他,但终归无效。他保持了自己的独立性。

鲁迅更是如此。民国前,他反对清朝专制统治,民国后,他反对北洋军阀统治,后来又与国民党反动统治不共戴天,无论政权的高压或收买,他都矢志不移。

他成了自己所由出身的阶级的逆子贰臣。他走向了新的阶级，走向了共产主义。但他只要知道真相，就绝不盲从。苏联业已扼杀的作家，他敢于译介。那并非对新政权歌功颂德的文学流派，他表示出自己的心喜，因为他深知，革命成功之后再去颂扬革命，“就是颂扬有权力者，和革命有什么关系”[65]？人说1927年“四·一二”政变后，他成为党的一名小兵，可是他却对党在文化战线上的领导干部从不尊重，称其为“元帅”、“工头”、“奴隶总管”，因为他看透了这些人口头上称自己为新兴阶级的代表，实质上却是借革命以自肥的利己主义者。亦正因此，他不得不“横站”着战斗。鲁迅从对世界文学史的研究特别是从对“同路人”作家的命运的了解中，深知自己的独立性将会给他带来的命运：他在与冯雪峰的一次谈话中，说了这样一句话：“你们来到时，我要逃亡，因为首先要杀的恐怕是我。”[66]虽然是以调侃语气出之，但所透示出来的却恰恰是心理真实。这也恰与后来毛泽东所言解放后鲁迅“要么是关在牢里还是要写，要么他识大体不做声”[67]相呼应。

鲁迅与纪德永保自己的独立品格、敢于向任何权力挑战的立场，确保了他们成为被统治者和弱势群体的代言人，成为知识分子的世界性的楷模。

鲁迅与纪德这样的世界性的知识分子在20世纪30年代转向共产主义并以苏联为实行这种主义的样板和不久后对苏联的批评或保留，揭示出：一部分作为社会良知与社会正义的知识分子，在资本主义社会和殖民地半殖民地社会发生危机、法西斯主义日益猖獗的年代，将目光更加投向共产主义有其合理性与必然性，因为共产主义理论确实向世间展现出美好的前景，它不但使一切剥削与压迫不再存在，使社会不再存在弱势群体，而且使一切人都得到解放，特别是使一切人的个性得到解放。这是多么诱人的前景啊！但当打着共产主义的旗号的苏联却建立了一个完全与共产主义背道而驰的专制社会、一个弱势群体备受欺凌的社会、一个产生了并不比原来的资产阶级好甚至比其有过之而无不及的新的资产阶级的社会时，当这一真相被得知或被有所感觉时，那么能否对苏联进行批评或有所保留(视其对苏联的了解程度而别)，就是对这些知识分子的严峻的考验。纪德经受住了这个考验，所以他是一位伟大的知识分子；鲁迅也显示出经受住如此考验的明确趋势，所以他也是一位伟大的知识分子。这也是鲁迅可以与纪德相比拟的重要原因之一——而这是斯诺基于当时的历史条件不可能进行论证的。

注释

① 《中国的伏尔泰——一个异邦人的赞辞》，鲁迅先生纪念委员会编《鲁迅先生纪念集》(评论与记载)悼文第二辑第63页，上海书店1979年复印版。

② 《南腔北调集·又论“第三种人”》。

③ 《书信·340916致徐懋庸》，《鲁迅全集》第12卷第516页，人民文学出版社1981年版(下同)。

④ 《书信·340920致徐懋庸》，《鲁迅全集》第12卷第517页。

⑤ 《译文序跋集·〈描写自己〉和〈说述自己的纪德〉译者附记》，《鲁迅全集》第10卷第454页。

⑥ 《书信·341226致黎烈文》，《鲁迅全集》第12卷第619页。

⑦ 《且介亭杂文二集·“题未定”草(五)》。

⑧ 《译丛补·描写自己》，《鲁迅全集》第16卷，人民文学出版社1973年版。

⑨⑩ 《纪德文集·游记卷》第333,127页，花城出版社2001年版。

⑪⑫ 朱静、景春雨：《纪德研究》第103,104页，上海外语教育出版社2005年版。

⑬⑱⑲㉑ 转引自皮埃尔·勒巴普《纪德传》第362,373,383,377页，东方出版中心2001年版。

⑭ 皮埃尔·勒巴普：《纪德传》第368页，东方出版中心2001年版。

⑮ 《费尔巴哈》，《马克思恩格斯选集》第1卷第24页，人民出版社1972年版(下同)。

⑯ 《共产党宣言》，《马克思恩格斯选集》第1卷第273页。

⑰ 《共产主义原理》，《马克思恩格斯选集》第1卷第217页。

⑳ 转引自克洛德·马丹《纪德》第212页，三联书店1992年版。

㉒ 参见拙作《论鲁迅世界观质变的渐进形式》(《社会科学辑刊》1986年第5期)和《试论鲁迅思想发展应分四期》(《沈阳师院学报》1987年第4期)。

㉓ 《坟·灯下漫笔》。

㉔《书信·260617 致李秉中》,《鲁迅全集》第 11 卷第 467 页。

㉕《集外集拾遗·老调子已经唱完》。

㉖《华盖集·北京通信》。

㉗㉘《南腔北调集·我们不再受骗了》。

㉙㉝《南腔北调集·林克多〈苏联闻见录〉序》。

㉚ 邱存平:《现代人的呐喊——鲁迅的人生探求》第 101 页,解放军出版社 2000 年版。

㉛ 恩格斯:《反杜林论》,《马克思恩格斯选集》第 3 卷第 332—333 页,人民出版社 1972 年版。

㉜ 毛泽东:《致秦邦宪(1944 年 8 月 31 日)》,《毛泽东书信选集》第 239 页,人民出版社 1983 年版。

㉞《且介亭杂文·答国际文学社问》。

㉟ 孙郁:《俄苏文化影子下的鲁迅》,《解放军艺术学院学报》2003 年第 3 期。

㊱ 维多·绥奇:《论纪德与〈从苏联归来〉》,载《从苏联归来》第 5 页,辽宁教育出版社 1999 年版(下同)。

㊲㊴㊸㊹㊺㊻㊼ 纪德:《从苏联归来》第 42,14,42,27,32,49,44 页。

㊳㊵㊶㊷㊽㊾ 纪德:《为我的〈从苏联归来〉答客难》,载《从苏联归来》第 163,93,104,105,109,107—108 页。

㊿ 散木:《鲁迅与苏联》,《社会科学论坛》2003 年第 6 期。

(51) 转引自符·维·阿格诺索夫主编《20 世纪俄罗斯文学》第 140—141 页,中国人民大学出版社 2001 年版。

(52)《译文序跋集·〈苦蓬〉译者附记》,《鲁迅全集》第 10 卷第 380 页。

(53)(54)《译文序跋集·〈十月〉后记》,《鲁迅全集》第 10 卷第 319,317 页。

(55)《译文序跋集·〈十月〉首二节译者附记》,《鲁迅全集》第 10 卷第 324 页。

(56)《书信·330510 致许寿裳》,《鲁迅全集》第 12 卷第 176 页。

(57)《书信·330626 致王志之》,《鲁迅全集》第 12 卷第 190 页。

(58)《译文序跋集·〈洞窟〉译者附记》,《鲁迅全集》第 10 卷第 352 页。

(59)(60)《译文序跋集·〈竖琴〉后记》,《鲁迅全集》第 10 卷第 342,340—341 页。

(61)《译文序跋集·〈一天的工作〉前记》,《鲁迅全集》第 10 卷第 355 页。

62 戈宝权:《鲁迅与爱罗先珂》,1961年10月18日《光明日报》。

63 荆有麟:《鲁迅回忆断片》,鲁迅博物馆鲁迅研究室《鲁迅研究月刊》选编《鲁迅回忆录》(专著)上册,第152页,北京出版社1999年版。

64 参见拙作《理智审视同感情拥抱的合与离——对鲁迅与苏联文学关系的理解》,《社会科学辑刊》2001年第5期。

65 《集外集·文艺与政治的歧途》。

66 李霁野:《忆鲁迅先生》,《鲁迅先生与未名社》第183页,人民文学出版社1984年版。

67 周海婴:《鲁迅与我七十年》第371页,南海出版公司2001年版。

(《鲁迅研究月刊》2006年第11期)

第三辑

日本的鲁迅研究

［日］丸山升著　靳丛林译

前　言

这篇文章是应编者的建议，将我以前发表的两篇文章，即《日本人和鲁迅(上)》(《人文学部纪要》4、5号合刊，1971年3月，和光大学人文学部)与《在日本的鲁迅(上、下)》(《科学与思想》41、42号，1981年7月10日，新日本出版社)整理成一篇，并略有增删。关于这些问题，前辈们的成果本文曾多次引用的有：冈崎俊夫的《日本的鲁迅观》(《鲁迅指南》56年岩波版《鲁迅选集》别卷)；还有在日本的有关文献目录，如鲁迅研究会编《鲁迅研究文献目录》(《文学》昭和56年10月号及同年12月号的《补遗》)，饭田吉郎编《现代中国文学研究文献目录》(昭和59年，中国文化研究会，及《大安》昭和61年5月号的《补遗》)，本文从中受益匪浅。

从青木正儿到战前左翼

一

将鲁迅的名字最早传到日本的是青木正儿的《以胡适为中心的潮涌浪旋着的文学革命》(《中国文学》1卷1—3号，1920.9—11)一文。正如标题所示，文章是介绍文学革命的。该文临近结束时这样写道：

> 在戏剧小说方面，并无更令人注目的作品。翻译方面，周作人作为近代大陆文学介绍者在辛勤劳作，译笔不拘于旧文明而直译，似一味尽力追

> 求原文韵味。小说方面,鲁迅是位有远大前程的作家,如他的《狂人日记》,描写一个患迫害狂的人的恐怖和幻觉,达到了迄今为止的中国作家尚未达到的境地。

刊载这部分文字的,是1920年11月发行的第3号。1920年已是《文学改良刍议》发表3年之后了,文学革命正如那文章题目所示,正"浪旋"着,处在高潮之中。那时,《中国学》从创刊号到3月号上连续介绍文学革命,显示出当时杂志的品格和青木正儿个人见识的一个侧面。

即以他评价鲁迅的文字(文末记为大正9年10月10日脱稿)来看,那时假定他读了鲁迅已发表的全部作品,也不过是《狂人日记》、《孔乙己》、《药》、《明天》和《一件小事》,但他却能慧眼独具,看出"鲁迅是位有远大前程的作家"。

青木在该杂志1卷5号(1921.1)写的有关汉文训读废止论一文的开头,引述了荻生徂徕的所谓"汉学教授必先汲取中国语"的说法之后,这样写道:

> 这在今天看来当然不是什么高谈阔论,但在那个时代也实在是天马行空。是的,现在虽说是很平常的说法,但二百年来始终未能实现,这岂不怪哉?中国素有保守国家之称,而我国如何?且不说全体国民,仅就受汉学滋育的人们来说,脑筋又如何呢?像残留在海边浪花中秃头章鱼的惨相,与其说是可笑,莫如说是滑稽吧。在第3号里,我饶舌介绍了中国国民非保守的一面,待见到秃头章鱼时,便像倒出五脏六腑般作呕。糊涂至极,还是待潮汐时问问海面上的海鸥吧。①

他对文学革命的介绍,不单有评价上的疏漏。

鲁迅的名字开始出现,是在前面引述的文字中,即在《中国学》第3号上,比之早一个月的第2号上,则有下面这样一段文字:

> 现在一个新的事实是,有了白话诗的同行,刘半农、沈尹默、唐俟等也踊跃参加。这些人中,胡适稍有癖好,即以闪现西学新知识而劈新风;沈

则可看出站在本国立场上力图摆脱旧习，但往往因了古人而步入旧诗意境之中；刘是最有新式文人气质的，却常常难免遭人非议为肤浅；唐则诗味淡泊，未能入境，就象扒拉茶泡饭一样，往坏了说是索然无味。

这是对鲁迅用唐俟笔名发表的《梦》、《爱之神》、《桃花》、《他们的花园》、《人与时》和《他》等白话诗的批评。青木当然不知道唐俟和鲁迅是一个人，他对鲁迅作品的批评，这一段文字大概是最早的。在日本，对鲁迅作品最初下的批语是"每月"一次，这倒是个有趣的事实。

刊载青木这篇文章的《中国学》寄给了胡适，同时，致鲁迅信也通过胡适送到鲁迅手中。鲁迅给青木正儿写了这样一封回信：

拜启：惠函奉悉，《中国学》亦已收到，甚感。

先前，我在胡适君处的《中国学》上，拜读过你写的关于中国文学革命的论文。衷心感谢你怀着同情和希望所作的公正评论。

我写的小说极为幼稚，只因哀本国如同隆冬，没有歌唱，也没有花朵，为冲破这寂寞才写的，对于日本读书界，恐无一读的生命与价值。今后写还是要写的，但前途暗淡，处此境遇，也许会更陷于讽刺和诅咒罢。

中国的文学艺术界实有不胜寂寞之感，创作的新芽似略见吐露，但能否成长，殊不可知。最近《新青年》也颇倾向于社会问题，文学方面的东西减少了。

我以为目前研究中国的白话文，实在困难。因刚提倡，并无一定规则，用词、造句皆各随其便。钱玄同君等虽早就提倡编纂字典，但尚未着手。倘编成，当方便多了。

我用这么拙劣的日文给你写信，请原谅。

青木正儿先生

周树人　十一(十二)月十四日[②]

二

众所周知,日本的中国文学研究,虽然有着悠久的历史和传统,但那研究有一种主导性的倾向,就是仅限于古典文学研究而没有面向现代文学。这一倾向大约持续到战后。其实主要原因如下:(1)对中国的传统文化的敬意,多半是和有着思想背景的对儒教的肯定密不可分。按照这种观点来看,对传统尤其是对儒教的批判为出发点的中国现代文学,一开始就是被视为“异端”的。(2)在现代日本,近代中国只具有作为没有经济市场的政治军事扩张对象的意义,难以培养对其文化的正常的关心;而且对中国传统文化的敬意同这一倾向并不矛盾,毋宁说与其胶着,给其以补充。(3)日本有一种倾向,即自古以来创始的“汉文”的独特读法,亦即将中国的文言文多少有点强行置换成日语的“训读”,这在日本的学院派中是主流,现代中国语仅仅是为了满足贸易、军事上的需要。和这互为表里的是中国语学科学研究的落后。

在这种情况下,忽略对上述三点原因中的某一点或整体的批判,日本的中国现代文学研究便不能成立。青木怀着善意介绍中国文学革命决不是偶然的,他对包括主张对东大“汉学”加以批判的京都“中国学”派,尤其对训读进行过尖锐的批评。随后在学院派中,首次将鲁迅的《呐喊》作为课堂讨论课文的,是30年代初期京都大学副教授仓石五四郎。仓石是在和留学中国同时公开宣布“将训读抛在黑色海滩”的训读废止论者。作为外国语学者,他因将自己的后半生都献给了中国语言学的研究和教育而广为人知。历史地看,训读所起的作用,究竟占有怎样的地位姑且不论,关心中国现代文学则必须上紧这种猛烈批判训读的发条。

但是,作为京都中国学界的整体来看,后来对中国现代文学的关心未能持续下去,毋宁说是冷淡下来。为了继承作为一门学问而得以完成的清朝考证学的实证性传统,他们在批判东京汉学界的另一面,大概又难以接受中国现代文学所具有的倾向、幼稚与不成熟。也许是一时间与亡命京都的罗振玉、王国维等人交往过密，心理上对现代中国产生了反感。真正显示出关心现代文学的，是左翼文艺运动之后出现的中国文学研究会的顽强努力。

话题似乎跑远了些，言归正传。

不过，在此之前，在鲁迅开始真正的创作活动之前，日本也曾经介绍过有关他的工作，这是最近才搞清楚的。发现者是当时东大大学院的博士生藤井省三。他以调查日本文献对鲁迅早期思想影响为目的，在查找明治时代的杂志时，发现了《日本及日本人》杂志上有关鲁迅的文章：

> 在日本等地，欧洲小说是大量被人购买的。中国人好像并不受此影响，但在青年中还是常常有人在读着。住在本乡的周某，年仅二十五、六岁的中国人兄弟，大量地阅读英、德两国语言的欧洲作品。而且他们计划在东京完成一本叫《域外小说集》，约卖三十钱的书，寄回本国出售，已经出版了第一册，当然译文是汉语。一般中国留学生爱读的是俄国的虚无的作品，其次是德国、波兰那里的作品，单纯的法国作品之类好像不太受欢迎。[③]

在日本留学中的鲁迅，中途退出仙台医专回到东京，自筹创办《新生》杂志流产之后，在《河南》杂志上发表了一系列论文，阐述他早期的思想和文学观，继这些工作之后，就是印行了以东欧文学为中心的翻译作品《域外小说集》。那是他和弟弟周作人的共同事业。这本书，据鲁迅所说只卖了二十部。这也许多少带点小说味道的夸张，但恐怕也只能是这些部数吧。上述介绍这一情况的文章，大概是世界上最早对鲁迅所作工作作出的反响。

三

鲁迅作品最早被译成日语的，是住在北京的日本人发行的日语杂志《北京周报》（北京远东新信社）19号（1922.6.4）上刊载的周作人译的《孔乙己》[④]。其后，该刊还登载了鲁迅自译的《兔和猫》以及《中国小说史略》的前半部，再就是历来鲜为人知而最近才发现的刊载了鲁迅三篇谈话并和鲁迅关系较深的杂志。[5]

藤原镰兄是《北京周报》的主编。而在藤原的率领下,作为记者的丸山幸一郎(号昏迷)等人成了最早具有进步思想的优秀新闻记者。该杂志另一号(1924.12.21)上,还登过"周鲁迅作、东方生译"的《说胡须》。此外,当时在北京办崇贞女子学校的清水安三又在该刊连载了《今日中国的文学》,其中出现鲁迅条目的,是这一年3月2日的《北京周报》。我手头有收录在当年两册[6]单行本之一《中国新人和黎明运动》一书中的该文,尚未确定与《北京周报》文章的异同,但在日本国内,这恐怕是仅次于青木正儿的评论了。文章引述了爱罗先珂的话:"至少是今日中国的创作家";以及胡适所说用白话创作,"成绩最大的却是一位托名'鲁迅'的,他的短篇小说,从四年前的《狂人日记》到最近的《阿Q正传》,虽然不多,差不多没有不好的";并以此为铺垫,扼要介绍了《孔乙己》和《白光》,然后指出:"描写是自然主义的,加以若干讽刺。《狂人日记》和《阿Q正传》都是好作品。"文章还说:

> 就像爱罗先珂活在他身边一样,他的作品是轻盈的,带点小品风格的《兔和猫》、《鸭的喜剧》等如是……尤其是他在爱罗先珂到来之前作的《故乡》,那是二十年后回到故乡想起"闰土"时的冷静的作品。

《孔乙己》、《白光》和《故乡》好像给清水的印象很深。在下面谈到的《中国当代新人物》中,他在介绍了《孔乙己》的内容之后,又写到:"除《孔乙己》外,有《故乡》和《白光》。"

在这《今日中国的文学》一文里,除鲁迅外,还有绪论、林纾、白话、胡适、圣陶、仲密(周作人)、其他和结论各节。林纾一节中有如下记述:

> 用古文翻译小说的,还有周作人和他的兄弟的《域外小说集》。他的技术也更为出色。

而在《中国当代新人物》里,则同宣统皇帝、张作霖等政治人物一起介绍了胡适、陈独秀、李大钊、孙文、蔡元培等人。其中有"周三人"一项。[7]开头部分这样写到："周三人！闻所未闻的名字！所谓周三人，不过是将周树人、周作人、周建人加在一起的称呼。"关于周建人只说"不大了解"，而专门介绍了鲁迅和周作人。

关于鲁迅则如前所述，在介绍了《孔乙己》之后这样说道：

> 鲁迅有一癖好，便是经常恶狠狠地咒骂中国的旧习惯和风俗。这一个孔乙己也还是科举制度生下的可悲的牺牲品。以此为主题，整个作品中投下的人的暗影，得到了最深刻的表现。心理描写是拿手的，也注意表现的细腻。他的创作中表现出来的人生，总是充满了诅咒。然而那严酷烦恼的人生，必定要出现什么难以解决的某种牺牲。自由自在地萌生的草木并无一棵，尽管痛苦不堪，但还是能够感受到人生的出路。但是，鲁迅笔下的人生，几乎都是黑暗人生的描写。鲁迅自己大概有过苦恼的人生问题，有过何等寂寞的体验吧，所以创作没有一点光明。除《孔乙己》外，有《故乡》和《白光》。

这是1924年的事，能够深入到鲁迅的思想内面，可谓一种真正的理解了。清水的这两册书，附有吉野作造的序文出版了。这是继青木之后，鲁迅的名字得以在日本流传。

由于年代久远的缘故，这里才援引了较为冗长的引文。青木氏是中国文学的专家，清水氏则是在中国的传道者、教育家。在这一时期，除了和中国有什么特殊关系的人以外，鲁迅的名字并不为人所知。

四

鲁迅作品在日本国内翻译并首次发表的，是1927年10月武者小路实笃编辑的杂志《大调和》上揭载的《故乡》。译者虽经多方调查却始终不明。[8]译文也有误译，如末尾"地上本没有路"之前的"希望是无所谓有，无所谓无的"，被译成"希望本来就没有所谓的有，没有所谓的无"，这样一来，意义就不通了。但考虑到当时中国语教育的水平,最初的翻译中存在这样的误译也是不可避免的。

这一期《大调和》是《亚洲文化研究号》,小说栏中与《故乡》并载的有当代传奇《柳毅传》,评论、随笔栏中有郭沫若的《革命和文学》以及胡适等人的文章;有些杂乱,新奇倒是挺新奇的,整体看是出于对亚洲或中国一般状况的关心而编集的。[9]选中鲁迅的动机不清。武者小路在"卷头语"中写道:

> 印度在思想方面有极优秀的人才,中国个人方面缺少公认的优秀人才。国民动荡不安,像有什么新奇的事将要发生。

关于鲁迅,介绍了简单的经历之后,称其为"民国第一流的短篇小说作家"。不管怎么说,武者小路编辑的杂志刊载这样一些内容本身,正显示出对中国的新气息和所谓国民革命政治动荡的关心,受其触发,日本文化界也终于感应到了这一状况。

五

然而,中国革命,无论是历经国民革命——北伐而取得了进展,还是由于1927年4月12日蒋介石反革命政变受到挫折,在日本反应最敏感的还是无产阶级文学运动。小牧近江、里村欣三第一次写了报告文学《到青天白日的国家去》(《文艺战线》1927.6),两国间声明的转载,呼吁书的交换等等,都在30年代盛行起来。[10]

不过,这时期对鲁迅的理解和评价是很有限的,不大正确也不深刻,主要是受无产阶级文学运动的影响,或者应该说是直接受到1928年中国展开的"革命文学论争"的影响。像创造社、太阳社那样批判鲁迅的人很多。[11]如1928年7月号《战旗》刊登了山田清三郎、藤枝丈夫与成仿吾以及郭沫若的会见记。[12]在后者的文章中可以看到K说了这样的话:

> 先前,创造社也曾受到极左理论的指导,近来则遵从外界的政治意见

> 转换到具有相当包容力的运动中来。……一般说来,CP的文艺政策在各杂志中都得到相当迅速、深刻的反映。这方面好像比日本干得好。……现在主要是对旧文学的清算。鲁迅、张资平等人受到了严厉的批判。……在日本这类事情不大好判断,请广为介绍一下。日本的作品介绍哪一位的,也请告之。互相勉励吧!

还有国际文化研究所[13]的机关杂志《国际文化》,它主要是靠藤枝丈夫大力介绍中国现代文学的。藤枝丈夫在这个杂志上称赞创造社充满了“惊人的活力”,并写道:“对于以《语丝》、《北新》月刊为基地,经常发表一些反革命谰言的鲁迅一派,必须予以彻底的批判。”[14]同样的旨趣曾说过多次。国际文化研究所是后来的无产阶级研究所的前身。

这责任不在藤枝丈夫。无论在日本还是中国,当时的左翼似乎都具有这种思想上的幼稚性。年轻的无产阶级文学之所以急欲在文学中直接表现政治主张和“革命的题材”,毋宁说是不懂得文艺的规律。同样的倾向,在当时满铁周边的研究者中也很强烈。

《满蒙》12卷1号(1931.1)上,与长江阳译的《阿Q正传》一起,同时刊登了大内隆雄(山口慎一)的《鲁迅和他的时代》[15](《阿Q正传》连载到同年5月号)。该文末尾说“本文许多材料得益于钱杏邨的《现代中国文学作家》”,文中也的确引用了钱杏邨的文字,观点也同钱杏邨《死去了的阿Q时代》一文的要点相同。如说:

> 凡读过那两部集子(《呐喊》、《彷徨》)和《野草》的人,从那里是看不到革命出路的;只有作者在那里呐喊和彷徨,他终于只是野草,而未能成为乔木;他只说了过去和现在,却没有将来。
>
> 鲁迅在那里暴露出小资产阶级的根性,小资产阶级的任性,不能认错且疑虑,我们都能看出这些问题之所在。即使前面有一条光明的路,他也不会走向那里,而且不安于现实,理想中也缺少希望,结果是惟有在歧路上徘徊。

大高严等人也有同样倾向。[17]战前被视为研究中国问题佼佼者且至今仍享有盛誉的铃江言一,也写过下面这样的文章:

> 革命文学的起源,在1916、1917年的所谓文艺复兴运动中就存在。它在五四运动中更得到具体的发展。文学领域中显示了这一倾向的,是鲁迅及其代表性作品《呐喊》。但当时中国革命的思想主要是反封建的思想,马克思主义还没有势力。鲁迅当时是自由主义思想的代表。他的作品描写了贫民生活,对贫民生活表示了更多的同情,但其中没有任何阶级立场,这一状况,文学史上称之为"阿Q时代"。1924年左右,中国无产阶级大量增加,革命逐渐走向高潮,但鲁迅作品依然停留在感伤主义阶段,不问所处的经济背景,只是从人类的一般弱点对封建势力、封建社会加以攻击。此时鲁迅一派的地位已渐趋没落。[18]

当然《满蒙》上也有并非这样直接输入钱杏邨理论观点的文章,1931年5月原野昌一郎的《中国新文艺和鲁迅》一文就是一例。

关于这篇文章的作者,我虽一无所知,但至少觉得他读鲁迅作品所得感想是很温和与准确的。原野看出了"乡土艺术家"的风貌是鲁迅的最大特色。他写道:

> 作为文化国家的中国,作为哲学家的中国人,在东方在世界上都具有足以夸耀的广博的心灵的著作,或具有迷蒙的古典的无垠。特殊的国情这里是一言难尽,也无须赘言,但文学的效果却将这块土地上发生的现实给予最准确的剖析和普遍的反映。……中国是世界上有数的具有广大土地的国家,所以它的文学形态能够出现多种多样也是理所当然,然而最准确地表现了现代人的还是鲁迅。

将一个作家和作品联系其他民族风俗和文化传统来加以审视和理解,这在日本也是理解中国近代文学的一种类型。原野的情况便与常见的类型有所不同。他谈道:

> 无须讳言，中国在世界上是毫无例外的具有传统精神的老大国家，千百年来，祸乱、重压在它的东方性的广泛的文化、政治、经济各方面轮回再起，百官的横恣，民众的被压迫，实在是带着无与伦比的冷酷性反复运转着……我们翻开一页历史，即可看到这痛烈的现实。虽然封建的压制在世界各国都可以看到，但达到这种深烈程度的，世界上何处有之呢？如此看来，他们一面怯懦、残忍，乃至执拗的勤勉性、天命观、乡党间的团结等等，显然具有充分的必然性。

这就是说，他用所谓民族风俗之类语言所表述的，是中国历史和现实的重负，是对描写出这一切的鲁迅的共鸣：

> 短篇《孔乙己》中的孔乙己，《风波》中的七斤，《阿Q正传》中的阿Q，难道不就是确确实实的中国人的形象吗？……尤其值得我们最关心赞美的，是他的主题几乎全部都是在最下层呻吟的民众的形象，并把它用具有写实的可靠性的面貌呈现在我们面前，赤裸裸地暴露出占中国民众多半的农民形象。

原野在这篇文章中设了“诸家的评论”一节，介绍了方壁的《鲁迅论》、尚钺的《鲁迅先生》，钱杏邨的《死去了的阿Q时代》和成仿吾的《〈呐喊〉的评论》，等等。在成、钱二人之中，他比较赞成成仿吾。他写道：

> 不管怎么说，他是从广泛的认识（既是艺术的又是哲学的）出发来加以评论的，这一点与钱杏邨的社会性排他主义的评论不同。……真正的批评，应该避免片面而具有囊括（形而上与形而下）意义的普遍性，并且兼具局部的渗透性。批评确乎是非常之难的，我似乎在成仿吾身上感到了某种暗示。

把《〈呐喊〉的评论》当作从无产阶级文学立场出发所作的评论等等，是被成仿吾当时的立场所迷惑。《〈呐喊〉的评论》本身的评价虽然有问题，但原野的确是为了反驳前面提到的大内文章而写下此文的。

不过,这一时期除原野之外,表现出对鲁迅出色理解的是作为联合新闻特派记者而到广东的山上正义。在以鲁迅为主题的文章中,他的《谈鲁迅》[19]是刊登在日本一般杂志上最早的文章。文章鲜明地描写出广东时代鲁迅的形象,今天看来仍不失新鲜感,尤其是描写“4·12政变”(广东晚三天,4月15日开始)后的时局和鲁迅对此的愤怒和哀叹。关于山上正义我曾写过一本书[20],这里仅作简要的介绍。在无产阶级运动的摇篮时期,他曾在《播种人》上发表过俳句《罢工的早晨》,日本共产党正式成立之前他因散发反战传单的“晓民共产党事件”而受到8个月的监禁,出狱后去了中国。在广东,他从鲁迅那里得到允诺翻译了《阿Q正传》,1931年出版,此外还写过以1927年末广东的事件为题材的戏曲《震撼中国的三天》。他与尾崎秀实关系密切,又因与佐尔哥有联系而受到“牵连”。他本人于尾崎、佐尔哥等人被捕前的1938年12月病死,在尾崎、佐尔哥案件判决时,他被认定为“日本人方面负有联络责任的共产主义者”。

日本最初的也是最优秀的鲁迅专论,就是由这个具有如此经历并有着良好记忆的人写的。前述山上的文章,在活生生地描绘出广东时代鲁迅风貌的同时,也准确捕捉到了鲁迅广东经历所具有的意义,这一点作为鲁迅论也是很出色的。而且正由于反革命政变使革命受挫,人们满怀着愤怒与悲哀的缘故,像具有山上正义这样经历的人才有可能感受到。

把鲁迅断定为“小资产阶级”的见解和山上的看法,二者都是基于左翼而得出的结论,如此看来,在意识形态和阶级立场方面有出现坚定与危险的两种分化的可能。

从佐藤、增田到小田

六

左翼文学方面对鲁迅是比较关心的。时间稍晚一、二年,在影响和深度方面具有极大意义的,是佐藤春夫、增田涉对鲁迅的翻译和介绍。1931年1月,《中央公论》刊载了佐藤春夫译的《故乡》和《关于原作者小记》,同年4月《改造》刊登了增田涉的《鲁迅传》,7月的《中央公论》刊有佐藤译的《孤独者》。

此前从1928年左右开始,翻译出版过《鸭的喜剧》、《白光》、《孔乙己》,上海的日文报纸《上海日日新闻》还刊登过井上红梅译的《阿Q正传》。井上译的《阿Q正传》,曾以《中国革命畸人传》为题发表在1929年11月的《奇谭》(文艺市场社)上,这是《阿Q正传》的译文首次在国内发表[21]。此后,《满蒙》从1931年1月连载长江阳译的《阿Q正传》,同年9月、10月,松浦圭三和林守仁(山上正义)译的《阿Q正传》分别出版了单行本[22]。松浦圭三自己在《译者序》中说:"在作者的作品中,迄今为止被译成日文的,除了作者自己动手译成日文的《兔和猫》以外,这是第一部。"可见,前面提到的各种译文,只在极有限的范围内才能读到。后来由于已经确立了第一流作家地位的佐藤春夫,在具有代表性的综合杂志《中央公论》上翻译了鲁迅的作品,就具有更大的意义。从此以后,鲁迅的名字,终于为日本文化界所知晓。

佐藤春夫最初是通过英译本读的《故乡》,并对照原文进行了翻译。他曾说自己是靠半拉英语半拉汉语的阅读力干了一个人的翻译活儿。[23]在同一篇文章里,他还谈了读《故乡》的印象:

> 《故乡》中那种中国古代的诗情(那是我非常喜爱的),完全化在近代文学里了。这也许是中国古代的文学传统在近代文学中复活了……总之,我看到我们日本的近代文学,完全和古代文学处于隔绝的状态,深感不满,所以译此《故乡》,以促使人们学习。

他在鲁迅逝世时写的文章[24]中又说:

> 假若你读鲁迅作品时稍加注意……在什么地方也一定表现着月光的描写少年的生活。我想月光是东洋文学中的传统的光,少年是鲁迅本国里的将来的惟一的希望。……假若说月光是鲁迅的传统的爱,那么少年便是对于将来的希望与爱。

他在鲁迅身上看到了中国文学传统与现代意识的不可调和的统一。

冈崎俊夫曾经写道:“佐藤之所以翻译鲁迅的作品,不过是他喜欢中国文学的延长,他是以译种种古典文学的精神,把手伸向了鲁迅的作品。这位诗人和鲁迅在精神上是风马牛不相及的。”[25]这是修正、补充说佐藤接触鲁迅的角度,却是为历来所忽视了的鲁迅文学与传统的关系问题。这可谓比较公正的看法。但是,思考鲁迅文学的时候,怎样从整体上理解他与活生生的现实的关系和传统文化的影响呢?这对今天的研究者来说仍然是一个很大的课题。佐藤所关心的侧重点在于“传统”,而没有看到鲁迅具有的强烈的政治性和社会性,这是难以否定的。

增田涉是佐藤很好的合作者,他干了许多实际工作。在旧制高中时代,增田涉便由于佐藤作品的影响而倾心于中国文学。在东大中国文学科学习时又师事佐藤,并帮助翻译中国小说。1931年携带佐藤给内山完造的介绍信到中国,经内山介绍与鲁迅相识,10个月期间,直接聆听鲁迅亲自讲解《朝花夕拾》、《中国小说史略》、《呐喊》和《彷徨》等。

增田涉之于鲁迅,与其说是作为作家来了解,莫如说带有很强的对《中国小说史略》的作者——“极优秀学者”的崇敬的观念。总之,在一种追随鲁迅学习的心情下,他每天计算着在鲁迅将要出现的时间里去内山书店,提出许多疑问,于是得到允许,可以直接访问鲁迅的家,听鲁迅亲自讲解。[26]在鲁迅的眼里,他是个对中国政治一无所知,也并非慕名文坛声望而靠近鲁迅的“文学青年”,大概只是个认真好学的年轻人。比起中国人中那些高喊政治使命的政治青年和重“创作”有才气的文学青年来,他是在翻译方面孜孜不倦工作的认真的青年,鲁迅很欣赏。

这个增田涉在中国滞留时还写了《鲁迅传》。说是以在鲁迅身边的所见所闻为基础,完成后又经鲁迅过目了的。[27]读过这篇文章之后,会感到增田涉对中国现实的知识准备虽然不足,但他没有偏见,从鲁迅身上汲取了很多东西,可以使人看到鲁迅自己也不曾觉察到的东西。但当时却有人匿名批评,说这是“饭也是人家的香”。[28]

后来,增田专事《鲁迅的印象》一书的撰写工作。如前所述,增田涉曾得到鲁迅亲切的指导,回国后也始终与鲁迅保持通信联系,直到鲁迅逝世。正如书名题为《鲁迅的印象》一样,内容虽然零碎些,却流露出尽可能系统论述鲁迅的气势来。书中保留了许多多侧面谈论鲁迅精神的插话,都是珍贵的史料。[29]

顺便说一下内山完造写的关于鲁迅的东西。内山在上海开内山书店,明中暗里都在支持着鲁迅,鲁迅也深信其人。他作为一个生活者来看中国,谈鲁迅,写出了许多具有示范意义的回忆鲁迅的文字。[30]

话又说回来,当佐藤、增田的译文在《中央公论》、《改造》上刊载时,大约在同一时期,井上红梅也在着手翻译鲁迅作品。1932年11月,他译的一卷本《鲁迅全集》出版了[31],那是《呐喊》和《彷徨》的全译。罕见的是,其中包括当初收在《呐喊》里后来移到《故事新编》中的《不周山》(后改题为《补天》)。

井上出生在东京的庶民区,1913年到上海,浸泡在"中国五大乐道——吃、喝、嫖、赌、玩"的世界中,变成了"中国风俗研究家",是个所谓的"中国通"。鲁迅对其人及其翻译都不满意,在给增田涉的信中写道:

> 井上红梅翻译拙作,我也感到意外,他和我并不同道。(中略)近来看到他的大作《酒、鸦片、麻将》更令人慨叹。(1932.11.7)[32]
>
> 井上氏所译《鲁迅全集》已出版,送到上海来了。译者也赠我一册。但略一翻阅,颇惊其误译之多,他似未参照你和佐藤先生所译的。我觉得那种做法,实在太荒唐了。(1932.12.19)同样的文字,在其他地方也出现过几次。[33]

尽管并不完善,但《鲁迅全集》的出现,使鲁迅终于为日本的出版界所接受。

这样到了1935年6月,佐藤、增田共译的《鲁迅选集》被列入了岩波文库。日本的知识分子通过这个文库本了解鲁迅的人实在不少。中村光夫就是根据这个文库本,将《浮云》和《孤独者》的"绝望"进行比较而写下了论文。中村是在此前一年刚由东大法文科毕业的锐气十足的评论家。[34]

在鲁迅的晚年,林芙美子、长与善郎、野口米次郎、横光利一、武者小路实笃等日本的文学家,都曾访问过上海,会见过鲁迅。比这早些时候,旅欧途中的金子光晴也曾一时逗留在上海,与鲁迅有过交往。他们都分别写过与鲁迅的会见记与印象记。

另外,无论日本还是中国,围绕着“转向”问题,鲁迅曾谈到过林房雄,林房雄也曾将鲁迅的“忧国”精神加以合理利用。这从日本人的中国观、鲁迅观或是精神史上来加以考察,也是很有意思的材料。但这里无暇将问题扩大,还是限定在翻译、研究或是接受鲁迅方面多少有直接关系的问题上。

七

1936年10月19日,鲁迅逝世。其后不久,改造社出版了《大鲁迅全集》全七卷,1937年2月开始刊行,8月结束,比中国《鲁迅全集》的出版约早一年。山本实彦是个很受拥戴的有独特个性的社长,改造社也早就拥有许多非常关心中国问题和中国文学的编辑,所以这样的筹划并非首次。中国的《全集》在当时是很令人满意的,是完全接近于“全集”的,而日本的实际上只能说是“选集”,而且还有许多误译,但在理解鲁迅方面却未有纰漏,鲁迅的被称为“随笔”、“杂文”或“杂感”的工作,就是因此而为日本读者所知。

读这《全集》,觉得做了出色工作的人物当推中野重治。对于他的工作,我作为一个读者也始终怀着普通人的关心和敬爱,尽管他晚年的政治性言论和行动我并不赞成。然而,由于他晚年行动的缘故,他对鲁迅的评价虽然并未改变,他的鲁迅论尽管获得很高的评价甚至达到极限,也依然被他晚年的行动所遮掩,或者至少说是有欠均衡。这在中野身上有着怎样的联系,或者说在中野身上有着怎样的变化,这个问题这里也无暇涉及。

鲁迅逝世时,佐藤春夫曾惋惜地叙述说:为拯救日益恶化的日中关系,两国的知识阶级从现有的固执中解放出来,以人类同事的温暖的心为基础握手言欢是第一而且是惟一的良策,鲁迅是对方痛快地伸出了手的人。中野重治批评了这一说法。他这样写道:

我期望日本和中国知识分子握手决不亚于佐藤春夫，但决不认为那是搞好日本和中国关系的“第一而且是惟一”之策。（以下删除五行）从《歌日记》开始，许多文学都描写了日俄战争，但决不描写“在本国土地上任其他两国战斗的国民”的心。偶尔写时，也只是描写“中国人都是日军粮食提供者，住宿提供者，是有用的间谍，又为俄军诱以私利私欲，成了干间谍的下等奴隶，再就是在两军枪林炮火下拾臭枪子的国民”。正是这样的被描写者，通过国民与国民间的联谊才能得以纠正，我以为这是第一要义。[35]

比之对鲁迅在《呐喊·自序》中所谈从事文学活动核心动机的理解来看，这里更显示出一种共鸣。这在当时的日本，还是为数不多的。

《分裂为二的中国及其他》一文，写在《大鲁迅全集》出版之前。文中蕴藏的对鲁迅的共鸣，与其说是源于鲁迅，莫如说是中野早就有过，或是在日本无产阶级文化运动中就曾出现过的。然而，1939年他写的《鲁迅传》[36]一文，内容却与题名有些不符。写鲁迅传是需要描述的，但他却用大半篇幅，写他怎样读鲁迅因1926年3月18日的所谓“3·18事件”——段祺瑞政府屠杀市民和学生而写的一系列杂感，应该说是读书笔记。他在文章中阐述了鲁迅杂感中诗和政论的统一，文学家与现实主义者的并存，鲁迅因此也才具有理论家、政论家的性格，这只要读一下鲁迅的具体文章就很清楚。正统派解读外国文学时也不过如此，但在战前日本，对鲁迅思想、政治的战斗性有如此深刻理解的，中野之外并无他人。

八

小田岳夫的《鲁迅传》[37]比中国写的传记要早，受前面中野《鲁迅传》一文的启示，他还写了“后记”。

小田的《鲁迅传》，是在鲁迅著作中搜集自传性要素写成的，所以他在“后记”中说,由于几乎没有传记性的参考材料,只好依靠鲁迅的全部著作,“一面探索鲁迅走过的道路加以编述,一面时时将鲁迅所处的环境氛围简单地加以点染,这便是本传的大概”。在视角方面,也尽量避免主观的解释和主张,澹泊的态度贯穿始终,无意识中却也遵循着一条线索。他说:

> 鲁迅所谓“爱国”者的一面,在叙述中不知不觉地更加集中了。这也许能通过一个人的生涯看到鲁迅那颗炽烈燃烧的心。青年时期以后,鲁迅几乎终生都对为政者权利者充满了憎恶与反感。他那真正“爱国”之情的根底,我以为读过本传的读者是容易了解到的。

“爱国”一词,怎么解释都带有暧昧性。在这一词语的用法中,大概能看到1941年太平洋战争开战前夜的空气对小田的影响,但他从鲁迅身上发现的东西,多少还是很准确的。他曾指出:鲁迅在临终前写的文章中,在对同胞进行尖锐辛辣的揶揄和惊人讽刺的冷酷的内面,渗透着他温暖的泪水,然后接着说道:

> 作为原因之一,我以为可令人回到鲁迅所处的弱国的环境中去。
>
> 因了这真正的文学,才看得到弱国人的代表性的表现。其实,我是在遇到这一文学之后,才开始接触成为思索对象的强国人的文学的。
>
> 我们之中,有谁能够像鲁迅那样,在味同嚼蜡般琐漠的忧郁、苦闷面前,高喊出我们的不幸来呢?[8]

他用“弱国”一词所表述的东西,换成今天的话来说,大概接近于所谓被压迫民族吧。从鲁迅身上领会到这一点,并以此为参照,回顾刻印着“强国”——帝国主义文化性格的日本文学,这样的姿态应该给予高度评价。鲁迅逝世之际,佐藤春夫之外,新居格、室伏高信等人也都写了回忆悼念文章,小田的文章在这些文章之中是优秀的。

确实像在“弱国”、“爱国”这类语汇中看到的那样,小田的思想决不是很明确的。本质上为文人气质的这个作家,比之对鲁迅思想的理解来,对鲁迅心情的共鸣是难以否定的。他在太平洋战争中谈“鲁迅的思想”时,写了下述谈论这方面问题的文章。

> 中国知识阶级汪洋的爱国热情是近代中国之光。但一方面没有善于引导它的大政治家，另一方面这些热情后来与马克思主义相结合，朝着不尽令人满意的方向流失，最后凝聚为抗日的力量，这实在是值得惋惜的。然而，比起率先在亚洲觉醒并在南京建立了国民政府的汪精卫一派的许多政治家来，想到许多学者型的知识分子时，暗下里也想像得到重庆阵营中知识阶级的精神不也在开始萌生新的创造的幼芽吗?[39]

不过，读这篇文章时，不要忘记他是写在1943年的这一事实。这期间，1941年12月8日太平洋战争开战，使日本国内的精神面貌有了极大的改观。开战之后，社会主义者、自由主义者大量被逮捕，来自权力方面的镇压日趋强化。知识分子内部的变化也很大，因太平洋战争开战而一时“迷失”转向，肯定战争的人不少。这是众所周知的，后面论述竹内好时当再细谈。粗略地说，30年代后半期，马克思主义、社会主义思想被镇压之后，接踵而来的便是包括“转向”者的部分良心，以及勉强维护着的自由主义乃至合理主义的思考，都被涂上了奉若神明的军国主义的色彩，这已是1941年12月8日以后的事了。从这个意义上说，若将小田1943年的文章与1941年的文章直线相连，参照1943年的文章来评价1941年的《鲁迅传》，也许是有片面性的。

小田文章的缺憾，毋宁说他迫近鲁迅的姿态过于天真。在这一点上，我以为竹内好的下述批评是切中肯綮的。

> 是一本写得很好的书。……
>
> 说写得好，是由于他认真整理了鲁迅的文章，又重新建构而成。但我略感到有点别扭。……文章易读，且有许多感人之处。这多半是因作者人格的缘故吧。流畅无阻，读者是能够想像出鲁迅其人的。
>
> 难道因此便说这传记是成功的?我并不那么想。……如果要我说出不满意的问题，那就是作者过于素朴，过于相信文章本身了。他未能看到

文章深处蕴藏的东西,却把表面现象当作了问题。(中略)《鲁迅传》用鲁迅最讨厌的花鸟风月,讨厌地处理了鲁迅。[40]

竹内好写于1943年,44年出版,后来对日本鲁迅研究界给予决定性影响的《鲁迅》一书,对小田的《鲁迅传》也绷紧批判的发条。

竹内好以后

九

小田岳夫的《鲁迅传》出现三年之后,又出现了竹内好的《鲁迅》[41]。这是一本对后来的鲁迅研究起了决定性影响的书,时至今日则称之为"竹内鲁迅"[42]。竹内好以后所有的鲁迅研究者,都从这本书中得到过许多东西。从各种角度提出的与竹内不同的鲁迅形象,尽管感到与竹内鲁迅很不协调,是经过深入发掘培育出的自己的鲁迅形象,但在某种意义上说,都依然处在竹内的强烈影响之下。

"竹内鲁迅"为什么具有如此强大的影响力呢?这毋宁说是竹内好论本身的一个主题,尽管这里不能全面论述,但为了梳理问题,还是想举出几点。例如鲁迅在仙台医专学习中,看了中国人被日军处刑场面的幻灯片于是弃医从文,这一段有名的插话,增田、小田的《鲁迅传》都原封不动地搬入传记之中,但竹内却认为那是"传说化","对它的真实性抱有怀疑"[43]。他说:

他不是抱着用文学来拯救同胞精神贫困的热切愿望离开仙台的。我想,咀嚼屈辱恐怕是在他离开仙台之后。因为医学无用便去弄文学,我以为他没有这种闲情逸致。……总之,幻灯事件和文学志望没有直接关系,这是我的判断。[44]

我执拗地抗议他的传记的传说化,这决不是在吹毛求疵,而是关系到从根本上解决鲁迅文学的问题。不能因说话风趣便曲解真实。我看不出鲁迅文学的本质是功利主义,是为人生,为民族或是爱国主义的文学。鲁迅是诚实的生活者,是热烈的民族主义者,又是爱国者,然而他并未以此来支撑他的文学，毋宁说撇开这些他的文学才得以成立。鲁迅文学的根源，应该说是称为无的一种东西，获得这一基本的自觉，才使他成为文学家。非如此，民族主义者鲁迅、爱国主义者鲁迅，毕竟只是措辞而已。我是站在把鲁迅称做赎罪文学的体系上，提出我的抗议的。[45]

当然，竹内也并非认为鲁迅在《呐喊・自序》和《藤野先生》中写的事不是真实的，至少他主张下面两点：

第一，他在方法理论上主张：鲁迅小说本来就包括以散文、回忆等形式所谈论的东西，鲁迅在文章里所谈之事与鲁迅体验本身之间有距离，而且鲁迅在谈自己的时候，时而将具有复杂侧面的事情单纯而简单地加以描述，时而把具有重大意义的事情轻描淡写或是调侃般地加以叙述，倘若忽视他的文章和他自身之间存在的曲折，就会使鲁迅形象简单化乃至遭到歪曲。前一节中引用的竹内对小田的批评："未能看到文章深处蕴涵的东西，却把表面现象当作了问题"，讲的就是这个问题。今天看来，作为文学研究方法虽然不过是最基本的东西，但至少在鲁迅研究中初次意识到了鲁迅写了什么，还有怎样读鲁迅的问题。"竹内鲁迅"把日本的鲁迅研究第一次提高到真正的研究水平上来的原因之一，也就在这里。

第二，竹内在关于鲁迅文学和政治关系方面的独特见解，是"竹内鲁迅"的一个重要支柱。竹内在这里并没有简单地否定鲁迅的文学、思想中的政治性，更没有把鲁迅说成是艺术至上主义者，而表达的是对鲁迅政治与文学关系复杂而曲折的理解。关于这一点，从下面的引文中可以看得更为清楚。

政治和文学既不是从属的关系，也不是相克的关系。迎合政治，或对政治投以白眼，都不是文学。真正的文学，是在政治中消却了自己影子的东西。所谓政治和文学的关系，是矛盾的同一的关系。[46]

文学诞生的本来的场地，常常必为政治所包围，那是让文学之花盛开的苛烈的自然条件。它不抚育纤弱的花朵，而让秀劲之花获长久的生命之力。这是我在现代中国文学和鲁迅身上所看到的。[47]

武田泰淳把这本书叫做“恶战苦斗的书”[48]。竹内对于“政治和文学”的那种曲折理解,最明显地显示了他的一种恶战苦斗。那恶战苦斗是怎样的一种情况呢?

大家知道,竹内是1934年创立的中国文学研究会的发起人,他是核心成员。中国文学研究会的成立,是在日本无产阶级作家同盟解体约半年之后,唯物论研究会、历史学研究会创立两年之后,中井正一等人的《世界文化》创刊一年前。这时期日本社会主义运动有组织的活动几乎都停止了,日本军国主义走向对中国全面性的侵略,进而发展为太平洋战争,仅有一些民主的有良心的文化运动在继续。

关于中国文学研究会的成立动机,竹内举出了三点,即对东大“汉学”的反拨,对京都“中国学”的不满和对无产阶级科学研究所的中国研究的批判[49]。他们[50]曾多少与马克思主义有点关系,1943年是曾试图重新探索自身思想和文学的立脚点,这些问题这里也无暇详细探讨,仅限于为看到竹内的《鲁迅》是在怎样背景下诞生的最小限度。在考虑这一点的基础上,有两篇或许已是众所周知的文章无论如何也得谈到。

> 12月8日是宣战大诏颁布之日,日本国民的决心燃成一体。心情爽快,人人都觉得安心,抿着嘴走路,用亲切的目光望着同胞,不言不语。建国的历史来去匆匆,那是不言自明的。
>
> 直率些说吧,我们对于中国事变,感情是难于马上认同的,疑惑困苦着我们。……耻于头脑笨拙,我们忘却了所谓圣战的意义。迄今为止,我们曾经怀疑:我日本国不是躲在建设东亚的美名下欺负软弱国家吗?……今天一切都处于光天化日之下,我们的疑虑烟消云散。美言可以骗人,行为却骗不得人。在东亚播布新秩序和解放民族的真正意义,现在已经是我们彻底的决心。……我们和我日本国是一体。……在这世界史的变革壮举之前,想到中国事变作为一个牺牲是能够维持到底的。像对中国事变感到道义上苛责而沉湎于女人似伤感之中迷失了前进大计的我们一样,真正悲哀的应该是思想的贫困者。……中国文学研究会千余

会员诸君……倾耳静听，难道听不见那遥远的遮掩了夜空的雷鸣吗？天快亮了。……诸君，现在我们就在新的决心下战斗吧！诸君，一起战斗！[51]

在日中战争即当时所谓的中国事变中，抱有怀疑与肯定、批评与欢迎太平洋战争的人都有不少，这对日本近代思想史来说是一个很有意思的主题。如果说30年代中期以来的“转向”是脱离马克思主义的“转向”，那么在太平洋开战时日本知识分子更多显示的态度则是脱离合理主义和科学思考本身的转向。从某种意义上说，它是30年代转向的“完成”和目的地。就竹内而言，他自己在后来也承认“作为政治判断……彻头彻尾地错了”[52]，另一方面，与战后他的论文《近代的超克》[53]相关联，成为他思想的一个轴心，这也是众所周知的。关于战后他的评论活动全貌，当另找机会论述。竹内后来的走向，我也不想用“转向”的语言来描述，但那“宣言”在当时是百分之百欢迎太平洋战争的，这种思想性、政治性的作用却是不能暧昧处理的。确认这一点后，这里的问题就是竹内的复杂性了。就在写这“宣言”后仅一个月，在大东亚文学者大会之际，他又写了下面的文字：

明确点说，大东亚文学者大会对日本文学报国会来说，也许是个很合适的集会，但中国文学研究会是不应该出席的。不是说不欢迎中国的文学者，欢迎而且是欢迎值得欢迎的人，这是我们的做法。……至少我觉得这次聚会，其他方面虽不了解，但日本文学代表和中国文学代表的这种会同，是不能令人诚服的。昭和17年某月某集会，是日本文学报国会主持的，中国文学研究会没有参与，这在现在是最佳的协作方法，因此将会写在百年后日本的文学史上。[54]

我们不能简单地说，竹内对12月8日是抱有幻想的，随即又从幻想中醒来。在《关于大东亚文学者大会》引文最后略去的地方，可以看到这样的话：“之所以不能令人诚服，是因为完全确信将来能够会合，即有自信于文学上实现12月8日”，可见“12月8日”对竹内好来说依然具有独特的意义。而且今天回头看去，这篇文章在那个时期写就,对日本的中国文学者来说也是一个拯救。就我个人而言,“文化大革命”期间每当耳闻目睹许多“交流”的时候,心头总要浮起竹内的这篇文章,作为支撑自己的一种力量,我至今也不认为自己判断有误。

话又说回来,竹内在写了这篇文章不久之后的1943年春,又开始写《鲁迅》,脱稿是1943年11月[55]。这之后的12月,竹内应召作为士兵被派遣到“中支”[56]。从下面年表中可看到这期间日本思想、文学界状况的一个侧面。

1941年12月　召开文学者爱国大会,形成全国文学者统一的决议。这一年,多数文学者被征用为报道班成员。

1942年5月　根据文学者爱国大会决议,创立日本文学报国会。

9月—10月　“近代的超克”座谈会。

11月　大东亚文学者大会。

1943年3月　大日本言论报国会创立。谷崎的《细雪》被禁止连载。

7月　中村武罗夫等人祭祈后初去磨练。

8月　召开大东亚文学者决战大会。

这就是说,几乎所有的文学都被作为完成战争的手段,作为统一日本人民思想的手段受到动员。在文学家之中,一部分人对此还积极加以呼应,他们高唱正是为战争的文学才是能够取代欧美近代文学的高度文学的“文学论”。而多数文学家在政治方面不必说,思想方面也缺少抵抗力。就是在这种潮流中,作为对那种文学模式的反拨,“作为对在同样潮流驱使下的自身的支撑”[57],竹内写了《鲁迅》这本书。他说:“我从鲁迅的文学中,看不到本质上的功利主义,看不到为人生或是为爱国的文学。”首先可以感受到,这是对上述日本文学现状必死的抵抗。然而问题不在于承认还是否定这本书对日本文学现状的抵抗,而在于由此深入一步,看他的抵抗所获得的“文学家鲁迅”形象的内在必然性是什么?怎样去看待它?关于这一点,我所知有限,对此表现出深刻理解的是本多五郎。他说:

使文学变得无力的是政治,文学无力是对政治而言。政治在近代是宿命,是命运。竹内好用“政治与文学”的形式所抓住的问题,其实是同时

> 代日本文学被“宿命与自由”、“命运与意志”或是“从绝望中再建自我”的形式所烦恼的问题有相同点，亦即那里有共同的体验，文学史上称其为谢斯托夫体验。竹内好的《鲁迅》，谈的正是竹内一流的谢斯托夫体验。[58]

关于这种“谢斯托夫体验”，他在别处也曾谈道：“在生命的本源里，用理想主义和合理主义而不能理解的某种不合理的丑陋的东西，处于无路可走时，不容分说的一种东西出现了。尼采的‘人有蛇牙会是怎样？有人把脚后跟搭在我们额头上都不知道’的真理，昭和文学通过谢斯托夫体验告书诉了我们。”[59]

上述日本当时的状况和竹内的体验，使竹内对“思想”的见解形成了浓郁的独特色彩。例如，他竭力避免说鲁迅的思想已经形成……主义，或是分类为马克思主义、进化论等等。

> 许多批评家都说鲁迅这一时期已经完成了转变。……用各种各样的语言描述这一转变，例如从进化论到阶级斗争，从个人到社会，从虚无到希望等等。我并不认为这些语言没有恰当的表现力，但是倘若认为他们起什么决定性作用，我是不同意的。那是把思想从人身上抽出的方法。这种方法就那事情本身来说也不是不可以，但如果把它看作超越行动的人之上，是不能作出成功与否的判断的。[60]
>
> 我所关心的事，不是鲁迅如何变，而是如何不变。他当然变化了，然而他没有变，可以说我在不动之中看到了鲁迅。[61]

竹内承认：鲁迅在其一生各个时期中，对各种各样的思想产生过共鸣，并在某种意义上选择过它们，鲁迅在这些方面有过变化；但在另一方面，他探求的是贯穿在鲁迅这一变化之中的不动因素。他用“回心”、“文学家的自觉”等语言所表现的东西，正是鲁迅身上几乎性格化、气质化了的某种因素。结果如何？竹内是不能用语言来加以定义或说明的，大概他本人也不可能弄清这些。然而，包括马克思主义者、自由主义者在内的许多思想家，不但政治上受挫，“思想”也很容易变化，换句话说，将“思想”真正变成自己的东西是相当困难的，竹内对此有深刻的体验。他所直面的问题是:对于人来说,最后留下的是什么?人靠什么而生存?从这一角度去思考鲁迅是很自然也是极为切实的工作。而且那也是理解鲁迅所说:在近代中国历史中,“我又经验了一回同一战阵中的伙伴还是会这么变化”[62]的一个根本性问题。

不过,如前所见,竹内对政治与文学的理解方法是极为复杂的,他自己后来也曾反复指出在“政治与文学”方面并无成果。尽管如此,他在这本书中提出的“文学家的自觉”问题,正如冈崎俊夫也曾指出的那样(参见《日本的鲁迅形象》),他把文学与政治对立的文学观遗留下来,不能否定他在“政治与文学”的框架中来理解鲁迅。对于竹内的鲁迅形象来说,只有在了解了鲁迅青年时代参加打倒清朝的革命组织光复会和否定它的两种说法基础之上,才能契合鲁迅文学的本质(目前正在确认鲁迅参加光复会之事)。关于这样的问题,以不同的观点,根据新的资料构筑鲁迅形象,则是60年代以后提出来的。

十

战后鲁迅之所以被广泛阅读,是由于竹内好的翻译[63],时间是在战后稍晚几年的1953年。竹内好译的两种书所以能卖掉,原因之一是战后数年间几乎没有翻译鲁迅。战后不久曾计划出版《鲁迅作品集》全3卷,但出到2卷[64]后因占领政策而中断。竹内译的《评论集》当初也曾约定由大阪朝日新闻社出版,也因占领政策未能出版,和约生效后才由岩波书店出版。所以,如果说日本读书界对鲁迅的关心有所提高是有什么原因的话,那么作为一般条件可举出的是:由于中国革命的成功,中华人民共和国的建立,日本的进步人士对中国的关心也在提高,如果限定在鲁迅方面,依然是竹内有着极大的影响。战后不久,竹内再版《鲁迅》之外,又出版了书名虽同内容却有别的《鲁迅》[65],还以鲁迅为中心,精力充沛地发表了有关中国文学、日本文学的评论。[66]特别是关于1950年共产党情报局批判日本共产党而发表的《与日本共产党》[67]和翌年出版的《现代中国论》[68]等,给日本思想界以巨大的冲击。

这里打算简明扼要地谈一下竹内这些言论所阐述的主张。众所周知，这个问题太宽泛，因为它牵涉整个战后日本思想史，但为了深入论证，有必要在最低限度内加以论述。

第一，竹内好的中国论，比起论述中国本身来更倾向于论述日本。如果不怕说过了头，则首先是批评日本文化、社会的“近代主义”，并在反面设定其具有中国性格。而且在某种场合承认与现实的中国有分歧的基础上，作为一种有意识的“方法”加以领会，但不是那种应时的方法意识，又不是没有一个假定的“形象”在孑孓独行，这是一个很微妙的问题。

第二，竹内尖锐批判了在日本的马克思主义中看到的“近代主义”，至少当时日本的马克思主义运动有一定的弱点，这是不容否定的。而日本共产党从60年代起逐渐明确了独立自主的姿态，将它作为政治路线而确立的过程，就是在竹内预想不到的状态和深度中克服那一弱点的过程，这是我的想法。但日本共产党并不把它作为思想、意识形态问题，而是植根于日本的现实斗争之中，确定为政治路线，形成国际国内的一股潮流，在这一点上，可看到超越竹内的政党的功绩。然而，正因为如此，我以为对竹内的批评，包括马克思主义知识分子方面对竹内的反批评，应该用适合于竹内提出问题的形式来做回答，这一工作作为日本的马克思主义知识分子的责任还有待于完成。

还是回到原点，鲁迅之于竹内，是体现着实现了与日本“近代”不同的近代中国特征的文学家、思想家，是对他本身、对日本近代批判的一面镜子。产生于竹内的这种鲁迅形象，之所以在战后不久的日本具有巨大的影响力，是为了反思带来那场战争的日本的“近代”究竟是什么？而且认真思考未能阻止战争的弱点是什么？反过来则对经过那场战争而诞生了新中国的中国抱有惊诧和敬意。鲁迅就是这样吸引了日本许许多多人的心。

如果说40年代后半期是对日本近代的反省和对中国再发现的时期，那么则应该看到，50年代前半期包括对鲁迅在内的中国现代文学的研究中，又加入了新的动机。那就是对美国占领军政策的批判。从40年代末开始，人们已经一点一点认识到占领军政策的重点是将日本筑成反共的防洪堤坝。但进入50年代，由于批判共产党情报局、六·六剥夺共产党干部公职、朝鲜战争、查禁《赤旗》和清共等急遽发展的现实，又意识到占领军是对日本人民的自由和独立的压迫者。可以说，日本人民第一次体验到“被压迫民族”的悲哀。也就是在这个时期，描写中国人民抵抗日本军国主义的小说，读起来好像和法国抵抗运动小说具有同样的共感。关于鲁迅，戒能通孝说的一些话，在当时像空气一样广为传播。

> 最近我读鲁迅的小说，感到非常之有趣。其实这是很令人困惑的。……鲁迅写的是中国的事，那当然是与我们社会不相关的别国的事情。……但现在却完全不同了。……评论的文字从前虽为人家所说，但现在却正变成我们自己想说的话。……日本完全变成了鲁迅笔下的中国。[69]

岩波版《鲁迅全集》[70]，可谓这个时期最后的装饰。

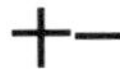

倘若说50年代中期的鲁迅研究多少是建立在上述共同问题意识之上，那么50年代末以后的鲁迅研究可以说是从几种主要因素中开始分化、多样化的时期。一个重要原因便是这一时期日本资本主义的显著复兴，人们再次认识到日本和中国的差别，像50年代初期那种“被压迫民族”的直接共感已经很难区别。第二，则是批判斯大林、匈牙利事件、中国的反右斗争和世界历史的震荡，迫使日本的研究者中产生了各种各样不同的见解。第三，尤其是中国反右斗争以后的文学状况，开始出现了难于理解，难于认同的东西，不得不让人感受到的失调感和距离感接二连三地出现。特别是对于鲁迅晚年“国防文学论争”问题反右斗争后中国方面的说明，比起过去中国的鲁迅研究所感受到的政治性倾向或是迫近鲁迅精神的独特性来，开始出现了更为极端的模式，即强调与马克思列宁主义“毛泽东思想”及中国共产党保持一致的倾向，这对日本许多研究者来说是难以理解的，它增大了对中国研究的不满。

至于这以后的研究，我不想逐一加以说明。翻译和研究著作都在增多[71]，也无暇一一叙述，即使只涉及有代表性的，因为我本人是当事者之一也很难写，有其他研究者的文章[72]可供参考。我这里只是概观一下60年代到现在的倾向中有特点的东西，与此相关，并想无序地展望一下今后的若干课题。

第一，在日本的诸研究中，实证性倾向在增强。在中国，近年来也可见到出色的实证性研究。但中国的情况是：“文革”时期集中出现而现在受到批判的极左文化政策下，从思想、理论角度研究鲁迅有可能招致危险，实证研究便应运而生，有意无意地成了避风港。而日本的实证研究，则如前所述，来自中国与日本的有距离的一种自觉。由于自觉地感受到中国和日本的现实有差距，日本的研究者不仅依赖对鲁迅和中国文学的直接的共感，而且需要某种埋葬这一距离的方法，或者反过来说，“文革”加强了这一倾向。“文革”中提出的许多论点恰恰是和实证相反的[73]，虽然那在中国只是议论本国之事，而日本的一部分研究者，尽管有许多人明知那是日本人并不清楚的事实，却依然照样接受下来。尤其是批判周扬，从前面提到的对“国防文学论争”（反右斗争时的处理）的批判开始，日本的研究者就对其充满怀疑，现在又成了对“文革”抱有幻想的一个原因。因此，对于那些对此抱有怀疑态度并能从批判角度看问题的人来说，执着于事实，再依次对中国提出的事实本身进行探讨，进一步发掘与之相关的事实，构筑自身的历史形象，无论如何也是必要的。

第二，基于这种实证性历史的再发掘，围绕着鲁迅的诸事件，鲁迅周围的文学家们乃至与鲁迅对立的作家以及战后中国公式化文学史评价中流露出的若干史实不断得以明确[74]。在“文革”后的中国，反右斗争中被划为“右派分子”的人正在恢复名誉，有动向表明要追溯到胡风，这大有一种要一气解除束缚之感。大概问题还不仅在于解放后，还要重新看待调查五四运动后的整个文学史。在中国年轻一代的部分人中，似乎也有一种意见，即认为鲁迅身上也不是没有极“左”倾向。在有限范围内相对地看待鲁迅是很有必要的,我也并不反对,但如此重估文学史,将会出现什么样的问题还是未知数。过于强烈的"正统和异端"的想法是历来都有的,结束对"异端"的盲目性再评价,并不意味着脱离历史条件而陷入这样或那样的议论之中。将包括鲁迅在内的这些人重新放在真实的历史之中,纵使考虑到可能性,那些难以究明的原因有可能得到历史的解释,他们各自的个性也许会起到历史的作用。因此,研究中国文学、中国文学史,必须要有明确的方法意识,为了具备这一点,说到底我以为以具体问题具体分析是非常必要的。

第三,为进一步深入鲁迅的内部世界,应该开辟更多的领域和方法。近年来北冈正子所做的工作[75]是划时期的工作。她详细探讨了鲁迅留学日本时所写论文的材料来源,包括青年鲁迅有时像用剪刀加糨糊组成的立论部分,但不管怎么说,在剪刀加糨糊的方法之中依然显示出鲁迅很强的独立性。不过,鲁迅与外国文学的关系,今后仍是应该进一步探讨的问题。还有人重新关注历来为人提到的大问题,如鲁迅与古典文学的关系问题[76]。举不胜举,这里只想举出一例关于原文的批评、鉴定的问题。譬如,冯雪峰在"文革"中写的一篇文章阐明了有关鲁迅晚年的若干史实。他在文中证明说:鲁迅的《答托洛茨基派的信》、《论现在我们的文学运动》、《答徐懋庸并关于抗日统一战线问题》等三篇文章,是由他起草的[77],也即前两篇文章是"完全按照他(鲁迅)的立场、态度和多次谈话中他所表示的意见写的",后一篇也同样由冯雪峰所写,但鲁迅说"前面部分都可用。后面部分,有些事情你不太清楚,我来弄吧"。所以自己写了一部分。在反右斗争中,该文被认为是冯代写的,强调冯的原稿还保留着,"文革"中那又成了对周扬等人的歪曲,证据就是保存下来的鲁迅遗稿。这个矛盾终于被解开了。1976年在日本的"鲁迅展"展示的书籍就有鲁迅这手稿的一部分。冯写这篇文章的当时,正是把《鲁迅全集》第六卷注释有关冯起草《答徐懋庸……》一文作为对"周扬等人的歪曲"而进行尖锐批判的时候,冯敢于承认是自己起草的,大概是很有自信。问题究竟在哪里?冯反复说:"这件事其实不重要……那些话都是他自己说过的,同'口授'的差不多。所以,这件事关系很小。重要的是他原来要写这篇文章。"问题因此就能澄清吗？就像反右斗争后那样，说该文是冯代笔，与鲁迅无关，这自然是歪曲的说明，但是否就可以说它应该同鲁迅自己的文章一样对待，这依然值得人怀疑。写文章之事，是人的头脑中有了想法构思之后才形成文章的，或者反过来说它推动了思想。如果说人的思考与文章有关的话，那么鲁迅的思考，经由冯写成文章的时候，有没有被剪掉？或者反过来说，由于冯写了文章，又影响了鲁迅的思考呢？至少这些文章显示出：要么不曾走出鲁迅思考的矢量，要么就是滑向了另一方向。总之，突破路线论、运动论的框框，向鲁迅独特的精神本身逼近，我以为这是不容轻视的问题。

篇幅已所剩无几。在中国，对毛泽东的评价也开始一分为二。中国的研究在几经周折之后，如今已经走上正轨。虽然在资料方面不能不感到有限，但在日本能做的工作，日本方面能够作好的工作也有不少。建立在实际工作基础上的与中国研究者之间的交流合作，也是今后的课题。为此，但愿那有形无形的障碍完全消失的一天早日到来。

注　释

① 青木正儿：《本邦中国学革新的第一步》。引文原则上照录不误，但字体不敢拘于正字。关于这篇文章，仓石五四郎这样说过："青木早就要这样写，所以五号上发表了停止汉文旧读法的文章。后来问小岛（佑马），据说当初要在创刊号刊出，但在京都怕不合适，便拖到后来。"（《学问的回想·座谈会——围绕仓石五四郎博士》，《东方学》第40辑，1970.9，东方学会）青木文章末尾作：（九年十月稿），可见与仓石五四郎所说相近。

② 《鲁迅全集》（1981年版）13卷第453页，11月14日是12月14日的误记。《鲁迅手稿全集·书信·第八册》（80.6，文物出版社）所收的原信是用片假名写的。

③ 《日本及日本人》508号，明治42年（1909）5月1日，文艺杂事栏。参照藤井省三《日本介绍鲁迅文学活动最早的文字》，《复旦学报》1980年第2期。

④ 戈宝权《鲁迅著作在日本》，鲁迅研究会《鲁迅研究》1（1980年2月），上海文艺出版社。

⑤ 关于《北京周报》的详细情况，请参照小岛丽逸《〈北京周报〉与藤原镰兄》（《亚洲经

济》13卷12号,1972年),饭仓照平《北京周报与顺天时报》(竹内好、桥川文三编《近代日本和中国》上,朝日新闻社1974年版),另外,小岛丽逸编的《革命摇篮时期的北京》(社会思想社1974年版),曾对《北京周报》的主要记事加以分门别类整理过。

⑥ 清水安三:《中国新人和黎明运动》(1924.9,大阪屋号书店),同《中国当代新人物》(1924.11同书店)。

⑦ 后来改正了字句,方纪生编《周作人先生的事》(1944.9,光风馆)也转载了该文。再有,大阪屋号书店的这两册书中,应该是句号的时候却点了逗点,该句读的时候却什么也没有。或许单纯的误植(在《周作人先生的事》中做了订正)会被认为是著书格调的一个特色,所以除明显误植(如把“科举制”误为“科学制”)之外,一切均照原文。

⑧ 笔者当时在和光大学任职,曾通过同大学艺术科的武者小路穰教授向武者小路实笃询问过,却也不清。又听说当时担当编辑事务的是世本寅氏,拜访该氏,该氏特意同笔者一同来到武者小路宅第,促成了直接拜访实笃氏的机会,但二人都忘却了。

⑨ 有关这件事的经纬,佐藤春夫在小说《人间事》中有过记述。

⑩ 详情请参照饭田吉郎《关于现代中国文学的介绍——从无产阶级文学者身上看到的》(《东洋大学纪要》第12集,1958.2),祖父江昭二《30年代的日本文学——一张示意图》(《文学》1976.4—5)。

⑪ 关于革命文学论争及其创造社、太阳社对鲁迅的批判,请参照拙著《鲁迅与革命文学》(1972,纪伊国屋新书),尤其是第二章。

⑫ 山田清三郎:《访问中国的两位作家》,藤枝丈夫《中国的新兴文艺运动》。

⑬ 据《国际文化》刊载规约,该研究所“是以工人阶级在苏维埃共和国及资本主义各国中创造的文化研究,以及马克思主义对资产阶级文化批判的研究为目的”。所长秋田雨雀,主事为小川信一,其他有藤枝丈夫、林房雄、藏原惟人等16名成员。还有“成员之外为《国际文化》执笔的人”,如中国人素克昂(素是麦的误植,即郭沫若)、钱杏邨、蒋光慈、石厚生(成仿吾)、李初梨等人。

⑭ 藤枝丈夫:《中国的左翼出版物》(《国际文化》创刊号,1928.11)。

⑮ 大内隆雄是山口慎一的笔名。《满蒙》是中日文化协会(大连)发行的,该协会以前称满蒙文化协会,后又改称满洲文化协会,好像是靠满铁内部及周围的人们发行的杂志。协会的性质、沿革和杂志的目的等详情,均有待调查。

⑯《太阳》1928.5,钱杏邨《现代中国文学作家》(1928,泰东书局),又收入李何林编《鲁迅论》。关于这篇文章的内容,今村与志雄在《中国鲁迅评价的变迁》(《鲁迅指南》及该氏的《鲁迅与传统》)中作过扼要说明。

⑰大高严:《鲁迅再吟味》(《满蒙》13卷9号,1929.11)。关于大高严的详情,请参照本书所收佐治俊彦《关于藤枝丈夫与大高严》一文。

⑱铃江言一:《中国无产阶级运动史》,1929.11,满铁调查资料第109编。1953.9,由石崎书店改题为《中国解放斗争史》出版。

⑲山上正义:《谈鲁迅》(《新潮》,1928.3)。

⑳丸山升:《一个中国特派员——山上正义和鲁迅》,1976,中公新书。

㉑关于井上红梅译的《中国革命畸人传》,我曾这样写道:

> 《阿Q正传》的日文翻译,1928年上海的日文报纸《上海日日新闻》曾发表过井上红梅的译文,那好像是最早的了。《上海日日》上的译文我虽未见到,但可推测与1929年11月《奇谭》杂志上发表的大体相同。这是在日本国内首次公开发表《阿Q正传》。在昭和初年色情、变态、荒谬时代发刊的《奇谭》杂志的编者梅原贞康(北明),最近好像又公开出现。在这本杂志里,《阿Q正传》不是以《阿Q正传》的名字,而是以《中国革命畸人传》之名,同《浮世澡堂谈议》、《近代游荡文学史》、《女人何处能引起男人注意?》、《男人何处……》、《中国恶食考》等篇名并列,而且同那珂良二的《从肚脐到肚脐》一起,冠以《奇人珍人》总题,笔者都成了井上红梅。就是说,只看目录是不见鲁迅和《阿Q正传》之名的。想要明白,必须打开正文那页,读这样一段前言:"鲁迅氏的《阿Q正传》,作为中国文艺复兴时期的代表作已名噪欧美,被译成几国文字,但本邦好像还没有译文。这里借本志的篇幅全译过来,改题为《中国革命畸人传》。作品取材于一个可悲的牺牲于革命的农民的一生。鲁迅氏以一流的讽刺观察并表现了革命当时的社会状况。这样牺牲者作为彼国的国情在现代的训政时期想必也有许多。所谓畸人实际是正常人,这是本传的妙味。"
>
> 看过这些之后,觉得井上如此处理题目和目录,他毕竟是不能理解鲁迅的。但《阿Q正传》的日文翻译,最初在国内杂志发表时是以这种形式出现的,却不应为人所忘记。(《一个中国特派员》)

㉒松浦圭三译《阿Q正传》,中国无产阶级小说集第1集,1931年9月白杨社。林守仁

译《中国小说集 · 阿 Q 正传》,国际无产阶级丛书,1931 年 10 月四六书院。

㉓ 佐藤春夫:《翻译鲁迅的〈故乡〉和〈孤独者〉的时候》,增田、松枝、竹内编《鲁迅入门》(1956,岩波书店),又收入《文艺读本 · 鲁迅》(1980,河出书房新社)。

㉔ 佐藤春夫:《月光和少年——鲁迅的艺术》,《中外商业新闻》1936.10.21。收入讲谈社版《佐藤春夫全集》第 11 卷。

㉕ 冈崎俊夫:《日本的鲁迅观》,收入《鲁迅入门》。

㉖㉗㉘ 增田涉:《鲁迅的印象》(1970,角川书店)第 15、16、61、24 页。

㉙ 增田涉的《鲁迅的印象》1948 年讲谈社初版,1956 年部分增补后再版。又,1970 年增补版以角川选书刊行。钟敬文的中文译本 1980 年由湖南人民出版社出版。

㉚ 《鲁迅的回忆》(1979,社会思想社)一书,汇集了内山谈鲁迅的文章。以"鲁迅之友会"的山下恒夫为主编撰的这本书,与同时期出版的这类书相比,是相差悬殊的很出色的一本书。

㉛ 井上红梅译《鲁迅全集》,1931.11,改造社。

㉜ 鲁迅致增田涉书简(原文是夹杂着片假名的日文),在《鲁迅的印象》中收有 58 封。《鲁迅选集》(岩波版,1956 年版黄封皮的第 12 卷,1964 年以后的改订版蓝封皮的第 13 卷)中收 27 封。中国 81 年版《鲁迅全集》是全译,据此翻译的学研版《鲁迅全集》当然也全部收入。

在中国,《鲁迅书信集》(1976.8,人民文学出版社)、《鲁迅全集》(1981,人民文学出版社)中与中译文一起附有原文(将片假名改成了平假名),还出版了《鲁迅致增田涉书信》(1975,文物出版社)影印本。除此之外,最近整理出版了增田涉翻译《中国小说史略》和其他文章时,询问不明点而得到的回信,即伊藤漱平、中岛利郎编的《鲁迅 · 增田涉师弟答问集》(1986.3,汲古书院)。

㉝ 关于井上红梅,请参照三石善吉的《后藤朝太郎与井上红梅》,竹内、桥川编《近代日本和中国》下(1974.8,朝日新闻社)。

㉞ 中村光夫:《鲁迅与二叶亭》,《文艺》1936.6,收入《文艺读本 · 鲁迅》。

㉟ 中野重治:《分裂为二的中国及其他》,1937.1.22,《报知新闻》;据筑摩书房版《全集》(旧版)第 7 卷。

㊱ 中野重治:《鲁迅传》,《文学家》1939.10。收入筑摩版《全集》(旧版)第 8 卷,新版

第 20 卷。

㊲ 小田岳夫:《鲁迅传》,1941.3,筑摩书房。 战后改题为《鲁迅的生涯》,补充之后由镰仓文库(1949)出版,后再改回《鲁迅传》,由乾元社(1953)出版,再度补遗后,由大和书房(1966)刊行。

㊳ 小田岳夫:《缅怀鲁迅》,《时事新报》1936.10.21—22。 引文部分揭载于 22 日。

㊴ 小田岳夫:《鲁迅思想巡视》,《三田新闻》1943.5.25。

㊵ 竹内好:《花鸟风月》,《新日本文学》1956 年 10 月。 收入《新编鲁迅杂记》(1976.11,劲草书房)及《竹内好全集》第 2 卷(1981.1,筑摩书房)。

㊶ 竹内好:《鲁迅》,东洋思想丛书 18,1944 年 11 月,日本评论社。 1946 年 11 月,删去该丛书的名称,将“支那”改成“中国”,作部分修订后由同社再版。 之后有 1952 年 9 月创元文库、1956 年 1 月河出文库、1961 年 5 月未来社各版。 1980 年 9 月收入筑摩书房《竹内好全集》第 1 卷。 创元文库以后各版附有 1949 年写的《作为思想家的鲁迅》一文。

㊷ “竹内鲁迅”的叫法,在中国人的文章中好像使用过。 吕元明《日本的鲁迅研究史》(1980 年 11 月在成都召开的全国外国文学会第 1 次年会的报告原稿、打印稿,后来增补后刊登在陕西人民出版社 1981 年的《鲁迅研究年刊》上)及北京大学严绍璗致笔者信中也曾使用过。 但好像不是指竹内氏的鲁迅论、鲁迅形象,而是误解为竹内本身。

㊸㊹ 竹内好:《鲁迅》,未来社版,第 65 页,《全集》第 1 卷第 56、70、60 页。

㊺ 同前,第 71、60—61 页。 关于文中的“传说化”一语,在战后的注释中说是指增田、小田的解释。

㊻ 同前,第 163、143—144 页。 关于文中的“矛盾的同一的”一语,竹内在战后加的自注中说:“这是从西田哲学中借来的用语,是受当时读书倾向的影响,今天看来既表现了思想的贫乏,又没有西田哲学用语的严密性。”

㊼ 同前,第 164、144 页。

㊽ 同书《解说》,创元文库版,第 197 页;未来社版,第 204 页。

㊾ 与高桥和己的对谈《文学 · 反抗 · 革命》,《竹内好对谈集 · 状况》,1970 年 10 月合同出版,33、34 页。

㊿ 竹内、冈崎俊夫、武田泰淳三人是中国文学研究会的中心人物。 竹内在大阪高中学习

时,曾受怀疑与参加了党组织的学生有关系而被拘留过一个晚上。他还读过马克思主义文献,不过,因为对参加运动的朋友不信任,经常保持一定的距离,但在东大学习时,参加了以马克思主义文献为主的学生读书会——R.S组织,该会会场常设在他家里(立间祥介编《中国文学研究会年谱·到研究会的成立》,《复刻·中国文学》别册,1971年3月汲古书院)。冈崎在东大中国哲学科时代,属于专门科,与中国问题研究会、艺术部会等有联系。1923年在克普被镇压时曾被拘捕(同前)。武田在浦和高校学习时属于反帝组织,入学东大后去中央邮局撒传单被捕,其后因发送《第二无产者新闻》又曾三次被捕(同前及古林尚编《武田泰淳年谱》,《海》1976年2月)。

(51) 《大东亚战争和我们的决心(宣言)》,《中国文学》(80号,1942年1月),这篇无署名文章出自竹内之笔已得到竹内自己的承认。全文曾被引在竹内著《日本与中国之间》(1973年7月,文艺春秋社)的《编集附记》(笔者为饭仓照平)之中,此外又收入《竹内好全集》第十四卷。

(52) 竹内的原文如下:

> 现在说来是很简单的,那个宣言作为政治性判断是错了,彻头彻尾错了。但通过文章所表现的思想,自己却不认为有错。无论别人怎么定罪,我只有带着那一思想走向地狱。这就是写文章的宿命。文章一旦公开发表就不能消掉,因为它是和血肉融为一体的,而且写文章时就准备不予取消,至少我是那么想。战后我的言论,自己觉得不可能与作为编集者而写的那份宣言割断关系。譬如关于太平洋战争的两重性的假说和“近代的超克论”的恢复等等,虽然并不知别人是怎么想的,却感到那是自己赌注失败的根本原因。(《为了了解中国》第三集百“谜”,《全集》11卷第157页)

(53) 竹内好:《近代的超克》,《近代日本思想史讲座》第7卷,1959年11月,筑摩书房。收入《竹内好全集》第八卷。

(54) 竹内好:《关于大东亚文学者大会》,《中国文学》89号,1941年11月。收入《全集》第14卷。

(55) 对谈《中国和我》,见注(49)《状况》第245页,又见《中国文学研究会年谱》43年一项写道:“这年一月,竹内《鲁迅》搁笔。”

(56) 《中国文学研究会年谱》中写道：竹内自己也说“完成这本书后便来了召集令”（创元文库版后记）。

(57) 冈崎俊夫：《日本的鲁迅观》，参照注㉕。

(58) 本多五郎：《物语战后文学史·完结篇》，1965年6月新潮社，第48页。

(59) 本多五郎：《续物语战后文学史》，1962年11月新潮社，第92页。

(60)(61) 竹内好：《鲁迅》，未来社版第132－133页。《全集》第1卷第116－117、47－40页。

(62) 《南腔北调集·〈自选集〉自序》。

(63) 竹内好译《鲁迅评论集》，1953年2月，岩波新书。同译《鲁迅作品集》，1953年5月筑摩书房。由于这本书获得了好评，同书房又于1955年7月出版了《续鲁迅作品集》，但“《续》不太好卖”。（对谈《中国和我》，第244页）

(64) 增田涉译《阿Q正传》，鲁迅作品集第1卷，1946年10月，东西出版社。后部分增删，改题为《鲁迅入门》再刊(1953年6月，东洋书馆)。收入《全集》第2卷。松枝茂夫译《朝花夕拾》，同第2卷，1947年1月同社。第3卷预定是鹿地亘译《随笔集》。

(65) 竹内好：《鲁迅》，世界文学手册之一，1948年，世界评论社。后部分增删，改题《鲁迅入门》再刊(1953年6月，东洋书馆)。收入《全集》第2卷。

(66) 竹内好：《鲁迅杂记》(1949年6月，世界评论社)，后增补分成《新编鲁迅杂记》(1976年11月，劲草书房)、《续鲁迅杂记》(1978年2月，同书房)，收入《全集》1—3卷。

(67) 竹内好：《与日本共产党》，《展望》，1950年4月。

(68) 竹内好：《现代中国论》，1951年9月，河出书房。

(69) 《每日新闻》，1954年6月17日夕刊。又引自冈崎《日本的鲁迅观》第147页。

(70) 增田、松枝、竹内编译《鲁迅选集》全12卷，别卷《鲁迅入门》，1956年5月—11月，岩波书店。后除别卷外，1964年出了第13卷的增补版。

(71) 作为最近的文献目录，在三省堂书店为创业百年纪念而召开的“鲁迅诞辰百年展”的《鲁迅诞辰百年展目录》(1981年5月，三省堂书店)第43－47页中，有按时代顺序排列的翻译、研究书的目录。这一部分系笔者所写，但仅限于单行本、专著。又有饭仓照平《主要参考文献》，《文艺读本·鲁迅》，1980年9月，河出书房新社。同《文献索引》，同氏著《鲁迅》，人类知识遗产69，1980年11月，讲谈社。

⑫ 伊藤虎丸:《鲁迅论中表现的政治和文学——围绕“幻灯事件”的解释》,同氏《鲁迅与终末论? 近代现实主义的成立》,1975 年 11 月,龙溪书舍。 山田敬三《战后日本的鲁迅论》,同氏《鲁迅世界》,1977 年 5 月,大修馆。

⑬ “文革”时,我对与鲁迅相关问题的看法,如有关 30 年代的诸问题,请参照拙稿《关于一九三五、六年的“王明路线”——国防文学论争和“文化大革命”Ⅰ》、《关于“国防文学论争”——同Ⅱ》。 这两篇文章收入拙著《现代中国文学的理论和思想》,1974 年 9 月,日中出版。

《关于来自周扬等人的“历史的歪曲”——国防文学论争和“文化大革命”Ⅲ》,《东洋文化》56 号,1976 年 3 月,东大东洋文化研究所。 《作为问题的三十年代——从左联研究 · 鲁迅研究的角度》,收入藤井省三编《三十年代中国研究》,1975 年 11 月,亚洲经济研究所。

⑭ 如前面提到的《东洋文化》56 号三十年代特集所揭载的诸论文。 还有做了一系列先驱性工作的,应该举出竹内实所做的一连串的工作。 如该氏所著《中国 · 同时代的知识分子》,1967 年 5 月,合同出版,收入《被批判的作家们》第一部中的诸篇。 还有同氏的《鲁迅与柔石》,《文艺》1969 年 11 月—12 月,增补后收入同氏著《鲁迅周边》,1981 年 4 月,田畑书店。 总之,可以看到共同的问题。 我与竹内氏所论述的若干问题也不是没有异议,但那是另外的问题。

⑮ 北冈正子:《摩罗诗力说材源考笔记》,《野草》9 号(1972 年 10 月)起连载。

⑯ 最近林田慎之助写了一部《鲁迅中的古典》(1981 年 2 月,创文社),这是唯一的一部。

⑰ 冯雪峰:《有关一九三六年周扬等人的行动以及鲁迅提出“民族革命战争的大众文学”口号的经过》,1979 年 2 月《新文学史料》第 2 辑。 冯的文章执笔于 1966 年 8 月。

本文译自伊藤虎丸、祖父江昭二、丸山升编《近代文学中的中国和日本》(汲古书院,1986 年 10 月 2 日出版),原题为《在日本的鲁迅》。

(《鲁迅研究月刊》2000 年第 11 期)

竹内好与伊藤虎丸对鲁迅《狂人日记》的解读

——以竹内好的《鲁迅》和伊藤虎丸的《鲁迅、创造社与日本文学》为中心

吴晓东

鲁迅研究在日本汉学界占有举足轻重的地位。从奠定了日本鲁迅研究的里程碑式的著作——竹内好的《鲁迅》(1944)开始，鲁迅研究在日本半个多世纪的历史过程中已形成了一个独立的传统，在很大程度上成为中国鲁迅研究界的一个参照和互补。其中竹内好(1910—1977)与伊藤虎丸(1927—2003)先生的鲁迅研究既具有一定的代表性，同时二人在对鲁迅的精神历程的探索和阐释中又具有沿承性和连续性。竹内好先生在他的《鲁迅》一书中第一次提出了"回心"与"赎罪的文学"的概念，从此成为解读鲁迅文学生涯的重要范畴。在此基础上，伊藤虎丸先生继续探索鲁迅的生命与文学命题，他一方面把"回心"与"赎罪的文学"的范畴进一步引向深入，另一方面又提出了关于鲁迅的"终末论"思想。由北京大学出版社出版的中文专著《鲁迅、创造社与日本文学——中日近现代比较文学初探》(1995)收录了伊藤虎丸先生在鲁迅研究方面的重要著述，提供了我们进入伊藤先生的鲁迅世界的一系列重要文本。本文拟以竹内好的《鲁迅》和伊藤虎丸的《鲁迅、创造社与日本文学——中日近现代比较文学初探》为中心，以二人对鲁迅的《狂人日记》的解读为切入点，具体讨论二人对鲁迅的核心命题的归纳与探索，并试图在中国与日本的不同历史语境(context)中检讨这些命题的得失。

一

“回心”(加かいしん)是竹内好与伊藤虎丸先生用来把握鲁迅的核心概念。在《鲁迅》一书中,竹内好把鲁迅《狂人日记》发表以前的北京生活时期,即所谓的第一个“蛰伏期”(林语堂语)看作鲁迅的最重要的时期:

> 他还没有开始文学生活。他在会馆的“闹鬼的房间”埋头于古籍之中。外面也没有出现什么运动。“呐喊”还没有爆发为“呐喊”。只能感到酝酿着它的郁闷的沉默。我想,在那沉默中,鲁迅不是抓住了对于他一生可以说是具有决定意义的回心的东西了吗?①(《鲁迅》第46页)

“回心”是从佛教那里借用来的一个术语,“指对于信仰的回心转意;或指由于悔悟而皈依。这里指鲁迅走上文学道路的一个关键性的契机”②:“在所有人的一生中,大概有某种决定性的时机以某种形式存在吧。大概不是各种要素都作为要素发挥着机能,而是总有某种可以形成围绕着一生的回归之轴的时机吧。”③

竹内好试图为鲁迅的一生寻求某种近乎“原点”的东西,一个“作为鲁迅的‘骨骼’形成的时期”,这对于那些从发展的观念来看待鲁迅的一生的研究者来说,也许是难以接受的。鲁迅真的存在所谓“围绕着一生的回归之轴的时机”吗?这是不是有些所谓“决定论”的痕迹?如果真有那样一种“具有决定意义的回心的东西”,它又会是什么?

竹内好对鲁迅的所谓“回心”的把握,与其说出于深思熟虑,毋宁说更出于某种深刻的直觉。他的阐述的方式也是比喻性的:

> 一读他的文章,总会碰到某种影子似的东西;而且那影子总是在同样的场所。影子本身并不存在,只是因为光明从那儿产生,又在那儿消逝,从而产生某一点暗示存在那样的黑暗。如果不经意地读过去就会毫不觉察地读完。不过,一经觉察,就会悬在心中,无法忘却。就像骷髅在华丽

的舞场上跳着舞，结果自然能想起的是骷髅这一实体。鲁迅负着那样的影子过了一生。我称他为赎罪的文学就是这个意思。而且，可以认为，他获得罪的自觉的时机，除了在他的传记中这段情况不明的时期之外，别无其他了。（《鲁迅》第 47 页）

“这段情况不明的时期”正是鲁迅 1918 年创作《狂人日记》之前在 S 会馆槐树下的寓所里钞古碑的沉寂期。竹内好认为鲁迅获得了他的“回心”的时期正是这段漫长的日子。但鲁迅在这段日子中所获得的那“具有决定意义的回心的东西”到底是什么，竹内好却缺乏系统的和逻辑的论证，它也许的确只是一个影子，就像鲁迅《野草·影的告别》中那个“彷徨于无地”的影子。在另外一个地方，竹内好又把它理解为“无”：“鲁迅的文学根源是应该被称为‘无’的某种东西。获得了那种根本的自觉，才使他成为文学家。”（《鲁迅》第 60 页）这就似乎更近于玄学了。但恰像本雅明(Benjamin)的寓言批评所具有的无与伦比的生命力和穿透力一样，竹内好以他的比喻方式提供了对鲁迅的他人无法企及的理解。同时也正是在对鲁迅的理解过程中，竹内好也获得了他自己的“回心”，正像有研究者指出的那样：

真正伴随了竹内好一生的，却是那在《鲁迅》中以“黑暗”、“无”所表现的终极性的文学正觉，那是一个黑洞般吸进所有光明、影子般无法实体化的、骷髅一样的存在，它的无法实体化，在于只能通过对围绕着它的光明进行阐释来暗示它的存在；而它的终极性位置在于，假如所有对于光明进行的阐释不围绕它进行，最终就会变成一盘散沙甚至是一些没有灵魂的技术性论证而已。④

这段论述反过来说对于理解鲁迅也是同样有效的。鲁迅的“回心”从某种意义上说难道不正是“黑暗”与“无”吗？它也是影子般无法实体化的，我们所能看到的，只是由那个黑暗的中心产生的光明，而那个难以企及的黑暗才是真正的本原性的存在，它远远比由它产生的光明更广大。它不是鲁迅自己所说的“我于是删削些黑暗，装点些欢容”的黑暗（《〈自选集〉自序》），也不是“我的作品太黑暗了”(《两地书》)的那种黑暗,正如竹内好所揭示的那样,它在鲁迅的一生中是一种终极性与本原性的。而竹内好之所以创作了他的这部在日本文坛影响深远的《鲁迅》,其动机也恰恰“只针对一个问题”:即“他(鲁迅——引者按)的唯一的时机,在其中形成他自身的原理性东西,使启蒙者鲁迅现在得以形成的某种根本的东西”(《鲁迅》第150页)。

或许正因为它太过举足轻重,所以竹内好也好像在小心翼翼地绕开它,或者回避着它。而竹内好的比喻方式也说明了想完全抵达那个黑暗的中心确乎是不可能的,竹内好选择了“赎罪的文学”和“罪的自觉”的表述,则似乎在暗示着它们也许是接近那个“黑暗”的中心的某种通幽曲径。这个可能性的途径就是鲁迅的也是中国新文学的第一篇白话小说《狂人日记》。

二

在竹内好这里,《狂人日记》由于“表现了某种根本的态度而有其价值”(《鲁迅》第81页)。但竹内好仅仅满足于点到为止,那“根本的态度”究竟是什么竹内好却语焉不详。这里自然也多少显露了竹内好的比喻方式的含混性和无法深入下去的欠缺。然而有时真正有思想力的洞见往往一句就够了。竹内好启发后人的也正是他的《鲁迅》对原理性问题的关注和揭示,哪怕这种揭示仅仅是诉诸一种暗示性的比喻语言。

“竹内鲁迅”构成了许多日本汉学界鲁迅研究者的起点。伊藤虎丸先生就说“竹内好氏的《鲁迅》为我国研究鲁迅的出发点。他从《狂人日记》背后看到了鲁迅的‘回心’(类似于宗教信仰者宗教性自觉的文学性自觉),并以此为‘核心’确立了‘鲁迅的文学可以称为赎罪文学’这一体系”⑤。“赎罪文学”也许并不像伊藤虎丸所说的那样在竹内好那里形成了“体系”,否则“竹内鲁迅”就会成为一个缺乏生长性的封闭结构。正因为它不是体系,竹内好的某些闪光论断在后来者那里不断成为继续探索的生长点。伊藤虎丸先生便是在竹内好的基础上深入思考“回心”与“赎罪文学”的思想。

《狂人日记》在伊藤虎丸这里也被理解为一个转折性的文本。他称“我同竹内好先生一样在《狂人日记》的背后，看到了作为鲁迅文学‘核心’的‘回心’。而且，我们看到了从鲁迅留学时期从事的评论和翻译的文学活动(相当于《狂人日记》中的狂人要求人们改心换面的呼吁)，即我称之为‘启蒙文学’或‘预言文学’开始，在向着竹内好先生称之为‘赎罪文学’的发展中，《狂人日记》乃是其中决定性的转折点”⑥。

这意味着，在惯常的理解中被看作中国现代文学“启蒙主义”的第一声的《狂人日记》，在它问世的那一天也同时标志着鲁迅向“赎罪文学”的转折。这就是从竹内好到伊藤虎丸的鲁迅观向中国鲁迅研究界展示的别样的视野。

竹内好所谓的“回心”，也被伊藤虎丸理解为鲁迅的第二次文学自觉。相对于《狂人日记》时期这“第二次文学自觉”，伊藤虎丸把鲁迅世纪初叶留学日本接触到了西欧近代文艺思想，从而形成了“独自觉醒的意识”时期称为第一次自觉，那时的鲁迅是一个“精神界之战士”，“自身想代替预言者耶利米”，具有一种领导者的意识，“这种意识还常常同生疏感以及被害者意识互为表里”，并在《狂人日记》中延续，表现为“被害妄想狂”的狂人与其他正常人的对立以及那种“被吃”的恐惧。然而，“为了使这种‘觉醒的意识’能够真正担负起变革现实世界的责任……仅仅靠第一次自觉是不够的。所以有必要再一次从已经有了‘独自觉醒的意识’的自身把自己再脱离出来的第二次‘回心’”⑦。

或许这就是我们所熟知的所谓“否定之否定”的过程，在《狂人日记》中，它表现为最终令狂人无比震惊的“我也吃过人”的发现。伊藤虎丸把狂人“我也吃过人”的认识叫做“加害者有罪意识”的自觉。我们则不妨说这是狂人对自己的“原罪”意识的自觉——对自己与吃人的旧时代的无法割裂的深层维系的体认，从而才产生了竹内好所谓的鲁迅的赎罪的文学。

伊藤虎丸把狂人的这种“自我脱离”看作鲁迅文学的核心，由此，他进一步发展出了关于鲁迅的“终末论”的思想。

所谓终末论是一种宗教哲学,提倡“在必死中求生”,即在旧的人格、伦理的消亡中,求得新的精神之再生。[⑧] “这一颇有点佛教的‘涅槃’味道的在旧的人格、伦理的‘死亡’中获得人的‘精神的再生’的思想,表现了人的精神追求的蜕变过程。”[⑨]这种蜕变过程在《狂人日记》中获得了充分的表现:

> 如同我们看到的那样,狂人当初所感受到的恐怖,只不过是本能的、感觉的。但是,随着作品的展开,这种恐怖愈来愈变成了“被吃”的死的恐怖。死,开始只是自己的死,但不久就推而广之,被当作“四千年吃人”的死来理解了。小说末尾,主人公觉悟到“我也吃过人”时,死,已被当作“有了四千年吃人履历的我”的死的意思,再一次和自己本身联系起来。这种死,至今已不再是生物的生命完结的死了,而是一种社会的、人格的死了。随着死的恐怖在小说中的展开,从单纯的本能的恐怖,变成了社会的、人格的恐怖。小说主人公的自觉,也随着死的恐怖的深化(?)而深化,终于达到了“我也吃过人”的赎罪的自觉的高度……与其说不理解死在于生,不如说觉悟到生在于死。小说末尾,主人公觉悟到自己的存在担负着“四千年吃人履历”的重担,已经把死作为和现在的生的本身是不可分割的这一事实来理解了。这恰好同“所谓终末,并非预想到这个世界的末日,而是说,这个世界说到底乃是终末的”这种理论是完全一致的。而且,这种死的形式,必须说,的的确确是终末论的死。(《鲁迅、创造社与日本文学——中日近现代比较文学初探》第135页)

这种体现在鲁迅身上的“终末论的死”或许与海德格尔的“先行到死”有暗合的地方。但若仔细分辨,海德格尔的“先行到死”更属于存在论的层面,而鲁迅的“终末论的死”恐怕恰如伊藤虎丸所说,更是社会的、人格的、伦理的,它基于“深刻的人格的即伦理的‘有罪自觉’”,“是基于‘吃过人的人’及其世界,‘不能将其存在的根据拿到自己手中去’这样的‘背负着死的罪人’的自觉”。正因为有了这种“死”的根本“自我否定”经验,“人才开始真正获得人格的,即在社会上作为个体的自觉即紧张和责任感”。[⑩]

三

伊藤虎丸的所谓“第二次文学自觉”以及终末论的思想对中国鲁迅研究界是具有启示意义的。它至少启发我们对五四文学革命时期的鲁迅思想复杂性的深入认识。按伊藤的观点，鲁迅在他的《狂人日记》所代表的激烈反传统的启蒙时期就已经完成了对狂人式的觉醒的“精神界之战士”的形象的超越。伊藤虎丸先生这样评价鲁迅的这种“回心”，或者叫“文学自觉”：

> 如同从许多青年身上看到的那样，获得某些思想和精神，从已往自己身在其中不曾疑惑的精神世界中独立出来，可以说是容易的。比较困难的是，从“独自觉醒”的骄傲、优越感（常常伴随着自卑感）中被拯救出来，回到这个世界的日常生活中（即成为对世界负有真正自由责任的主体），以不倦的继续战斗的“物力论”精神，坚持下去，直到生命终了之日为止。——这是比较困难的。（《鲁迅、创造社与日本文学——中日近现代比较文学初探》第 148 页）

怀着被吃的恐惧的狂人正停留在患被害妄想狂的独自觉醒阶段，而发现自己也无意中吃过人的狂人，才真正是觉醒的战士。这是对《狂人日记》以及对鲁迅独到而深入的理解。也许，易卜生《人民公敌》式的姿态是容易的，而真正如伊藤虎丸所说回到世界的日常生活中，成为对世界负有真正自由责任的主体，成为一个持之以恒韧的战斗的主体，却是困难的。因此，伊藤虎丸认为，鲁迅以《狂人日记》为出发点的创作活动“以及其后一生不断奋斗和前进，这一切，只有具有终末论的自觉即责任感，才可能有这样人格的和社会的（文学的即政治的）行动。——否则是无法理解的”。

这就为《狂人日记》的阐释史，增加了一种新的想象。在以往的《狂人日记》的评论中，自然不乏一些阶段性的深刻洞见，例如林毓生先生对狂人世界的逻辑的辨析：“无论自觉抑或不自觉，中国社会中每一个成员都是‘吃’人的人；中国人并无内在的资源借以产生一项导致仁道社会的思想与精神变革。令人觉得难堪的是,只有当一个人变得‘疯狂’以后,他才能理解到中国社会与文化的真正本质。……但当一个人清楚地了解中国社会与文化的本质并意识到从其桎梏中解放出来的必要时——鲁迅的《狂人日记》的内在逻辑却显示——他反而失去了改变中国社会与中国文化的能力。”[11]因为他只能被其他人的世界视为一个疯子。而倘若狂人回复到其他人的正常世界,“他的狂病一旦痊愈,便泯灭了与他在狂态中所否定的环境的界限,重新被环境同化,‘赴某地候补矣’”[12]。《狂人日记》正文前面的文言文的小序正象征着同化狂人的传统社会与正常人世界。

因此,林毓生认为,鲁迅借助《狂人日记》提出了一个“可怕的无法解脱的‘吊诡’(paradox)”。他进而揭示道:

> 因此,在鲁迅面前等着他去做的基本工作是:透过思想与精神革命去治疗中国人的精神的病症。然而,一个在思想与精神上深患重疴的民族如何能认清它的病症的基本原因是它的思想与精神呢?[13]

这种“吊诡”式的洞见应该说是相当深刻的。从小说的文本内部出发,林毓生所理解的“吊诡”有其内在逻辑的合理性。然而逻辑的并不等于历史的,冲破逻辑的悖论和怪圈的可行方式是引入经验和历史的维度。从这个意义上说,竹内好的赎罪意识和伊藤虎丸的终末论思想为我们重新观照《狂人日记》以及鲁迅的精神史,提供了新的视角。小说中的狂人也许堕入了林毓生所揭示的逻辑的吊诡,但历史中的鲁迅却由于对罪的意识的获得,完成了他的“第二次文学自觉”,从而“成为对世界负有真正自由责任的主体”。而“《狂人日记》,如果从反面看的话,那是一个患被害妄想狂的男人被治疗痊愈的过程,也必须看作作者脱离青年时代,并且获得新的自我的记录。(如果这样考虑的话,再一看就明白了:作者不是明明白白在《狂人日记》前言中写道,这是一位疾病早已痊愈,正在‘赴某地候补’的友人的日记嘛!”[14])伊藤虎丸这样来理解《狂人日记》文言小序中的“赴某地候补”,也可谓别出心裁。《狂人日记》因此成为一个真正新生的寓言。鲁迅在他其后的文字里也屡屡表达了这种与旧我告别的思想。他的《坟》固然一方面流露的是“留恋”，另一方面则是“埋葬”；《野草》题辞中也表达了对“过去的生命已经死亡”的“大欢喜”，对“死亡的生命已经朽腐”的“大欢喜”。这或许都印证着伊藤虎丸先生的终末论思想的合理性。

但是，合理性也许并不意味着唯一性。竹内好与伊藤虎丸先生的“回心”、“赎罪文学”与“终末论”的观点力图揭示鲁迅一生中的原理性与终极性的存在——一个近乎“黑暗”与“无”的原点，可以说构成了一种整体把握鲁迅的图式。这种视野或许能够弥补中国学界由于多年来受各种意识形态和思想学术模式的圈囿所形成的盲点。但倘若把赎罪意识和终末论看成鲁迅的唯一原点的话，就可能同时遮蔽了鲁迅的丰富性。也许对原理性与终极性的问题的迷恋最终要警惕的正是某种一元论的陷阱吧？

四

竹内好和伊藤虎丸借助“回心”的范畴形成了他们自己的鲁迅观。那么，这种独特的鲁迅观的民族与历史语境是什么？与中国学界有什么不同？

尽管在竹内好与伊藤虎丸那里都表现出了自觉的东亚的视角，试图与中国知识人一道追求“共同的内省课题”，表现出一种对于“日中之间建立知识共同体”的渴望，[15]把鲁迅置于包括中国和日本在内的东亚视野中考察，但身为日本人，他们仍然表现出了鲜明的本民族的立场和眼光，从而有别于中国鲁迅研究界的固有视点。而本文更有意思的题目就是考察竹内与伊藤的鲁迅与中国鲁迅研究界的差别，以及形成这种差别的文化语境。

从这个意义上看，“回心”的概念之所以是切入两位学者鲁迅研究的核心范畴，还因为竹内好与伊藤虎丸把“回心”引申到了文化领域，构成了他们对现代（即竹内好与伊藤虎丸所说的“近代”）进程中的中国与日本在文化类型上的基本判断。

竹内好说过：“东方的近代是西欧强制的结果。”伊藤虎丸沿袭了这个思路：“可以说，把亚洲的近代化看作是被近代化，这才是主体性的态度。”[16]从这个态度出发,两位学者都在与中国的参照中反思了日本脱亚入欧的过程以及在这个过程中所形成的不同文化类型:“竹内氏称日本近代为‘转向’型,认为这段历史是由身上兼有‘优等生文化’与‘奴根性’的‘近代主义’者所承担的,这一点与中国近代恰成鲜明的对比。”[17]而中国文化则是回心型。这是“回心”在竹内好和伊藤虎丸的思想中的又一个层面。

“转向”型与“回心”型的根本区别在哪里呢?竹内好称:“回心以抵抗为媒介,而转向无须媒介”,伊藤虎丸解释道,两者的差异在于:“这个‘回心’并未成为‘他人’,而是成了‘更高意义上的自我’,总之是‘自我回复’。依此,则是以‘西欧的冲击’为契机,达到了‘国粹的复兴’。”[18]亦如有论者阐述的那样:“中国的近代是一种不断指向自身内部的‘回心’文化,它不断以抵抗为媒介而促进自我的更新。”[19]而在“转向”型中,抵抗的缺乏,“‘使得任何东西都不加传统化’,这是日本思想(‘杂居文化’)的特征”[20]。正是在这个意义上,竹内好与伊藤虎丸都强调了鲁迅所习用的字眼儿——“挣扎”,竹内好并且为鲁迅的“挣扎”赋予了“抵抗”的涵义:

> 挣扎这个中国词汇具有容忍、忍耐、折腾等意思。我觉得它作为理解鲁迅精神的线索很重要,所以,我屡次以原文本身的样子加以引用。勉强译成日语的话,按现在的用法,它接近于“抵抗”一词。(《鲁迅》第152页)

竹内好对鲁迅的“挣扎”的理解也有两个层面:“他喜欢使用的‘挣扎’一词所显示的强烈的凄怆的生活方式,如果不是把有自由意志的死抛在一方的极点,我是无法理解的。”(《鲁迅》第6页)这还是从所谓死的自觉的层面理解“挣扎”;而当竹内好从文化视野中审视“挣扎”,它所具有的“抵抗”的涵义则使鲁迅演变成为现代中国的文化主体。由此,“鲁迅使得中国的近代与世界史发生了关联,这种关联性的媒介产生于抵抗行为之中”[21]。也正是在这个意义上,鲁迅通过他的“挣扎”——“抵抗”,使他成为现代中国“回心”文化的体现者。

考察竹内与伊藤对“回心”的运用,其历史语境是对日本在现代化进程中无抵抗地全盘西化的反省。而在反省过程中,竹内和伊藤可能都偏于过分估价了中国的所谓抵抗的回心型文化。“回心型”的概念用于文化上是一个有待展开和论证的范畴，它的有效性和普适性其实还需进一步追问。当竹内好和伊藤虎丸过分地强调了中国的抵抗的文化姿态，就有可能忽略了中国的现代历史追求“现代化”的层面。而中国现代史更复杂的面貌则表现为一种“现代性的焦虑”，正像伊藤虎丸发现李泽厚在对中国现代“启蒙与救亡”两条历史线索的概括中反映了两者（启蒙与救亡）的内在矛盾与悖论一样，“现代性的焦虑”中也体现了东方对西方的现代性的矛盾，它涵容着既追求又质疑的悖反态度。恐怕不是单纯的“抵抗”所能涵盖的。

需要讨论的另一个问题是，当我们认同了关于鲁迅“赎罪文学”意识，认同了鲁迅对狂人式的“精神界之战士”形象的超越的同时，必须承认“启蒙主义”仍构成着鲁迅思想的重要组成部分，而在鲁迅的“启蒙主义”的立场中，激烈的反传统仍是其固有的内涵。也正由于这一点，《狂人日记》才可能在当时的历史情境下起到振聋发聩的作用。由此看来，伊藤虎丸称“从一开始，中国近代便以这种‘保守性’为特色，即通过传统文明的顽强‘抵抗’使传统自身产生变革”，进而达到“国粹的复兴”，则有某种主观臆度的成分，低估了五四激烈的反传统的文化姿态，同时把中国现代所谓的“国粹的复兴”与回心型文化理想化了。

也许真正的问题不在于中国现代文化是否就是抵抗的，也不在于抵抗的文化是否就优于转向的文化。而更在于何以竹内好和伊藤虎丸先生都同时迷上了“回心”与“抵抗”的概念。其更重要的原因恐怕在于对日本文化的反思构成了他们的真正主导动机。中国和鲁迅由此成为了文化的“他者”，成为参照。两位学者在发现了鲁迅的同时也就重新发现了日本。这也许正是比较文化的价值和意义之所在吧？

2000年3月6日于北京大学

注 释

① 竹内好：《鲁迅》第46页，浙江文艺出版社1986年1月第1版。下同。

② 竹内好:《鲁迅》第46页译者注。

③ 竹内好:《鲁迅》第47页。

④ 孙歌:《文学的位置》,《学术思想评论》第四辑298页,辽宁大学出版社,1998年1月第1版。下同。

⑤ 伊藤虎丸:《鲁迅、创造社与日本文学——中日近现代比较文学初探》第175页,北京大学出版社1995年2月第1版。下同。

⑥ 同上书,第151页。

⑦ 同上书,第147页。

⑧ 同上书,第136页,译者注。

⑨ 孙玉石:《思考历史:日本一代有良知学者的灵魂——序伊藤虎丸〈鲁迅、创造社与日本文学〉》,《鲁迅、创造社与日本文学——中日近现代比较文学初探》第24页。

⑩ 伊藤虎丸:《鲁迅、创造社与日本文学——中日近现代比较文学初探》第150页。

⑪ 林毓生:《中国意识的危机——"五四"时期激烈的反传统主义》第260页,贵州人民出版社1988年1月第1版。下同。

⑫ 吴晓东:《鲁迅小说的第一人称叙事视角》,《鲁迅研究动态》1989年第1期。

⑬ 林毓生:《中国意识的危机——"五四"时期激烈的反传统主义》第256页。

⑭ 伊藤虎丸:《鲁迅、创造社与日本文学——中日近现代比较文学初探》第150页。

⑮ 参见沟口雄三《"知识共同"的可能性》,《读书》1998年第2期。

⑯ 伊藤虎丸《鲁迅、创造社与日本文学——中日近现代比较文学初探》第9页。

⑰ 同上书,第170页。

⑱ 同上书,第72页。

⑲ 孙歌:《文学的位置》,《学术思想评论》第四辑第307页。

⑳ 伊藤虎丸:《鲁迅、创造社与日本文学——中日近现代比较文学初探》第5页。

㉑ 孙歌:《文学的位置》,《学术思想评论》第四辑第314页。

(《鲁迅研究月刊》2002年第2期)

“仙台经验”与“弃医从文”
——对竹内好曲解鲁迅文学发生原因的一点分析

高远东

一、问题的提出

近十年来，竹内好的思想借助孙歌的研究介绍，在中国大陆学界发生了很大影响，尤其是对于年轻一代。竹内好的许多重要问题（如他的近代论批判、主体论）是通过他对鲁迅和中国革命的理解提出并接近答案的，他关于鲁迅的构图，因此成为其思想建构的核心之一。

但是，竹内好笔下的鲁迅乃至中国，只是他为了建构其理想的日本现代主体——尤其是日本现代文学的主体——而倾注其主观价值、追求解放的对象，他的鲁迅及中国形象只是用来映照他所理解的日本问题的一面镜子，是十足“竹内主义”的“机能化”视象。它虽不同于明治以来日本近代主体建构中对中国元素的刻意“排异”，但对鲁迅及中国的理解和利用毕竟不是客观的。也就是说，竹内好的鲁迅在一定程度上是以远离鲁迅的历史性存在为特征，以放弃对鲁迅的“实体性”理解为代价的。不少中国研究者似乎不明白这点，对此缺乏足够的警惕，存在把它当作历史的客观认识的危险性。

像鲁迅的文学如何发生，或者说鲁迅文学的“原点”问题，就是一个例子。

在《鲁迅·思想的形成》一章，竹内好把鲁迅文学自觉的产生定在了他在北京蛰居的“绍兴会馆”时期——用竹内的话说是“鲁迅的骨骼”形成在他发表《狂人日记》之前居住在北京的所谓“蛰伏期”。这时鲁迅还没开始文学生活，而埋头于一间闹鬼的房子中“抄古碑”，“呐喊”还没成为“呐喊”，只让人感到

正在酝酿着呐喊的凝重的沉默。竹内好问道:

> 我想象,鲁迅是否在这沉默中抓到了对他的一生来说都具有决定性意义,可以称作回心的那种东西。我想像不出鲁迅的骨骼会在别的时期里形成。他此后的思想趋向,都是有迹可寻的,但成为其根干的鲁迅本身,一种生命的、原理的鲁迅,却只能认为是形成在这个时期的黑暗里。
>
> 读他的文章,肯定会碰到影子般的东西。这影子总是在同一个地方。虽然影子本身并不存在,但光在那里产生,也消失在那里,因此也就有那么一点黑暗通过这产生与消失暗示着它的存在。倘若漫不经心,一读而过,注意不到也就罢了,然而一旦发现,就会难以忘怀。就像骷髅舞动在华丽的舞场,到了最后骷髅会比其他一切更被认作是实体。鲁迅就背负这样一个影子,度过了他的一生。我把他叫做赎罪的文学就是这个意思。而他获得罪的自觉的时机,似乎也只能认为是在这个在他的生平传记里的不明了的时期。[①]

基于这一认识,竹内好对鲁迅《呐喊·自序》中关于产生"《呐喊》的来由"——鲁迅自己对其文学如何发生的自述——提出了质疑,其论点是:

1. 由于《自序》是对事实进行追忆的文字,不是"以进入事实里面去的方式在处理事实"(第50页),因而其中必定存在着"虚构的成分"。如《狂人日记》产生于"金心异的来访"的说法。

2. 鲁迅关于仙台医专留学时"弃医从文"的故事也不足信,"这是他的传记被传说化了的一例,我对其真实性抱有怀疑,以为这种事恐怕是不可能的"。理由是:

3. 对于"同一件事",《呐喊·自序》和《藤野先生》中的处理"多少有些差异"——可能"幻灯事件"之前发生的日本同学的"找茬"事件,对其形成文学的"回心之轴"更重要:"幻灯事件和找茬事件有关,却和立志从文没有直接关系。我想,幻灯事件带给他的是和找茬事件相同的屈辱感。屈辱不是别的,正是他自身的屈辱。与其说怜悯同胞,不如说是怜悯不能不去怜悯同胞的他自己。

他并不是在怜悯同胞之余才想到文学的，直到怜悯同胞成为连接着他的孤独的一座里程碑。如果说幻灯事件和他的立志从文有关，那么也的确是并非无关的，不过幻灯事件本身，却并不意味着他的回心，而是他由此得到的屈辱感作为形成他的回心之轴的各种要素之一加入了进来。”

4. “在本质上，我并不把鲁迅的文学看作功利主义，看作为人生，为民族或是为爱国的。鲁迅是诚实的生活者，热烈的民族主义者和爱国者，但他并不以此来支撑他的文学，倒是把这些都拔净了以后，才有他的文学。鲁迅的文学，在其根源上是应该被称作‘无’的某种东西。”

竹内好对鲁迅文学属性的上述理解，以重构鲁迅自述的“仙台经验”为中心，试图在根本上颠覆鲁迅的自述，但它又与鲁迅创作中——尤其是如《野草》、《彷徨》等作品体现的某些精神深刻相连，与鲁迅文学最深处——涉及自我的部分——有着强烈的共鸣。这就造成了复杂性。我想从鲁迅涉及“仙台经验”的文本《呐喊·自序》、《藤野先生》入手，联系鲁迅留日时期思想形成的流程，揭示其文学发生的多原点特征；通过理解其个人遭遇和民族历史“经验的同构性”，弄清鲁迅文学的政治性的由来；通过梳理其以《域外小说集》和《怀旧》为中心的翻译和创作活动，理解《狂人日记》之前文学骨骼的形成，以及其中现代性的由来和创造性之所在。

二、《呐喊·自序》中所述文学发生的“来由”

鲁迅对其文学的发生是怎样叙述的？在《呐喊·自序》（1922 年 12 月 3 日）、《南腔北调集》中《〈自选集〉自序》（1932 年 12 月 14 日）和《我为什么作起小说来》（1933 年 3 月 5 日）等篇，都有大同小异的说明。这些自述，如同他作品结集时作的诸多序跋一样，首先便该在“实体”意义上，把它作为可以实证把握的历史和心理/经验对象来理解。

在《呐喊·自序》，鲁迅辟首就说：

> 我在年青时候也曾经做过许多梦,后来大半忘却了,但自己也并不以为可惜。所谓回忆者,虽说可以使人欢欣,有时也不免使人寂寞,使精神的丝缕还牵着已逝的寂寞的时光,又有什么意味呢,而我偏苦于不能全忘却,这不能全忘的一部分,到现在便成了《呐喊》的来由。

这魂回梦绕、不能忘却的是些什么内容呢?其中包括:

1. 父亲的病与“从小康人家而坠入困顿的”屈辱,这使他“走异路,逃异地,去寻求别样的人们”,最终去了仙台医专学医。

2. 发生了幻灯片事件,导致“弃医从文”。鲁迅的自述是:

> 其时正当日俄战争的时候,关于战争的画片自然也就比较的多了,我在这一个讲堂中,便须常常随喜我那同学们的拍手和喝采。有一回,我竟在画片上忽然会见我久违的许多中国人了,一个绑在中间,许多站在左右,一样是强壮的体格,而显出麻木的神情。据解说,则绑着的是替俄国做了军事上的侦探,正要被日军砍下头颅来示众,而围着的便是来赏鉴这示众的盛举的人们。
>
> 这一学年没有完毕,我已经到了东京了,因为从那一回以后,我便觉得医学并非一件紧要事,凡是愚弱的国民,即使体格如何健全,如何茁壮,也只能做毫无意义的示众的材料和看客,病死多少是不必以为不幸的。所以我们的第一要著,是在改变他们的精神,而善于改变精神的是,我那时以为当然要推文艺,于是想提倡文艺运动了。

3. 出版《新生》失败,之后“感到未尝经验的无聊”,“这寂寞又一天一天的长大起来,如大毒蛇,缠住了我的灵魂了”,“只是我自己的寂寞是不可不驱除的,因为这于我太痛苦。我于是用了种种法,来麻醉自己的灵魂,使我沉入于国民中,使我回到古代去,后来也亲历或旁观过几样更寂寞更悲哀的事,都为我所不愿追怀,甘心使他们和我的脑一同消灭在泥土里的,但我的麻醉法却也似乎已经奏了功,再没有青年时候的慷慨激昂的意思了”。

4. 金心异来约稿，其"毁坏这铁屋的希望"的说辞打动了鲁迅，于是提笔创作了《狂人日记》。鲁迅的文学由是开始，"一发而不可收"。

以上陈述涉及两方面的内容：一是事实，一是对事实的感应和"追忆"。用我自己的话概括，它涉及鲁迅文学发生问题的几个要点：

首先是主体的经验，尤其是屈辱的经验和失败的经验。就前者而言，鲁迅第一次经验屈辱是在故乡绍兴，由家道中落——所谓"从小康人家而坠入困顿"所致。第二次经验屈辱则是在日本仙台，竹内好虽极力强调"幻灯事件"与"找茬事件"的差异，其实就感受屈辱而言，它对鲁迅文学发生的作用是完全一样的。所不同者，只是鲁迅感受屈辱的原因由家而国，而民族：范围在不断扩大，但其结构内核却不变。就后者而言，创办《新生》的失败和回国后遭受的挫折——包括对辛亥革命的失望——对于鲁迅文学性格的形成可能更重要，事实上，鲁迅的文学是他经历了一系列挫折失败之后创造力的某种飞跃或"补偿"作用的产物。没有这些挫折失败，鲁迅留日时期形成的自我肯定和强调反抗的浪漫主义是不会变为五四时期自我质疑、侧重否定性思考的深沉的现实主义文学形态的。

其次是基于这种体验发生的精神上的化学反应——在寂寞、痛苦、怀疑、反省、记忆、忘却之中形成了一种悖论性思维，它是鲁迅再出发的起点。

第三，更重要的是，鲁迅的自我体验与中国近代民族经验的同构性，在鲁迅个人的遭遇中"寓言式"地隐含着中国民族的近代遭遇，与中国近代以来的核心问题深刻相连。这是鲁迅文学之政治性的根源。像竹内好那样把鲁迅的文学视为根源于"无"和"黑暗"的深刻的现代个人主义的文学，并不能完整描述和准确把握鲁迅文学的本质。

总之，鲁迅《呐喊·自序》所述内容，事实层面的，可作客观的实证调查，如"幻灯片"影像的有无，鲁迅的叙述是否存在虚构等等。不过由于条件所限，鲁迅所述其实无法一一验证，这就给竹内好的"质疑"以巨大能量，使之能无视鲁迅传记的"实体性"，致力于主观价值的建构。而对事实的感应和"追忆"——涉及鲁迅心理/经验的部分则不好武断，因为它无法客观化。比如，"弃医从文"的转变发生于鲁迅的内心,无论对它的叙述还是意义的引申,其真伪都是无法判断的:鲁迅的叙述,我们只能讨论它是否真诚,而不能讨论它的真伪。竹内好把矛头指向了《呐喊·自序》的“虚构”——所谓“必定存在着‘虚构的成分’”——但连他自己也不能在实证的意义上讨论这个问题。他所谓“传记被传说化”的推测,对“找茬事件”与“幻灯事件”的辨析,乃至对鲁迅文学“回心”之形成的观点,只是在逻辑层面做文章:他的方法是玄学主义的,建构目标则是文学主义的,是把鲁迅文学发生的真实条件纯化简化之后的一种再创造。

事实上,鲁迅的文学是在近代中国思想和文学的对立、论战条件下发生的:梁启超和章太炎,功利主义和反功利主义,启蒙者和文学者,政治和文学……这些对立项以一种悖论关系凝结于鲁迅文学发生的“原点”。鲁迅的个人经验和国民经验是高度统一的,这是半殖民地人民的无奈,即使其中当真存在“被称作‘无’的某种东西”,也无须把它与鲁迅的其他经验对立起来而将其“拔净”。鲁迅的思想和文学都具有“复调性”,其不同主题、不同经验、不同身份、不同追求之间的关系才是我们要把握的关键。鲁迅的文学是在文学者鲁迅与思想者鲁迅的关系中发生的,思想者鲁迅先于文学者鲁迅出现,鲁迅的文学则是二者结合的一种特殊形式。为竹内好着迷的二元论结构如政治/文学、希望/绝望、虚无/实有、为人生/为艺术等关系只是鲁迅文学借以展开的平台,鲁迅的文学超越了它们又一再为其所制,保持着由此而来的结构性紧张。对我来说,启蒙者和文学者、政治和文学、功利主义和文学主义、为人生为民族或是为爱国的和“在其根源上是应该被称作‘无’的某种东西”,这种种对立都是鲁迅文学本质中不能“拔净”的要素,无论去掉了哪方面的内容,对鲁迅文学的完整性、深刻性、丰富性都是一种伤害。

既然鲁迅的文学是多原点发生的,对于中国的近现代史而言,具有百科全书式的广度和概括性,那么,竹内好为什么要从中提炼和树立一个自我的、文学者的、根于虚无的、有罪的自觉的、反抗政治的、体现了现代性问题深度的绝对现代主义的鲁迅形象来标榜呢?看来,起作用的是竹内好自己的价值和出发点。

三、对竹内好曲解鲁迅文学发生原因的分析

竹内好曲解鲁迅对其文学发生原因的自述，对鲁迅文学的原点提出假设，其“生平传记中晦暗不明的时期”当然是他理想的施展拳脚之地，因为此时此地的“黑暗”“虚无”，不仅连结着鲁迅的《野草》、《彷徨》和《呐喊》中的部分作品，而且连结着西田几多郎的哲学和日本浪漫派的近代课题。而《呐喊·自序》陈述的事实因为阻碍着竹内的假说，它当然得被相对化——说到“虚构”，竹内好的假说其实比鲁迅的自述更纯粹是创作：“弃医从文”的戏剧性，就其“虚构”的程度而言，是远远不及竹内好笔下关于鲁迅文学“回心”产生的那个神秘意境的。

鲁迅的文学，作为第三世界文学现代性的代表者，作为第三世界现代经验——遭受屈辱、进行启蒙主义和民族主义相扭结的文化抵抗、追寻真正的独立和解放之路——的杰出表达者，其与西方现代的连结方式，与中国传统的连结方式，与中国民族现代的连结方式，尤其是以一己承担“被现代”的苦恼而从人生虚无和黑暗中再出发的精神掘进，其中隐含的德国新浪漫派及章太炎的文化浪漫主义的课题等，对于无论竹内好的近代论批判还是主体论，它都是一个致命的吸引。竹内好是以自己的生命和全部价值拥抱并重铸了鲁迅。

竹内好通过鲁迅来对日本近代主义进行批判，进行其关于近代文学主体的价值构图，这种构图是借助把鲁迅分割为启蒙者和文学者、爱国者和孤独个人等的对峙，再强调文学者、个人等对立项乃是鲁迅的根本和出发点来实现的。由于鲁迅的思想和文学有多重身份复合的特征，是所谓“文学家、思想家、革命家”的三合一，竹内好不得不面对其“实体”的多样性和复杂性，除了那个符合其价值理想的孤独个人的文学者鲁迅，他的鲁迅构图还必须容纳爱国者的、启蒙者的——跟近代以来中国民族命运发生关联的“民族魂”的那个鲁迅，怎么办？竹内好自有高招，他是通过一种特别的方式——所谓矛盾的“同义反复的解释结构”（子安

宣邦语)来解决的,像鲁迅文学中启蒙者和文学者的关系,就被表述为“文学者鲁迅无限地生出启蒙者鲁迅的终极之场”;鲁迅的政治性,也被解释为一种文学性的“反政治的政治性”。

这种文字游戏式的解决能否视为真实的解决?我以为它反映的其实是竹内好的矛盾和困境。当他避开鲁迅文学存在的历史性,作玄学主义和文学主义合一的凝神观照时,虽解放了自己,也因与鲁迅文学中涉及自我的部分产生高度共鸣而具备了解释力,但对于鲁迅思想文学的完整性却是一种伤害。竹内好自己也省悟其构图并不能完全容纳鲁迅的思想和作品,比如《关于作品》第四节对于《故事新编》的讨论,就流露出他的困惑。其实,探讨“文学者鲁迅的文学自我之形成原理”,抛开或割裂启蒙者的、爱国者的、政治的、革命的、为人生的、与中国近代史深切连结的“民族魂”的一面,未必是正确的方法。让鲁迅的文学从属于政治固然不对,让鲁迅的政治从属于文学也大可不必。鲁迅的文学和政治虽然存在密切关联,但却各具独立意义——文学家的鲁迅并不能完全替代或取消知识分子鲁迅的意义。

就鲁迅文学的发生问题而言,竹内好忽视思想者和文学者鲁迅的独立意义是不应该的。他对此问题的理解,只专注于鲁迅写作《狂人日记》之前的“绍兴会馆”时期,凝神于鲁迅的黯淡叙述,几乎完全忘记鲁迅留日时期完成的著作,无视文言小说《怀旧》的存在,无意于《狂人日记》来龙去脉的历史追踪,不顾思想者鲁迅早于文学者鲁迅形成的事实,这使他的有关解释不够结实。他的鲁迅构图,我们如果不把它视为一种十足“竹内主义”的“机能化”视象,视为一种主观价值的投射,而是误以为它就是鲁迅的客观的历史形象,就会出大问题。事实上,“竹内鲁迅”这笔遗产在竹内好的日本继承者那里早有好的表现,竹内好的一些问题早已得到有效的修正。比如,丸山昇的鲁迅研究以历史主义的方法纠正了“竹内鲁迅”过于强烈的玄学性格,还原了鲁迅“革命人”的一面,就政治和文学的关系有着较竹内好更切近历史实际的理解;伊藤虎丸则执着于竹内好近代批判的思维,将其玄学主题历史化,他对鲁迅留日时期思想的形成跟当时日本流行的西欧思想和文学之关系的探讨，所谓“原鲁迅”命题的提出，都可以纠正竹内好玄学主义的想当然，即使是关于“罪的自觉”的探讨，似乎也因其基督教信仰更具亲切感和可信性；木山英雄则立足知识者个人阅读的立场，进入鲁迅思想和作品的深处，探讨鲁迅之为鲁迅的那些元素、方法、逻辑、风格，对鲁迅的思想和文学深有了悟，别有会心，可谓发掘鲁迅文学价值方面的竹内好的最佳继承者，其感性、知性、理性并用的方法，有力地消除了“竹内鲁迅”的神秘性，在竹内好开创的鲁迅研究格局中把鲁迅研究带入了另一种胜境。

四、“仙台经验”的完整性

“仙台经验”不止促成了鲁迅的“弃医从文”，促成了鲁迅一生最重要的转折，而且使鲁迅的个人经验与家国之恨刹那间合一，整合为再出发的前提和条件。但何谓“仙台经验”？是否只有唤醒其作为中国人的自觉的“幻灯事件”和“找茬事件”才代表鲁迅“仙台经验”的本质呢？其实不然。阅读《呐喊·自序》和《藤野先生》可知，所谓“仙台经验”，除了负面的“找茬事件”和“幻灯事件”，还包括鲁迅的“随喜”日本之心，以及跟藤野先生的结识——这四者合在一起，才是鲁迅“仙台经验”的完整表述。这两方面内容在竹内好讨论“仙台经验”之于鲁迅文学的发生时完全被忽略，鲁迅“随喜”日本之心的消失和藤野先生作为民族国家体制超越者的意义，并未纳入有关讨论，这很可惜。我以为，它作为鲁迅“弃医从文”时间链条上重要的一环，涉及鲁迅在仙台医专时期“清国人”身份的认同情况，跟鲁迅文学发生的问题息息相关，值得我们关注。

鲁迅的“随喜”日本之心，见于《呐喊·自序》的叙述：

> 其时正当日俄战争的时候，关于战争的画片自然也就比较的多了，我在这一个讲堂中，便须常常随喜我那同学们的拍手和喝采。

所谓“须常常随喜”，虽然不无适应环境之意，带有某种被动性，但它并未刺激鲁迅的民族自尊心，像“找茬事件”中关于“中国是弱国，所以中国人当然是低能儿,分数在六十分以上,便不是自己的能力了”的激愤反应,像“幻灯事件”所导致的“弃医从文”的严重转折,在这里并未产生。而鲁迅的“随喜”日本同学,主动抑制、隐蔽“中国人”立场、身份的情况,在日俄战争期间,倒是带有某种历史的真实性的。

1904年2月10日日俄战争爆发时,鲁迅尚在东京,曾跟同学陈师曾议及此事。[②]据周建人回忆,当时有日本人看出鲁迅是中国人,走过来跟他讲中国话,鲁迅总装着不懂。也有人讥笑鲁迅:“为什么不回去流血,还在这里做什么?”有一次甚至在路上发生了冲突。[③]这些挑衅跟鲁迅在仙台的经验比起来,按理说更能刺激人,但鲁迅却并无激烈反应。

今天我们都知道,日俄战争是列强在中国土地上争霸的帝国主义战争,它的发生代表着中国国权沦丧、人民涂炭的耻辱,激发的是民族主义情绪。但在当时,清政府却宣布“严守中立”,舆论界和鲁迅的同学中颇有人站在日本一边,认为它是“同文同种”的“亚洲人”对欧洲人的战争。蔡元培在上海创办《俄事警闻》日报,就“袒日抑俄”,鲁迅曾予以批评,忠告他们不可以“同文同种”欺骗国人。[④]但不管怎么说,把日俄战争视为亚洲人与欧洲人的战争,在当时中国、日本乃至西方,都是大有人在的。像列宁在《旅顺口的陷落》(1905年1月14日)中一方面从阶级斗争观点评价其意义,视其为“新旧资产阶级世界之间的战争”,一方面也把它视为亚洲“对反动欧洲的一个打击”[⑤],是“亚洲战胜了欧洲”[⑥]。看起来,当人们以类似“亚洲”“欧洲”这样的大区域概念思考问题时,区域或文明的“共同感”确实是可以弱化乃至转化其“民族国家”的身份认同感的。

鲁迅“随喜”日本同学的“拍手和喝采”,也许尚存感奋“日本维新是大半发端于西方的医学的事实”之意,但身处仙台这一日俄战争时期罹患着军国主义高烧的城市,不断的祝捷会、提灯游行、“日俄战争教育幻灯会”的种种活动,尤其是1905年9月发生的“找茬事件”和1906年1月发生的“幻灯事件”,终于使鲁迅的“医学救国”梦破灭,彻底消散了“随喜”之心,走上“弃医从文”之路。

跟藤野先生的结识则是鲁迅“仙台经验”中具有境界提升和道德超越作用的

大事。对于"清国"留学生周树人,藤野先生毫无势利之心,平等待人,认真督责,其作为民族国家体制超越者的精神长久地感召着"弃医从文"的鲁迅,可以说,在离开仙台之后,藤野先生在鲁迅心中才确立了其超越解剖课老师的精神导师的重要位置:

> 但不知怎地,我总还时时记起他,在我所认为我师的之中,他是最使我感激,给我鼓励的一个。有时我常常想:他的对于我的热心的希望,不倦的教诲,小而言之,是为中国,就是希望中国有新的医学;大而言之,是为学术,就是希望新的医学传到中国去。他的性格,在我的眼里和心里是伟大的,虽然他的姓名并不为许多人所知道。

五、《域外小说集》的重要性

《域外小说集》是鲁迅"弃医从文"的结晶之一,虽然当时影响不大,但其中却透露着鲁迅文学发生的媒介要素,鲁迅说他写《狂人日记》,"大约所仰仗的全在先前看过的百来篇外国作品和一点医学上的知识"⑦,其实还应加上文言小说《怀旧》的练笔——这篇主观化的抒情讽刺小说已内含了与传统的断裂及"20世纪初欧洲文学的最新潮流"⑧。这"百来篇外国作品"到底指那些作品?我们无法确定其具体内容,不过,根据鲁迅的描述,大致包括他翻译介绍"尤其注重的"短篇,"特别是被压迫的民族中的作者的作品":

> 因为所求的作品是叫喊和反抗,势必至于倾向了东欧,因此所看的俄国,波兰以及巴尔干诸小国作家的东西就特别多。也曾热心的搜求印度,埃及的作品,但是得不到。记得当时最爱看的作者,是俄国的果戈理(N. Gogol)和波兰的显克微支(H. Sienkiewitz)。日本的,是夏目漱石和森鸥外。

这样的眼光和趣味在《域外小说集》以及后来翻译的《现代小说译丛》、《现代日本小说集》中都可以发现。

值得注意的是,《域外小说集》共收小说37篇,鲁迅译了3篇,为俄国安特来夫的《谩》《默》和俄国迦尔洵的《四日》,但这些却并非“叫喊和反抗”之作,而是直面现代人内面生活本质的“神秘幽深”之作,无论为启蒙或为宣传,似乎都与鲁迅的陈述不符,为什么会这样?它们与鲁迅后来的小说创作有什么深层联系呢?

我以为这正是鲁迅小说的深刻性和复杂性的来源之一,鲁迅的文学如果有“原点”的话,那一定是多“原点”的,其思想和文学的“原点”都不止一个,其作品因而成为多原点的复杂关系的产物。就其小说所寄托的文思而言,虽然鲁迅抱持启蒙主义“为人生而且改良这人生”的立场而写作,之后关于其创作的说明也多强调其为社会、为公众的方向,但在《域外小说集》的翻译中,表现现代人内面生活本质的“神秘幽深”之作——安特来夫和迦尔洵的作品对他却更具吸引力。可以说,鲁迅的文学起点一开始就不是单纯的,为民族的和为个人的、为社会的和为自我的、涉及宏大历史叙事的和有关精微的内在精神病理的,这些错杂乃至相互矛盾的内容,一开始就并存于鲁迅文学的深处。近年来严家炎、吴晓东讨论鲁迅小说的“复调性”⑨,我想,其源头可能正是隐藏在这里吧。以《狂人日记》为例,大家都知道果戈理《狂人日记》(1835年)是鲁迅《狂人日记》的来源之一,但只要对照一下就会明白二者的差异:果戈理的《狂人日记》只是在现实主义的构架中讲述一个寓意单纯的故事,写一个替科长修鹅毛笔的小书记,单相思爱上了上司的女儿,进而发花痴的心理状态;鲁迅的《狂人日记》却在现实主义的情境中寄托着复杂的象征,以“迫害狂”患者惊人敏锐的感受浓缩中国文化的“吃人”性,其中“尼采的渺茫”有之,安特来夫的“神秘幽深”有之,鲁迅自己的“忧愤的深广”有之,在这篇小说中,多种声音多种立场并存,思想性的批判与文学化的深切表现完美地结合到了一起。

《域外小说集》是鲁迅小说的媒介之一,也是鲁迅文学骨骼成长史的重要一环。在与古今中外思想文学的学习和超越中,在对自己民族和个人生命的自觉和反省中，鲁迅的文学骨骼慢慢长成了。 这一过程虽然有波折起伏，有挫折创伤，不乏戏剧性，但它确实与竹内好笔下绍兴会馆那个神秘诡异的玄渺意境无关。

2005 年 9 月草于磨砖居

2007 年 3 月改毕

注 释

① 竹内好：《鲁迅》，见《近代的超克》，生活 · 读书 · 新知三联书店 2005 年 3 月版。

②④ 沈瓞民：《鲁迅早年的活动点滴》，《上海文学》1961 年第 10 期。

③ 乔峰：《略讲关于鲁迅的事情 · 关于鲁迅的片断回忆》。

⑤《列宁全集》第 8 卷第 135 页，人民出版社 1987 年版。

⑥《〈旅顺口的陷落〉一文提纲》，同上，第 368 页。

⑦ 鲁迅：《南腔北调集 · 我怎么做起小说来》。

⑧ 普实克：《〈怀旧〉：中国现代文学的先声》，见乐黛云编《国外鲁迅研究论文集》，北京大学出版社 1981 年版。

⑨ 如严家炎《复调小说：鲁迅的突出贡献》，《中国现代文学研究丛刊》2001 年第 3 期；吴晓东《鲁迅第一人称小说的复调问题》，《文学评论》2004 年第 4 期。

（《鲁迅研究月刊》2007 年第 4 期）

鲁迅与弘文学院学生“退学”事件(上)

[日]北冈正子著　靳丛林译

一

事件的经过:来自同乡会杂志的记述

日本遗留的一则资料

只有在《弘文学院沿革资料》明治35年(1902年)5月记载的寄宿生姓名一项中,可以看到周树人的名字,此后在这一时期内看不到直接表现周树人的记述。可是,最初就在本院宿舍生活并且是速成普通科在籍学生的鲁迅,在“本院学生”、“本科生”事项中作为其一员却很有关系,可以认为他也参加了各项活动。

那么,下面记载周树人名字的有3月份的一项,与《学生异动报告书》和《中国人留学生在籍者名簿》相对照,我以为这个名单之中明显有两三处误写,订正后如下。

本学院学生多数同盟携带行李妄宿院外。其名单如下:

刘廼弼　顾　琅　伍崇学　周树人

张邦华　汪兴准　张修爵　夏　斌

彭树滋　周　霖　吴翔庆　于　璜

杨　煦　濮　祁　顾　琪　洪绳祖

程崇泗　陈福颐　顾沛然　黄　轸

马毓福　余德元　沈明道　汪步扬

纪　鸿　李书城　阿勒精阿　施呼本

谈锡恩　胡　铮　陈文哲　周维桢

陈荣镜　刘云龙　杨毓麟　韩永康

沈祚延　韩清泉　章毓兰　许寿裳

施　霖　李祖虞　周承菼　钱永复

寿昌田　陈　介　厉家福　倪寿龄

据留学生同乡会杂志的记述等等可知，这就是历来所指的弘文学院留学生的所谓"退学"事件。之所以说记述"等等"，是因为其他通过鲁迅致许寿裳书简(1910年11月20日)和周作人日记也能够知道鲁迅也与这事件相关。这些都是留在中国方面的第一手资料，其中同乡会杂志是了解事件经纬的唯一的资料。

对于此事的这个记录是日本方面残留的原始资料。迄今为止，笔者尚未确认除此而外还有同类原始资料的存在。这个记录之中，未曾记述"同盟携带行李妄宿院外"的经纬和理由。但是，由于其中写下了中国方面资料所见不到的人名，以此为线索可以推察事件发生的各种要因。倘若将这两种资料对照来看，是能够理解这一事件究竟如何的吧。

通过同乡会杂志追寻事件

首先，作为理解的前提，必须要从知道发生了怎样的事件开始。为此，不得不依据对弘文学院采取批判立场的同乡会杂志的记述。其中尽可能避开对事件的判断和解释的部分记述，依据追溯事件展开的事态记述来复原事件的原委。

同乡会杂志的记述有三：《浙江潮》第三期(1903年4月17日)揭载的《记留学日本弘文学院全班生与院长交涉事》；《湖北学生界》第四期(1903年4月27日)揭载的《弘文学院学生退校善后始末记》；《江苏》第一期(1903年4月27日)揭载的《弘文学院学生退校善后始末记》。这其中，《湖北学生界》和《江苏》的记事，除略有语句脱落和二三字不同之外，内容大意几乎相同。这大概是两个杂志刊载了同一篇记事。由于《江苏》的创刊是在这一事件完了之后，也许是转载了为《湖北学生界》准备的这篇记事。所以决定对照《浙江潮》与《湖北学生界》揭载的记事来看具体的事件。但日期《浙江潮》为阴历,《湖北学生界》记为阳历,同一事项也未必是同一天的记事。略做判别,于是以为《湖北学生界》一方的日期和记述的内容比较放心。因此决定依《湖北学生界》记载的日期。

可是,后世谈到这一事件的文章,是否是看过《浙江潮》与《湖北学生界》(或《江苏》)两个杂志后所写的内容呢?首先,细野浩二的《境界上的鲁迅——追寻日本留学的轨迹》(《朝日亚洲评论》28号,1976年)与龚济民的《鲁迅与弘文学院的学潮》(山东师范聊城分院中文系·图书馆编《鲁迅在日本》,1978年12月),好像仅依据《浙江潮》。但前者也含有据日本方面资料所作的部分记述。杨天石的《释"挤加纳于清风,责三矢于牛入"》(《鲁迅研究资料2》1979年),系据《浙江潮》与《江苏》,但不是全面对照两杂志的记述而写。其次,马力的《鲁迅在弘文学院》(《鲁迅生平史料汇编第二辑》1982年),据注释可知参照了上述三篇文章,而原始资料的杂志看过与否不能确定。何以故,譬如关于事件发端的日期则注为"1903年3月26日"(龚济民和细野浩二两文作25日),这是由于两杂志(用阳历和阴历所记)的日期开始就不一致,依据杂志所衍生的错误没有发现的缘故。

事件的展开——发端

下面就此追究一下事件的展开。

以下[ ]内是将《浙江潮》的阴历改为阳历记入。还有,尽可能努力依据杂志的表现写下来,必要时在()内加注释和说明。

3月26日[25日]

舍监(学监)大久保(高明)、教务干事三矢(重松)、会计(庶务干事)关(顺一郎)召集学生部长(明治35年弘文学院寄宿宿舍开设时制定的《学生管理规则》第三条规定:学生分为数部,各部设部长)十余人,出示新定规则十二条。内容皆有关留学生全体的经济问题。学生部长回答不能当即决断,需要商量。会计说不必商量,这是学院所定规则,4 月 1 日(《浙江潮》为“三日后”)开始实行,没有与他人(学院当局以外者)商量的权力。部长们再三交涉抗辩,终于被允许带回规则给学生们。

当晚,学生们召开“同窗会”,修改规定中最重要的三条,由学生代表传达给会计。会计回答说需要请示院长,似无诚意。代表因实行之日迫近,约定要翌日得到答复,若无答复,后天开始罢课,直接找院长。

《浙江潮》还接在弘文学院制定的三条之后刊载了学生们修改的条目。下面是引用《浙江潮》的原文:

一　除告退外无论临时告假归国及夏假中归国者每月须纳金六元半

一　洗涤一月三次每次一套自备之物宜由学生自理

一　患病者两周之内医药金皆由学院支出逾则学生自理

右(原刊物竖排版称右,以下同——译者注)弘文所定者

一　临时告假归国者如议夏假中归国者不纳

一　洗涤一月四次被单等亦宜洗(被单亦宜洗者因弘文学费虽同成城而被褥等皆由学生自备也)

一　诊医以十四次为度药费亦如之逾则学生自理

右学生所改者

3 月 27 日[26 日]

至晚十时,因院方未有答复,派代表去问原由,并告以明日罢课。

三矢发言使学生态度硬化

3 月 28 日[27 日]

早八时,会计来告仅应允修该三条中之一。代表与学生们商量,强烈要求修改剩下两条中的一条。(接受修改的条目、要求修改的条目是哪一条,没有具体的记述。)会计说要请示院长,午后二时再次召集部长十余人,最终告之不能更改。

当时,在座的教务干事三矢的话激起了学生代表们的愤怒。他说:“诸君于心臆计中,必劣弘文而优同文及成城,然一校有一校之性质。余弘文之性质,非同文成城比。校长已有定见,诸君力争如是,诚不可解。无已,其退校如之何?我决不强留也!”听到这话,十几个部长们一起拂袖而去。

当晚,学生们召开特别会,一致议决“退学”,向(留学生)总监督和各(地方别的留学生)学监陈述实情,再商谈退学告之方法(告退之法)。总监督和学监们出于无奈不能制止。

整理行李离开弘文学院

3月29日[28日]

午前七时,学生们收拾行李,写信致加纳治五郎告之退学,让总监督直接转给加纳治五郎,于是“弘文学院内生五十二人”(《浙江潮》),即“年半速成师范科八人三年速成师范科十三人浙江师范科十二人本科五人速成本科十四人”(《湖北学生界》)同时离开弘文学院。

晚上,加纳治五郎召集各部学生代表一二名,说:“诸君皆官费学生。非有政府之命令不得擅自退校。诸君其知之否?”他们回答说:“政府于留学界之交涉,以总监督为之代表,我等退校之说,已陈之于总监督,总监督已陈之于贵院长,何不得退校之有?”加纳治五郎说请再斟酌勿悔,学生诸君唯唯而退。

3月30日[29日]

加纳治五郎对各学监及总监督表示要“改良课程”收拾事态,各学监将之转达给学生。

返回学院的七条要求

3月31日[30日]

学生们开了“同窗例会(《湖北学生界》为同窗会)”。总监督在此表示意见:与其强行退校,莫如返校达成改良之约,以不断送弘文学院师范学生学习前途为好。于

是,决定全员返回学校,并要求开设自费留学生走读制度及以下七条要求:

一、撤去荒谬之教务干事及会计

二、学生平日得与校长直接议事

三、特开通学之例以便自费学生(通学即走读,日本学校之大半皆有此例)

四、各科课程皆须更订以图改良

五、保送本校卒业生入各专门学校,不得有官费、私费、通学不通学之歧视

六、实行学生请改之二条(《浙江潮》为二条,《湖北学生界》是三条,但都未记述具体条目)规则

七、实行原定学校代备教科用书之规则

总监督认为学生的要求甚为妥当。

4月2日

总监督除"撤去会计"和第七条未曾道及,其他都转告加纳。加纳治五郎慨然允诺。

至此,事态已趋于结束,但解决事件还须经过一个阶段。之所以如此,是因为围绕学生们作为返回弘文学院条件而要求建立的走读制度问题,再次发生了纠纷。

走读制度——学生的要求与学院的答复

4月[3日](此项只依《浙江潮》的记述)

湖南刚来的师范科留学生进了弘文学院。他们与弘文学院尚无交涉,事态又刚刚有了眉目,加纳惟恐他们有什么不安。(具体有什么则未记述。)

于是,发生了第二次违约。

4月7日[5日]

总监督致学生信,通告决定明天返校之事。因有十余名自费留学的入学(入院)生希望享受走读制度,总监督再次与加纳治五郎交涉商定走读制度与酌纳学费。(《浙江潮》——以有私费学生,拟嘱加纳氏即开通学之例,于是再请汪总监督与加纳缔通学之约。)

可是,加纳回答说走读制度的建立须待他日,另外设外塾而授课与本院(本塾)一样。计划一定即当实行。(“另外……”以下系《湖北学生界》的记述。)总监督交涉已久,未见成果,不得已将走读被拒一项通知学生,以定明日是否返校。

4月8日[6日]

学生们(《湖北学生界》——全校学生、《浙江潮》——学生诸君)又开会。鉴于先前七项要求被减为六项,且要求建立走读制度也被否定,其他要求也未实现,决定还是要保住原来的七项要求。学生代表将其告之总监督时,唐宝锷来,传达加纳已经应允走读一项,并出示其条件。唐宝锷是1896年来日的13名清国留学生之一,在弘文学院学习。后入东京专门学校,1905年毕业于早稻田大学政治经济学部。这时正在弘文学院当日语教师。后来曾为长崎代理领事、山东巡抚,还曾做过律师协会会长。如前所述,前年成城学校入学事件时,身为长崎领事馆翻译的他在弘文学院又被委任为翻译。

加纳治五郎出示的条件如下:

一、弘文学院于住院生外添设通学生

二、通学生只限于自费生

三、通学生之权利义务如住院生一律

四、通学生之入学按其志愿学力分编各科各班,但志愿一科者满二十人以上者得另添一班

五、通学生暂不设额,学院教室可容即得编入

六、通学生按月纳在学费四元,其余房饭书籍衣服等费概归学生自理

七、通学生须同住一寄宿舍,由院长派人同住,监督品行,照料学事,至监督费由学院支给

八、通学生须着学院制服

九、通学生寄宿舍应用器具学院得量力借与,应须各款,学院亦得代垫

同时也出示了表明退学的寄宿生的“复学式(回院式)”,这是只有《浙江潮》刊载了的。

一、回院式先由学生向院长谢措置冒昧之失,从此勉学如前

二、院长向学生述职员办理之过,并将撤去教育干事之事当众宣告

三、除前承诺各件外,一切善后规则与总监督熟商,务于学生均有便宜

学生们决定翌日在(清国留学生)会馆就复学之事进行商谈。

学生的主张

4 月 9 日[7 日]

参加者很少。十数名(《湖北学生界》)反对者认为出示的条件不能实行。(以下仅为《浙江潮》的记述)关于要学生道歉,大家表示:无失之可谢,无端受辱实与国际名誉有关。于是,提出以下三条,与会者一致赞成。

一、速成师范之通学生按月纳在学费四元,其余房饭书籍衣服等费概归学生自理。惟普通科年限较长且无译人准纳半额

二、通学生满十人以上者同住一寄宿舍,惟如有陆续踵至之少数学生不便特住一寄宿舍者,准其暂寓旅馆,至监督之有否一惟学院自便

三、回院式先校长演说,次学生答辩

学生们要求总监督将这三条要求向加纳治五郎转达,总监督没有答应。(以下系《湖北学生界》的记述)对此事,有人认为回院后仍可商改,何必迫于今日过甚之举。于是,决定明日再议此两种意见。

4 月[8 日](此项为《浙江潮》的记述)

学生们又聚之(清国留学生)会馆讨论。有人认为:昨日所提三条未得公认当废弃。讨论发生纠纷而不决。于是决定翌日召集(清国留学生)会馆各干事与各省同乡会职员评议。

返回弘文学院

4 月 14 日[9 日]

九时,(清国留学生)会馆各干事和各省同乡会的职员(《湖北学生界》——各

干事)聚集开会(《湖北学生界》——谈话会)。(以下系《浙江潮》的记述)干事们劝学生全部复学(回院),然后说了如下一番话:总监督已问过加纳,不必定须谢失。其余两条,复学后仍可由总监督与之商改。于是,决定次日返回学院。

4月[16日](这一项仅为《浙江潮》的记述)

十时,全体学生返回学院。回院式上,先由总监督向加纳致歉词。接着,加纳要学生发言,学生默然。约过一分之久,加纳只好站起讲述职员不善之过。其后,学生代表做了答辩。

从杂志记事看到的事件概要

从3月下旬到4月中旬,几乎持续了20天的“退学”事件就这样落下了帷幕。

这里整理一下从杂志记事读到的事件,概要如下。

弘文学院学监大久保高明、教务干事三矢重松、庶务干事关顺一郎向学生部长们通告了《新定规则十二条》。这新规全与经济问题相关。学生部长们强烈要求与学生商谈,带回了规则。学生方面要求修改其中“最重要”的三条,到翌日如不答复,就宣布后天罢课。当天早晨,学院方面回答只允诺修改其中一条。学生方面再次要求修改一条。午后,学院方面答复说不能更改,当时三矢重松的讲话激怒了学生。第二天,52名学生声明退学一起离开了弘文学院。院长召来学生代表劝之慎重行事,又通过各留学生学监、总监督向学生传达“改良课程”以收拾事态之意。总监督同意不强行退校,达成改良之约返回学院,以不断送“师范学生”(学师范教育的学生)的学习前途。学生方面通过总监督出示了七条要求,因而决定返回学院。总监督将第一条中“撤去会计”部分和第七条未向学院传达,院长痛快地应诺下来。

学生们返回学院前一天,湖南来的留学生到弘文学院。其中自费留学生希望走读。于是通过总监督与加纳治五郎商定开设走读制度,学费酌量,却被拒绝马上开设走读制度,而欲在弘文学院准备外塾。学生方面态度强硬之时,经唐宝锷传达:院长允许开设走读制度与新设走读制度的条件以及“回院”式的三个条件。学生们商量之后,针对出示的这些条件又提出三条,请总监督向院长转达却未被接受。对此有人发生疑问,意见出现分歧,结果是清国留学生会馆和各省同乡会的干事商量之后达成谅解。当时,传达了总监督问到对三个条件如何处理时院长的态度(不必定须谢失,其他两个条件复学后商谈)。学生们决定返回弘文学院。主张不举行“回院”式的全体学生回到了学院。在“回院”式上,总监督致歉,院长讲述职员过失,学生们终于没有道歉。

二、所谓《新定规则》

几个疑问

据同乡会杂志记述的事件概要来看,出现了几个疑问。

第一,在杂志上,仅知道部分规则,而所定规则及走读制度的整个内容又是如何?第二,尽管所出示的都是有关“经济问题”的新规则,但针对学生的抗议,院长的答复却是“改良课程”,并进一步决定“建立走读制度”,为什么所“出示”的与所“决定”的问题相脱离?第三,作为抗议手段的退学,对于教务干事讲话的愤怒,针对拒绝马上实行走读制度的态度的强化,拒绝在“回院”式上道歉等等问题,因要求部分修改规则而引发的事件,为什么那样反应过敏并充满了感情色彩?

怎样才能解答这些疑问呢?

《新定规则》系《弘文学院章程第六章照行细则》

关于第一个问题,即留学生的所谓《新定规则》与走读制度,当时弘文学院所定规则留了下来。

还是先从弘文学院出示的《新定规则》的内容开始介绍吧。

《弘文学院沿革资料》明治36(1903)年3月一项中,与《此月本院章程施行细则昭示学生》的记事一起,订有活版印刷的《弘文学院章程第六章照行细则》。这就是《新定规则》。这个《弘文学院章程第六章照行细则》,其实在弘文学院关联资料中还有一种,它被单独装在信封中保存着,也是活版印刷的,与装订起来的相比较,活字的种类、大小、行数等完全相同。条文内容双方除有一处误植外全部一样。不过,有一点不同,即信封保存的细则标有一行制作日期:“明治三十六年四月订之。”这大概是添上日期后另外印刷的吧。从保存的状态推测,也是可以那么考虑的。要而言之,这两个细则是同一种东西。但又都不是出示给学生而引起事件发端的最初的条文,而是4月开始生效的修改后的细则。

《弘文学院章程　第六章　应纳学费》

那么,带有这第六章细则的《弘文学院章程》又是如何?明治35(1902)年4月,弘文学院向东京府知事提出“私立学校设立认可申请”时,添附了《私立弘文学院规章》。这一规章的具体内容已经介绍过。《弘文学院章程》就是这《私立弘文学院规章》的中国语版。除表记全文为汉语外,各章和条文的内容基本一样。《第一章　本学院主意》、《第二章　肄业年限学年学期休日》、《第三章　教科目及授业时分》、《第四章　考试及毕业》、《第五章　进学退学及赏罚等》、《第六章　应纳学费》、《第七章　本学院职员》,全七章二十六条。其中第六章中有如下第二十四条、二十五条。这里将《私立弘文学院规章》与《弘文学院章程》并列引用如下:

第二十四条　学生应预付寮费、教育费、书籍费、膳费、被服费、柴炭油费、零用费及其他费用一年金三百元,但经本学院允许可将一个月份或数月份分期预先交纳。获准退学之学生,其预付学费余额应予返还。

第二十五条　学生患病时,学监委托本学院嘱托之医务人员诊察,以学院经费疗养,但依病状交保人领回,其后费用自理。(私立弘文学院规章)

第二十四条　学生应纳学费即系学寮费、教育费、书籍费、膳费、衣服费、柴炭灯油费、日常零用银等项一年共计叁百元正，此等各费须将一年份一并先付，惟如有事故或将一月份或将数月份分期交纳者须申请于本学院，经允许后方可准行。

第二十五条　学生遇有疾病应由学生监令本学院所请医生诊治，有本学院给发药费俾得调养，视其病状应交与保人收管以后费用归其自办。(弘文学院章程)

的确，全七章中涉及经济问题的，只有关于定下学费的这第六章。其施行细则的内容系经济问题乃理所当然。下面引用信封中保存的资料《弘文学院章程第六章照行细则》(误植已订正)。

《弘文学院章程第六章照行细则》

弘文学院章程第六章照行细则

第一条　本学院学生。因有事故。不请退学暂行回国。不在学寮者。期间学费。应与例定学费内。将其膳费并零用银扣除。所余之数。分为两半。以其一半交纳学院。但因有故不请退学。暂行回国者。无论何时。迳准回学肄业。

第二条　每年应给衣服等类。开列于左。

夏衣一套(进学初年特给两套自次年起给一套)

冬衣一套

夏短衫并裤子　两套

冬短衫并裤子　两套

皮鞋　两双

领子　两条(进学初年特给三条)

袜子　每月一双(进学初年特给两双)

鞋墨　两个

鞋刷每一室给一个(每加十名添给一个)

第三条　外套、帽子及帽盖、脚袢(即护脚布)等三件。每三年应给一次。即于进学时先给。

第四条　学生中途退学。未至前两条所定年分者。必须补纳衣服费。[第二条所开衣服费全数。分十二个月。第三条所开衣服费。分三十六个月(即三年)。以上两项均按在学月数。于例定学费项下扣除算清。所余之数。即系应补纳衣服费。如未满一月者。以日算定。]学生如有卒业出学。未至全两条所定年份者。亦须一律补纳衣服费。

第五条　学生如中途退学。而再准进学者。从新给予衣帽。

但从前所给衣帽。如果堪用者。亦可准其仍用旧衣。惟此等学生衣服费。或于卒业出学。或于退学时。应由学院于已纳学费内。其穿用月数。算清归还。

第六条　衣服皮鞋等类。每六个月一次。由学院出资修理。如有此外再要修理者。其费悉归自办。

第七条　本学院所给衣物。即以左开次数为准。应由学院出资洗浣。

短衫　裤子　每月四次

但在暑季(六月起九月止)加倍

袜子　每月四次　领子　每月二次

但在暑季(六月起九月止)加倍

夏衣　六月起九月止　每月四次

但如有愿洗例给物件外衣物者。其费悉归自办。惟愿洗之物。虽在例给物件外衣物。即与上开衣物同种之物。而与例给物件一并洗浣。算其次数。不逾例定次数者。学生毋庸出资。

第八条　学生如有丢失例给物件。或在例给物件保存日期内。竟行伤损者。须由本人自行备补。

第九条　学生如有疾病者。由本学院发给药费。俾得调养。惟以不逾十四日为限。如逾此限者。悉归自办。但虽在十四日以内者。视其病势轻重。

随时交与保人收管。以后费用归其自办。

第十条　学生因有疾病。来往医院车价。悉归自办。

第十一条　学生因有疾病。如有愿请学院所定以外医生诊治者。其费悉归自办。

第十二条　学生因有疾病。入病院调治者。应于其间学费内。扣除膳费及零用银。将其所余之一半。按日算还本人。

第十三条　学生如有经准旅行。或因有事在外住宿已过七日者。均可扣除期间膳费。

明治三十六年四月订之

以上

弘文学院

这细则现在日本没有留下日文文本。

与三条问题相比较

看这《细则》,从第一条到第八条以及第十三条是《章程》第二十四条的学费问题,从第九条到第十二条相当于《章程》第二十五条的医疗部分。第十二条也与《章程》的第二十四条有关。还是把它与留学生作为问题的三条对照一下吧。

上述细则与弘文学院向学生出示的《浙江潮》揭载的条文与表现完全不是同一文本。从内容来看,相当于那有问题的三条的是第一条、第七条、第九条。

第一条是对暂时归国者不在学生宿舍期间学费问题的规定。这是把《章程》第二十四条学费的细目之中,扣除膳费和零用钱,其他向学院缴纳半额的事记载下来。它相当于“弘文所定者”(《浙江潮》刊载)的第一项,即临时告假归国及夏假中归国者每月须纳金六元半。

第七条是关于发给留学生的衣物由学院负担洗涤费用的规定,且记下了衣服的种类与洗涤次数。如前所见,次数因种类与季节而不同。例给物件外衣服自费,但与例给衣服同类,在所定次数之内则免费。这相当于“弘文所定者”的第二项,即洗涤一月三次每次一套自备之物宜由学生自理。

第九条是关于医疗的规定。有病者以十四天为限弘文学院负担治疗费用,此外则依病势明记自费之事。这相当于"弘文所定者"的第三项。那第三项与这第九条几乎一样,医疗费两周以内弘文学院负担,逾则自理。

作为整体来看,同乡会杂志对《新定规则》就是《弘文学院章程第六章》之事全无记载。还有,虽然记下了《新定规则》十二条,但现存细则全部则为十三条。再就是将这一细则与《浙江潮》揭载条文的表现比较来看,可知《浙江潮》记载的条文要点,未必就是原文照录。以上就是两者可以看到的异同。

细则所反映的学生的要求

然而,《浙江潮》揭载的《新定规则》,严格地说即使不是弘文学院出示的细则条文的表现,但据此可知当初细则内容的有效性却不容否定。况且,其他又未有记载该内容的资料。因此,关于有问题的三条,从"弘文所定者"(《浙江潮》揭载的)与前面的实行细则的异同方面来看"学生所改者",他们的要求在"修改后"的细则中添加了怎样的内容呢?

第一,关于学生不在宿舍期间的学费的规定。

"弘文所定者"第一条中有而细则第一条没有的事项,即夏假中归国者学费的规定。关于缴纳的金额,两者虽都有记述,但表述不同。这里保留有异有同的判断。

"学生所改者"中"夏假中归国者不纳"一项,细则第一条看来是反映了学生的这一要求。

第二,关于学院发给衣物的洗涤费的规定。

"弘文所定者"第二条与细则第七条相比较,"一月三次每次一套"次数完全一样,但因衣服种类、季节而次数则有不同。领子除外原则上每月四次,但暑期次数加倍。

"学生所改者"与这一并考虑,"一月四次"的要求基本上实现了。但系学生私物的被单要由学院出资洗涤之事却未实现。

第三,关于患病学生医疗的规定条目,已如前述。

“弘文所定者”第三条与细则第九条没有不同。

据“学生所改者”,把医疗十四日改为十四次,可认为这一要求学院未予采纳。

这样看来,学院方面最终采纳修改的是第一条和第七条,未曾采纳的是第九条吧。

三、“走读制度”的开设

有关走读制度的资料

有关走读制度的现存资料有如下两份。一个是《走读生细则》(弘文学院关联资料),另一个是与《弘文学院章程第六章照行细则》一样被订在《弘文学院沿革资料》三月一项中的《弘文学院管理通学学生细则》。前者是在弘文学院用纸上以毛笔书写的日文草稿,后者是活版印刷的中文。其他有《走读生管理细则》,又《学生异动报告书》(弘文学院沿革资料)中也有部分记载。《走读生管理细则》是制定走读制度约半年后的9月制作的。内容大部分与《走读生细则》重复,但部分添加了走读学生交纳学费和生活状况的具体规定。《学生异动报告书》是用毛笔写的日文,有寄宿生与走读生流动的记述。

现在开始有必要叙述一下开设的走读制度,即《走读生细则》和《弘文学院管理通学学生细则》。这日文和中文的两份资料只有使用的语言不同而内容却是一样。

《走读生细则》

先从《走读生细则》开始介绍。这个草稿留有两种,但几乎相同,大概是根据《弘文学院管理通学学生细则》所制。

《走读生细则》

据弘文学院章程第一章第三条制定走读生相关细则如下：

第一条　自费生经院长允许可为走读生

第二条　走读生入学视本学院现存班级缺员时准入，但有数学生同时申请入学，其学历大略相等，且本院以为足开新班，则不受本条所限，可特许入学

第三条　中途退学者，须与保人列名钤印，具明事由，申告学院请其允准

第四条　一旦退学则不可再次入学但据情节实有可酌量允许者，亦可获准入学

第五条　因疾病或其他不得已之事故而缺课时，应用另纸依第一号文式明记其事由，经走读生学监提交教务科

第六条　归国、转居或二日以上旅行时，应用另纸依第二号文式提出申请，经走读生学监提交本院请其允准

第七条　在学学费每月金四元，不问出席一律完纳但夏假休业中一天也未授课时，每月减半

第八条　在学学费必须预付三个月份

第九条　入学者如在三个月之内退学，已纳学费概不退还

第十条　入学或退学之月学费，不论该月在学日数多少全额缴纳

第十一条　走读生在院外也应受学院监督，学监可随时到其住所稽查其行与修业状况

第十二条　走读生除获本院特许外，务于本院左近以可成多数共同寄宿

第十三条　进院时务必于门卫房前挂牌处取各自名牌随身携带，上课时置于自己课桌右上侧，退院时挂回门卫原位

第十四条　无论进院时或平时外出须着用本学院制服制帽

第十五条　与本学院职员相遇时，必须行礼致敬

第十六条　有辱学生体面之场所禁止靠近

文式　第一号

弘文学院教务科

病假(缺席请假)条

本日　患病(何种原因)不能出席甚歉(第几课时缺课),特此请假。

年　月　日　住所　班名　姓名　印

文式　第二号

弘文学院

归国(旅行　转居)申请书

今因××事情欲归国(旅行　转居),请准予成行,特此申请。

年　月　日　住所　班名　姓名　印

《弘文学院管理通学学生细则》

下面引用《弘文学院管理通学学生细则》,明显的误植已经订正。

弘文学院管理通学学生细则

本学院兹按照本学院章程第一章第三条。酌定管理通学学生(通学生谓日往就学不住学寮者)细则。将其各条。开列于左。

第一条　自费学生。倘经学院长允许。方能通学。

第二条　凡有通学学生。禀请进学者。只于本学院现在学班员额果有空位。方可准其进学。

第三条　通学学生。如有中途翼退学者。须与保人列名钤印。具名事由。申告本学院请其允准。

第四条　学生如有一经退学者。不准再行进学。惟有情节实可酌量允许者。亦可随时准其进学。

第五条　通学学生。倘因疾病。或有不得已事故要缺功课者。应照列后第一号文式。具名事由。即经通学学生监申报教育科(掌管教务之员)。

第六条　通学学生。如欲暂行回国。或迁居或出外旅行。要过二日以上者。

须照列后第二号文式。具名事由。即经通学学生监禀请本学院允准。

第七条 在学学费。每月定为金四元。无论上学与否。必须完纳。但夏期休业(放学)中。如有全月不授功课之时。则其月学费。应即减半。

第八条 在学学费。须将三个月份。一并先行交纳。

第九条 凡学生进学之后。在三个月以内。如翼退学者。虽有已纳学费。概不发还。

第十条 凡进学或退学时。其月应纳学费。不论在学日数多寡。必须完纳全数。

第十一条 通学学生。虽在学院外居住。亦归本学院管理。固不待言。应由通学学生监。随时往视。稽查诸生形状。并其修业情形。

第十二条 通学学生。必须在本学院左近。数人合为同住。以便稽考。惟经本学院允准者。不在此例。

第十三条 凡通学学生。上堂之时。须在门卫房前挂牌处。各自取其名牌。带在身边。至授课时。置于各自座位右边。至退堂时。仍将名牌复挂原处。

第十四条 通学学生。无论上堂或平常出外时。必须穿用本院所定衣帽。以持礼面。

第十五条 通学学生。如有遇见本学院职员时。必须行礼致敬。

(文式第一号《疾病 缺课假条》及《回国旅行 迁居申请书》省略)

以上

弘文学院

《弘文学院管理通学学生细则》与《走读生细则》的不同只有第十六条。第十四条末尾的“以持礼面”,也可认为是反映第十六条主旨的表现。

《学生异动报告书》的记载

这里据《学生异动报告书》的记载,只介绍一下《走读生细则》中不曾写到的地方。那里面尽管没有标题,但却把《走读生细则》的主要部分缩写下来。

先是在开头部分有如下前言:“至本年四月,依清国留学生总监督汪大燮之请求,始设走读制度,只限自费生走读。概要如下记之方法以为监督实施教育。”接着是关于学费的条目:“在学学费须预付三个月份,入学如在三个月内退学,学费概不退还。满三个月以上在学而转为走读者,既纳学费若有残余则返还。”(底线系笔者所加)从前言来看,可知走读制度的建立缘于留学生总监督汪大燮的要求。关于总监督的要求,已经在事件经过的叙述中有过接触。关于学费的条目加了底线的部分是《走读生细则》中没有的。这是《学生异动报告书》中记载的,接下去有住院生往走读生或少数走读生往住院生流动的记录,由此可以判断这“满三个月以上在学而转为走读者”,是指从住院生转为走读生的学生,这里记录的是作为住院生预付学费的精算。不是什么制度发足时的经过措施或公约事项之类,一看《走读生细则》的草稿,订正文言措辞的痕迹比比皆然。《学生异动报告书》的记载,我以为是这中途的插曲。

关于《走读生管理细则》,因其是后来出现的,且另有机会接触,这里不再谈及。

据《弘文学院章程》所定的细则

这个细则,根据前言可知它原来是依据《弘文学院章程　第一章第三条》所做的明文规定。

那么《弘文学院章程　第一章第三条》究竟是何内容?这第三条,其实就是依这前一条的“第二条”所定的条目,“第二条”即《章程》原文的《私立弘文学院规章　第一章第二条》的条文:“本学院令学生住院内宿舍,根据本学院宗旨加以监督熏陶;但获本学院特许者可走读。”简言之,前述《弘文学院章程》也好,还是这《弘文学院管理通学学生细则》,制定的根据都是这“第一章第三条”。

将这《弘文学院管理通学学生细则》与4月8日唐宝锷带回的弘文学院的走读条件(《湖北学生界》、《浙江潮》等揭载)相比较,内容有疏密之差。共同之处是:自费生可以成为走读生;走读生在教室(班级)员额空缺情况下可以入学;学费月额四元;须着用制服等四点。《弘文学院管理通学学生细则》一方,内容做了很大的调整,《湖北学生界》和《浙江潮》的记述,并不是弘文学院出示的本来的文本。还有,对此,学生方面的修正方案,结局是也未见成果。关于两者的不一致,这里不再重复推论。

《弘文学院章程》(《私立弘文学院规章》)是私立弘文学院设立得到认可时制作的,所以该是弘文学院入学学生理应知晓的规章。依据规章制定细则对弘文学院来说是预定之事,不会给予学生以唐突之感。特别是《弘文学院章程第六章照行细则》对随时入学、中途退学、不同的修业期间等问题,都是以对学习条件各异的留学生们能共同适用为基准制定的。又,《私立弘文学院规章　第一章第二条》令学生“住院内宿舍”以锁定教育的弘文学院,是明文规定了对宿舍生活全般所应负的责任。如前所述,弘文学院在发足后约一年的短时期内,在留学生教育上便遇到了各种各样的问题。其经验促进了细则的制定,而实际上这工作也并不是那么简单。看这条文可以想得到它是学院苦心经营的产物。可是,它又造成了事件的发端。再说,由于《私立弘文学院规章　第一章第二条》同样明记获弘文学院允许者可以走读,《弘文学院管理通学学生细则》早晚也该制定出来。对于开设走读制度的要求,加纳面无难色地允诺下来,也是因为有校规为根据。不过,这也因为拒绝马上实施而将事件时间拖长。对弘文学院这样的运营学校,留学生们究竟是怎样考虑的呢?

四、为何成为“改良课程”?

留学生的主张——《浙江潮》的记事

这里该考虑第二个疑问了。

至此,已经讲到了弘文学院向学生们出示的细则都是有关经济问题的校规第六章,这已据资料得到确认,制定细则乃是预定之事。但不清楚的是,仅只这些,为什么加纳治五郎为解决事态而与学生们达成“改良课程”的约定呢?可以设想或许还有其他理由。前面少许接触到的同乡会杂志的记事,虽然记述了事件的经过,但其论调是对弘文学院的批判。因此,这里将目光投向他们批评批判色彩较浓的部分,打算探讨那一事件背后是否还有什么其他因素。

首先,在《记留学日本弘文学院全班与院长交涉事》(《浙江潮》)的开头,有如下概略的陈述:

> 辛丑冬(1901),北京警务诸君来日。加纳治五郎设弘文学院以教授之。至去年春夏之交,来者日众,加纳氏力能及者皆招徕之。其间有志愿速成师范者与各种专门学习者,于是仿日本中学校章程,设一普通科,毕业后则保送专门学校。又创速成师范讲习会,六个月毕业,演讲教育授之大意,并参观学校以资考察。自此以后,加纳氏以热心代兴教育为已任。但试读《支那教育问题》一过,加纳氏巧滑牢笼之术若烛照。其普通科之因循迁延,尤非亲睹者所不信。

接着,又介绍了一个小插曲。

有某君与北京警务诸君同级,逍遥旷课,弘文绝不惩处,盖因其父在肃亲王之邸中,故待之极巴结。自去冬起(1902年末),不顾弘文章程所定学费二十五元,拟月取其学费三十五元。某君不允,又索之于总监督,说“此君吾特别待之者也”。总监督拒绝说:“贵院有特别学生,非吾所敢知也。”这个某君,据说是加纳治五郎前一年在北京拜访肃亲王时,肃亲王亲自派遣的。想来此人是指王华绾。接下去又记述了对普通科教育的不满。弘文学院普通科不完善是尽人皆知。学生常要求改良课程,加纳氏皆承诺而从未有改革之一日。

这些都是记事中谈到的“此次退学”事件的“种种远因”,并非仅是一时之公愤。向学生部长们出示新定规则十二条时,部长诸君“初以为改良之课程也”,而其中“无一关于学课,不过为赚钱计耳”。倘若知道这些事情,就能够理解那种表现的意思。

这一记事的最后附有记者的感想:吾记此事竟,不觉万感集于胸中。回念祖国,唏嘘之久。聊附数语于篇末。然后继续写道:吾国开学堂之议论,充塞于朝野。但现状却是“课程腐败,职员顽梗,形式未完”,遑论精神。然吾国之无脑筋无血气者睹外人之代兴教育,而沾沾自喜,岂不知那外人处心积虑欲夺教育之权。诸君将奋袂而起,鼓造其国民之精神,激发其热诚,普及其常识,以树定普通教育之基础。……我国有以教育为己任者,速抖擞精神普及教育,先完善其常识,后负笈而东渡。勿梦想扶桑三岛乃吾国所创之学林,为培植人才之福地也!

所谓“鼓造国民精神”及其后叙述的精神教育的“精神”与“常识”,也就是普通教育授予的一般知识。

留学生的主张——《湖北学生界》的记事

还有一篇《弘文学院学生退校善后始末记》(《湖北学生界》第四期)的开头,大体上这样写道:

> 加纳氏素托名热心于清国教育者,欲以“服从主义”夺吾邦之教育,并创弘文学院设师范科,专注招引师范学生。但为开设师范科,迫于基础未坚固,便于短期内设置警务科、速成警务科、六个月速成师范科、八个月速成师范科、半年三年各速成师范科、本科与速成本科等。这些学科名,不是取法于欧美,也并非取法于他所说的“宗国之日本”,要言之,是照我国政府派遣留学生文件上所以命名我学生者名之。由于(学科开设的)宗旨本来就不清,留学之目的无法实现,况且其管理之荒谬,竟有足使全校学生离去之势。

关于这一事件,即由“三矢氏之一语”而促其发动也。且几天前禁止全校学生使用电话,对于抗议又置若罔闻,所以对于这次的规则,学生们务必要商谈并与之相争。

《支那教育问题》系批评的开端

从这样的记述当中可以读取到的,是对加纳治五郎的清国留学生教育方针的强烈批判和很深的不信任感,以及对开设日期很短的弘文学院无正常的学校运营的各种不满和对在本国不能实现近代教育的焦躁与遗憾。

关于对加纳治五郎的批评与不信任,是以前一年(1902)10 月,加纳治五郎在给弘文学院第一批毕业生——湖南省派遣的速成师范科学生送别时的讲话为发端。讲话进行了二次,围绕其内容,又二次与在座的杨度进行过讨论。对这所谓《支那教育问题》的内容与反响,虽已说过,这里再简单复述一下。

那是有关对中国救亡有无作用的教育问题的讨论。加纳认为:振兴教育提高国民程度以图国民思想的形成,在政治方面以维持体制为前提行渐进的改革,这是现实的最佳的救亡之策。另一方面,杨度也表示赞同国民思想的形成,认为“精神教育”是必要的,但培养急进的改革(革命)精神则是教育的使命,这是基于这一点来考虑发扬民气挽救国家灭亡的。杨度思想中急进的改革样板是法国革命以来的欧洲革命和明治维新,不是那种意味着维持清朝现行体制的改革。二人主张的立脚点开始就不同,尤其是与国民性和教育相关的讨论,其主张形成了尖锐的对立。对于杨度所问:加纳对于中国人教育具体该怎样实行?加纳是这样回答的:

> 中国的国体,是“支那人种”(汉族)臣服于“满洲人种”(满族)之下而立国,所以“支那人种”的教育,必以服从“满洲人种”为其要义。……“满洲”和“支那”从其性质来看,已趋向于统治与服从,为政者与臣下的位置已固定。这是民族优劣之别。

上述同乡会杂志的《支那教育问题》中的“服从主义”,作为讨论的核心部分,明显地受到了指摘。

夹杂着复杂要因的《支那教育问题》

这一点是讨论的重要部分。综合理解这一讨论的话,必须看到:加纳治五郎讲话的动机和内容是根据数月前考察中国教育的经验得到的,他们讨论的背景中有共同认识到的针对白色人种的危机认识，经过激烈的讨论，杨度与加纳各自加深了对自己的认识和对方的理解，以此为契机，二人的讨论归结到惟以公理主义教育是从一面来。

但是，由于《支那教育问题》，加纳治五郎失去了作为教育者的信誉，学生们难以抹掉自己受了奴隶教育的念头。这里所说的学生其实是一种暧昧的说法，严密地说该是汉族留学生。

弘文学院作为私立学校得到正式承认是在前一年，那时已经有以“北京官费”名义派遣来的八旗出身的留学生，他们在离学院内宿舍很近的外塾生活着。“北京警务诸君”即是。关于他们，已经屡屡说到。在上记的同乡会杂志中，弘文学院对“北京警务诸君”“狡猾”的“特别待遇”，却并未换来他们的支持。在日本的汉族留学生的民族自觉或民族自卑大概由于他们满族留学生就在身边的缘故，显得尤为敏感。加纳治五郎的讲话便涉及了这微妙的机杼。“北京警务诸君”加入这“退学”事件的资料未曾见到。

意志未曾沟通的关系

如前所述，弘文学院在不满一年的短期间内，尽力接受了出身、学历、留学目的、修业期限各异的各种各样的留学生，但与此不能同步，却受窘于教师、校舍、宿舍的准备。如果客观地看待这一问题，也不仅是弘文学院方面不做准备，很大程度上也是由于中国方面急于着手近代教育和培养教师的缘故。然而，对于他们留学生来说，是以作为国民教育的普及普通教育为燃眉之急，所以充实普通科课程至关重要，这从前引记事之中也可以理解。这样的学生，对还不完善的普通科课程感到不满，并非没有道理。对学生“改良课程”的要求，加纳治五郎总是颔首却又投其项背。所以，发足不久，弘文学院实行的错误的教育形态，就在他们的眼中，变成不过是离理想差得很远的聊以充数的东西罢了。

可是，如果仅此而已，就因为出示了预定的校规细则，学生便会马上想到“改良课程”的被无视吗？其实最大的原因，是加纳治五郎伤害了他们的民族感情。

信赖关系受到了极大的损伤。他们把加纳对弘文学院的经营,解释为玩弄"巧滑牢笼之术"。对于出示《新定规则十二条》,那有关经济事项的校规细则前提上已被视之度外,认为是对取消"改良课程"的背信行为。此前发生的限制学生自由使用电话,对他们来说,也是一种高压措施。恐怕加纳治五郎也会明白这一事件不是基于"一时的公愤"。因此,可以断定他们反复提出的"改良课程"的要求也就成了解决事态的突破口。因为普及普通教育本来就是加纳一贯的主张。

第三个疑问的答案,也可以这样大致考察。

疑问之三,作为要求修改部分规则而成为事件发端这一问题,果真是学生们反应过敏并感情用事?这个问题一如前述,因《支那教育问题》伤害了学生们的民族自尊而毁坏了信赖关系是最大的原因。学生对学校抱有难以摆脱的不信任感,妨碍了双方意志的沟通。因此,学院的意图不能正确地传达给学生。学生受到无视要求的"背信行为",便把院方的一切行动都看成"笼络之术"。而且看不到解决事件的线索。报道这一事件的《浙江潮》和《湖北学生界》的记述,本来就带有学生的这种很浓的主观色彩。

(待续)

(《鲁迅研究月刊》2002 年第 11 期)

鲁迅与弘文学院学生“退学”事件(下)

[日]北冈正子著　靳丛林译

五、弘文学院的记录——事件的主人公们

“退学”事件学生一览

把学生们的这种反应看作引起事件的要因,但又不仅仅如此。这里稍离开这些杂志的记述,据另一份资料《弘文学院沿革资料》,从另一侧面看一下这一事件。

《弘文学院沿革资料》为我们留下了“同盟携行李妄宿院外”的学生即这一事件的主人公48人的名字。他们都是怎样的人物呢?主要资料是《第一次·第二次·第四次·第五次报告题名录》、《中国人留学生在籍者名簿》等,再把这些叙述的若干相关资料综合起来看,是能够告诉我们一些有关他们的情况的。

下面的《“退学”事件一览表》,为了叙述便利,整理了出身省份,分项记下姓名、年龄、派遣费的种类、来日月份、在籍的学科、班名、毕业或退学的年月,并有备考。

“退学”事件一览表

凡例

“年龄”系据《第二次报告题名录》(自壬寅9月起癸卯止 / 1902年10月—1903年1月)。但与前面提到的讲道馆牛人分场入门者名(据《讲道馆馆员名簿第一》)记载(1903年3月)的年龄不一致的场合,如下列图表所示。两份都是

自己写的年龄。

◇下线、表示《讲道馆牛入分场入门者名》记录的一方小一岁(两条线为两岁)。

◇上线、表示《讲道馆牛入分场入门者名》记录的一方大一岁。

◇点线、只在《讲道馆牛入分场入门者名》中有记录。

“派遣费”有两种类时并记。

“来日月份”全员于光绪二十八(1902)年来日本,故纪年省略,只记旧历月份。

所据资料为旧历,因此也有不能正确改成阳历的情况,但依其他资料而知阳历月份时,下补数字。

“班名”事件当时的名称。

“卒业”或“退学”年月用西历表示。

“备考”中写明同乡会杂志(《游学译编》、《湖北学生界》、《浙江潮》)的编者与执笔者、后来参加拒俄义勇队者,仅限弘文学院毕业后已知者。但关于同乡会杂志的编者、执笔者,抱歉的是只记下了已知者。

当该事项不详或资料相互矛盾时,用“?”表示。出身省份有疑问时,在姓名栏中加“?”。【不明】是上记资料中任何线索也没有者。

姓名	年龄	派遣费	来日月份	学科	班名	卒业(退学)	备考
[江苏省](十六名)							
1 顾　琅	23	南洋官费	三·4	普通科	浙江班	04.3	正则英语预备校·东京帝国大学(工科)
2 伍崇学	23	南洋官费	三·4	普通科	浙江班	04.3	东京高等师范学校
3 张修爵	25	南洋官费	五·6	普通科	南京乙班	03.7	
4 夏　斌	25	南洋官费	五·6	普通科	南京乙班	03.7	拒俄义勇队
5 彭树滋	23	南洋官费	五·6	普通科	南京乙班	03.7	拒俄义勇队
6 周　霖	27	南洋官费	五·6	普通科	南京乙班	03.7	

(续表)

姓名	年龄	派遣费	来日月份	学科	班名	卒业(退学)	备考
[江苏省](十六名)							
7 吴翔庆	27	南洋官费	五·6	普通科	南京乙班	03.7	
8 于　璜	25	南洋官费	五·6	普通科	南京乙班	03.7	
9 濮　祁	27	南洋官费	五·6	普通科	南京乙班	03.7	
10 杨　煦	26	南洋官费	五·6	普通科	南京乙班		
11 顾　琪	27	南洋官费	五·6	普通科	南京乙班		
12 陈福颐	24	同上·自费	五·6	普通科	南京乙班	03.7	东京高等商业学校
13 顾沛然	25	南洋官费	五·6	普通科	南京乙班	03.7	
14 李祖虞	20	浙江官费	八·9	普通科	浙江班		
15 倪寿龄	?	自费	九·?	师范科	?	?	拒俄义勇队
16 汪兴准	23	自费·官费	六·9	普通科	?	(03.7)	千叶医学专门学校
[浙江省](十一名)							
17 周树人	21	南洋官费	三·4	普通科	浙江班	04.3	《浙江潮》 仙台医学专门学校
18 张邦华	25	南洋官费	三·4	普通科	浙江班	04.3	国民英语学校·东京高等师范学校
19 韩永康	19	浙江官费	八·9	普通科	浙江班	04.3	拒俄义勇队 东京高等师范学校?
20 沈祚延	23	浙江官费	八·9	普通科	浙江班	04.3	研数学馆·东京高等商业学校
21 韩清泉	18	浙江官费	八·9	普通科	浙江班	04.3	金泽医学专门学校
22 章毓兰	21	浙江官费	八·9	普通科	浙江班	04.3	东京高等师范学校?
23 许寿裳	21	浙江官费	八·9	普通科	浙江班	04.3	《浙江潮》 拒俄义勇队 东京高等师范学校
24 施　霖	23	浙江官费	八·9	普通科	浙江班	(03·4)	正则英语预备学校·第二高等学校(中退)·大阪高等工业学校
25 寿昌田	20	浙江官费	八·9	普通科	浙江班	04.3	振武学校陆军预备入联队
26 历家福	19	? 官费	九	普通科	浙江班	04.3	《游学译编》 正则英语预备学校·金泽医学专门学校

(续表)

姓名	年龄	派遣费	来日月份	学科	班名	卒业(退学)	备考
[浙江省](十一名)							
27 周承菼	19	浙江官费	八・9	普通科	浙江班	04.3	振武学校陆军预备入联队・陆军士官学校
[安徽省](三名)							
28 刘廼弼	25	南洋官费	三・4	普通科	浙江班	04.3	法政大学
29 洪绳祖	27	南洋官费	五・6	普通科	南京乙班	03.7	
30 程崇泗	26	南洋官费	五・6	普通科	南京乙班	?	
[湖南省](三名)							
31 陈　介	19	浙江官费	八・9	普通科	浙江班	04.3	《游学译编》东京帝国大学
32 黄　轸	29	湖北官费	五・6	师范科	湖北速成师范班	(03.5)	《游学译编》拒俄义勇队
33 杨毓麟	32	自费・官费	十	师范科	?	(03.4)	《游学译编》 早稻田大学高等预科・早稻田大学政治经济科
[湖北省](十四名)							
34 马毓福	30	湖北官费	五・6	师范科	湖北速成师范班	03.5	
35 余德元	29	湖北官费	五・6	师范科	湖北速成师范班	03.5	
36 沈明道	30	湖北官费	五・6	师范科	湖北速成师范班	03.5	
37 汪步扬	39	湖北官费	五・6	师范科	湖北速成师范班	03.5	
38 纪　鸿	27	湖北官费	五・6	师范科	湖北速成师范班	03.5	东京高等师范学校?
39 李书城	21	湖北官费	五・6	师范科	湖北速成师范班	?	《湖北学生界》 拒俄义勇队　陆军士官学校
40 阿勒精阿	29	湖北官费	五・6	师范科	湖北速成师范班	?	东京法学院大学

(续表)

姓名	年龄	派遣费	来日月份	学科	班名	卒业(退学)	备考
[湖北省](十四名)							
41 施㻏本	22	湖北官费	五・6	师范科	湖北速成师范班	?	东京法学院大学
42 谈锡恩	29	湖北官费	五・6	师范科	湖北速成师范班	?	东京高等师范学校
43 胡　铮	22	湖北官费	五・6	师范科	湖北速成师范班	?	
44 陈文哲	29	湖北官费	五・6	师范科	湖北速成师范班	?	《湖北学生界》东京高等师范学校?
45 周维桢	24	湖北官费	五・6	师范科	湖北速成师范班	(03.5)	《湖北学生界》拒俄义勇队
46 陈荣镜	27	自费	十一	师范科	?		日本大学高等师范部・东京高等师范学校?
47 刘云龙	27	自费	十一	师范科	?	(03.5)	陆军士官学校
【不明】(一名)							
48 钱永复	?	?	?	?	?		

最初发生疑问的是周树人即鲁迅的年龄。鲁迅生于西历1881年9月25日,从1902年9月25日到1903年9月24日为满21周岁。《第一次报告题名录》(自壬寅一月起八月止/1901年12月—1902年9月)中,鲁迅自己写为20岁。其他如明治37(1904)年6月1日向仙台医学专门学校提交的鲁迅亲笔写的《学业履历书》中,记入的年龄是"二十二岁"。当时那是他的周岁年龄。其他人的年龄如何呢?由于不知道生年月日很难判断,但许寿裳的年龄是算后记入的。至少可以认为,鲁迅当时自己记入的是周岁年龄。但正如读者所见,年龄差个一两岁也不是什么了不得的事。

看这个一览表,学生几乎都是出生于江苏、浙江、安徽、湖南、湖北,除少数自费留学生外,都是南洋官费、浙江官费、湖北官费派遣的留学生。这其中1902年6月以后的官费派遣生,出发当时就已决定入学弘文学院,从来日开始便在学习与生活方面一起行动。比他们先到的南洋官费生,即鲁迅等数人,来日后到决定入学弘文学院虽然需要不少的时日,却还是开始与他们一起生活。

《弘文学院续报》记载的学生们

已经在“三—1”中叙述过,但看传达进入弘文学院留学生消息的《弘文学院续报》(《国士》45号)的留学生的姓名,实际与前面一览表的学生们有所混同。该部分这里再次略记如下:

> ……最近来日应入同院学生数十名,就中两江总督刘坤一派遣下记学生十三名,应修理工科相关学科。
>
> 南京官派学生(13人姓名——省略后述)
>
> 又,湖广总督张之洞派遣下记师范学生及警察学生不久也将来日。
>
> 师范学生(三十人姓名——省略后述)
>
> ……中略……
>
> 警察学生贰拾名(姓名——省略后述)

关于这三组学生也已说过,下述事实则已知晓。

两江总督刘坤一派遣的第二阵“南京官派学生”——南京乙班

先是关于两江总督刘坤一派遣的“南京官派学生”。他们是明治35(1902)年6月入学住进本院宿舍的。7月,这13名“南京官派学生”迁往上月开设的东五轩町外塾。那是为了要在他们的住址处盖“大讲堂”,同年11月,他们再次回到本院宿舍。其中10人于明治36(1903)年7月“本科”毕业。说是本科,也就是普通科。这“南京官派学生”是“南洋官费”的第二阵留学生,也称江苏留学生,班级被称为“南京乙班”。前面引文省略姓名部分的13人如下,全员都是《“退学”事件学生一览表》中出现的人:

3 张修爵　4 夏　斌　5 彭树滋

6 周　霖　7 吴翔庆　8 于　璜

9 濮 祁 10 杨 煦 11 顾 琪

12 陈福颐 13 顾沛然 29 洪绳祖

30 程崇泗

出身是江苏省11人,安徽省2人。其中,12陈福颐变成了自费,但那是弘文学院毕业以后的事。当然,在事件发生的3月,还在本院宿舍。

湖广总督张之洞派遣的“师范学生”——湖北速成师范班

接下来是关于湖广总督张之洞派遣的“师范学生”和“警察学生”。他们是以“湖北官费”资格派遣的留学生,分别被称为“湖北速成师范班”、“湖北警务学生”。这30名“师范学生”于明治35(1902)年6月入本院宿舍。明治36(1903)年2月,这30名“师范学生”中的12人毕业。作为“八个月速成师范卒业者”,这些毕业生的名字被记入《学生异动报告书》中。当然,这12名毕业生与事件无关。这30名“师范学生”是同时入学,可以推测是修业年限不同的人混杂在一起。关于这年2月尚不曾毕业的余下的18人,看前述省略部分所写姓名,有下述13人出现在《“退学”事件一览表》中:

32 黄 轸 34 马毓福 35 余德元

36 沈明道 37 汪步扬 38 纪 鸿

39 李书城 40 阿勒精阿 41 施呼本

42 谈锡恩 43 胡 铮 44 陈文哲

45 周维桢

这些人中有湖南省一人,湖北省12人。13人中7人于明治36(1903)年5月退学,其他人何时毕业不详。

另一方面,20名“警察学生”于明治35(1902)年7月入上月刚开设的赤城下外塾。同月,20名“警察学生”中的10名,应湖北学生监督的要求转学到成城学校。“警察学生贰拾名”下省略部分的姓名,在《“退学”事件一览表》中没有出现。他们之中没有人与事件有关联。我以为是他们一直住在赤城下外塾的缘故。毕业是明治36(1904)年6月。

上述为《弘文学院续报》记载的学生们。

两江总督刘坤一派遣的第一阵南洋官费生与浙江官费生——浙江班

最后,探讨一下《“退学”事件一览表》中剩下的以浙江省为主的一伙。先是弘文学院成立时,作为南洋官费生第一阵的由两江总督刘坤一派遣的学生们:1 顾琅 2 伍崇学 17 周树人 18 张邦华 28 刘迺弼。

也是由两江总督刘坤一派遣的晚来此数月的浙江官费生是:14 李祖虞 19 韩永康 20 沈祚延 21 韩清泉 22 章毓兰 23 许寿裳 24 施霖 25 寿昌田 27 周承菼 31 陈介 26 厉家福也觉得是浙江官费,但不能断定。

与他们一起来日的浙江官费生,其他还有一人叫钱家治。但“同盟携带行李妄宿院外”者中没有他的名字。或者,《“退学”事件一览表》中仅有一个人“48 钱永复”,他在上述关联资料中没有任何线索,也看不到他的名字,想来这也许是钱家治的误记,但这也不能断定。第一阵的南洋官费生有6人,其中徐庆铸在明治35(1902)年12月开始记录的《学生异动报告书》中已经见不到他的名字。

第一阵南洋官费生最初是作为“江南班”听课的,其后与后来的浙江官费生合流成为“浙江班”。第一阵南洋官费生开始就住在本院宿舍,而9月入学的浙江官费生不久一分为二住在外塾,11月全员入本院宿舍。“浙江班”的学生,在3月份都已住在本院宿舍。其出身是:江苏省三名,浙江省11名,安徽省1名,湖南省1名。他们在明治37(1904)年3月毕业。

自费留学生5人

加上自费留学生5名:15 倪寿龄 16 汪兴准 33 杨毓麟 46 陈荣镜 47 刘云龙和【不明】的一名:48 钱永复,弘文学院方面资料记载的姓名共有48名。其中16 汪兴准和33 杨毓麟后来好像是成了官费生,但当时是自费生,所以分类在这里。

这5个自费留学生,据《学生异动报告书》而知,他们在3月事件时住在本院宿舍。还有,自费留学生由于来日时期与官费留学生不同,即使是同省出身在籍学科也与他们一样,但是否在同一班级却不清楚。

这样看来,这一事件的主人公都是本院宿舍的寄宿生,而其中大半是弘文学院初创时期的速成师范科的入学生和修业时间较长的普通科的学生,并且是张之洞和刘坤一派遣的官费留学生。他们几乎都是弘文学院创立之初到9月份入学的留学生。下面详细探讨一下这些人。

六、主人公们的位置

当时的寄宿生

弘文学院关联资料之一的《学生异动报告书》,是从“明治三十五年十二月现在学生”开始记录的。那时全员在册留学生共有104人。翌年(1903年)1月到3月,除有一两个入学和退学者外,2月送走湖北官费师范科留学生15名,加上2月和3月送走的北京官费警务科留学生,总计27名。事件发生的明治36(1903)年3月末弘文学院在册的寄宿生记录为63名。如前所述,湖北官费的“警察学生”中留在弘文学院的10名在赤城下外塾,在本院宿舍的寄宿生是53名。参加事件的是48名,占其九成,即为全部寄宿生63名的四分之三强。

参照《第一次报告题名录》和《中国人留学生在籍者名簿》等资料的记载,看本院宿舍53名寄宿生的出身,有江苏省16名,浙江省12名,安徽省3名,湖南省3名,湖北省18名,不详1名(1月入学的乐达明)。其中参与这一事件的,江苏省、安徽省、湖南省出身者是全员,浙江省除钱家治一人外是11人,湖北省14人。如果假定派遣在籍等一切不清的“钱永复”是“钱家治”的记录错误,那么浙江省出生的人便是全员参与了事件。我以为,写在《弘文学院沿革资料》中的这48人一齐离开宿舍之时,本院的授课就不能成行。还有,参照迄今为止的探讨,《浙江潮》和《湖北学生界》记载的52人的总数、在籍学科及其人数,都不很严密,好像是粗略的统计。

弘文学院的记录所复写的主人公们

那么,把从弘文学院方面记录推导出的事态加以整理,大致是这样的。

事件的主人公们几乎都是官费生。而从派遣单位来说,可一分为二:两江总督刘坤一派遣的“南洋官费”生和“浙江官费”生,以及湖广总督张之洞派遣的“湖北官费”生。他们是明治35(1902)年分四组(4月一组、6月二组、9月一组)来日,进入弘文学院的。之后,在弘文学院,他们被编成“南京乙班”、“湖北速成师范班”、“浙江班”三个班级。这也是一个月后接受日中两国高官们观摩教学之中的三个班级。包括自费生在内,他们的出身集中为江苏省、浙江省、安徽省、湖南省、湖北省等五省,除湖北省以外,几乎全都是本院宿舍的寄宿生。在这一事件中离开弘文学院的学生,约占本院宿舍寄宿生九成,为48人。从当时寄宿生的数目来看,他们“退学”,则意味着使弘文学院的教育机能陷于瘫痪状态。

还有一点应该关注,即40 阿勒精阿和41 施呼本二人是驻防八旗出身,系满族学生。这一事实表明,不能将他们单纯地看作仅只是八旗出身的问题。又如前述,已经指出讲道馆牛入分场的入门者33人都是这事件的主人公,也接触到阿勒精阿和施呼本也是入门者。他们作为湖北师范班的学生一直和汉族学生一起行动。

部分八旗出身的学生与汉族学生的这种交流,其他地方是否还有?作为今后的研究课题,这倒是值得留心的。

在学学生很多的弘文学院

关于当时中国留学生在籍学校和出身,《清国留学生会馆第一次报告——自壬寅一月起八月止》的《分校分省人数统计表》中有详细记录,可做参考。从时间上看,可认为是到明治35(1902)年9月份的统计。在学学生数目最多的是弘文学院的172名,其次是成城学校152名,这两校占总人数的56%。之后,依次是二桁台、精华学校、同文书院、陆军士官学校、东京帝国大学、早稻田大学。出身省别最多的是江苏省115名,湖北省85名,浙江省84名,广东省60名,安徽省46名,湖南省42名,旗籍31名,福建省31名,直隶省25名……顺便说一下,上述江苏、浙江、安徽、湖南、湖北五省约占总人数的65%。以此来看弘文学院,还是以这五省来的学生为多。这作为一般倾向也为弘文学院认可。

旗籍学生颇多的弘文学院

弘文学院的特征是八旗出身即旗籍学生很多。广东省的学生同样也多,但他们在明治35(1902)年12月已经毕业。另一方面,在《分校分省人数统计表》中,除陆军士官学校3名在校生外,余皆在弘文学院学习。《第二次报告题名录》的记录虽略有不同,但他们的教育都是弘文学院一手承揽。在弘文学院,这五省和旗籍学生除外,直隶、江西、四川各省在学学生合起来不满10名。大部分旗籍学生是前记“北京官费的警务科留学生”,即再三提到的“北京警务学生”。他们是包括宗室在内的八旗出身的人,是在弘文学院正式作为私立学校被认可之前的明治34(1901)年秋天来日的最早的一批,未有本院宿舍之前在江户川外塾生活,也与本院宿舍的学生一起行动。上一年8月,为避暑一起去过伊豆的伊东,还在那一年正月一起参加过高官们的观摩教学。他们在明治36(1903)年的2月或3月毕业,这期间入学弘文学院的学生大概不知道他们的存在吧。

“新年团拜礼”的排满演说

这里将目光转移到学院外这些留学生的行动上。

明治36(1903)年1月29日,即清光绪二十九年春节,各省留学生聚集在骏河台的清国留学生会馆举行“新年团拜礼”。据冯自由《中华民国开国前革命史》和张玉法《清季的革命团体》,其情况大体如下。

1903年阴历初一,为欢迎载振贝子(钦差出使英国专使大臣),留学生们在清国留学生会馆举行新年团体祝贺会。参加者千余人,蔡钧公使也莅临。当时,马君武和刘成禺发表了排满演说。据说是受孙文之命。二人述说满洲吞并、灭亡中国的历史,主张排除满族恢复汉人主权以拯救中国。慷慨激昂的演说赢得了满座的掌声。满洲宗室的长福虽站起来反驳,但被众人的斥责声淹没。因为此事,刘成禺被成城学校除名而不能入陆军士官学校。家宅也遭搜查并被逐出东京去了美国。长福是靠蔡钧的斡旋当上横滨领事的。这一排满思想,表明与前一年(1902)4月27日章炳麟等人发起的“支那亡国二百四十年纪念会”有牵连。马君武也是发起人之一。

由于前述《分校分省人数统计表》记载的留学生总数是573人,“其他预备入校者四十一人”,这“千人”是相当夸张的表现,大概是考虑到“新年团拜礼”有在京大多数留学生参加的缘故吧。弘文学院的学生当然也包括在内。反驳排满演说的长福也是弘文学院在籍的“北京警务学生”。这些学生们总的年龄比较大,长福是33岁,出身是“宗室正红”。之后,他们旗籍学生与其他学生的关系不能认为是良好的。然而,弘文学院与其他学校不同,汉满留学生同士有一个和睦相处的环境。这年2月,长福成了比其他“北京警务学生”先行一步毕业的6名之中的一员,就在“新年团拜礼”后不久出了弘文学院。

杂志发刊的机运

之所以发生这样的事件,与同省出身的留学生组织同乡会并以此为基础创刊杂志的机运并非无缘。特别应该指出的是:比别人先行一步的这一事件的主人公几乎都是同省出身的同乡会成员一事。明治35(1902)年12月,《游学译编》(湖南省)创刊,明治36(1903)年1月《湖北学生界》(第六期开始改为《汉声》,湖北省)创刊,同年2月《浙江潮》(浙江省)、4月《江苏》(江苏省)发刊。浙江同乡会的出现,是在前一年秋季的旧历11月。

黄福庆把清末留日学生们创刊的杂志内容分成四类:介绍新思想新知识;发扬爱国精神;提倡女权和女子教育;振兴中国工商业的。并以前二者为上述杂志的内容来举例。又,作为“编辑及发行人”,《游学译编》是黄轸、许直、杨毓麟、张孝准等人;《湖北学生界》是王璟芳、尹媛一等;《浙江潮》是孙翼中、蒋智由、蒋方震;《江苏》是秦毓鎏、张肇桐、汪荣宝。

湖南编译社的《游学译编》

《游学译编》是由湖南留学生的湖南编译社发行的刊物。它把从日本人的著作和报纸杂志上翻译的文章分成“学术”、“教育”、“军事”、“理财”、“外交”、“历史”、“地理”、“时论”等栏目编辑刊载,以“扩充本国见闻,增益国民智识”为旨趣,不是论述而是以翻译介绍为主,然而说不上是客观的学术性的介绍,其内容中看得到排满救国的意图。一方面有“十九世纪学术史”、“学校行政法”,另一方面则有“支那灭亡之风潮”、“埃及灭亡惨状记”、“民族主义之教育”、“满洲问题”、“湖南自治论”(社论)等。“游学译编第二期译员表”中,列有如下翻译者的名字(附有译员表的只有第二期):“周家树(学术·军事)/黄轸(教育)/周宏业(理财)/曾鲲化、梁焕彝(时事)/杨毓麟(历史)/范锐(地理)/许兼(外论)/张孝准(世界大势一班)”。

同乡会杂志《湖北学生界》、《浙江潮》、《江苏》

《湖北学生界》、《浙江潮》、《江苏》都是作为同乡会的机关杂志创刊的。其旨趣率直地说:是“输入东西之学说,唤起国民之精神”(《湖北学生界·开办章程》)。

这三个杂志都设有“学说”(社论·论说)和“学术”(政法、经济、教育、军事、实业、历史、地理、理科)、“小说”、“时评”、内外和留学界的“记事”等栏目,都是大同小异,也提出各省的问题。因此,作为主要的共同论述的问题是:作为国民的条件是什么?国家存立的条件是什么?可以说创造“国民”论是其基调。他们所说的"国民",是指与清政府治下隶属地位的人相对置观念下的"国民"。《国民教育论》、《论中国合群当自自治始》、《宪政发达史》、《国际法上之新国家观》、《国民新灵魂》、《论中国衰弱女子不得辞其罪》、《支那当改造政府》等等,从论说到杂录举不胜举,展开了众多的论述。进而在这一基调之上,表现出更尖锐化的排满主张,或者是对于留学生身边发生事件的民族性的愤怒。例如《俄日之满韩交换的密约》、《革命其可免乎》、《军国民教育会之组织》、《大阪博览会人类馆女子事件》等,这也是数不胜数。拒俄义勇队的结成与禁止、第五次国内博览会上民族侮辱事件等,对于留学生来说的重大事件,三个杂志都同样报道。弘文学院的事也是同样处理的,正如已经看到的那样。

这些执笔者的全貌虽然不大清楚,但《湖北学生界》(第一期、第二期)的目录中记有姓名:张继煦(论说　教育)/李书城(论说)/万声扬(教育)/但寿(学说)/权量(政法　商学)/王璟芳(经济)/蓝天蔚(军事)/王荣树(农学)/范鸿泰(工学)/屈德泽(实业　理科)/傅汝勤(医学)/刘成禺(历史)/李步青(地理)/陈文哲(时评)/张鸿藻(杂俎)/周惟桢(杂俎时评)/张孝移(外事)/金华祝(国闻)/程明超(湖北调查部记事　叙例)。第三期以后的《湖北学生界》与《浙江潮》、《江苏》中,论文和记事似不署名,即使有名字也几乎都是笔名。《浙江潮》的编集与许寿裳有关,所以常向周树人(鲁迅)索要原稿之事已广为人知。上述杂志后来都被禁止。以同乡会为母体的这些杂志的发刊,意味着他们以出生地为一个单位凝聚起力量吧。还有,以同乡会作为母体,他们的主张结成一个"爱国精神的发扬",这其中也诉诸同乡意识与国民意识的并存吧。团结起来的力量不断地引起连带的作用。

排满运动的助跑

在部分范围内已知道一些人的名字,他们在编集者和执笔者之中,已经作为与弘文学院事件的关联者出现:黄轸、杨毓麟(《游学译编》);李书城、陈文哲、周惟桢(《湖北学生界》);许寿裳、周树人(《浙江潮》)等。

还可以觉察到,在他们这些编辑者和执笔者之中,这一年4月,参加东京中国留学生组织的拒俄义勇队的人也大有人在。队长蓝天蔚,分队长王璟芳、尹媛一,队员秦毓鎏、张肇桐、黄轸、周宏业、李书城、刘成禺、周惟桢、许寿裳,本部的杨毓麟等。所谓拒俄义勇队,是义和团事件之后非法驻留在东三省的俄国对撤兵条件提出了新的要求,留学生们因此组织起抵抗俄国的武装集团。清政府由于轻视他们的抗议,进一步酿就了排满运动的事件。翌年,黄轸(兴)组织了黄华会。

与弘文学院事件相关的学生中参加拒俄义勇队的人也很多。队员中有夏斌、倪寿龄、韩永康、许寿裳、黄轸、李书城、周惟桢。本部有张修爵、彭树滋、濮祁、杨毓麟、余德元。这其中,上述杂志的编集者和执笔者的名字重复出现,即黄轸、杨毓麟、李书城、周惟桢、许寿裳等。

与弘文学院事件有关的学生们,当时已经具有这种带有地域性的表明共通意志的场所(杂志)。对于他们来说,有了互相连带的条件。粗略地说来,他们已经处于明显化的排满运动的中途。弘文学院学生“退学”事件,似乎也成了那一运动助跑的要素。

七、鲁迅的决意:剪掉辫子

二个资料传达的一颗心

有关这一事件的其他资料所存甚少,都是片段的记录。

首先,在作为报告留学生动向的《在本邦清国留学生关系杂纂　杂之部》(外务省记录)中有如下画了圈的秘密文书。

甲秘第五十一号

清国留学生会合之件

外务大臣男爵小村寿太郎殿下：

昨四日牛入区赤城元町出租会场清风亭有清国留学生六十九名会合，暗查其目的，为浙江省同乡会惟恐他日感情流失陷于自暴自弃，最慎之深思熟虑以遂其志。俟日后归国之为本国尽力云云，暗中不过为非难弘文学院学生之轻率也。

前此申报

明治三十六年四月五日

警视总监　大浦兼武

清风亭是留学生经常利用的弘文学院附近的出租会场。出席江苏省同乡会的，当然也有弘文学院以外的学生。读这报告，可以使人看到出现了对这所谓“退学”手段的批评。报告显示出警视厅滴水不漏的暗探听得出学生们的不同见解。

还有“阴历四月十日”的《苏报》“东京留学生汇述”一栏，刊载了这一事件的简单的报告。讲述“弘文学院的同盟退校”的理由是：夏期休假中也要收取学费和一月洗涤三次制服以外自费之事，学生们反对这些而提出了六条要求。要求的内容是：(一)撤换舍监与加纳治五郎直接交涉；(二)改良课程；(三)撤销洗涤物品的限制；(四)增印教科书；(五、六)不详。而且添加了下述逸话。

——同盟退校之后，一学生向汪总监督说：我是六个月速成师范班的学生，现在已经过了四个月，不久即能归国。我其实不想退校，是迫于众人不得已才做。汪大力赞赏说，你这样的人才是通达事理的人，学生没有理由同这个国家的大教育家拔刀相战，那是必败无疑的。这是多么可笑的话!

事件的主人公中没有“六个月”速成师范科的学生。而《苏报》的取材竟然如此，可见不很严谨。这一报道道清了《苏报》的立场。这个学生是同破坏罢课者一样的。

这里列举的两则资料所表现的意图完全相反，但在对于所谓“退学”的手段方面表现出留学生之间见解不同这一点上却是共同的。姑且不管表现意图如何，它还意外地传达出与事件主流脱离的留学生的某种心境。

想来这些留学生们的心情，一方面也与主人公们一样有共通之处吧。就连传达这一事件的《浙江潮》的记者的感想，也是游移在必须在外国接受近代教育和保卫民族性的自尊之间，那种二律背反的苦涩的心情不是都存在着么。

传给弟弟的事件消息

据近年公开刊行的《周作人日记》(影印本)，可知这一事件传到了在南京江南水师学堂游学中的周作人。他当时在宿舍。话头虽然有点儿混杂，但与要叙述的事情有关，还是抓住要点介绍吧。

癸卯三月十二日(1903年4月9日)，周作人收到鲁迅信(4月2日)，告之托归国友人谢西园捎回衣服和书籍，据同信中目录而知有照片两张。即弘文学院班级同学照片和剪掉辫子的照片(弘文同学摄影一张，断发之相一张)。送信者大概是刚从东京回来的人，向周作人讲述了弘文学院的退学事件(弘文散学)和姚监督因此事逃去的最新消息。

几天后，谢西园送来了东西。照片也在其中。又过了两三天(4月18日)，谢西园把忘送来的杂志又带来了。谢西园似也谈起了弘文学院的退学事件。学监因二人谈弘文学院退学事件而大恐惧，当晚召出周作人大加斥责。周作人早就希望留学日本，而这时学监却说，即使校长派你留学也必阻之。义愤填膺的周作人决定，如果希望落空就退学返归故里，并把这一心情写信告之鲁迅。当时，《苏报》也常常报道江南陆师学堂和浙江大学堂等校的“散学”事件。在周作人日记中，这样的事也常常出现，还记录过他写信表明被浙江大学堂学生唤起的相当的共鸣。学监是神经过敏，听到这样的事便引起想象:莫不是在跨洋越海交换“散学”的情报?

此后约一周，鲁迅的信(4月18日)送到。信封中有剪掉辫子的照片，并写到弘文学院事件结束已返回学校。可知鲁迅亲自写信将弘文学院的事件告诉了周作人。《浙江潮》、《湖北学生界》等也被送到。这10天左右，鲁迅又有信到，内容是劝周作人打消退学念头。

这故事说明:东京弘文学院事件的消息通过留学生传到了中国,在本国也引起人们的关心。其反映也与留学生同调,并害怕给学堂的学生们以影响。

剪掉辫子的鲁迅

这里值得关注的是:鲁迅在这一事件中剪掉发辫之事。关于此事,鲁迅留学时代的挚友许寿裳多年后写下了“至今还历历如在目前”的印象。

> ……那时江南班还没有一个人剪辫的。原因之一,或许是监督(略)不允许吧。可笑的是江南班监督姚某,因为和一位姓钱的女子有奸私,被邹容等五个人闯入寓中,先批他的嘴巴,后用快剪刀截去他的辫子,挂在留学生会馆里示众,我也兴奋地跑去看过的。姚某便只得狼狈地偷偷地回国去了,鲁迅剪辫是江南班中的第一个,大约还在姚某偷偷回国之先,这天,他剪去之后,来到我的自修室,脸上微微现着喜悦的表情。我说:“阿,壁垒一新!”他便用手摩一下自己的头顶,相对一笑。
>
> (《亡友鲁迅印象记·剪辫》)

江南班这时已经被合并到浙江班。读这文章可知,这里所指系当初鲁迅等“矿务学生”班级(江南班)的成员。

被剪掉辫子的姚文甫

关于这姚某,《在本邦清国留学生关系杂纂　学生监督并视察员部》中留下了通知其到任的清国公使致外务大臣的公文。据此而知受江南陆师学堂委托作为南洋官费留学生监督赴任的乃是姚煜。下文介绍的《苏报》中的姚文甫,名煜,字为“文甫”。章太炎所记“陆军学生监督姚甲”(《邹容传》),这“姚甲”就是“姚某”。在前面引用的《苏报》“东京留学生汇述”同一栏目中,有关于这一事件的报道。这是人们熟知的话题,其他地方也有记述,但报道事件经过比较详细的是《苏报》,这里据此作一介绍。

——据说南洋学生监督姚文甫,曾妨碍特定的留学生入学成城学校和联队(在近卫联队作为见习士官而来的留学生)。于是发生成城学校的南洋(官费)留学生八人殴打一人而成重伤之事。姚文甫说:军人打架是常事,八人打一人,定是被打者惹起众怒才招致的,把受伤的学生(从学校)撵出去!听了这话,八人也怕受牵连而被赶走,结果双方和解,一起迁怒于姚文甫。同乡者骚然,都指向姚文甫欲鸣不平,说什么我们也用很多人揍他(姚文甫)一顿吧。姚文甫如此惹怒众人,是因为品行不端而遭众人嘲笑。留学生会馆和浙江同乡会干事那里陆续收到许多责难之信。正当浙江同乡会开会考虑处理这一事件时,事先有人出来要让他回国并要在他家里收拾他,而且将此事告诉了姚文甫。3月31日,他自己决定两天以内坐船归国。当晚10点,几个人来到姚文甫的寓所,他们历数姚文甫对学生们的罪状,最后指责他品行恶劣。一个人抓住他的辫子用剪子剪掉,还剩一点儿头发根,又一次剪干净。然后,扇他的嘴巴说:“明天五点滚出东京,不然就结果你!”(……略)翌日晨(4月1日)五时,姚文甫坐火车去了横滨(……略)。目前,姚文甫的辫子上写着“南洋学生监督　留学生的公敌姚某的辫子”,悬挂在(清国留学生)会馆。

周作人和许寿裳写的姚姓监督的事件,简单地说来就是这事。自己剪掉辫子是表示反满的意志,而被人剪掉其意相反,被视为叛徒。作为惩罚品行恶劣监督的手段,这大概是最合适的吧。当时也有其他同样的例子,据外务省外交史料馆的《外务省记录》是很容易弄清的。

表示意志的断发

鲁迅后来的小说《头发的故事》,就是取材于这个事件。辫子(男子的剃发垂辫)原本是满族的习俗,明灭亡清立国之后,公布剃发令强制汉民族也留这发型。那意味着臣服于大清,其严厉则谓之“留头者不留发,留发者不留头”。如若反抗,必当丧命。清末留学日本的学生们,剪掉辫子者,是表示反满的意志。在风习不同的日本,处于对辫子的好奇心而成为被蔑视的对象之事,增加了他们的痛苦。鲁迅在这小说中写道:“我不知道有多少中国人只因为这不痛不痒的头发而吃苦,受难,灭亡。”

托人捎来的装有照片的包裹中鲁迅给周作人的信是4月2日写的。姚文甫离开日本是4月1日。断发的鲁迅出现在许寿裳的自修室好像是在这之前。自修室在弘文学院的本院宿舍中。看许寿裳关于鲁迅断发和姚文甫事件相关的回忆,觉得没有将这两件事的时间分开来谈。在这一事件中,学生们一齐离开弘文学院是3月29日,再次返回则是4月16日。就是说,鲁迅剪掉辫子大概是在他们还在弘文学院的三月末左右。至少也该认为是在弘文学院事件当中。也就是说,送给弟弟周作人的照片是在刚断发之后。剪掉辫子的鲁迅,先告诉了好友许寿裳,又给弟弟寄去了照片。那是他明确地公布自己意志的宣言。

追寻弘文学院“退学”事件的足迹,思考鲁迅这样的行为,在我看来,这一事件正是唤醒鲁迅自觉的民族意识决心的契机。

鲁迅的决心

鲁迅把断发的照片也送给了许寿裳。照片的背后写了一首诗。

关于所赠的这首诗,许寿裳在回忆鲁迅的文章中有四次提到。

> ……在民元前九年留学东京时,赠我小像,后补以诗,曰:
>
> 灵台无计逃神矢,
>
> 风雨如磐黯故园。
>
> 寄意寒星荃不察,
>
> 我以我血荐轩辕。

《我所认识的鲁迅》1936年10月27日　原载《新苗》11期

> 民元前九年(1903)他二十三岁,在东京有一首自题小像赠我的
>
> 灵台无计逃神矢,风雨如磐黯故园。寄意寒星荃不察,我以我血荐轩辕。

《怀旧》1936年12月19日　原载《新苗》13期

> 诗抄第一首《自题小像》是其二十三岁时赠余者。其逝世后,拙作《怀

旧》文中首先予以发表……

《鲁迅旧体诗　跋》1944年5月4日　原载《云南晚报》

别后，他寄给我一张照片，后面题着一首七绝诗，有"我以我血荐轩辕"之句，我也在《怀旧》文中，首先把它发表过了。

《亡友鲁迅印象记·仙台学医》1947年10月　峨嵋出版社

最初两篇，是鲁迅逝世后不久写的文章。最后一文，是战后许寿裳转到台湾后晚年写的。同一人写同一事的文章，却相互间有不一致的地方。共同之处只是这首诗是留学时鲁迅写在照片上赠给许寿裳的。许寿裳写到是最初发表的。鲁迅晚年时自己也写过，那是"二十一岁时作，五十一岁时写之，时辛未二月十六日也"，现在收在《集外集拾遗》里。

关于这首诗是何时写的，有各种各样的解释。首先关于年龄，许寿裳说是23岁，鲁迅自己说是21岁。关于收到这首诗的时间，许寿裳一说是在东京时，一说是鲁迅从仙台寄来的，这是产生诸说的原因。鲁迅写在这诗上的"辛未"年是1931年，鲁迅算来已是"五十一岁"。如果"二十一岁"也是同样的算法，那么鲁迅当时还没有来日本，也不曾剪掉辫子。如果是满周岁的话，1903年3月时是"二十一岁"。如前所述，鲁迅当时将自己的年龄记为周岁年龄。写作这诗的时候，若是记为"二十一岁"，那么与许寿裳所说"民元前九(1903)年""二十三岁"，由于与满周岁的算法不同就不相矛盾。但写这诗的照片所在不清，不能据以确定。

但，另一方面，许寿裳回忆中存在不一致的地方是关于赠这首诗的时间，三次反复而具体地写作"民元前九(1903)年"、"二十三岁"、"东京"。他还在同样的回忆中，鲜明地写下过他记忆中鲁迅剪掉辫子时的姿态和状况。进一步说，笔者以为如果认为这首诗的内容表示了鲁迅的民族的决心，那么作这诗赠给许寿裳就不是在刚剪辫之后。

遗憾的是没有写着这首诗的照片。身着弘文学院制服剪掉辫子的照片留有几张，但都不是刚断发之后的。因为发辫是剃掉前额部分而将后部头发编起垂在身后，这些照片的前额部分都已长出了头发。

诗很难解。关于其内容仍有各种各样的解释。在日本有高田淳的《鲁迅诗话》(中公新书,1971年),伊藤正文译《自题小像》并附《译注》和《译者解说》(《鲁迅全集9》学习研究社,1985年),都是严加关注中国的解释所做的认真的解释,也表现出许寿裳在上述回忆中的解释。所以,据此大体上可以理解该诗的意思。

许寿裳说,最后一句是直抒怀抱,是一句毕生实践的格言。的确,无论是鲁迅晚年再次抄写这诗,还是许寿裳悼念亡友鲁迅时先发表了此诗,不是都显示出这诗中表明了鲁迅后来所走的道路吗?

前一年春4月,因为是第一次踏上日本国土,鲁迅在日本的生活,决不能说是心静如水。以弘文学院的“退学”事件为契机,他终于决意走自己所选定的道路。牺牲自己献身于汉民族,真正表明了明确的意志,是高屋建瓴般的宣言。我们听到的,是初到日本的留学生鲁迅希望民族回生的率直的声响。

并不限于鲁迅,留学生中有这同一志向的人一定有很多。经过这一事件,他们之中也在发生变化,然而,弘文学院方面似不能理解。恰恰是弘文学院提示的条文的意思,留学生们似乎也未能够理解。

这事件就这样结束了。《弘文学院沿革资料》中这样写道:

> ○ 此月(三月)汪总监督并各省监督高凤谦(浙江)、王宗炎(江苏)等诸氏前一同同盟出院,一同带学生来院,向院长谢无端出院之罪。尔后悔悟誓勉励之旨,许可再入学校。(括弧内为笔者注)
>
> ○ 此月解除教授兼教务干事三矢重松嘱托职务,委以三泽力太郎氏教授兼教务干事。

当初协助加纳治五郎开办留学生教育的三矢重松,姑且离开了弘文学院。

译者附记:

本文译自北冈正子著《日本异文化中鲁迅——从弘文学院的入学到“退学事件”》(关西大学出版社2001年3月31日)之《八 弘文学院学生“退学”事件》。

(《鲁迅研究月刊》2002年第12期)

一位罗曼·罗兰教导过的中国留学生

——记我父亲1929—1937年留学伏利堡天主教大学

阎守和

引　言

在1929年,罗曼·罗兰委托瑞士伏利堡天主教大学找一位中国留学生,为他解释鲁迅的作品,以满足他了解中国的强烈愿望。这位被选中的学生就是我的父亲阎宗临。他1929年进入伏利堡天主教大学攻读文学硕士,有幸得到了文学院的德-穆南克(Marcde Munnynck)教授的推荐,结识了比自己年长40多岁的法国大文豪罗曼·罗兰。从1929年到1937年他得到博士学位回中国的8年间,父亲和罗兰大师有过断续相处的机遇。父亲从来都没有忘记过他和罗兰先生的相处,也从来都没有忘记罗兰对他的那段悉心教导的往事。

1971年我因胸部大手术后养病,回到父母身边。那时,母亲要我和父亲谈他在欧洲的留学际遇。她认为这是让父亲从当时不愉快的现实中解脱出来,改变他痛苦的精神状态的好方法。

我记得很清楚,在许多往事中,父亲讲得最多的是他和罗曼·罗兰相识的际遇:罗曼·罗兰非常敏锐和非常深刻是他观察问题的特点;他也是一位很幽默很有人情味的长者;父亲总括这段相处的感受说,罗兰是位严格的教授,也是很会关爱青年人的好祖父。

我是一名生物化学工作者,科学工作是无止境的,越做越会想做得更多更好。我在做实验,写论文,写综述,最后还用英文写自己的科学专著,直到2009年那本专著书在伦敦出版了。紧张、漫长、奋斗的科学生涯已把我推到了退休的年龄,我也开始写回忆录了。罗兰大师对父亲的教导和关爱,自然是我最想要写的内容。

我于1984年到欧洲,1988年得到鲁文天主教大学的博士学位后,留该校在生物化学领域的不同实验室工作至今。欧洲的生活帮助我加深了对父亲的理解,也使我愿意把他没有完成的事做好。特别是我愿意告诉法国人民,我父亲始终没有忘记罗兰先生对他珍贵的关爱和帮助。我也感谢伏利堡天主教大学把为罗兰先生工作的珍贵机遇交给了他。我也想说,我们中国人永远都尊敬爱护和帮助过自己的人。

一、我父亲和罗曼·罗兰的相识

(1) 罗曼·罗兰想通过鲁迅的作品了解中国

据父亲说,罗兰先生想了解中国很大程度是受俄国大文豪托尔斯泰(Tolstoi)的影响。然而,他想通过鲁迅来了解中国却是来自一个偶然的机会。1926年,名叫敬隐渔(Jing Yin-yu,1901—1931)的中国青年,把鲁迅的《阿Q正传》译成法文(*La Vritable histoire de Ah -Q*),从里昂寄给罗兰先生,希望得到他的帮助,使译作在巴黎发表。这是罗兰先生第一次接触鲁迅的作品。他立刻被阿Q那张痛苦的脸深深吸引,产生了要通过鲁迅了解中国的强烈愿望。在罗兰先生的帮助下,《阿Q正传》第一部法文译稿,在1926年5月15日的第41期《欧罗巴》杂志上发表了。

1922年罗兰先生为了保护自己的独立性,也为了不受干扰,搬到瑞士西南部的沃德州(Canton de Vaudois)Villeneuve城居住,这座小城邻近法国;罗兰居住的奥尔嘉别墅(Villa Olga)在虹河(L'Hongrin)入莱蒙湖(Lman)附近。(罗兰在法国中部他的故乡克拉姆西[Clamecy]山村小镇有另一所住房。)他的父亲带着女儿和他在一起住。此时的罗兰先生决定要实现他了解中国的愿望,于是,就近请伏利堡天主教大学推荐一位能为他讲《阿Q正传》并回答提问的人。我的父亲有幸被大学推荐并被罗兰先生聘用。

(2) 父亲第一次见到罗曼·罗兰

那是1929年11月下旬,一个阳光灿烂的星期六早上。父亲很早从伏利堡乘火车到洛桑,再换车沿莱蒙湖到 Villeneuve 城,找到罗兰先生家已是十点左右。正在别墅庭院里散步,身材瘦高的罗兰先生停在父亲面前,伸出手说:

"早上好!我想,你大概就是我要等的那位中国年轻人吧。我叫罗曼,你呢?"

父亲回答:"罗兰先生好,是的,我姓阎名叫宗临。"

罗兰先生接着说:"我能叫你临吧,这对我比较容易些。而你,可以叫我罗曼。"

"很好,罗兰先生。"父亲随即回答。

这时,罗兰先生转过头笑着问:"你不认为叫我罗曼比叫我罗兰先生更容易些吗?"然后,用一只手抱起他的猫,又做了个手势,说:"跟我来。"

父亲跟在后面,有些腼腆地回答:"是的,罗曼。"进入了小客厅兼书房,父亲看见里面到处都堆满了书和报。罗曼说:"随便坐,我们就在这里工作。"摆在父亲眼前的是中文、英文和法文的《阿Q正传》,这时的父亲已经不再紧张了。

(3) 罗曼·罗兰惊喜父亲来自鲁迅身边

罗曼要父亲先介绍自己的简历。他吃惊地问:"啊,你是农民的儿子。在中国农民的孩子是不是都能上学?""不,不是的,极少的农民的孩子能有我这样的好运气。"父亲回答。罗曼又问:"你为什么要来欧洲,为什么要选择来法语国家留学?"当父亲回答,他来欧洲和到法国都是受鲁迅先生的影响时,罗曼更为吃惊,也更加兴奋地问:"你认识他?你见过鲁迅?说说他。"父亲回答自己到北京考大学,常跟年长的同乡去鲁迅家,不仅认识他,还和他有过不少交谈,至今还写信给他。鲁迅鼓励青年人到法国留学,目的是要我们在国外的体验中,寻求中国的前途。罗曼要父亲详细介绍鲁迅的音容笑貌,鲁迅怎样和年轻人接近,父亲回答了罗曼所有的问题。此时,一切都变得很简单,很自然了。罗曼很兴奋,也很满意地说，不敢想象他竟然会有如此好运气，找到一位来自鲁迅身边，又和鲁迅还有联系的年轻人为他讲鲁迅的作品。他连说了好几个不可思议，“真的是不可思议！”

罗曼当即就对父亲说他被录用了，又讲了工作要求和报酬，还问父亲是否满意。出乎意料的父亲连说很满意，还说在法国打工从来没有得到这么多的报酬，开始该有试用期，等你对工作满意再拿这么多钱。罗曼笑着回答说，说谢谢吧，这是我的事。

二、翻译《阿Q正传》时父亲受到的教导

《阿Q正传》英文版（*The True Story of Ah-Q*），是1925年美籍华人梁社乾(George Kin Leung)先生译，他是美国新泽西州出生的华侨，他把译作寄鲁迅审校过，得到鲁迅的同意，出版后寄2本给鲁迅。敬隐渔先生译法文版，也写信告知过鲁迅。

罗曼第一次要父亲做的工作是讲该书的题目，只讲这4个字。父亲看着眼前的罗曼，流露出不理解的表情，心想一次只讲4个字，要多少时间才能讲完这篇作品。罗曼好像能知道父亲的想法，解释说，无论读什么都要先读懂题目，如果你对一篇文章或一本书做了个择要，题目就是择要的择要。果然，罗曼就《阿Q正传》的题目，提出了父亲从来没有想过的问题。

(1) 为什么鲁迅要给他的小说主人起名为阿Q

父亲听到他的问题，立刻就呆住了，结结巴巴地说，“对不起，我不知道这是为什么。在中国从来没人提出过这样的问题，请让我写信去问鲁迅先生”。“难道你不愿意自己想想，给我一个回答吗?”罗曼说。“那是我自己的猜想，不是鲁迅先生的回答，这完全不同。”父亲为自己第一个问题就答不出而懊恼，低下了头。罗曼却很高兴地说：“临，说说你的猜想，一个聪明的读者应该能猜出作者的思想。我喜欢聪明的读者，年轻人勇敢点，大胆讲你的猜想，我愿意听。”

父亲想了想说:“我认为英文的26个字母中,只有P和Q像当时中国男人戴着一根辫子的光头。如果哥哥叫P,弟弟就该叫Q,也许是这样吧。”罗曼连连说了很多个对和好,“鲁迅是在讲阿Q只是变了名字,他的头脑和头脑里的东西并没有变。看来不该只想了解阿Q痛苦的脸,更该了解的是他的头脑。”罗曼还笑着说:“年轻人,你也能算个聪明的读者,我很满意。”他的鼓励使父亲从懊恼的心情中解脱了出来了。

罗曼见父亲不那么紧张了,他说关于起名字的事,他想问在这方面中国人和欧洲人有什么区别。他见父亲又不理解他的问题,又陷入了思考,便主动再解释,欧洲人的名字多来自《圣经》,中国人的名字是不是来自佛经或者受佛经的影响。他想知道东西方这两种有代表性的宗教,对人社会生活影响的深度。他使问题变得简单明确了,好回答多了。父亲说:“中国人的名字不是来自佛经,是表达家长对子女的祝愿。”罗曼又问:“中国人,特别像鲁迅这样的文人有很多的名字,是不是他们的家长对他们有很多祝愿?”父亲又解释了大名、小名和笔名、字、号的区别,说大名和小名是家长起的,其他如笔名,字和号都是自己起的,多半是文人、绅士等的自我表达。父亲还说他在鲁迅日记里有个笔名是已然(或已燃),就是他自己给自己起的名字,表示他已经觉悟并积极行动起来了。父亲反问欧洲人的名字来自《圣经》,是不是要表示他们对《圣经》或圣人的敬重。罗曼想了想说,可以这样理解,也不完全是这样,好像更是历史和习惯的表现。

父亲解释中国人的命名多用3个字,中国的一些大家族,都有族谱,由族长决定每一辈人按顺序用一个共同的字来表达。这样家长给自己的孩子起名字时,只能取另一个字。换句话说,从这些大家族中人的名字能说明他们在家族中的辈分。罗曼说欧洲人的辈分是用数词和形容词来表达的。例如约翰的儿子,可以起名为小约翰。费力普国王的儿子可以起名为费力普二世等等。他们找到了法国和中国起名的共同点在于出家人如和尚、尼姑、修女、神父他们都只有名字而不用姓了。他们一老一小常是这样在比较中认识东西方两种社会的差别。

(2) 为什么鲁迅在小说题目中要用“正传”两字

罗曼就小说题目提出的第二个问题是为什么要用“正传”两字，这两字代表什么。这个问题虽然也没有意料到，却不难回答。父亲就自己所知说明了传记主要类别。解释了正传、外传和小传等，以及传记和故事的区别。父亲说阿Q是很多人的综合代表，鲁迅很可能是为了强调阿Q存在的真实性，才特意用正传字样，因为中文里正有正式和真正的含意。随后，父亲又用中国构字法说人和专两个字合在一起就变成了传字，它意味着对某人的专门记载。父亲没有意料到他的附加解释引起了罗曼极大的兴趣。

第一次只就题目，工作了4个字，罗曼知道父亲没有消除对工作进度的担心。他说：“年轻人，你比我的时间多得多，我都不嫌慢，你急什么。如果我们俩分开做今天的工作，谁都不知道要多少时间才能做完。”一星期后，穆南克教授讲完课把父亲留下，他说罗曼·罗兰很满意父亲的工作，谢谢他推荐了一位很有见解，来自鲁迅身边的中国青年人。罗曼·罗兰告知他录用了父亲。穆南克教授要父亲努力做好罗兰先生交给他的每一件事。

在以后的工作中，罗曼很多次表示了他对中国构字法的赞赏。例如，他发现一和二的区别是只差一划时，他要父亲写三。当他知道三比二也多一划时，直说太对了，中文的构字很科学。他又要父亲从一写到十，然后自己写1866他的出生年，说自己的运气很好，因为这四个字都不难写。并解释八是不同方向的两个一，六字要先写个一，下面放个八，上面加个点。罗曼让父亲用中文读他的出生日。又要他写下十、百和千三字。罗曼说十字和千字都很好写，它们都像十字架，只是千字代表十字架上有耶稣，十字没有。面对父亲迷茫的表情，罗曼补充说耶稣在十字架上受苦难时，他的头不是直的，像中国的千字。他的解释让父亲听到了一种全新的学习方法。父亲不仅佩服罗曼极敏锐的观察和想象力，还体会到天主教在欧洲的影响，确实要比佛教在中国的影响大得多。

罗曼常用很幽默的方式来表达他对待中国的文字兴趣。一次，他要父亲把“大”字写在整张纸上，他看了又看后，站起来两腿叉开，两手向两边伸平，摆着这个姿势，得意地笑着说：“临，你看我是大罗曼。”父亲蹲在他面前，把他原来向前的脚尖挪向两边，再伸出大拇指高兴地说，“现在你是真正的大罗曼了。”这时两人都很愉快。

谈到文字，罗兰先生又很自然地问中文的语言与文字的关系。他说：“中国的语言和文字间的关系远不如欧洲紧密。欧洲是拼音文字，会说就很容易也会写。中文的说和写完全不同。”他想知道要学会多少字，才能自己看书。当他听到回答是三千以上时，摇头叹气地说：“我的上帝啊，我这辈子也达不到。”父亲很诚恳地对他说：“我在你身边学到了很多意想不到的知识，我很愿意继续帮你工作，我会努力做好你的助手。”后来罗曼真的满足了父亲的要求，他说：“你帮我了解鲁迅的阿Q，我帮你了解罗曼的米开朗琪罗。”在《阿Q正传》工作结束后，大约1931年罗兰先生不仅断续指导父亲翻译米开朗琪罗传，还在大约1936年主动提出为父亲的中译本写序。这段时间，父亲则继续为他讲鲁迅的其他作品，介绍鲁迅塑造的其他中国人。就这样他们在一起断续工作到1937年父亲得到瑞士国家博士学位返回中国。告别时，罗曼说他也要在1938年的夏天搬回法国中部故乡克拉姆西镇(Clamecy)。他把故乡的地址留给父亲，叮嘱不要忘记把由他写序言的中文版《米开朗琪罗传》寄给他。

(3) 阿Q表达了中国社会什么样的伦理道德

罗曼不懂为什么阿Q受了欺负，总要说“哦，这是儿子在打老子”，为什么阿Q总要把他自己当成老子，把欺负他的人当成儿子？父亲回答说，中国伦理道德的核心是忠孝，老子打儿子是管教，是无可非议的。但儿子打老子则是不孝，这是大逆不道的。阿Q把打他的人看成是儿子，把自己看成是老子，完全是愚蠢的自我安慰。随即父亲介绍了鲁迅弃医从文的经历。罗曼感慨地说，贫困愚昧是不可分割的一对双胞胎，它像鸦片一样是害人的毒品。他很理解鲁迅弃医学文是要唤起民众，使他们摆脱麻木愚蠢和想象中的精神安慰。罗曼断定，鲁迅是位观察力敏锐、战斗性强、文学造诣很高的作家。他说从表面上看鲁迅用他深邃而强劲的笔法刻画出的阿Q有一付既可爱又可怜的脸，再透过表面现象看本质，又会认识到那是一张既可悲又可恨的脸，也是一张应该唤醒和改造的脸。

当父亲向罗曼介绍了鲁迅笔下的农村妇女祥林嫂的苦难经历，罗曼对这位鲁迅笔下的普通中国妇女特别同情，很感兴趣。他提出了两个问题：第一，他不懂她有什么罪。（她的儿子被狼咬死了和她的丈夫病死了都是她的罪吗？）为什么要她向庙里捐门槛赎罪？罗兰说天主教认为赎罪是向上帝忏悔，祈祷能得到他的宽恕。父亲很坦诚地说，当时很多的寺庙都利用民众无知搜刮民财，这是中国社会的阴暗面。罗曼的第二个问题是，为什么一个可怜的女人生前被两个男人占有，她死后还要锯成两半，分给占有她的每个男人？如果一个男人占有很多女人，他死了要不要也被锯开平分？父亲回答：长期中国社会男女不平等，男人不被平分。

鲁迅先生积极支持的“五四运动”就是反帝、反封建，主张民主、科学的社会变革。罗兰先生非常感慨地说：“鲁迅真是一个伟大的作家，我越是了解他，就会越想见到他，想和他讨论许多问题，可惜没有机会。”父亲告知他要回国收集做博士论文的资料，并在中法大学任教一年，他愿意把为罗曼的工作的情形转告鲁迅。

三、罗曼·罗兰要父亲对比在鲁迅身边和在他身边的感受

差不多在1931年的秋天，我父亲在罗曼身边结束了《阿Q正传》的工作后。父亲不想中断自己的好运气，他对罗曼说自己是个幸运的青年，不仅有机会幸运地接受过鲁迅的教导，也能在瑞士罗曼家里，在他亲自指导下工作。“我真有好运气，你给了我很多学习的机会。”

此外，罗曼越是赞美鲁迅，他就越是遗憾自己没有机会和鲁迅见面。他对我父亲重复说：“是的，临，你是个幸福的男孩，有很多好运气。我也是，我是个幸福的老人，有幸能得到你这样一个来自鲁迅身边的年轻人，给我解释他的作品。我认为我们俩都应该感谢上帝。为此干杯！”

这时的罗曼提出要父亲把他和鲁迅做一个对比，说说鲁迅和罗曼两人之间的异同。父亲没有想过他会提这样的问题，很为难地说，这是一个很大的题目，自己

也不知道该从何说起。罗曼笑得很高兴，他说："是的，这对其他人来说将是个很重要，也很好的题目，够他们去研究。而我只要你从一个年轻学生和两个不同的作家老头子接触感受到的不同影响说起。我们两个老头完全一样，还是有些地方一样，有些地方不同。年轻学生大胆讲，因为我不愿意放过我的好运气。"他还说，"天晓得我会不会再有机会找到一个来自鲁迅身边的人为我工作。我如果现在不借此光，可就变成了天下最笨的人了，你懂吗?"

父亲想了一下回答："好，我完全懂了，我愿意尽可能好地试着回答你的问题。你们俩都像一块磁铁，我好像一见到你们就被吸住了。但是再细想你们俩吸引我的方法并不完全相同。鲁迅像老师，他吸引我是因为他讲了许多我不懂的道理，我每次从他那里出来都觉得自己有了新的进步，还想再去。而你，罗曼像老师也像个祖父，我说你像老师因为你总是不断地向我提问题，提那些我从未想过，也不知道该如何回答的问题。我说你像祖父因为你很慈祥地分析问题，讲述你的看法，让我觉得你像祖父。我在你提的问题中懂得了更多的内容，我越是回想，就越会感到你的想法充满了智慧和哲理。"

父亲又进一步总结说："去鲁迅那里我刚刚中学毕业，总是跟着比自己年长的人去受教育的，即使鲁迅提问也轮不到我来回答，除非他指名问我。到你这里，我是来工作的，我不再感到自己完全是个学生。我的工作是回答你向我提的问题，你总是要我自己回答问题，不许我写信问了鲁迅以后再来答复。这样我得到的收获，至少有一部分，是自己的劳动果实，罗曼，你懂我说的差别吗?"

罗曼回答说："讲得很好，一个好作家应该是一块好磁铁，他的作品能吸引人。一个好读者应该是块好铁，他在磁铁的作用下也能变成磁铁，再吸引别的铁。"罗曼问父亲还有什么想法。父亲说："从感觉上来分析，自己每次去鲁迅那里都是高高兴兴的跟着比自己年纪大些的人去，也不要做些什么预备，回来也是高高兴兴的感觉到自己有提高。但是每次到你，罗曼，这里我都会做很多猜想，你会问什么，我该怎样回答。回到学校里我常会一次、又一次地想你提的问题，检查自己的回答。我觉得好像自己在你面前比在鲁迅面前长大了许多。"罗曼很高兴地问："你离开中国几年了?"父亲回答："我是1925年12月5日离开中国，1926年1月8日到达法国的马赛,至今都快五年了。"

听完了父亲的话,罗曼接着说："临,这五年里你学了法语,为了生活你又打过工,现在你进大学读书,是该长大了。"他还说以后有什么要罗曼帮助的事都可以直接说,他很愿意尽力。在这种情况下,父亲倾诉了他几个月来的心愿。有没有可能在罗曼的指导下试着把一部他的著作翻成中文?父亲解释这样做是为了学好法文。罗曼很高兴地回答说："好主意,你帮我了解了鲁迅的阿Q,我帮你了解罗曼的米开朗琪罗。"罗曼·罗兰向父亲建议从试着翻译他的《米开朗琪罗传》开始,那时大约是1931年秋天。

最后一项两位作家间的对比是罗曼自己提出的。那是发生在1937年,父亲最后一次如约去罗曼·罗兰家,他送了自己的肖像照片,作为对这位文豪追随的回忆和感谢。罗兰先生看了父亲誊写好的《米开朗琪罗传》全部书稿和他写的序言译文,又听了父亲已在上海联系好了出版书的事,非常高兴。父亲在离开罗曼家时,告诉他鲁迅先生于1936年10月19日在上海因肺结核病医治无效去世,享年55岁。罗曼连说了好几次太可惜了,这是中国的损失,也是世界的损失。接着罗曼对父亲说,"临,你又帮我找到了一条我们两个老头子,罗曼和鲁迅,一样的地方。我也被肺结核病困扰,我从小就被这个坏蛋折磨着。"父亲听了罗曼这样的话,呆在那里不知道怎样回答才好。两个人相对无言沉默了很久,像是在为鲁迅致哀。

四、罗曼·罗兰指导父亲译米开朗琪罗传并亲自为译作写序

罗曼·罗兰认为父亲为应该向中国先介绍米开朗琪罗(Michelangelo Buonarroti,1475—1564)这本书,罗曼说相比之下,此书不太长,适合父亲的要求。他允许父亲继续到他家里,并愿意解答父亲的问题。父亲提出他会把自己的问题写好先寄来,最多三五个月左右来一次,每次来的时候父亲都会为罗曼介绍一个鲁迅小

说中的人物。父亲还提出以后罗曼不必再付车费和工钱了。他讲了自己因为学习成绩优秀,特别是拉丁文考试成绩突出,得到校长岱梧(D vaud)主教的固定资助。罗曼连忙摇手说,你这样说可是会引起我的嫉妒心,为什么你只接受校长的帮助,不让我也给你点帮助?这是我的问题,你只要管好工作!

事实上《米开朗琪罗传》的翻译工作远比父亲想象的难度大得多。父亲说他了解米开朗琪罗可是比罗兰先生了解阿Q笨得多。他常常是每个字都认得,好像懂了,又觉得不敢确定中文该写什么好。父亲决定放下翻译工作,先去了解米开朗琪罗和意大利的文艺复兴运动。他告诉了罗曼·罗兰这些真实情况,说他至少需要用几个月的时间来完成翻译前的准备工作。罗曼·罗兰很高兴父亲所做的决定,他说不必急。

当父亲第一次向罗曼出示一些译稿和问题时已是1931年的秋天。父亲刚跨进门,罗曼就伸出手来,用拉丁文向他说:“年轻人,一年不见了,日子过得如何?”父亲呆了一下,连忙也用拉丁文回答:“先生,托你的福,一切都很顺利。”两个人都很高兴地进到书房工作。父亲带着誊写得很工整的问题和很少的第一部分书稿去罗曼·罗兰家。罗曼指着第一页封面就很高兴地看来看去,说:“啊,这简直不可相信,我变得什么都不懂了,这些整齐的小方块图就是米开朗琪罗和罗曼。”他很感慨地说:“我大概只会写米字,因为只有它在我的头脑里是和英国的国旗图案相似。”他画了一个米字以后,很高兴地让父亲为他校正。

父亲又向他重复了传字是由人字和专两个字组成,这个字的意思是对某人的专门研究。父亲提醒罗曼他在翻译鲁迅的《阿Q正传》时介绍过这个字。罗曼·罗兰想起了这件事,他问父亲说:“鲁迅对阿Q用正传,我的米开朗琪罗是不是也要用正传?”父亲说了他不用正传的原因有两条,第一,鲁迅的阿Q是一个虚构的人,他集中了很多人的共同点,所以鲁迅要用正传来表示他的真实性,而米开朗琪罗是真实的世界著名人物,不需要再加正字。第二,法语和中文不同,翻译加个正字会给读者画蛇添足的感觉,父亲把这个成语解释给罗曼听。罗曼很快就懂得了这样做是很有道理的。父亲的小楷写得很工整更加使这位法国大文豪赞叹不已。

父亲翻译《米开朗琪罗传》进展缓慢，第二次去罗曼家是1932年，与第一次相距一年之后，罗曼表扬了父亲法语的进步。父亲向罗曼介绍了鲁迅的作品《故乡》，特别介绍的是鲁迅儿时的朋友，闰土。

这次父亲告诉罗曼自己要回中国，问有没有什么事要他在中国办理。就是这次，在罗曼家父亲得到了罗兰和甘地1931年的合影照片。罗曼希望父亲把他的敬意带给鲁迅，把他对鲁迅的阿Q的理解也带去。

1932年一次讨论米开朗琪罗译稿之后，父亲说岱梧校长提供资助让他回中国收集博士论文资料，同时他有了在中法大学任教一年的机会。罗兰先生很高兴，要父亲告诉鲁迅，他最佩服的两个亚洲名人，第一个是甘地，第二个就要算鲁迅。他亲自到印度去拜访过甘地，他和甘地在一起讨论过很多问题。遗憾的是他没有机会到中国会见鲁迅和他讨论问题，他只能托父亲转达罗曼希望父亲把他的敬意带给鲁迅，把他对鲁迅的阿Q的理解也带去。罗兰先生还特意把1931年甘地到他家的照片交给父亲，介绍了照片上的另外两人：甘地的秘书史拉德(Slade)女士和罗曼的姐姐Madeline。史拉德女士是甘地的养女，原为英国人，她的印度名是Mirabehn Gandhi，她是通过罗兰先生了解甘地，并追随甘地，入了印度籍。父亲在照片的背面记下了得到这张照片的时间是1932年，同时还有一行法文记录：Gandhidans le stud is de Romain Rolland et miss Slade. 意为：甘地和史拉德小姐在罗曼·罗兰的沙龙。

这张罗兰先生1931年会见甘地的照片，1932年起一直跟随父亲，1937年父亲离开瑞士回到中国，在中国这张照片和父亲一起经历了八年抗日战争，4年内战和各种天灾人祸，照片虽然已发黄了，还是完好无缺地保存至今快80年了。当时记在照片上的那一行父亲的亲笔法文小字，成了这段刻骨铭心往事的真实历史见证，伴随了父亲的一生。

直到1934年的秋天父亲重返瑞士，他在边做博士论文的同时，恢复了和罗曼·罗兰的联系。父亲继续介绍了鲁迅写的刘和珍和子君等知识分子。罗曼总是很愿意为父亲解决翻译中的理解问题,当父亲译稿过半时,罗曼·罗兰还自我推荐,很高兴地提出他要亲自为父亲的中译书写一篇不长的序言。这篇序言完成的时间大约是1936年前后。

1936年父亲终于完成了《米开朗琪罗传》这部书的译稿和那篇无价的罗曼·罗兰亲笔序言的中文翻译。父亲最后一次如约去罗曼·罗兰家是1937年,父亲给这位文豪送去自己的半身肖像,让他看了誊写好的《米开朗琪罗传》全部书稿,并告知已和上海联系出版之事。这天午饭时,33岁的父亲向这位长辈说自己即将结婚,他要娶的是位比自己小五岁的中国姑娘。婚后可能会回中国,也有可能留在瑞士,他已经得到了伏利堡大学的教授职位。罗曼·罗兰希望父亲慎重选择今后的出路,他说这是个只能由他自己决定的问题。他很希望尽早得到《米开朗琪罗传》出版的中文本。父亲回答,他会把《米开朗琪罗传》书稿先寄回上海出版,请罗曼放心。罗曼告诉父亲,他打算38年夏天离开瑞士的奥尔嘉别墅,留给父亲他的永久联系的地址,是他的故乡法国中部的克拉姆西镇(Clamecy)。

五、父亲沉痛的遗憾唤起我们找寻罗曼序言的希望

罗曼·罗兰不知道父亲在他指导下翻译的《米开朗琪罗传》中文书稿毁于日本侵略军对上海的野蛮轰炸。战火毁掉了父亲寄到出版社的书稿,也炸沉了装满父亲欧洲十年收集的全部资料和《米开朗琪罗传》翻译过程中的记录。做事一向谨慎的父亲,没有逃过战时的天灾人祸,致使父亲失去了重译此书的可能。这是父亲终身最大的遗憾!

1944年的12月30日,世界人民的文学大师罗曼·罗兰最终被尿毒症夺去了生命,享龄78岁。父亲说他多方打听才知道这位从小肺结核病缠身的文学大师从1942年起到1943年又受心脏病困扰,他的直接死因是一次尿毒症的危机。罗曼·罗兰去世的消息传来,父亲悲痛万分。1971年我回家养病,父亲对我说:抗战期间他保住了我们五个孩子,却没有保住罗曼·罗兰的中译书稿和他亲自写的

序言。父亲最后悔的是没有想到再抄一份罗曼·罗兰亲自写的序言,他对不起罗曼。父亲说他常常会猜想,他相信罗曼·罗兰去世前一直都会希望收到他亲自关心的《米开朗琪罗传》的中译本。谁也算不清,谁也忘不了那场日本鬼子的毁灭暴行给人类文明带来了多少灾难。多少无可弥补的灾难!是日本鬼子的暴行至少造成了罗曼·罗兰看不到他译作出版的遗憾。然而,日本鬼子的暴行对父亲造成的岂止是遗憾,那是愤怒和仇恨!

父亲寄厚望于罗曼为他写的序言还有手稿留存在或许什么地方,或许在什么图书馆里。他对我多次强调说,一定要找到这篇序言,因为出版它不仅是罗曼·罗兰的愿望,更是因为序言传达了罗曼对中国的友好深情。

1963年8月26日鲁迅夫人许广平先生以人大代表身份来太原视察。父亲向她出示了罗曼和甘地的照片,讲述了罗曼·罗兰对鲁迅的深情。许先生嘱咐将有关情况写成文章发表,并赠给父亲她亲笔签名的《鲁迅回忆录》一书。不幸的是在种种磨难下,已经成为历史学教授的弟弟守诚,只找到了《回忆罗曼·罗兰谈鲁迅》——那是一篇没有写完的手稿,将它发表在山西的《晋阳学刊》1981年第5期上。这张罗曼·罗兰赠送的他和甘地的照片除了50年代初曾在山西大学展览过以外,一直为守诚弟弟珍藏着,直到2009年,第一次刊登在中国华侨出版社出版的《三代人留欧际遇》中我写的这段历史的中文回忆录里。

尽管罗曼·罗兰的《米开朗琪罗传》不仅早已被后来的人译成中文了,也已经再版了无数次,但是没有任何人的译稿能和父亲的译稿相比,因为父亲是在罗曼·罗兰的亲自许可、亲自指导下翻译的,更有他亲自写的序言。不难理解父亲对不起罗曼·罗兰的自责是何等沉重,何等的无可奈何。如今父亲的遗憾早已是不可挽救的了,因为我们的父亲已经在1978年去世了。

与此同时,我们产生了弥补父亲遗憾的希望,就是要找到罗曼·罗兰自愿为父亲的《米开朗琪罗传》中译本写的法文序言。我们相信罗兰先生写的序言一定有存底,一定会留在他的档案中。档案在巴黎法国国家图书馆由专门机构保管,想查阅档案的人要经严格的审批。我们的陈述理由得到具体工作人员的同情,但没有批准。我们很希望那些爱罗兰先生,又有可能查阅档案资料的人帮助我们把这份在1936年前后罗兰先生写的珍贵史料找出来,在法国或瑞士公开发表。我们会把它译成中文,这是使罗曼·罗兰的遗憾能变成满意的可行途径。这也是让中国人民了解罗兰先生最好途径。不言而喻,我们希望父亲对罗曼·罗兰的承诺得以实现。

我收集了我们全家人的回忆,把这些回忆的一朵朵小花,编成一个心灵的花环献给大文豪罗曼·罗兰,为了答谢他给予父亲的所有慈爱和教导。也献给瑞士伏利堡天主教大学,感谢他们给过父亲为罗曼·罗兰工作的如此珍贵机遇。我本人和我的全体家人,和所有中国人一样,我们永远也不会忘记那些爱护和帮助过我们的人。

2010年5月,写在第二次去伏利堡寻父亲踪迹前

(《鲁迅研究月刊》2010年第9期)